Schweizerisches Jahrbuch
für Kirchenrecht

Annuaire suisse
de droit ecclésial

PETER LANG
BERN · BERLIN · BRUXELLES · FRANKFURT AM MAIN · NEW YORK · OXFORD · WIEN

# Schweizerisches Jahrbuch für Kirchenrecht

# Annuaire suisse de droit ecclésial

## Band 8 / 2003

Geschäftsführender Herausgeber
sous la direction de

Dieter Kraus

PETER LANG
BERN · BERLIN · BRUXELLES · FRANKFURT AM MAIN · NEW YORK · OXFORD · WIEN

**Bibliografische Information Der Deutschen Bibliothek**
Die Deutsche Bibliothek verzeichnet diese Publikation in der Deutschen Nationalbibliografie; detaillierte bibliografische Daten sind im Internet über ‹http://dnb.ddb.de› abrufbar.

ISBN 3-03910-364-4
ISSN 1420-9497


Hochfeldstrasse 32, Postfach 746, CH-3000 Bern 9
info@peterlang.com, www.peterlang.com, www.peterlang.net



Printed in Germany

# Inhaltsverzeichnis

## Band 8 (2003)

Editorial *(Dieter Kraus)* ..... 9

*Aufsätze*

*Wolfgang Lienemann:* Probleme der Stellung der theologischen Fakultäten im modernen Staat. Ekklesiologische und rechtspolitische Aspekte ..... 11

*Christian R. Tappenbeck:* Die Übereinkunft zwischen Bern und Freiburg von 1889. Archivreifes Konkordat – oder Ideenlieferant für einen espace réformé? ..... 45

*Adrian Loretan:* Theologische Fakultäten in der Universität von morgen ..... 77

*René Pahud de Mortanges:* Die Erklärung des Austritts aus der römisch-katholischen Kirche. Kirchenrechtliche und staatskirchenrechtliche Konsequenzen ..... 103

*Rechtsprechung*

Religionsrechtlich bedeutsame Entscheide des Bundesgerichts in den Jahren 2002 – 2003 *(Dieter Kraus)* ..... 145

*Mitteilungen*

Jahresbericht 2003 der Schweizerischen Vereinigung für evangelisches Kirchenrecht *(Der Vorstand)* ..... 185

Engelberger Seminar 2002 *(Urs Brosi)* ..... 190

Tagung der Theologischen Fakultät Zürich zum Thema „Das Recht der Kirche“ *(Cla Reto Famos)* .... 191

Die Wissenschaft und das (politisch) Mögliche. Bericht über eine Tagung zur Reform des Zürcher Religionsrechts *(Jean-Daniel Strub)* .... 194

Dr. iur. Urs Josef Cavelti (1927-2003) *(René Pahud de Mortanges)* .. 201

Dr. iur. Eduard Rübel (1911-2003) *(Jakob Frey)* .... 203

*Berichte*

*Aargau:* Zur Neuorganisation des Rechtsschutzes in der Aargauer evangelisch-reformierten Landeskirche *(Jürg Vögtli)* .... 207

*Bern:* Vereinbarung zwischen der Berner Kirche und dem Missionswerk „mission 21“ *(Jakob Frey)* .... 218

*Graubünden:* Das Verhältnis zwischen Staat und Kirchen in der neuen Verfassung des Kantons Graubünden vom 18. Mai 2003 *(Pierluigi Schaad)* .... 220

*Luzern:* Leitung von Gottesdiensten durch Personen, die nicht zum Pfarramt ordiniert sind *(Peter Möri)* .... 224

*Luzern:* Weiterbildung und Studienurlaub für die Pfarrerinnen und Pfarrer der Evangelisch-Reformierten Kirche des Kantons Luzern *(Peter Möri)* .... 227

*Nidwalden:* Revision der Verfassung der evangelisch-reformierten Kirche Nidwalden *(Fritz Gloor)* .... 230

*Zentralschweiz:* EKZ-Schlussbericht 2002: „Zentralschweizer Kirchen zwischen regionaler Solidarität und kantonaler Identität“ *(Jakob Frey)* .... 235

*Zürich:* Neuregelung des Verhältnisses zwischen Kirchen und Staat im Kanton Zürich – Standortbestimmung nach der Volksabstimmung vom 30. November 2003 *(Martin Röhl)* .... 241

*Bettag:* „Solidarität untereinander, Verantwortung füreinander, respektvoller Umgang miteinander“ – Bettagsmandate 2003 kantonaler Regierungen *(Jakob Frey)* .... 252

*Pfarrerkonkordat:* Neues Konkordat für die Ausbildung von evangelisch-reformierten Pfarrerinnen und Pfarrern *(Red.)* .... 271

*Rezensionen und Buchanzeigen*

*Rüegg, Christoph:* Die privatrechtlich organisierten Religionsgemeinschaften in der Schweiz. Eine Bestandesaufnahme und juristische Analyse. Freiburg i.Ü. 2002 *(Peter D. Deutsch)* ........... 275

*Das Religionsrecht der neuen Bundesverfassung/Le droit des religions dans la nouvelle Constitution fédérale*, hg. v. René Pahud de Mortanges, Freiburg i.Ü. 2001 *(Dieter Kraus)* ........................... 276

*Muslime und schweizerische Rechtsordnung/Les musulmans et l'ordre juridique suisse*, hg. v. René Pahud de Mortanges und Erwin Tanner, Freiburg i.Ü. 2002 *(Christoph Winzeler)* ............. 279

*Recht – Ethik – Religion. Der Spannungsbogen für aktuelle Fragen, historische Vorgaben und bleibende Probleme. Festgabe für Bundesrichter Dr. Giusep Nay zum 60. Geburtstag*, hg. v. Dietmar Mieth und René Pahud de Mortanges, Luzern 2002 *(Christoph Winzeler)* ........................................................................ 281

*Hense, Ansgar:* Glockenläuten und Uhrenschlag. Der Gebrauch von Kirchenglocken in der kirchlichen und staatlichen Rechtsordnung. Berlin 1998 *(Urs Reber)* ................................................. 284

*Bibliografie 2002–2003*

Bibliografie 2002–2003 zum schweizerischen Kirchen- und Religionsrecht *(Red.)* ...................................................................... 289

*Textdokumentation*

*mission 21:* Vereinbarung zwischen dem Evangelisch-reformierten Synodalverband Bern-Jura, vertreten durch den Synodalrat, einerseits, und mission 21 – evangelisches missionswerk basel, andererseits, vertreten durch die Geschäftsleitung, andererseits, betreffend die Zusammenarbeit im Bereich der Mission, vom 23./21. Dezember 2002 ........................................................... 297

*Graubünden:* Religionsrechtliche Bestimmungen der Verfassung des Kantons Graubünden vom 18. Mai 2003 (deutsch, italienisch, rätoromanisch) ................................................................ 300

*Zürich:* Änderung der Kantonsverfassung zur Neuregelung des Verhältnisses zwischen Kirchen und Staat vom 31. März 2003 [Abstimmungsvorlage] ... 308

*Zürich:* Kirchengesetz vom 31. März 2003 [Abstimmungsvorlage] ... 310

*Zürich:* Gesetz über die Anerkennung von Religionsgemeinschaften (Anerkennungsgesetz) vom 31. März 2003 [Abstimmungsvorlage] ... 317

Mitarbeiter dieses Bandes ... 321

Anschriften der Herausgeber des Jahrbuchs ... 322

# Editorial

## *Band 8 (2003) des Schweizerischen Jahrbuchs für Kirchenrecht*

Volksabstimmungen tragen oftmals einen konservativen Zug – konservativ im Sinne von beharrend oder bewahrend. Das gilt insbesondere dann, wenn die zur Abstimmung stehenden Neuerungen in ihren Einzelheiten nicht frei von Unklarheiten erscheinen oder in ihrer Reichweite nur schwer abzuschätzen sind. Wenn es zudem im Vorfeld solcher Abstimmungen zu Allianzen kommt von Gruppierungen, die ansonsten wenig miteinander verbindet, fördert das nicht gerade die Bereitschaft der Stimmberechtigten, mit ihrem Ja eine in ihrem Grundsatz möglicherweise durchaus befürwortete Reform Wirklichkeit werden zu lassen.

In diesem Sinne ist es bedauerlich, dass die Zürcher Stimmberechtigten am 30. November 2003 die ihnen vorgelegte Revision des kantonalen Staatskirchenrechts (Kantonsverfassung, Kirchen- und Anerkennungsgesetz) abgelehnt haben. Vielleicht aber wird eine neuerliche Reflexion der – weiterhin – anstehenden Reformfragen in einigen Jahren zu einer gelingenden Revision führen. Als kleiner Beitrag dazu thematisiert dieser achte Band unseres Jahrbuchs an verschiedenen Stellen das Zürcher Reformprojekt 2003, dokumentiert die Texte und wendet sich auch schon den Zukunftsperspektiven zu[1].

Ferner sei noch darauf hingewiesen, dass in der religionsrechtlichen Jahresbibliografie erstmals in grösserem Ausmass Internetpublikationen berücksichtigt sind[2].

*Dieter Kraus*

1 Siehe insbes. S. 145 ff., 191 ff., 194 ff., 241 ff., 308 ff.
2 Siehe S. 289 ff.

SJKR/ASDE 8 (2003), S. 11-43

# Aufsätze

## Probleme der Stellung der theologischen Fakultäten im modernen Staat. Ekklesiologische und rechtspolitische Aspekte*

von Wolfgang Lienemann (Bern)

Akademische Ausbildung für Theologen ist nie selbstverständlich gewesen; theologische Fakultäten an staatlichen Universitäten sind es heute ebenfalls nicht. Gegen Ende des 2. Jahrhunderts n. Chr. hat der Kirchenvater Tertullian gefragt: „Was hat Athen mit Jerusalem zu schaffen, was die Akademie mit der Kirche, was die Häretiker mit den Christen? Unsere Lehre stammt aus der Säulenhalle Salomos, der selbst gelehrt hatte, man müsse den Herrn in der Einfalt seines Herzens suchen. Mögen sie [...] ein stoisches, ein platonisches, ein dialektisches Christentum erfinden! Wir indes bedürfen seit Jesus Christus nicht mehr der Neugierde und nicht mehr des Forschens seit dem Evangelium!"[1] Theologische For-

* Vortrag anlässlich der 16. Tagung der Schweizerischen Vereinigung für evangelisches Kirchenrecht am 31. Januar 2003 in Aarau, erweitert und um einige Nachweise und Erläuterungen ergänzt. Das Thema bedarf eigentlich einer breiteren Bearbeitung, besonders im Blick auf die kantonalen Besonderheiten der staatskirchenrechtlichen Verankerungen der theologischen Fakultäten in der Schweiz. Ich beschränke mich hier indes auf die im Untertitel angesprochenen Aspekte.

1 De praescriptione haereticorum, 7. Siehe hierzu näher *Marie Theres Fögen*, „sacrificium intellectus", in: *Matthias Krieg/Martin Rose* (Hg.), Universitas in theologia – theologia in universitate (FS Hans Heinrich Schmid) Zürich 1997, S. 123-130. Der erste Vers der Sap.Sal., auf den sich Tertullian beruft, lautet in der la-

schung und Lehre an staatlichen Universitäten werden nicht erst in jüngster Zeit unter den Bedingungen staatlicher Sparzwänge und der zunehmenden Ausrichtung der Universitäten an wirtschaftlichen Nutzenkriterien infrage gestellt. Diese Kritik gibt es schon lange, und zwar sowohl aus laizistischer wie innerkirchlicher Sicht. Die laizistische Kritik hat zwei Stossrichtungen, die allein oder kombiniert auftreten. Sie wendet sich erstens um der Religionsfreiheit willen und im Zeichen der Forderung nach einer strikten Trennung von Staat und Kirchen gegen jede staatliche Finanzierung einer Ausbildung im Dienst von Kirchen oder Religionsgemeinschaften. Zweitens bestreitet sie grundsätzlich den Wissenschaftscharakter einer Disziplin, die sich nicht dem vorherrschenden Wissenschaftsparadigma der Neuzeit unterwirft. Die innerkirchliche Kritik an universitärer Theologie begegnet hauptsächlich in Kreisen, die eine kritische Bibelwissenschaft ablehnen, aber auch in Teilen beispielsweise der römisch-katholischen Kirche, die, wie der verstorbene Fuldaer Bischof Johannes Dyba, am liebsten die theologische Ausbildung wieder rein kirchlichen Einrichtungen übertragen würden, die weltweite Singularität der kirchenfreundlichen deutschen Regelungen betonen und dafür plädieren, diesen „alten preussischen Konkordatszopf" möglichst bald abzuschneiden[2].

Beide Kritik-Typen entzünden sich vor allem an spektakulären „Fällen" – wenn einem theologischen Hochschullehrer die „missio canonica"[3] entzogen wird wie bei dem bekannten Beispiel von Hans Küng[4], wenn je-

---

teinischen Bibel: *Diligite iustitiam qui iudicatis terram/sentite de Domino in bonitate/et in simplicitate cordis quaerite illum.*

2 *Johannes Dyba*, Staatstheologen, FAZ v. 5. April 1995.

3 Der Ausdruck „missio canonica" umfasst eine Vielzahl von Befugnissen und Ermächtigungen, im Namen der (römisch-katholischen) Kirche zu handeln und Ämter auszuüben. Im Staatskirchenrecht bezieht er sich näherhin auf das rechtlich geregelte Zusammenwirken von Staat und Kirche bei der Anstellung und Abberufung von Religionslehrern und Dozierenden der katholischen Theologie („nihil obstat"). Siehe *Ilona Riedel-Spangenberger*, Sendung in der Kirche. Die Entwicklung des Begriffes „missio canonica" und seine Bedeutung in der kirchlichen Rechtssprache, Paderborn u.a. 1991.

4 Das Verfahren gegen *Hans Küng* wurde durch dessen Kritik am Unfehlbarkeitsdogma ausgelöst, nachdem der Konzils-Peritus zuvor schon wichtige Bücher zur Ekklesiologie vorgelegt hatte (Die Kirche, 1967; Wahrhaftigkeit. Zur Zukunft der Kirche, 1968). Auslöser des Verfahrens gegen Küng war dessen Buch: Unfehlbar? Eine Anfrage, Zürich-Einsiedeln-Köln 1970. Wichtige Stellungnahmen: *Hans Küng* (Hg.), Fehlbar? Eine Bilanz, Zürich-Einsiedeln-Köln 1973. Zum Ver-

mand unter Druck zur Demission genötigt wird wie Stephan Pfürtner[5], oder wenn sich ein theologischer Lehrer von grundlegenden Überzeugungen der christlichen Kirchen dezidiert und eindeutig lossagt wie im Falle von Gerd Lüdemann[6]. Doch gibt es auch weniger aufsehenerregende Anlässe, bei denen Existenz und Zweck theologischer Fakultäten infrage gestellt werden, etwa wenn eine Fakultät konfessionsfremde Dozierende beruft oder wenn der Staat unter Hinweis auf Kapazitäten und Finanzen theologische Fakultäten oder Fachbereiche zusammenlegen oder gar schliessen will.

Indes will ich im folgenden nicht bei problematischen „Fällen" meinen Ausgangspunkt nehmen, sondern versuchen, aufgrund eines bestimmten Theologieverständnisses zu begründen, warum und unter welchen Bedingungen theologische Fakultäten an Universitäten sinnvoll und wünschenswert sind, so dass es im Interesse einer freiheitlichen Gesellschaft liegt, eine freie theologische Forschung und Lehre zu ermöglichen und zu garantieren.

## *Kirchen und öffentliche Theologie*

*Das Evangelium von Gott in Jesus Christus ist keine Geheimlehre und kein Privatbesitz, sondern will und soll öffentlich bekannt werden. Zum Wesen und zur Wirklichkeit christlicher Kirchen gehört unabdingbar die Öffentlichkeit der ihnen aufgetragenen Verkündigung des Evangeliums. Die „frohe Botschaft" soll allen Menschen zu allen Zeiten und an allen Orten verkündigt werden.*

*Die denkende Verantwortung des christlichen Glaubens erfolgt öffentlich, weil die Christen zur verständlichen Rechenschaft über den Grund*

---

fahren gegen Küng siehe u.a. *Walter Jens* (Hg.), Um nichts als die Wahrheit. Deutsche Bischofskonferenz contra Hans Küng, München-Zürich 1978; *Norbert Greinacher/Herbert Haag* (Hg.), Der Fall Küng. Eine Dokumentation, München-Zürich 1980.

5 Pfürtner hat im November 1971 in Bern einen Vortrag zum Thema „Moral – was gilt heute noch? Das Beispiel der Sexualmoral" gehalten. Erstdruck Zürich-Einsiedeln-Köln 1972. Die Geschichte dieses Konfliktes ist mustergültig aufgearbeitet worden von *Ludwig Kaufmann*, Ein ungelöster Kirchenkonflikt: Der Fall Pfürtner. Dokumente und zeitgeschichtliche Analysen, Freiburg i.Ü. 1987.

6 Näheres findet man leicht über die persönliche Homepage von G. Lüdemann: www.gerdluedemann.de.

*ihres Glaubens, ihrer Liebe und ihrer Hoffnung gegenüber jedem Menschen verpflichtet sind. Die Wahrnehmung dieser öffentlichen Funktion der Theologie muss dem geschichtlichen Strukturwandel der Öffentlichkeit in geeigneten Formen Rechnung tragen.*

Der christliche Glaube und die Gemeinschaft der Gläubigen haben von sich selber her einen unabdingbaren Bezug zur „Öffentlichkeit“[7]. Jesus hat öffentlich gewirkt, er hat seine Botschaft öffentlich und vor vielen Menschen verkündet, er ist öffentlich angeklagt und verurteilt, er ist öffentlich als Verbrecher hingerichtet worden[8]. Wo die Botschaft von Jesu Wirken, von seiner Person und seinem Geschick weitergesagt wurde und wird, bewegt sie zuerst die Herzen als das Innerste der Menschen, und dieser Glaube wendet sich wiederum nach aussen und teilt sich mit, so dass, wer glaubt, mit anderen, die glauben, gemeinsam und öffentlich bekennt, was sie gehört und erfahren haben, dass und warum dies die Wirklichkeit und Wahrheit ihres Lebens bestimmt. Zum Selbstverständnis christlicher Kirchen gehört seit den ersten Anfängen unverzichtbar die Einsicht, dass der Glaube der Menschen „als ein im Innersten des Menschen sich vollziehender Lebensakt zu begreifen ist: interior intimo meo“[9], und dass zugleich dieser Glaube des „Herzens“[10] nach aussen

7 Zur Begriffs- und Sozialgeschichte von „Öffentlichkeit“ siehe *Lucian Hölscher*, Art. Öffentlichkeit, in: GGB [Geschichtliche Grundbegriffe. Historisches Lexikon der politisch-sozialen Sprache in Deutschland] Bd. 4 (Stuttgart 1978), S. 413-467.

8 Vgl. *Ekkehard Stegemann*, „Ich habe öffentlich zur Welt gesprochen“. Jesus und die Öffentlichkeit, in: Glaube und Öffentlichkeit (JBTh 11, 1996), S. 103-121.

9 *Eberhard Jüngel*, Strukturwandel der Öffentlichkeit. Herausforderung und Chance für die universitäre Theologie (1999), in: *ders.*, Indikative der Gnade – Imperative der Freiheit, Tübingen 2000, S. 312-329 (314). Jüngel nimmt in diesem Beitrag ältere Überlegungen von *Gerhard Ebeling* weiterführend auf; vgl. von diesem bes.: Zur Existenz theologischer Fakultäten an staatlichen Universitäten (1972), in: ders., Wort und Glaube Bd. 3, Tübingen 1975, S. 164-169; *ders.*, Die Bibel als ein Dokument der Universität (zuerst 1979), Wort und Glaube Bd. 4, Tübingen 1995, S. 335-349; *ders.*, Die theologische Verantwortung und ihre institutionelle Wahrnehmung (1986), ebda., S. 350-373. Seither zu unserem Thema: *Ingolf U. Dalferth*, Vor Gott gibt es keine Beobachter. Öffentlichkeit, Universität und Theologie, in: *ders.*, Gedeutete Gegenwart, Tübingen 1997, S. 36-56; *M. Krieg/M. Rose*, Universitas (Anm. 1); *Hans-Richard Reuter* (Hg.), Theologie in der Universität, Heidelberg 1999.

10 Das „Herz“ ist in der Anthropologie der Bibel so etwas wie der Kern der Person, das Personzentrum, die leiblich-geistig-seelische Mitte menschlicher (und doch

dringt und gar nicht anders kann, als sich mitzuteilen. Der Glaube entsteht aus dem Hören auf ein fremdes, von aussen ansprechendes und bezwingendes Wort (Röm 10,17), er wurzelt unanschaulich im Kern der Person, und er teilt sich nach aussen vernehmlich mit, indem glaubende Menschen erzählen und bekennen, was ihre Existenz bestimmt.

Vor allem in drei Hinsichten kann man diesen jeder christlichen Existenz wesentlichen Öffentlichkeitscharakter näher bestimmen, die ich mit Mission/Diakonie, öffentlichem Zeugnis und Lehre bezeichne. Unter Mission verstehe ich die einladende und werbende Selbstmitteilung des christlichen Glaubens, wie sie von Christen von Anfang an geübt worden ist. Diakonie ist organisierte Nächstenliebe *(caritas)*. Die frühen Christen haben die Öffentlichkeit in exponiertester Form gesucht. Dass Paulus auf dem Areopag in Athen öffentlich geredet und seine Botschaft bis in die Hauptstadt der damaligen Welt getragen hat, ist unüberbietbarer Ausdruck eines Öffentlichkeitsanspruchs, der grundsätzlich keine äusseren Grenzen gelten lässt. Indes war und ist Mission nicht Werbung (obwohl sie werbend auftritt) und schon gar nicht Propaganda (im Sinn des 20. Jahrhunderts), sondern Zeugnis, Rechenschaft und nachvollziehbare Darstellung über den Glauben und die Hoffnung, wozu Christen jederzeit bereit sein sollen (1 Petr 3,15). Gleichzeitig kommt es im Bemühen um möglichst klare und deutliche Darlegung dieses Glaubens in den Formen der Lehre zu Auseinandersetzungen bis hin zum Streit, und diese Konflikte wurden und werden in der Christenheit im allgemeinen[11] öffentlich ausgetragen. So hat der christliche Glaube von Anfang an in die Öffentlichkeit gedrängt. Theologie als die Reflexionsgestalt des Glaubens wurde infolgedessen von Anfang an öffentlich getrieben – bis hin zu den Synoden und Konzilen, deren grössten in der Antike sogar der Kaiser beiwohnte.

---

auch: tierlicher) Existenz; vgl. *Fritz Stolz*, Art. Herz, in: Theologisches Handwörterbuch zum Alten Testament, Bd. 1 (1971), Sp. 861-867.

11 Umso problematischer muss nach wie vor das Verfahren der römischen „Kongregation für die Glaubenslehre" erscheinen! Die Verfahrensordnung wurde 1971 erneuert: „Agendi ratio in doctrinarum examine", AAS 63, 1971, 234-236. Siehe dazu als Kurzinformation den Beitrag von *Heribert Heinemann*, Schutz der Glaubens- und Sittenlehre, in: HdbKathKR, hg. v. Josef Listl u.a., Regensburg 1983, S. 567-578, bes. S. 574-576 (dort weitere Lit.). – Zur speziellen Situation in der Schweiz vgl. *Paul Hinder*, Das neue Lehrprüfungsverfahren – ein Schritt zur besseren Wahrung der Grundrechte der Kirche, in: SKZ 39 (1985), S. 582-584.

## *Die Theologie in der Universität*

*Theologische Fakultäten an staatlichen oder kirchlichen Universitäten haben jahrhundertelang das höhere Bildungswesen in Europa massgeblich geprägt. Die Formen der Institutionalisierung und die rechtlichen Garantien wandeln sich mit den entsprechenden Veränderungen in Gesellschaften, Staaten und Kirchen. Entscheidend ist das oft spannungsreiche, häufig kreative Verhältnis zwischen der besonderen Freiheit der Theologie und der Freiheit der Universität insgesamt.*

Die Stellung der Theologie in der Universität[12] hat sich mit der Stellung von Wissenschaft, Kirche und Theologie in der Gesellschaft verändert. Historisch liegt der Ursprung vieler europäischer Universitäten vor allem, aber nicht ausschliesslich in Kathedral- und Klosterschulen; daneben entstanden auch höhere Schulen ohne Mitwirkung der Kirchen und geistlichen Orden[13]. Die mittelalterlichen Universitäten[14] bedurften in der Regel einer doppelten Legitimation (Privilegierung) durch die geistliche und die weltliche Gewalt. In der Folge der abendländischen Glaubensspaltung, der Durchsetzung und Anerkennung eines landesherrlichen „ius reformandi" (Augsburg 1555) und der Konsolidierung konfessionell weitgehend homogener Territorialherrschaften wurden auch die Universitäten –

12 Knapper Überblick: *Ernst-Lüder Solte*, Art. Fakultäten, Theologische, in: TRE Bd. 10 (1982), S. 788-795. Ausführlich *ders.*, Theologie an der Universität. Staats- und kirchenrechtliche Probleme der theologischen Fakultäten, Tübingen 1971. Grundlegend: *Martin Heckel*, Die theologischen Fakultäten im weltlichen Verfassungsstaat, Tübingen 1986; *Heribert Schmitz*, Studien zum kirchlichen Hochschulrecht, Würzburg 1990; *Alexander Hollerbach*, Theologische Fakultäten und Pädagogische Hochschulen, sowie *Manfred Baldus*, Kirchliche Hochschulen, beides in: HdbStKirchR² Bd. 2, Berlin 1995, S. 549-599 und S. 601-637; *Hermann Weber*, Theologische Fakultäten und Professuren im weltanschaulich-neutralen Staat. Staatskirchenrechtliche und rechtspolitische Aspekte, in: H.-R. Reuter, Theologie in der Universität (Anm. 9), S. 123-156/169.

13 Zu erinnern ist beispielsweise an die weltlichen Medizinschulen von Salerno, Toledo oder Montpellier, in denen besonders das arabische (und damit auch das antike) medizinische Wissen dem Abendland vermittelt worden ist; dazu knapp *Wolfgang U. Eckart*, Geschichte der Medizin, Berlin-Heidelberg-New York ³1998, S. 107-110.

14 Siehe *Herbert Grundmann*, Vom Ursprung der Universität im Mittelalter (zuerst 1957), Darmstadt ²1964; *Eike Wolgast*, Art. Universität, in: TRE Bd. 34 (2002), S. 354-380 (Lit.). Seit 1998 erscheint in Stuttgart das „Jahrbuch für Universitätsgeschichte".

die älteren und die teilweise relativ kurzlebigen Neugründungen – zu Landesuniversitäten[15] mit konfessionell bestimmten theologischen Fakultäten. Deren Aufgabe war in erster Linie eine bedarfsgerechte Ausbildung für das Amt des Priesters oder Pfarrers.

Aufgaben und Rang der theologischen Fakultäten waren in der Geschichte bisweilen höchst problematisch. Im Aufbau der mittelalterlichen Universität beanspruchte die Theologie – mit wechselndem Erfolg – einen hervorragenden Platz unter den oberen Fakultäten neben Medizin und Jurisprudenz, also im Kreis jener Disziplinen, denen die Ausbildung einer gesellschaftlich notwendigen Funktionselite von Ärzten, Juristen und Geistlichen oblag. Aufgrund der engen Bindungen an die kirchliche Hierarchie zog freilich die Theologie immer wieder mehr oder weniger berechtigten Argwohn auf sich, und Theologen, die ihre Lehrfreiheit zu extensiv wahrnahmen, konnten leicht mit den Überzeugungen und Machtinteressen der Kirche in Konflikt geraten. Als 1277 die Sorbonne auf kirchliche Veranlassung bestimmte theologische Lehrsätze verurteilte[16], die der Aristoteles-Rezeption und damit der kirchlich unreglementierten philosophischen Wahrheitserkenntnis entstammten und unter denen sich auch Lehren des Thomas von Aquin befanden, hat dies jedoch die Kirche nicht daran gehindert, Thomas schon 1323 heiligzusprechen. Gleichwohl war die lange Zeit der Philosophie angesonnene Rolle einer ancilla theologiae immer problematisch und konfliktträchtig, so dass Immanuel Kant gelegentlich spöttisch bemerkte, es sei zwischen Theologie und Philosophie durchaus nicht ausgemacht, ob diese jener die Schleppe hinterher oder die Fackel vorantrage[17]. Der Streit zwischen der Artisten-

15 Die „Normalausstattung" im 16. Jh. umfasste: Theologische Fakultät – drei Lehrstühle (NT, AT, Dogmatik); juristische Fakultät – vier Lehrstühle (Pandekten, Dekretalen, Codex Iustiniani, Institutionen); medizinische Fakultät – drei Lehrstühle (Therapie, Pathologie, Physiologie); artistische Fakultät (fünf bis zehn Lehrstühle), so *E. Wolgast*, Universität (vorige Anm.), Sp. 360. Zur weiteren Entwicklung siehe *Rudolf Stichweh*, Der frühmoderne Staat und die europäische Universität, Frankfurt/M. 1991.

16 Siehe dazu: Aufklärung im Mittelalter? Die Verurteilung von 1277. Das Dokument des Bischofs von Paris, übersetzt und erklärt von Kurt Flasch, Mainz 1989.

17 Kant hat in den Schriften „Zum ewigen Frieden" (1795) sowie „Der Streit der Fakultäten" (1798) – im Konflikt mit den preussischen Zensurbehörden in der Folge des Wöllner'schen Religionsediktes vom Dezember 1788 – an dieses Motiv von Herrin und Magd erinnert; vgl. in der Weischedel-Ausgabe Bd. VI, S. 228 und 291. Der Topos, der auch bei Christian Wolff begegnet, war freilich schon älter; vgl. *Hans Erich Bödeker*, Von der „Magd der Theologie" zur „Leit-

fakultät und der Theologie hat sich über Jahrhunderte in wechselnden Formen hingezogen, und im Rückblick darf man urteilen, dass er eine der wichtigsten Quellen für die Vitalität der europäischen Universität bildete.

Die Stellung theologischer Fakultäten in staatlichen Universitäten wurde unhaltbar oder war von vornherein nicht möglich, wo eine strikte und überwiegend unfreundliche Trennung von Staat und Kirche wie in Frankreich erfolgte oder wo jede „established church" untersagt wurde, wie dies im ersten „amendment" zur Verfassung der Vereinigten Staaten der bis heute bindende Fall war und ist. Im 20. Jahrhundert mussten in Reaktion auf die Kirchenverfolgungen der kommunistischen Staaten die theologischen Ausbildungen teils im Untergrund betrieben werden, teils an kleine kirchliche Seminare und allenfalls Akademien verlegt werden, während angesichts der Versuche des nationalsozialistischen Staates, die Theologie für seine Zwecke zu instrumentalisieren, die Bekennende Kirche in Deutschland sich genötigt sah, eigene Kirchliche Hochschulen zu betreiben und eine „illegale" Ausbildung der Vikare vorzunehmen[18].

Richtet man den Blick in das aussereuropäische Ausland, so gibt es auch das gleichsam umgekehrte Beispiel, dass Seminare, die ursprünglich bloss für die kirchliche Nachwuchsschulung gegründet worden waren, allmählich weitere Ausbildungsgänge anlagerten, so dass daraus allmählich eine komplette Universität entstand[19]. Wieder anderer Art sind kirchliche oder „päpstliche" Universitäten[20], aber auch Ordenshochschulen vor

wissenschaft". Vorüberlegungen zur Geschichte der Philosophie des 18. Jahrhunderts, in: Das Achtzehnte Jahrhundert 14 (1990), S. 19-57, sowie zu Kants Position *Reinhard Brandt*, Universität zwischen Selbst- und Fremdbestimmung. Kants „Streit der Fakultäten". Mit einem Anhang zu Heideggers „Rektoratsrede", Berlin 2003, S. 42-44.

18 Siehe *Kurt Meier*, Die Theologischen Fakultäten im Dritten Reich, Berlin-New York 1996, darin S. 189-221 zu den kirchlichen Hochschulen.

19 So hat sich die Universität von Kinshasa/Kongo aus den Anfängen einer theologischen Ausbildungsstätte (Faculté Theologie Protestante) entwickelt. Für zahlreiche weitere Beispiele aus dem reformierten Bereich siehe *Jean-Jacques Bauswein*/*Lukas Vischer* (Hg.), The Reformed Family Worldwide. A Survey of Reformed Churches, Theological Schools, and International Organizations, Grand Rapids/Mi.-Cambridge/UK 1999, S. 563-699.

20 Die Universität von Krakau, die „alma mater" von Papst Johannes Paul II., der dort eine Professur für Ethik innehatte, bevor er Bischof und dann Papst wurde, war die einzige katholische Universität in den kommunistischen Ländern Europas.

allem in der Dritten Welt, die neben theologischen Fakultäten häufig auch den Ausbaustandard einer Voll-Universität umfassen.

Allgemein lässt sich feststellen, dass die Theologie nur dann den ihr angemessenen Ort in einer Universität finden kann, wenn sie, von sachfremden, insbesondere politischen und wirtschaftlichen Beeinflussungen frei, die ihrem spezifischen Gegenstand entsprechenden Gestalten von Forschung, Lehre und interner Organisation und externer Verantwortung frei entwickeln kann. In diesem Sinne gilt in abgewandelter Weise programmatisch das Wort von Camillo Cavour: facoltà libera theologica in libera università.

## *Die Kirchlichkeit der Theologie*

*Die Bestimmung der Theologie als „Funktion" der Kirche und damit die Rede von der „Kirchlichkeit" der Theologie können leicht missverstanden werden. „Kirchlich" wird die Theologie zurecht genannt, insofern sie nicht einfach eine beschreibende und erklärende Wissenschaft ist, welche allein einer neutralen oder skeptischen Beobachterperspektive verpflichtet ist, sondern sie ist stets und konstitutiv auf den lebendigen Glauben einer Gemeinschaft von Menschen – eben der Kirche – bezogen. Diese Gemeinschaft ist zugleich viel umfassender und kleiner als eine bestimmte, rechtlich verfasste Kirche.*

*Die konkrete rechtliche Gestaltung der kirchlichen Bindung theologischer Fakultäten vor allem in Deutschland, der Schweiz und Österreich war und ist Gegenstand staatskirchenrechtlicher Kontroversen und Konzeptionen und entsprechender gesetzlicher Bestimmungen.*

Recht verstanden, ist mit der Freiheit einer theologischen Fakultät ihre Kirchlichkeit nicht nur vereinbar, sondern die notwendige andere Seite derselben Medaille des Titels „Theologie in der Universität". Hinsichtlich des Merkmals der „Kirchlichkeit" der Theologie scheint es freilich sinnvoll zu sein, zwischen der theologischen und der rechtlichen Auffassung dieser Bestimmung zu unterscheiden. Denn es ist eines, ob und wieweit in Verfassungen, Konkordaten oder Verträgen zwischen Staaten/Kantonen und Kirchen eine rechtliche Bindung theologischer Fakultäten an bestimmte, in der Regel öffentlich anerkannte Religionsgemeinschaften statuiert wird (mit daraus folgenden Rechten und Pflichten aller Vertragsparteien). Etwas ganz anderes ist, ob und in welchem Sinne theologische

Bildung und Ausbildung aufgrund eines bestimmten Kirchenverständnisses als „kirchlich“ zu bezeichnen sind, ohne dass daraus sogleich ganz bestimmte rechtliche Konsequenzen gezogen werden müssten. Beide Sichtweisen werden indes immer wieder durcheinandergebracht oder gar gleichgesetzt.

Die „Kirchlichkeit“ der Theologie in einem spezifisch theologischen Sinn kann nicht aus staatskirchenrechtlichen Bestimmungen hergeleitet werden, ja nicht einmal durch diese verbürgt werden, sondern muss, wenn der Begriff der Kirchlichkeit einen präzisen theologischen Sinn haben soll, aus dem Verständnis des Evangeliums, des Glaubens und der Kirche entwickelt werden. Eingangs wurde darauf hingewiesen, dass dem christlichen Glauben mit innerer Notwendigkeit das Merkmal der öffentlichen Mitteilung und Wirksamkeit eigen ist. Theologie als denkende Verantwortung des Glaubens scheut die Öffentlichkeit nicht, sondern ist ihr verpflichtet. Diese Verantwortung ist aber nicht nur eine Sache der einzelnen Christenmenschen, sondern diese denken, prüfen, argumentieren und handeln als Gemeinschaft, wenngleich jeder Einzelne dabei auch immer für sich selbst und seine besondere Einsicht geradestehen muss. Dieser grundlegende Gemeinschaftsbezug folgt daraus, dass das Bekenntnis zu Jesus Christus und zum dreieinigen Gott – als öffentliches Bekenntnis vor Gott und den Menschen – immer zugleich das Bekenntnis der individuellen Personen wie der Gemeinschaft, die sie bilden, darstellt. Weil, wie die Christen glauben und die Kirche zu aller Zeit lehrt, der Glaube aus dem Hören des Evangeliums kommt und die Kirche als Gemeinschaft der Glaubenden *(communio sanctorum)* vom Wort Gottes ins Leben gerufen wird *(creatura verbi)*, darum hat die Theologie als Reflexionsgestalt dieses Glaubens immer einen konstitutiven und unabdingbaren Gemeinschaftsbezug[21]. Aus diesem Grund – und nicht aufgrund öffentlichrechtlicher Anerkennung – ist von der Kirchlichkeit der Theologie zu reden. Weil jeder Christ dazu berufen ist, an der denkenden Verantwortung und werbenden Mitteilung des Glaubens mitzuwirken, die Lehre der Kirche und besonders der Prediger mit eigener kritischer Vernunft zu prüfen und ihr gegebenenfalls auch zu widersprechen[22], und weil

21 Siehe *Wilfried Härle*, Art. Kirche VII. Dogmatisch, in: TRE Bd. 18 (1989), S. 277-317, bes. S. 281-285 mit der zusammenfassenden These: „Kirche ist die durch das Wort Gottes begründete Gemeinschaft der Glaubenden“ (S. 285).

22 Klassischer Text: *Martin Luther*, Dass eine christliche Versammlung oder Gemeine Recht und Macht habe, alle Lehre zu urteilen und Lehrer zu berufen, ein-

es insofern in den Kirchen der Reformation das allgemeine Priestertum als eine gemeinsame, wesentlich nicht delegierbare Verantwortlichkeit gibt[23], darum ist von der Kirchlichkeit der Theologie zu reden beziehungsweise nach ihren Merkmalen immer wieder neu zu suchen.

Diese wesentliche Kirchlichkeit der Theologie reicht weit über die Bindung an eine bestimmte Kirche oder gar Konfession hinaus, sie kann aber auch etwa in Verfolgungszeiten lediglich von einer Minderheit in der sichtbaren Kirche wahrgenommen werden. Sie ist heute im Horizont der weltweiten Ökumene zur Geltung zu bringen. Konkret heisst das, dass die universitäre Theologie sich in einem weiteren Verantwortungshorizont verstehen muss als in der blossen Bindung an das Bekenntnis oder die Bekenntnisse einer einzelnen Landeskirche oder Diözese, ohne freilich deren Bedeutung zu ignorieren oder zu schmälern. Ein qualifizierter Bezug der Theologie auf die Kirche setzt dann allerdings voraus, dass eine (bestimmte) Kirche respektive einzelne Kirchen auch einen hinreichend klaren Begriff von dem, was für ihre Existenz wesentlich ist, haben, und dass sie in der Lage und willens sind, dieses Verständnis intern und extern zu begründen und zu erläutern. Die Kirchlichkeit der Theologie ist bezogen auf eine Kirche, die (auch) zu lehren versteht. Diese Voraussetzung ist zweifellos im Falle der römisch-katholischen Kirche wie in den bekenntnisgebundenen Kirchen der Reformation gegeben[24].

---

und abzusetzen. Grund und Ursach aus der Schrift (1523), Studienausgabe, Bd. 3, Berlin 1983, S. 72-84. Kritische Predigtunterbrechungen konnten und können dabei nicht ausbleiben; aus der Frühzeit der Reformation siehe dazu *Heinold Fast*, Reformation durch Provokation. Predigtstörungen in den ersten Jahren der Reformation in der Schweiz, in: Hans-Jürgen Goertz (Hg.), Umstrittenes Täufertum 1525-1975, Göttingen 1975, S. 79-110; zu neuen Formen von Öffentlichkeit und medialer Kommunikation in der Reformationszeit siehe *Berndt Hamm*, Die Reformation als Medienereignis, in: Glaube und Öffentlichkeit (JBTh 11, 1996), S. 137-166.

23 Natürlich gibt es eine funktional sinnvolle Arbeitsteilung, dergestalt, dass akademisch gebildete Theologinnen und Theologen sich spezialisieren. Aber das darf nie Selbstzweck sein, sondern das Mass des besonderen (Pfarr-)Amtes ist dessen Dienst und Nützlichkeit für den Aufbau (οικοδομη) der Gemeinde; vgl. dazu nach wie vor *Ernst Käsemanns* wichtigen Aufsatz: Amt und Gemeinde im Neuen Testament (zuerst Vortrag 1949), in: ders., Exegetische Versuche und Besinnungen, Bd. 1, Göttingen [4]1965, S. 109-134.

24 Vgl. hierzu bes. die letzte Veröffentlichung des langjährigen Generalsekretärs des ÖRK, *Willem A. Visser't Hooft*, Lehrer und Lehramt der Kirche, Frankfurt/M. 1986. Siehe bes. *Eilert Herms*, Die Lehre im Leben der Kirche, in: ZThK

Eine gänzlich neue Variante des Kirchenbezuges wissenschaftlicher Theologie, deren Bedeutung wegen der regionalen Verankerung bislang noch gar nicht gewürdigt worden ist, stellt im übrigen die Vereinigung der zwei theologischen Fakultäten an der Universität Bern zur neuen „Christkatholischen und Evangelisch-Theologischen Fakultät" dar[25]. Wenn man, wie ich, diesen Zusammenschluss nicht bloss als einen administrativen Akt ansieht, sondern als eine bindende, auch theologisch und kirchenrechtlich relevante Entscheidung, welche von den beteiligten Fakultäten und Kirchen ja auch nicht zurückgewiesen worden ist, dann haben wir hier das bemerkenswerte Beispiel einer überkonfessionellen kirchlichen Verantwortlichkeit einer konfessionell gemischten Fakultät vor uns.

Ganz anders sieht es hingegen aus, wenn aufgrund eines (politisch-)liberalen Kirchenverständnisses und/oder aufgrund staatskirchenrechtlicher Vorgaben eine Kirche darauf verzichtet, eine irgendwie nachprüfbare und entscheidungsrelevante Bekenntnisverpflichtung ihrer Mitglieder und speziell ihrer Amtsträger sowie der Universitätsprofessorinnen und -professoren geltend zu machen. Wenn eine Kirche ausdrücklich sich zur Bekenntnisfreiheit bekennt, hat sie nur noch sehr beschränkt die Möglichkeit, die Kirchlichkeit der Theologie ernst zu nehmen oder zu fordern, in theologisch qualifizierter Weise offenkundiger Irrlehre entgegenzutreten und auch geeignete Abhilfe zu suchen[26]. Wenn ein theologischer Leh-

---

82 (1985), S. 192-230; *Ingolf U. Dalferth*, Wissenschaftliche Theologie und kirchliche Lehre, in: ZThK 85 (1988), S. 98-128; *Dietrich Ritschl*, Art. Lehre, in: TRE Bd. 20 (1990), S. 608-621.

25 Diese Vereinigung hat m.E. durchaus eine andere ekklesiologische Qualität als die Form der „united seminaries", wie sie in der angelsächsischen Welt und auch in zahlreichen Ländern der sog. Dritten Welt begegnen, insofern die neue Fakultät gleichzeitig zwei Kirchen und ihren theologischen Lehren verpflichtet ist.

26 Zum Zusammenhang von Bekenntnisbindung und Lehrverpflichtung in lutherischer Sicht vgl. *Jörg Baur*, Lehre, Irrlehre, Lehrzucht, in: ZevKR 19 (1974), S. 225-252; reformiert: *Eberhard Busch*, Die Nähe der Fernen – Reformierte Bekenntnisse nach 1945, in: Michael Welker/David Willis (Hg.), Zur Zukunft der Reformierten Theologie. Aufgaben, Themen, Traditionen, Neukirchen-Vluyn 1998, S. 587-606 (siehe dazu auch die Textsammlung „Reformiertes Zeugnis heute", hg. v. Lukas Vischer, Neukirchen-Vluyn 1988); rechtsethisch: *Wolfgang Huber*, Lehrbeanstandung in der Kirche der Lehrfreiheit, in: Gerhard Rau/Hans-Richard Reuter/Klaus Schlaich (Hg.), Der Recht der Kirche, Bd. III: Zur Praxis des Kirchenrechts, Gütersloh 1994, S. 118-137; juristisch: *Gerhard Robbers*, Lehrfreiheit und Lehrbeanstandung, ebda., S. 138-152; aus katholisch-ökumeni-

rer oder Pfarrer heute die alte Irrlehre Markions wieder vertreten würde, wären etliche Kirchen in der Schweiz ziemlich hilflos. Ohne verbindliches kirchliches Bekenntnis ist eine akademische Theologie, die ihr Verhältnis zur Kirche nicht als Adiaphoron betrachtet, schwerlich möglich – jedenfalls nicht im Konfliktfall. Zwar muss eine bekenntnisoffene oder gar bekenntnisfreie Theologie deshalb noch nicht zur Religionswissenschaft werden, aber ihr theologischer Charakter und die daraus herzuleitende „Kirchlichkeit" hängen unter solchen Umständen allein vom guten Willen oder den persönlichen Überzeugungen der Dozierenden sowie einem mehr oder weniger rechtlich unverbindlichen Vertrauensverhältnis zwischen Fakultätsmitgliedern, Kirchenmitgliedern, Synoden und sonstigen Kirchenvertretern ab.

Die Kirchlichkeit der Theologie im rechtlichen Sinne ist je nach Kirchen und Staaten unterschiedlich bestimmt und geregelt, meist in Gestalt von Verträgen, gelegentlich sogar auf Verfassungsebene. Die römisch-katholische Kirche bevorzugt, wo dies politisch und rechtlich möglich ist, nach wie vor die Rechtsform des Konkordates[27]. In neuerer Zeit sind in Deutschland Einrichtungen für Orthodoxe Theologie (München und Münster) hinzugekommen sowie die 1979 gegründete Hochschule für jüdische Studien in Heidelberg. Die verschiedenen rechtlichen Bestimmungen begründen unterschiedliche kirchliche und/oder institutionelle Mit- und Einwirkungsrechte, die hier nicht näher dargelegt werden müssen. Es genügt der Hinweis, dass die rechtlich garantierten, formalen kirchlichen Mitwirkungsrechte etwa bei der Berufung theologischer Hochschullehrer an evangelische Fakultäten in der Schweiz sehr schwach ausgebildet sind, während am anderen Ende des Spektrums das dezisive Votum der römisch-katholischen Kirche (besonders in Deutschland) nicht nur bei jeder Berufung, sondern auch bei der Abberufung eines Hochschullehrers aus Gründen der Beanstandung von Lehre und/oder Lebenswandel[28] ein Einwirkungsrecht in den Hochschulbereich darstellt, wie sonst dergleichen in keinem Bereich der Wissenschaft begegnet[29]. (Was nicht heissen

---

scher Perspektive *Hans-Jörg Urban*, Bekenntnis, Dogma, kirchliches Lehramt, Wiesbaden 1972.

27 Siehe den Band über „Die Neuordnung des Verhältnisses von Staat und Kirche in Mittel- und Osteuropa", Essener Gespräche zum Thema Staat und Kirche 29, Münster 1995.

28 Vgl. *H. Weber*, Theologische Fakultäten und Professuren (Anm. 12), S. 144-149.

29 Hingegen besteht in Deutschland kein Recht der evangelischen Kirchenleitungen, nachträglich Lehre oder Lebenswandel evangelischer Universitätstheologen

soll, dass es bloss deshalb woanders immer fair, rechtlich korrekt und rational zuginge!)

## *Die Ökumenizität der Theologie*

*Der Kirchenbezug der Theologie ist im 20. Jahrhundert durch die ökumenische Verantwortung der Partikularkirchen und der Theologie enorm erweitert, aber auch differenzierter und problematischer geworden. Der christliche Glaube, dessen denkender Verantwortung in der Öffentlichkeit zu dienen der Theologie aufgetragen ist, bezieht sich immer sowohl auf die Wirklichkeit einer bestimmten Gemeinde (Ortsgemeinde und/oder Personalgemeinde) als auch einer rechtlich geordneten Partikular- bzw. Landeskirche oder Diözese als auch auf die weltweite Gemeinschaft aller Kirchen der Christenheit. Insofern eignet der öffentlichen Aufgabe aller Theologie heute eine unaufgebbare ökumenische Dimension, der besonders unter Bedingungen der Globalisierung in Forschung und Lehre Rechnung getragen werden muss.*

Die traditionelle Ausrichtung theologischer Fakultäten in der Schweiz und in Deutschland war jahrhundertelang konfessionell bestimmt, jedenfalls solange es konfessionell geprägte, territoriale Herrschaftsordnungen gab. Die Theologiestudenten absolvierten im allgemeinen ihre Ausbildung an den Landesuniversitäten. Der theologische Nachwuchs der Württembergischen Evangelischen Kirche durchlief typischerweise die Seminare in Maulbronn, Blaubeuren oder Urach und wohnte während des Studiums in Tübingen im dortigen Stift. Auch die Universitätsneugründungen im Zeitalter des Absolutismus, die zunehmend auf natur- und staatswissenschaftliche Kompetenzen setzten, enthielten theologische Fakultäten für die Deckung des territorialen Bedarfs an „Geistlichen". Noch die Neugründungen theologischer Fakultäten oder Fachbereiche nach dem II.

---

zu beanstanden, ihre Entfernung aus dem Amt und vielleicht gar eine „Ersatzgestellung" zu verlangen; siehe *H. Weber*, Theologische Fakultäten und Professuren (Anm. 12), S. 151; *W. Huber*, Lehrbeanstandung (Anm. 26), S. 130. Demgegenüber ist die Subordination der Hochschullehrer unter das kirchliche Lehramt in der römisch-katholischen Kirche unter Papst Johannes Paul II. erheblich verschärft worden; vgl. dazu kritisch *Reinhard Frieling*, Instrumentalisierte Freiheit der Theologie?, in: ZThK 88 (1991), S. 121-138.

Weltkrieg in Deutschland (Bochum, München, später Frankfurt/M.[30], zuletzt, einstweilen vom Vatikan unterbunden, Erfurt[31]) folgen dem territorialen, konfessionellen und meist paritätischen Muster.

Erst das 20. Jahrhundert kann als das Jahrhundert des ökumenischen Aufbruchs und der Öffnung der Kirchen bezeichnet werden. Das Ende der ehedem relativ homogenen religiös-kulturellen Milieus in der Folge zweier Weltkriege, die ökumenische Bewegung sowie das II. Vatikanische Konzil beendeten die konfessionalistische Selbstgenügsamkeit und Abgrenzung. Die „Kirchlichkeit" der Theologie kann daher nicht mehr ausschliesslich als (partikulare) Bekenntnisgemässheit ausgelegt werden, sondern muss, diese ergänzend, heute als ökumenische Offenheit, Aufmerksamkeit, Partnerschaft und kritische Solidarität Ausdruck finden. Die beiden „Ökumenischen Direktorien" der römisch-katholischen Kirche haben in dieser Hinsicht Möglichkeiten interkonfessioneller Zusammenarbeit aufgewiesen, die noch lange nicht voll erkannt, geschweige denn erschöpft sind[32].

Im Blick auf die ökumenische Kirchlichkeit der Theologie kann heute gefragt werden, ob die herkömmliche konfessionelle Prägung und Abgrenzung theologischer Fakultäten noch sachlich angemessen sind. Ich

30 Die Einrichtung eines katholischen Fachbereichs an der Universität Frankfurt/M. vonseiten des Staates war sehr umstritten. Martin Heckel und Axel von Campenhausen erstatteten einschlägige Gutachten. Zur Gesamtproblematik vgl. die von M. Heckel betreute juristische Diss. von *Jörg Kriewitz*, Die Errichtung theologischer Hochschuleinrichtungen durch den Staat, Tübingen 1992 (IusEccl 42). Das deutsche Bundesverwaltungsgericht hat 1996 in der Sache der Diözese Limburg Recht gegeben (Urteil v. 18. Juli 1996, siehe ZevKR 41 [1996], S. 460-471).

31 Siehe dazu vom einstigen „Gründungsrektor" der Universität Erfurt, *Peter Glotz*, Zur Rolle theologischer Forschung und Lehre im Erfurter Universitätskonzept, in: H.-R. Reuter, Theologie in der Universität (Anm. 9), S. 14-22/36.

32 Die Forderung nach einer entsprechenden Anleitung ging auf das II. Vatikanische Konzil zurück. Das Sekretariat zur Förderung der Einheit der Christen legte ein erstes „Ökumenisches Direktorium" in zwei Teilen vor (Paderborn 1967 bzw. 1970); lateinischer Text AAS 1967, 574-592 (Teil 1), AAS 1970, 705-724 (Teil 2). Das zweite „Direktorium zur Ausführung der Prinzipien und Normen über den Ökumenismus" des Päpstlichen Rates zur Förderung der Einheit unter den Christen erschien am 25. März 1993, deutsche Fassung in den Verlautbarungen des Apostolischen Stuhls 110, Bonn 1993. Zwischen den Direktorien liegen u.a. die Promulgation des neuen *Codex Iuris Canonici* (1983) und die Veröffentlichung des neuen „Katechismus der katholischen Kirche" (1992), lateinischer Urtext Città del Vaticano 1993, deutsche Ausgabe München u.a. 1993.

verstehe nicht, warum bei konfessionsverschiedenen Fakultäten an einer Universität alt- und neutestamentliche, (kirchen-)historische, dogmatische, ethische oder praktisch-theologische Bibliotheken nicht zusammengelegt werden können. Offenkundig gibt es inzwischen in allen theologischen Disziplinen der Theologie gut funktionierende Kooperationen zumindest zwischen protestantischen und römisch-katholischen Theologinnen und Theologen – es gibt die konfessionsübergreifende „scientific community" der Exegeten und Historiker; die Konvergenz in den sozialethischen Grundüberzeugungen macht immer mehr gemeinsame, öffentliche Positionsbezüge in Fragen der angewandten Ethik möglich; für die Dogmatiker haben ökumenische Gemeinsamkeiten die alten kontroverstheologischen Unterschiede zwar nicht gleichgültig gemacht, wohl aber deren Stellenwert verändert, und die praktischen Theologen kooperieren ebenfalls in der Regel im Geiste wechselseitiger Anregungen statt Abgrenzungen. Ich denke: Es ist an der Zeit, aus dem praktisch wirksamen Geist des Ökumenismus auch organisatorische Konsequenzen zu ziehen.

Während in der angelsächsischen Welt dieser Entwicklung seit langem engere Formen der Kooperation entsprechen (United Seminaries, gemeinsame post-doc-Studiengänge, internationale Kontakte, häufig auch unter Einbeziehung jüdischer Ausbildungsprogramme), sind in Europa die konfessionellen Schranken nach wie vor weniger durchlässig. Das fördert eine gewisse Provinzialität der theologischen Ausbildung. Dieser Umstand dürfte nicht zuletzt entscheidend damit zusammenhängen, dass aus historischen Gründen die Konfessionalität der meisten Fakultäten rechtlich garantiert ist und insofern keine engere Kooperation von aussen angestossen oder gefordert wird. Ich bin gleichwohl überzeugt, dass eine stärkere ökumenische Zusammenarbeit theologischer Fakultäten grundsätzlich wünschenswert und kirchenrechtlich möglich ist.

Freilich ist sogleich hinzuzufügen, dass, was für die Situation zwischen evangelischen und römisch-katholischen Fakultäten gilt, keineswegs auch für das Verhältnis zur orthodoxen Theologie oder zu freikirchlichen Ausbildungsstätten gilt, von den komplexen Verhältnissen im aussereuropäischen Bereich der theologischen Ausbildung hier ganz zu schweigen[33].

33 Die ökumenische Bewegung und besonders der Internationale Missionsrat, der 1961 anlässlich der dritten Vollversammlung des ÖRK in diesen integriert wurde, haben von früh an grosses Gewicht auf die Förderung der theologischen Ausbildung gelegt und zu diesem Zweck den „Theological Education Fund" gebil-

Aber diese praktischen Schwierigkeiten sollten der grundsätzlichen Einsicht nicht widersprechen, dass im Zeitalter der Globalisierung um der Einheit der Christenheit willen eine stärkere ökumenische Ausrichtung und Organisation theologischer Fakultäten geboten ist. Von diesem Gewinn an internationaler Öffnung würden im Übrigen vermutlich auch die anderen Fakultäten an einer modernen Universität profitieren können.

## *Theologie in der modernen Gesellschaft*

*In der Gegenwart gibt es eine kaum zu überblickende Mannigfaltigkeit der Institutionalisierungen von Theologie – als universitäre Fakultäten, kirchliche Seminare und Hochschulen, Fachbereiche in „Departments for Religious Studies", Ausbildungsstätten aller Niveaus, vielgestaltige Präsenz in allen Medien, Ordenshochschulen usw. usw. Neben Schliessungen von Fakultäten stehen Neugründungen ganzer Universitäten in der Verantwortung von (nicht nur christlichen) Religionsgemeinschaften. Es genügt nicht, lediglich die Verhältnisse in Mitteleuropa in den Blick zu nehmen, wenn nach angemessenen Formen der Institutionalisierung von Theologie in Ausbildungsstätten gefragt wird.*

Auf eine Umfrage des Stifterverbandes für die deutsche Wissenschaft, wie viele Abiturienten Deutschland brauche, hat Georg Picht, einer meiner philosophischen Lehrer, gelegentlich geantwortet: „Gar keine."[34] Ähnlich könnte man auf die Frage reagieren, wie viele theologische Fakultäten und Theologiestudierende Deutschland oder die Schweiz brauchen.

Freilich wird man diese Antwort nur im Bewusstsein geben können, dass die Kirche in ihrer Geschichte erstaunlicherweise immer und überall in der Lage gewesen ist, diejenigen Bildungsprozesse zu organisieren, die für ihre Aufgabenerfüllung in dieser Welt erforderlich sind. Wenn man

det. Zu dessen Entwicklung und Arbeit siehe die Heidelberger Diss. von *Christine Lienemann-Perrin*, Training for a Relevant Ministry, Bangalore/Indien 1982.

34 Picht hatte im Februar 1964 eine Artikelserie in einer Wochenzeitung publiziert, die unter dem Titel „Die deutsche Bildungskatastrophe" (Olten-Freiburg i.Br. 1964) seinerzeit grosses Aufsehen erregte; das Zitat findet sich in seinem rückblickenden Beitrag: Vom Bildungsnotstand zum Notstand der Bildungspolitik, in: Zs. f. Päd. 19 (1973), S. 665-678 (667). Dreissig Jahre später reibt man sich verblüfft die Augen ob der Aktualität von Pichts Diagnosen.

dabei über die Grenzen Europas hinaus- oder in die Vergangenheit zurückblickt, zeigt sich eine ungeheure Fülle der unterschiedlichsten Formen theologischer Bildung – von kleinen und kleinsten Seminaren, die nicht selten in Zeiten politischer Repression illegal organisiert werden mussten, über kircheneigene Ausbildungsstätten bis hin zu Institutionen an grossen Universitäten und schliesslich kompletten Universitäten in kircheneigener Regie, wie dies insbesondere auf römisch-katholischer Seite weltweit der Fall ist, insbesondere auch in der Trägerschaft von religiösen Orden.

Diese Vielfalt begegnet nicht nur in christlichen Bildungseinrichtungen, sondern auch und zunehmend auf Initiative von Mitgliedern anderer Hochreligionen. Besonders hervorzuheben sind Neugründungen von Universitäten in buddhistischer oder konfuzianischer Trägerschaft in Asien. Auf Taiwan gibt es derartige bestens ausgestattete, komplette Universitäten, die ursprünglich vor allem technisch-naturwissenschaftlichen und ökonomischen Studiengängen gewidmet waren, aber neuerdings auch planmässig eine starke religiös-spirituelle Komponente entwickeln, und zwar insbesondere als Gegengewicht zu einer einseitigen technisch-instrumentellen Rationalität[35].

Ich verweise auf diese Beispiele, weil, wenn ich richtig sehe, im „alten" Europa vor allem unter wirtschaftlichen Nützlichkeitserwägungen die Geisteswissenschaften und damit die theologischen Fakultäten oft recht leichtfertig zur Disposition gestellt werden. Naturwissenschaftliches, technisches und biomedizinisches Wissen gilt als wirtschaftsfördernd und damit als zukunftssichernd. Dass demgegenüber gerade in den sogenannten kleinen „Tigerstaaten" Südostasiens das Verlangen nach geistiger und religiöser Bildung manifest wird, sollte vielleicht nachdenklich stimmen. In einer Zeit, in der die wissenschaftliche Spezialisierung bisweilen schon merkwürdige Blüten treibt, mangelt es weithin an kritischer öffentlicher Aufklärung und allgemein an integrationsfähigem Orientierungs-

35 Siehe zum Beispiel des Hua-Feng-College für Geisteswissenschaften und Technologie auf Taiwan *Jenny Hu*, Menschen heranbilden – die neue Welle der buddhistischen Universitäten, in: Freies China, Juli/August 1994, S. 20-28; *Eugenia Yun*, Renaissance des Buddhismus, in. Freies China Mai/Juni 1995, S. 36-53. Die Gründerin der Huafan-University (im bergigen Umland von Taipei gelegen), die buddhistische bildende Künstlerin Hiu Wan, versucht die Ideale der chinesischen und buddhistischen Kultur mit den modernen Ausbildungserfordernissen in Technologien und Management zu verbinden („education of enlightenment", wie es in einem Prospekt der Universität heisst).

wissen. Ich selbst habe in interdisziplinären Lehrveranstaltungen immer wieder die Erfahrung gemacht, dass unter Nicht-Theologen das Interesse an theologischen und philosophischen Grundfragen sehr gross ist. Ob diesem Interesse auch ohne theologische Fakultäten angemessen Rechnung getragen werden kann, muss man wohl bezweifeln.

Die Theologie hat in dieser Hinsicht wohl eine Verpflichtung, der sie vielleicht nicht immer hinreichend nachzukommen vermag. Es besteht ein grosses Desiderat, die Grundlagen der Fachwissenschaften auf die in ihnen vorausgesetzten erkenntnistheoretischen, praktischen und moralischen Annahmen und Überzeugungen hin zu befragen. Es geht nicht um Bevormundung oder klerikale Besserwisserei, sondern darum, die kritische Selbstreflexion der Wissenschaften zu fördern und zu stärken – einschliesslich der Theologie, die den anderen Disziplinen hinsichtlich ihres Kritikpotentials zunächst ja nichts voraus hat. Welchem Konzept gesellschaftlicher Verantwortlichkeit soll eine moderne Universität sich verpflichtet wissen? Welche Entscheidungskriterien steuern forschungspolitische Allokationsentscheidungen? Welchem Menschenbild sind Forschende sowohl im Labor wie in ihrer staatsbürgerlichen Verantwortlichkeit verpflichtet? Wenn die Philosophie in früheren Zeiten bei der Formulierung derartiger Fragen zwar bloss die Rolle einer ancilla – nicht als Schleppen-, sondern als Fackelträgerin – zugewiesen erhalten hatte, so könnte heute die Theologie diesbezüglich die Funktion einer „Schwester der Magd" haben[36].

## *Der Kulturauftrag des Staates*

*Der moderne Rechtsstaat ist der Religionsfreiheit nicht nur als einem individuellen Abwehrrecht verpflichtet, sondern auch der Glaubens- und Religionsfreiheit als dem Recht der Mitglieder einer Religionsgemeinschaft, ihren Glauben einzeln und in Gemeinschaft öffentlich zu bekennen, institutionelle Gemeinschaftsformen zu entwickeln und Formen ihrer gesellschaftlichen Verantwortung auszubilden. Zum Kulturauftrag des*

36 Ein solches Theologieverständnis hat übrigens schon sehr früh *Karl Barth* vertreten; siehe seine „Ethik" von 1928/29, hg. v. Dietrich Braun, § 2, Zürich 1973, S. 30-74, mit der heute vielleicht nicht mehr so befremdlichen Schlussthese: „Die Philosophie ist *nicht* ancilla theologiae. Theologie kann nur mit der Philosophie zusammen ancilla ecclesiae, ancilla Christi sein wollen" (74).

*Staates gehört die Förderung der freien Entfaltung menschlicher Kultur in Bildung, Wissenschaft, Kunst und eben auch Religion. Dazu gehört auch die Mitverantwortung für die Prüfung, Weitergabe und Entfaltung des kulturellen Gedächtnisses einer Gesellschaft. Die Gewährleistung oder Unterstützung der Theologie als Wissenschaft in der Universität dient auch diesen Aufgaben.*

Zu den festesten Vorurteilen der Gegenwart gehört die Überzeugung, dass Religion „Privatsache" sei. Das ist sie zwar auch, und zwar in dem präzisen Sinne, dass in einem Rechtsstaat niemand gezwungen werden darf, seinen Glauben, seine Religion oder eben seinen Unglauben und seine Nichtzugehörigkeit zu einer organisierten Religion insbesondere vor staatlichen Einrichtungen offenzulegen. Vor allem aber darf niemand aufgrund seiner Religionszugehörigkeit oder Nicht-Zugehörigkeit diskriminiert werden. Die Religionsfreiheit als ein subjektives Recht gehört zum ehernen Fundament des Rechtsstaates. Sie dient unmittelbar und unverzichtbar dem Schutz der Würde des Menschen. Sie darf – im Rahmen der für alle geltenden Gesetze[37] – nur eingeschränkt werden, wenn ihre Wahrnehmung die Religionsfreiheit oder grundlegende Freiheitsrechte anderer gefährdet, bedroht oder negiert. Indes wird diese Überzeugung von der „privaten" Religions-, Gewissens- und Glaubensfreiheit zum Vorurteil, sobald man der Auffassung ist, dass sich darin schon die rechtliche Garantie der Religionsfreiheit erschöpfen müsse und darüber hinaus keinerlei praktische und rechtliche Bedeutung habe.

Wie jedoch die Grundrechte der Meinungs- und Pressefreiheit den modernen Rechtsstaat nicht nur dazu verpflichten, Verstösse gegen sie zu verhindern, sondern auch die notwendigen Bedingungen zu schaffen und zu sichern, welche die konkrete Inanspruchnahme dieser Grundrechte allererst ermöglichen (also beispielsweise durch ein geeignetes Medienrecht), so kommt es eben nicht nur darauf an, Beeinträchtigungen der Religionsfreiheit zu begegnen, sondern ihre individuelle und gemeinschaftliche Wahrnehmung nicht zu erschweren (schon gar nicht in diskriminierender Weise), sondern – im Rahmen staatlicher Neutralität und Parität – zu schützen und zu fördern[38]. Dabei hat der liberale Rechtsstaat der Mo-

37 Zu dieser Schrankenregelung im deutschen Religionsrecht vgl. eingehend *Wolfgang Bock*, Das für alle geltende Gesetz und die kirchliche Selbstbestimmung, Tübingen 1996, bes. S. 170-178.

38 Vgl. Art. 9 Abs. 1 EMRK: „Jede Person hat das Recht auf Gedanken-, Gewissens- und Religionsfreiheit; dieses Recht umfasst die Freiheit, seine Religion

derne nicht von sich aus das Recht und die Aufgabe, religiöse Orientierungen und Gehalte zu bestimmen, zu pflegen und zu unterstützen, sondern es obliegt ihm, die entsprechenden gesellschaftlichen Kräfte ohne jede Diskriminierung anzuerkennen und ihr freies Wirken zu gewährleisten[39]. Dass damit keine unersättlichen Finanzansprüche geltend gemacht werden können und dürfen, versteht sich von selbst.

Nun ist völlig unbestreitbar, dass theologische Fakultäten in sehr umfassender Weise der Erhellung, Überlieferung und kritischen Prüfung des kulturellen Erbes einschliesslich der religiösen Traditionen dienen. Sie sind im weitesten Sinne der Erforschung und Aufklärung der kulturellen Kräfte verpflichtet, die in Geschichte und Gegenwart die moderne Welt geformt haben und Quellen zukunftsträchtiger Entwicklungen darstellen. Theologie als kritische Christentumsgeschichte und heutiges Glaubensdenken dient auch dem differenzierten kulturellen Gedächtnis. Es ist absurd, sich vorzustellen, man könne die Geschichte Europas und der heutigen Welt verstehen, wenn man nicht die Rolle der Religionen einschliesslich des Christentums verstünde. Deshalb würde es zu einer kulturellen Analphabetisierung beitragen, wenn man die Gehalte jüdischer und christlicher Überlieferungen aus dem Bildungskanon einer modernen Universität verbannen würde[40].

Freilich kann man wissen, dass Staaten zu allen Zeiten in der Versuchung gestanden haben, Kultur und Religion für ihre Zwecke zu instrumentalisieren. Darum neigen Politiker verständlicherweise dazu, in erster Linie diejenigen Religionsgemeinschaften zu unterstützen, von deren Mitgliedern und Anhängern sie sich wiederum (politische) Unterstützung und damit einen Beitrag zum Machterhalt erhoffen. Wenn man sich das nüchtern klarmacht, wird es um so wichtiger, dass das Prinzip der Trennung von Staat und Religion in dem Sinne streng respektiert wird, dass

---

oder Weltanschauung zu wechseln, und die Freiheit, seine Religion oder Weltanschauung einzeln *oder gemeinsam mit anderen öffentlich und privat* durch Gottesdienst, Unterricht oder Praktizieren von Bräuchen und Riten zu bekennen.“ (Hvhbg. WL).

39 Siehe *Axel von Campenhausen*, Der heutige Verfassungsstaat und die Religion, in: HdbStKirchR$^2$, Bd. 1, Berlin 1994, S. 47-84.

40 Siehe auch *Walter Sparn*, Theologie als kulturwissenschaftliche Disziplin in der Universität, in: H.-R. Reuter, Theologie in der Universität (Anm. 9), S. 90-109/122. Siehe auch *Aleida Assmann*, Erinnerungsräume. Formen und Wandlungen des kulturellen Gedächtnisses, München 1999; *Peter Rusterholz/Rupert Moser* (Hg.), Wir sind Erinnerung. Bern u.a. 2003.

der Staat im Normalfall erstens keinen Einfluss auf die inhaltliche Gestaltung der von ihm geförderten kulturellen Aktivitäten nimmt und zweitens bei seiner allfälligen Unterstützung die Prinzipien der Neutralität und Parität genau beachtet und die Förderung, die er einstmals lediglich den grossen Kirchen zugute kommen liess, in (nach allen Seiten!) nichtdiskriminierender Form auch allen anderen Religionsgemeinschaften zuteil werden lässt[41].

## *Theologie in der heutigen Universität*

*Gegenüber früheren Zeiten hat sich die Stellung der Theologie in heutigen Universitäten einschneidend geändert. Ihre Legitimität wird vor allem unter Verweis auf die modernen Prinzipien der Glaubens- und Gewissensfreiheit sowie auf ihre Unvereinbarkeit mit bestimmten modernen Wissenschaftsverständnissen bestritten.*

*Auf der anderen Seite bedeutet die Anerkennung der Zugehörigkeit der Theologie zur heutigen „universitas litterarum", dass (1) die Universität ein plurales, differenziertes Wissenschaftsverständnis anerkennt und (2) die universitären Wissenschaften ihrerseits nicht dogmatistisch verengt sind, sondern die Frage nach der Wahrheit bewusst offen halten. Zugleich haben (3) die Kirchen ein elementares Interesse daran, dass ihr*

41 In diesem Sinne ist in Deutschland der Staatsvertrag von Anfang 2003 mit dem Zentralrat der Juden ein wichtiger Meilenstein, von dem man wünschen darf, dass analoge Vereinbarungen auch mit muslimischen Körperschaften folgen werden. Und um so mehr zu bedauern ist, dass der Souverän im Kanton Zürich im November 2003 die öffentlichrechtliche Anerkennung und damit die Nicht-Diskriminierung von weiteren Religionsgemeinschaften abgelehnt hat. – Es ist im Übrigen in diesem Zusammenhang wichtig, zu sehen, dass es auch eine Diskriminierung grösserer religiöser Gruppen durch kleine Minderheiten geben kann, wie man an regelmässigen Protesten gegen Glockengeläut u.ä. sehen kann. Zu nicht einfachen Abwägungsurteilen ist man genötigt, wenn – wie bspw. bei religiösen Symbolen in Gerichtssälen und Schulräumen – auf den ersten Blick unvereinbare religiöse und/oder areligiöse Überzeugungen zusammenprallen. In solchen Konflikten liegt aber, bei vernünftiger, fairer, toleranter und rechtlich einwandfreier Handhabung auch die Chance zur Förderung interreligiösen Verstehens und damit des gesellschaftlichen Friedens. Siehe zu diesen Fragen grundsätzlich und mit vielen praktischen Beispielen *Walter Kälin*, Grundrechte im Kulturkonflikt. Freiheit und Gleichheit in der Einwanderungsgesellschaft, Zürich 2000.

*künftiges Personal in Auseinandersetzung mit dem Wahrheitsbewusstsein und -verständnis moderner Wissenschaften sich bildet und ausgebildet wird, und (4) reicht der Bildungsauftrag der theologischen Fakultäten weit über die kirchlichen Bedürfnisse hinaus.*

Das Recht der Religionsfreiheit enthält eine positive Gewährleistung: zu diesem Freiheitsrecht gehört auch das Recht, gemeinsam mit anderen die religiöse Überzeugung zum Ausdruck zu bringen und entsprechend allein oder gemeinsam zu handeln und diejenigen Bedingungen, Handlungsformen und Institutionen zu schaffen, die dem Ausdruck gemeinsamer religiöser Überzeugungen dienen. Dazu gehören auch wissenschaftliche Institutionen und andere öffentliche Bildungseinrichtungen[42]. Wenngleich die korporative Religionsfreiheit in den verschiedenen Staaten unterschiedlich rechtliche Anerkennung gefunden hat, ist sie in Europa im Prinzip heute im allgemeinen nicht (mehr) bestritten.

Die Inanspruchnahme korporativer Religionsfreiheit vonseiten der Kirchen ist nicht Willkür oder Anmassung, sondern folgt mit innerer Notwendigkeit aus dem Glauben und dem Verständnis der Kirche selbst. Wenn der säkulare Rechtsstaat diese Freiheit gewährleistet, so anerkennt er darin das Selbstverständnis und die Eigenständigkeit einer Religionsgemeinschaft, ohne sich freilich mit dieser und ihren Lehren zu identifizieren. Staat und Gesellschaft können – müssen aber nicht – auf dieser Basis die Theologie als eine Wissenschaft institutionalisieren, die einerseits dem christlichen Glauben und der Kirche als einer Gemeinschaft von Glaubenden verpflichtet ist, andererseits in der „universitas litterarum" ihren besonderen Platz bekommt. Rechtlich gehört diese Wissenschaft insofern zu den klassischen „res mixtae", also denjenigen öffentlichen Angelegenheiten, die sinnvoll nur im Zusammenwirken von Staat und Kirche geregelt werden können.

Freilich muss ein Rechtsstaat nicht automatisch theologische Fakultäten institutionalisieren. Dazu bedarf es der entsprechenden öffentlichen Meinungsbildung und politisch-demokratischer Entscheidungen. Doch auch unter dieser Voraussetzung ist der alte „Streit der Fakultäten" keineswegs erledigt, sondern er wird geradezu als ein systematischer Sachkonflikt an der Universität institutionalisiert, nicht zuletzt im wohlverstandenen Interesse der Theologie selbst. Denn diese hat – als denkende

42 Insbesondere sind in dieser Hinsicht in Deutschland und in der Schweiz neben öffentlichen Schulen in kirchlicher Trägerschaft und theologischen Fakultäten auch die Einrichtungen der kirchlichen Erwachsenenbildung zu nennen.

Verantwortung des Glaubens und im Blick auf den kirchlichen Lebenszusammenhang – die Pflicht, ihre Überzeugungen, ihre Grundlagen, ihre Arbeitsweisen, Einsichten und – vor allem auch – ihre Aporien öffentlich zur Diskussion zu stellen. Indem die Theologie als Wissenschaft darüber Rechenschaft abgibt, dass ihr ganz besonderer Gegenstand, die Rede von Gott und das Bekenntnis zu Jesus Christus, alles andere als selbstverständlich und vor allem auch ihr selbst nicht verfügbar ist, bringt sie ein heilsames Moment der Kritik und Irritation in den normalen Gang der anderen Wissenschaften. Dies schliesst ein, dass die Theologie in einer Art und in einem Masse auf das Gespräch mit den anderen Wissenschaften in der Universität angewiesen ist, wie dies sonst wohl für keine andere Disziplin, ausser der Philosophie, gilt[43].

43 Die Evangelische Kirche in Deutschland hat vor einiger Zeit einen Konsultationsprozess über „Protestantismus und Kultur" in Gang gesetzt. In einem Impulspapier mit dem Titel „Gestaltung und Kritik. Zum Verhältnis von Protestantismus und Kultur im neuen Jahrhundert" finden sich speziell zur Frage theologischer Fakultäten an staatlichen Universitäten folgende bedenkenswerte Ausführungen:
„Nicht nur ausserhalb, auch innerhalb der Kirchen wird des Öfteren die Frage nach dem Wissenschaftscharakter der Theologie aufgeworfen. Damit verbindet sich die frage, ob sie ihren legitimen Ort an staatlichen Universitäten besitzt. Richtig ist: Wenn es gelebten christlichen Glauben, verfasste Kirchen und ein öffentliches Interesse am Christentum nicht gäbe, existierte auch dieses Fach in der jetzigen Form nicht. Seine Themen würden sich auf andere Disziplinen wie Altphilologie, Geschichte, Religionswissenschaft, Philosophie etc. verteilen. Richtig ist ebenso: Zur Ausbildung von Pfarrerinnen und Pfarrern könnten die Kirchen auch eigene Institute unterhalten. Gegenüber einer staatlich instrumentalisierten und ideologisierten ‚Wissenschaft' – wie unter dem Nationalsozialismus und in der DDR – wäre dies sogar geboten. Das ist aber nicht der Normalfall. Nach protestantischem Verständnis kann die Orientierungskraft des Christentums nicht durch autoritative Wahrheitsansprüche gesichert werden, sondern setzt die kritisch-reflexive Interpretation und Aneignung der Tradition voraus. In diesem Sinne bejahen die evangelischen Kirchen die Existenz freier theologischer Forschung und Lehre. Indem der Staat für die Ausbildung der Geistlichen sowie der Religionslehrerinnen und Religionslehrer wissenschaftliche Standards garantiert, beugt er religiösem Fundamentalismus und Irrationalismus wirksam vor. In einer über ihre christlichen Herkunftsbedingungen aufgeklärten Gesellschaft gehört es über blosse Ausbildungszwecke hinaus zum Kulturauftrag des Staates, zu gewährleisten, dass an den Universitäten Theologie als Wissenschaft vom Christentum sachgemäss betrieben werden kann. ‚Sachgemäss' bedeutet im Fall der Theologie wie jeder Wissenschaft: Sie ist wissenschaftlich in dem Sinne, dass sie der Wahrheit verpflichtet ist, über ihre Voraussetzungen, Methoden und Grenzen

Die interdisziplinäre Öffnung der theologischen Ausbildung sollte überdies ein geeigneter Lernort für künftige Pfarrerinnen und Pfarrer im Hinblick auf die komplexen Anforderungen ihres künftigen Berufsfeldes sein. Wer nicht die Lebenswelt und die Probleme von Hebammen, Ingenieuren, Ärzten, Arbeiterinnen und Bauern kennt, und wer nicht gelernt hat, die dort sich stellenden Fragen auch im Kontext darauf bezogener Wissenschaften zu reflektieren, wird ebensowenig den Aufgaben der Theologie gerecht wie jemand, welcher die Sache der Theologie darauf reduziert, zu gesellschaftlichen Problemlösungen und (bitter nötigem) Orientierungswissen beizutragen, statt die Auseinandersetzung mit der nun einmal unvertretbar der Theologie zukommenden wissenschaftlichen Aufgabe der Prüfung des Wortes Gottes ins Zentrum zu rücken. In dieser Hinsicht hat nach meiner Auffassung die Theologie eine unvertretbare Aufgabe auch im Hause der modernen Universität und gegenüber allen ihren Disziplinen – die Frage nach der allen Wissenschaften (auch der Theologie) gegenüber freien Wirklichkeit Gottes zu stellen und offenzuhalten, welche alles schafft, erhält und vollendet.

## *Staatliche und kirchliche Zuständigkeiten*

*Die Zuordnung staatlicher, kirchlicher und universitärer Zuständigkeiten hinsichtlich der Angelegenheiten theologischer Fakultäten ist in der Gegenwart (auch in der Schweiz) verstärkt klärungsbedürftig. Mangels einer entsprechenden Rahmenkompetenz des Bundes begegnet in der Schweiz eine Vielzahl kantonaler staatskirchenrechtlicher Bestimmungen über Status und Recht der Theologischen Fakultäten. Klarere Kompetenzordnungen könnten der kirchlichen Eigenständigkeit wie dem Kulturauftrag des Staates besser als bisher Rechnung tragen.*

---

Rechenschaft gibt, ihre Ergebnisse diskutierbar (also auch ablehnbar) macht und ihre Arbeit im Kontakt mit den jeweiligen Nachbarwissenschaften betreibt. ‚Sachgemäss' bedeutet aber auch: Als Gegenstand wissenschaftlicher Bemühung kann das Christentum (wie jede andere Hochreligion) nicht lediglich aus einer neutralen Beobachterperspektive thematisiert werden, die die Wahrheitsfrage ausklammert. In Anbetracht der Zahl der in Deutschland lebenden Muslime ist auch die Einrichtung von Lehrstühlen für islamische Theologie wünschenswert." (S. 47 f.).

Der Vielfalt der staatskirchenrechtlichen Ordnungen in der Schweiz[44] entspricht auch eine Mannigfaltigkeit rechtlicher Regelungen für den Status, die Aufgaben und die Verfahren theologischer Fakultäten in der Schweiz[45]. Neben zivilrechtlichen Konstruktionen wie der Genfer theologischen Fakultät finden wir Fakultäten in einer komplexen Zusammenarbeit von Staat und Kirche (bzw. Dominikaner-Orden) wie in Fribourg[46] oder kantonale Fakultäten wie in Basel, Bern, Zürich und schliesslich Luzern[47], stets im Kontext der jeweiligen staatskirchenrechtlichen kantonalen Bestimmungen.

Für die römisch-katholische Kirche ist, wie schon erwähnt, essentiell, dass die Kirchlichkeit der theologischen Fakultäten stets auch eine kirchliche Weisungsabhängigkeit und Kontrolle impliziert. Diese konkretisiert sich insbesondere bei der Gewährungsnotwendigkeit des „nihil obstat" in Berufungsangelegenheiten und bei der effektiven kirchlichen Lehraufsicht. Weil die heutige römisch-katholische Kirche kein gegliedertes und zwischen Hierarchie und Universitätslehrern gemeinsam zu übendes Lehramt kennt, sondern dieses in Letztzuständigkeit allein der kirchlichen Hierarchie vindiziert, herrscht hier im Ergebnis und vor allem im Konfliktfall eine eindeutige Unterordnung der akademischen Theologie unter die kirchlichen, ausseruniversitären Autoritäten.

Hingegen wird das Lehramt in den Kirchen der Reformation aufgrund der Einsicht in das Priestertum aller Gläubigen grundsätzlich in anderer

44 Eine international vergleichende Perspektive darauf entwickelt *Adrian Loretan*, Theologie in der Universität von morgen. Staatskirchenrechtliche Modelldiskussion, in: Bulletin. Zeitschrift für Theologie in Europa 13 (2002), S. 98-111.

45 Knapper, aber aktualisierungsbedürftiger Überblick bei *Dieter Kraus*, Schweizerisches Staatskirchenrecht, Tübingen 1993, S. 352-363.

46 Siehe *Eugenio Corecco*, Der staatskirchenrechtliche Status der theologischen Fakultät an der Universität Freiburg i.Ü., in: Schweizer Rundschau 72 (1973), S. 62-112; *Otto Wermelinger*, Freiburg i.Ü., in: TRE Bd. 11 (1983), S. 486-489; *Thomas Fleiner-Gerster*, Artikel 27, Abs. 3 BV und die kantonalen Universitäten, namentlich die Universität Freiburg, in: Francis Cagianut u.a. (Hg.), Aktuelle Probleme des Staats- und Verwaltungsrechts (FS Otto K. Kaufmann), Bern-Stuttgart 1989, S. 83-96; *Adrian Holderegger*, Die Universität Freiburg i.Ü. und ihre theologische Fakultät, in: SKZ 46 (1990), S. 654-660.

47 Siehe *Johann Baptist Villiger*, Der lange Weg des Ausbaus der Luzerner Theologischen Fakultät, in: SKZ 20 (1970), S. 289-291.

Weise wahrgenommen (man muss leider hinzufügen: wenn überhaupt)[48]. Ob schweizerische reformierte Kirchen in ihrer Mehrzahl und aufgrund ihrer Kirchenordnungen überhaupt willens und in der Lage sind, eine wie immer geartete Form eines Lehramtes auszuüben oder im Zusammenwirken mit theologischen Fakultäten dies als gemeinsame Aufgabe wahrzunehmen, kann man durchaus bezweifeln. Wenn man dergleichen wollte, bedürfte es jedenfalls klarer Kompetenzordnungen, Kriterien und Verfahrensregeln, und das ist in Kirchen, die bewusst die Freiheit des Bekenntnisses betonen, schwierig bis unmöglich. Anders liegen die Dinge in Deutschland, doch auch hier sind in Fällen sogenannter Lehrzuchtverfahren die kirchlichen Instrumente relativ stumpf. Im Beispiel von Gerd Lüdemann hatte die Hannoversche Landeskirche schliesslich nur die Möglichkeit, den Neutestamentler vom kirchlichen Prüfungswesen auszuschliessen; ob die Änderung des Aufgabenbereichs seines Lehrstuhls durch den Präsidenten der Universität Göttingen rechtens war, vermag ich nicht zu beurteilen[49].

Hauptsächlich bedürfen folgende, zum Teil schon erwähnte Fragen bezüglich der theologischen Fakultäten einer einvernehmlichen Regelung zwischen Kirche und Staat[50]:

1. Das Recht der Errichtung oder Schliessung einer theologischen Fakultät;
2. Das Recht der Organisationshoheit und die Sicherung einer Mindestausstattung;
3. Die Kompetenz für den Erlass von Prüfungs- und Studienordnungen;

48 Siehe dazu näher *Wilfried Härle/Heinrich Leipold*, Lehrfreiheit und Lehrbeanstandung, 2 Bde. Gütersloh 1985; *W. Huber*, Lehrbeanstandung in der Kirche der Lehrfreiheit (Anm. 26).

49 So jedoch das Niedersächsische OVG mit Beschluss vom 14. Februar 2000, ZevKR 45 (2000), S. 545-552. Der 2. Leitsatz der Redaktion lautet: „Betreibt ein Hochschullehrer ‚Theologie' nicht mehr als Gegenstand glaubensgebundener Wissenschaft, so kann er nicht unter Berufung auf die Wissenschaftsfreiheit eine Fortsetzung seiner Tätigkeit in bekenntnisgebundenen Studiengängen der Theologischen Fakultät beanspruchen. Gibt der Hochschullehrer sein Bekenntnis auf, verletzt die Änderung seines Aufgabenbereiches unter Wegfall der Bekenntnisbindung die Wissenschaftsfreiheit nicht." (S. 545). Ein solches Urteil wäre im Kontext des kantonalen Staatskirchenrechts in der Schweiz wohl nicht möglich.

50 Vgl. *Alexander Hollerbach*, Theologische Fakultäten und staatliche Pädagogische Hochschulen, in: HdbStKirchR$^2$, Bd. 2, S. 549-599; *H. Weber*, Theologische Fakultäten und Professuren (Anm. 12), S. 138 ff.

4. Die Regelung von Berufungs- und notfalls Amtsenthebungsverfahren;
5. Die Regelung einer allfälligen Lehraufsicht bzw. – im römisch-katholischen Falle – einer möglichen Beanstandung auch des Lebenswandels eines Dozierenden.

Was die Berufungen angeht, so kam den meisten evangelischen Kirchen(leitungen) in Deutschland bislang nur ein konsultatives Votum zu; das hat sich erst im Zuge der Staatskirchenverträge in den neuen Bundesländern zugunsten eines dezisiven Votums verändert, wie dies durchgängig die römisch-katholische Kirche garantiert erhalten hat und in Anspruch nimmt, einschliesslich nicht unerheblicher finanzieller Folgekosten für den Staat im Falle einer sogenannten „Ersatzgestellung“[51].

In der Schweiz ist die Stellung der Kantone hinsichtlich Errichtung, Bestand, Ordnung und Schliessung theologischer Fakultäten unvergleichlich stärker. Verfassungsrechtlich abgesicherte institutionelle Bestandsgarantien wie in Deutschland sind hier fremd. Eine einfache Mehrheit des Grossen Rates kann in Bern Fakultäten bilden, trennen, zusammenlegen oder liquidieren, sofern nicht andere rechtliche oder politische Gründe dagegen sprechen. Diese Lage ist objektiv für die Kirchen unvorteilhaft, aber solange nicht prekär, als die Stellung der Kirchen in der Öffentlichkeit relativ stark und die Arbeit der theologischen Fakultät in der Universität geschätzt und anerkannt wird. Dies kann sich freilich leicht unter Bedingungen leerer Kassen und universitätsinterner Auseinandersetzungen um knappe Mittel ändern.

## *Theologie oder Religionswissenschaft*

*Gegenüber Bestrebungen, die Theologie in religionswissenschaftlichen Departementen oder im Verbund einer kulturwissenschaftlichen Fächerkombination aufgehen zu lassen, sollte die Besonderheit der Stellung der Theologie an der Universität geachtet und profiliert werden. Das kann nur gelingen, wenn die Dozierenden der Theologie ihre wissenschaftliche Tätigkeit (auch) als denkende Verantwortung des Glaubens ausüben.*

51 Ich halte es für möglich, ja wünschenswert, wenn diese Bestimmungen revidiert oder zumindest einer schwereren Begründungspflicht als bisher unterworfen würden.

Es gibt seit einiger Zeit verschiedentlich Bestrebungen, die theologischen Fakultäten aus ihrer vermeintlich unwissenschaftlichen und fremdbestimmten kirchlichen Orientierung zu lösen und in Abteilungen oder Departemente für Religionswissenschaft zu überführen oder zu integrieren. Die Erwägungen, die dabei bestimmend sind, verdanken sich höchst unterschiedlichen Impulsen und Überzeugungen. Unbestreitbar richtig ist der Hinweis, dass (auf die Lebenswelt der christlichen Kirchen bezogene) Theologie durchaus auch in einer „Faculty of Arts" oder in einem „Department for Religious Studies" betrieben werden kann, wie dies in vielen Staaten der sogenannten Dritten Welt, aber auch im angelsächsischen Kontext begegnet. Ebenfalls richtig ist der wissenschaftssystematische Hinweis, dass die heutige Theologie praktisch in allen ihren fachlichen Bereichen mit denjenigen methodischen Instrumentarien, hypothetischen Konstrukten und theoretischen Konzepten arbeitet, die auch in anderen Fakultäten der Universität selbstverständlich sind – beginnend bei den zahlreichen Gemeinsamkeiten mit der Philosophie, über die Standards historisch-kritischer Verfahrensweisen bis zu empirisch-analytischen Ansätzen. Bisweilen scheint es gar so zu sein, dass die transdisziplinären Beziehungen – beispielsweise der Exegeten und Kirchenhistoriker zu den Altphilologen und Profanhistorikern, der theologischen zu den philosophischen Ethikern – wichtiger werden als die innerdisziplinären Kontakte. Schliesslich ist daran zu erinnern, dass moderne Rechtsstaaten im Sinne des Gebotes der Gleichbehandlung gute Gründe dafür haben, nicht nur den Institutionen christlicher Theologie an der Universität Raum zu geben. Die naheliegende Frage ist dann, ob nicht eine gemeinsame Abteilung für Religionswissenschaft eine dafür geeignete institutionelle Form darstellen könnte[52].

Vor allem aber ist die Tatsache zu bedenken, dass die christlichen Kirchen in der Gegenwart in so vielfacher Weise in Kommunikationen mit Vertretern anderer Religionen verwickelt sind, wie dies vermutlich in der Geschichte des Christentums niemals zuvor der Fall war. Dies nötigt zu einer internen Umstrukturierung theologischer Aufmerksamkeitsverteilungen: Kirchengeschichte ist nicht mehr als europäische Geistes- und Sozialgeschichte vertretbar, sondern muss sich, über die Missionsgeschichte weit hinausgehend, für die Geschichte der aussereuropäischen Christenheit öffnen, die Ethik kommt gar nicht umhin, die sittlichen

52 Siehe zu diesen Fragen auch *W. Sparn*, Theologie als kulturwissenschaftliche Disziplin (Anm. 40), S. 96-101.

Überzeugungen sowohl rein säkularen Selbstverständnisses (wenn es dies denn gibt) als auch und besonders nichtchristliche Prägungen der Sittlichkeit zu bedenken; die praktische Theologie – etwa in Gestalt der Religionspädagogik – berücksichtigt zunehmend die Bedingungen interkulturellen Lernens. Die Aufgabe herkömmlicher ökumenischer Dialoge wird ergänzt durch interreligiöse Kommunikation[53]. Dies alles eröffnet der Theologie grosse Chancen zu einer neuen Kooperation mit der Religionswissenschaft, denn diese vermittelt unverzichtbare sachliche und methodische Kenntnisse hinsichtlich nicht-christlicher Religionen.

Also ein Plädoyer für religionswissenschaftliche Fakultäten unter Einschluss der Theologie? Im Gegenteil! Abgesehen davon, dass die meisten Vertreterinnen und Vertreter der Religionswissenschaft ein mit etlichen hier vorgetragenen Erwägungen schwer vereinbares Verständnis ihres Faches haben dürften[54], und abgesehen davon, dass zumindest in Deutschland die geltende Verfassung eine solche Subsumtion der theologischen Fakultäten verbietet, sind es theologische (und nicht finanzielle oder pragmatische) Gründe, die für die Eigenständigkeit theologischer Fakultäten sprechen. Carsten Colpe hat davon gesprochen, dass die Religionswissenschaft gegenüber ihrem Gegenstand eine Urteilsenthaltung hinsichtlich der Wahrheitsansprüche ihres „Gegenstandes" übe, eine „Epoché höherer Stufe"[55]. Auf der anderen Seite gilt für die Theologie (bezogen auf die Kirche Jesu Christi), dass ihre Eigenständigkeit in der unhintergehbaren Bezogenheit auf ihren spezifischen „Gegenstand" be-

53 Siehe *Christine Lienemann-Perrin*, Mission und interreligiöser Dialog, Göttingen 1999.

54 *Carsten Colpe* hat dazu prägnant formuliert: „Im Verhältnis zur Theologie ist die Religionswissenschaft ebenfalls *methodisch autonom*, dazu aber von ihr auch *materiell unabhängig*. Sie ist damit weder eine theologische noch eine Vorbereitungs- oder Hilfswissenschaft der Theologie. Doch kann man die ideologiekritische Funktion, die sie mit alledem wahrnimmt, wieder verspielen, wenn man sie antitheologisch betriebe. Sie kann dann zur Krypto- oder Ersatztheologie werden." Art. Religionswissenschaft, EKL$^3$, Bd. 3 (1992), Sp. 1607-1610 (1609). Ähnlich mein früherer Berner Kollege *Axel Michaels* (jetzt Heidelberg) in einem internen Papier: „Die Religionswissenschaft sollte […] weder sagen, welche Religion die beste ist, noch klammheimlich sich theologisch gerieren, indem sie sich auf einen solchen pauschalen Vergleich von Religionen einlässt. Antwortet sie auf diese Fragen, tritt sie in Konkurrenz zur Theologie oder ist sie Theologie und macht sich damit als eigenständiges Fach überflüssig." (Mskr. 16. November 1994).

55 Art. Religionswissenschaft (vorige Anm.), Sp. 1608.

gründet ist, nämlich im Bezug auf die Gegenwart Gottes in seinem erwählten Volk und die Menschwerdung Gottes in Jesus Christus. Dies ändert nichts daran, dass die Theologie alle Phänomene des Christentums in der unendlichen Fülle seiner Beziehungen auch immer in einer theoretischen, distanzierten Brechung, einer Epoché qua Urteilsenthaltung, betrachten kann und immer wieder sogar betrachten muss, also dasjenige gleichsam objektiviert und vergegenständlicht, was für den Glauben der lebendige Grund seiner Gewissheit ist[56]. Aber entscheidend ist, dass bei allen philosophischen und sonstigen wissenschaftlichen Kooperationen, Anleihen und Übernahmen die Theologie im Hause der Universität darin eigen-sinnig bleibt, dass sie von der Fülle der Offenbarung Gottes bewegt wird und damit die menschliche Frage nach dem Evangelium – auch in seiner Bedeutung für die anderen Wissenschaften – offenhält.

Dies ist auch im Blick auf die Kirchen und interreligiöse Dialoge erforderlich. Denn zum Dialog ist nur fähig, wer selbst einbringen kann, wovon sie oder er auch wirklich überzeugt ist. Insofern kann auch eine moderne Gesellschaft eigentlich kein Interesse an der Schwächung religiöser Identitäten haben, sondern muss im Gegenteil ihre Stärke und Bindungskraft fördern. Eigenständigkeit und Zusammenarbeit von Theologie und Religionswissenschaft sind deshalb in der Universität – spannungsvoll – zu institutionalisieren[57].

56 Die Theologie betrachtet nicht nur in allen ihren Disziplinen die Kirche, ihre mannigfachen Gestalten und schliesslich auch sich selbst immer wieder (auch) in einer Aussenperspektive, sondern lässt es sich gern gefallen, von anderen Wissenschaften so betrachtet zu werden – zu gemeinsamer Belehrung und (Selbst-)-Kritik. Lediglich Aussenperspektiven, die geeignet sind, das friedliche Zusammenleben im politischen Gemeinwesen zu verletzen, müssen den Grenzen der für alle geltenden Gesetze unterliegen. Dieser Grundsatz muss indes für alle Religionsgemeinschaften gelten, was wiederum sehr konfliktträchtig sein kann.

57 Siehe zu diesem Themenfeld *Sigurd Hjelde*, Die Religionswissenschaft und das Christentum. Eine historische Untersuchung über das Verhältnis von Religionswissenschaft und Theologie, Leiden-New York-Köln 1994; *Peter Antes*, Theologie und Religionswissenschaft. Methodische Anmerkungen zu Nähe und Distanz, in: Günter Risse u.a. (Hg.), Wege der Theologie an der Schwelle zum dritten Jahrtausend (FS Hans Waldenfels), Paderborn 1996, S. 313-319; *Theo Sundermeier*, Religionswissenschaft versus Theologie? Zur Verhältnisbestimmung von Religionswissenschaft und Theologie aus religionswissenschaftlicher Sicht, in: Religionsgeschichte Israels oder Theologie des Alten Testaments? (JBTh 10, 1995), S. 189-206.

## *Die Unzeitgemässheit der Theologie*

*Theologie als Wissenschaft ist der Institution gewordene Widerspruch gegen die Verdinglichung aller Lebensbereiche und insbesondere der Wissenschaft. Sie protestiert heute gegen die Unterordnung der Wissenschaft unter gesellschaftliche (das heisst auch: partikularkirchliche) Macht und Nützlichkeitskriterien sowie gegen die Funktionalisierung der Wissenschaften im Dienste bloss wirtschaftlicher Entwicklungsziele, wie sie schon früher gegen die ideologische und politische Instrumentalisierung der Wissenschaften hätte protestieren müssen.*

Die Universitäten in vielen Ländern Europas, auch der Schweiz, befinden sich derzeit in einer Umbruchphase. Den Grundsätzen der Bologna-Deklaration von 1999 zufolge soll durchgehend eine Zweigliederung aller Studiengänge eingeführt werden, deren erster Abschnitt mit einfacher Berufsqualifizierung mit dem „Bachelor"-Grad und dessen darauf aufbauender Teil mit dem „Master"-Grad abgeschlossen werden soll. Etliche Hochschulen und Fakultäten in der Schweiz haben entsprechend neue Studien- und Prüfungsordnungen erlassen, andere bereiten das vor. Ich selbst befürchte vor allem zweierlei: dass das Studium noch stärker als bisher reglementiert und die Inhalte und Arbeitsschritte normiert werden, und dass die Fähigkeit zu selbständiger Kritik geschwächt werden wird. Das muss nicht so sein, aber insgesamt ist völlig unverkennbar, dass hochschulpolitische Entscheidungen zunehmend im Blick auf wirtschaftliche Erfolgsaussichten begründet und gefällt werden. Eine solche Entwicklung ist für die Geisteswissenschaften ruinös und für die Gesellschaft gefährlich.

Andererseits enthält eine Studienreform, wenn man sie vernünftig angeht, auch Chancen. Dazu könnte eine schärfere Wahrnehmung des sperrigen, unzeitgemässen Elementes im christlichen Glauben gehören. Dieses äussert sich u.a. in der altreformatorischen Einsicht, dass nicht Leistungen und „gute Werke" einen Menschen vor Gott „gut" machen, sondern Gott einen Menschen unabhängig von dessen Wollen und Vollbringen gut, gerecht und heilig macht. Solches Wissen hat praktische Konsequenzen, etwa des Eintretens für die Opfer gesellschaftlicher Krisen, für die Bewahrung des Friedens und für uneingeschränkten Schutz des Lebens und der Würde jedes Geschöpfes. In einer Gesellschaft, in der immer mehr Lebensbereiche ökonomisiert werden, wird die Theologie das Bewusstsein und den Raum einer nicht verzweckten und verplanten Freiheit wecken und offenhalten. Eine derart unzeitgemässe Theologie möchte an der Zeit sein.

## *Die Freiheit der Theologie*

*Die Theologie als Wissenschaft beansprucht für sich selbst grundsätzlich dieselbe Garantie der Wissenschaftsfreiheit in Forschung und Lehre wie andere Wissenschaften auch. Doch ist diese Wissenschaftsfreiheit für sie weder Selbstzweck im Sinne einer institutionellen Bestandsgarantie noch Garantie beliebiger Meinungsfreiheit für die einzelnen Forscher und Lehrer, sondern die Theologie – in der Gemeinschaft von Lehrenden und Lernenden – nimmt diese Freiheit im Hinblick auf ihren besonderen Gegenstand und dessen Unverfügbarkeit in Anspruch. Dies ist eine dienstbare Freiheit. Wo der Theologie diese Freiheit bestritten oder gewaltsam genommen wird, wird sie sie sich nehmen müssen – notfalls auch ausserhalb der Universität.*

SJKR/ASDE 8 (2003), S. 45-75

# Die Übereinkunft zwischen Bern und Freiburg von 1889. Archivreifes Konkordat – oder Ideenlieferant für einen espace réformé?*

von Christian R. Tappenbeck (Murten)

## *I. Die Ausgangslage*

Auf dem weit sichtbaren Turm des Schlosses Murten weht im Sommer eine übergrosse, schwarz-weisse Flagge. Das offizielle Freiburg wählt eine markante Stelle aus, um seine Herrschaft über das Murtenbiet kundzutun. Die Freiburger Fahne ist auch vom Pavillon des nahegelegenen Hügels Bodenmünzi aus noch gut zu sehen. Allein, der prächtige Aussichtspunkt liegt zu einem guten Teil in Münchenwiler und somit auf dem Boden einer bernischen Exklave. Von hier aus erkennt man, den Blick über die rechte Flanke des Mont Vully schweifend, Ins und Müntschemier – ebenfalls bernische Gemeinden. Wer vom Pavillon in südwestlicher

* Vortrag anlässlich der 16. Tagung der Schweizerischen Vereinigung für evangelisches Kirchenrecht am 31. Januar 2003 in Aarau; für die Veröffentlichung überarbeitet und ergänzt. – *Jakob Frey* verdanke ich wertvolle Hinweise zum behandelten Thema. *Janine Senn* hat diesen Aufsatz durchgesehen und hilfreiche Anregungen gegeben, wofür ich ihr herzlich danke. Für das aufmerksame Durchlesen bin ich auch *Salomé Keller* dankbar. Auskünfte erteilten *Peter Altorfer*, Pfarrer der gemischten Kirchgemeinde Ferenbalm, *Christian Radecke*, Pfarrer der gemischten Kirchgemeinde Murten, sowie *Erhard Wasserfallen*, Synodaler der Evangelisch-reformierten Kirche des Kantons Freiburg, Mitglied des Evangelischen Gemeinschaftswerkes (EGW) und ehemaliger Präsident der gemischten Kirchgemeinde Kerzers. – Die Übereinkunft zu näherer Bestimmung der kirchlichen Verhältnisse der gemischten Gemeinden Ferenbalm, Kerzers und Murten (Übereinkunft) vom 22. Januar und 6. Februar 1889 (BSG 411.231.91; SGF 192.6) ist publiziert in *Christoph Winzeler*, Schweizerische Kirchenrechtsquellen III: Konkordate und weitere Verträge, Bern 2004 [im Druck].

Richtung aufbrechen würde, stiesse alsbald auf eine weitere Berner Exklave mit dem schönen Namen Clavaleyres. Wie zur Vergeltung schiebt sich das freiburgische Kerzers zwischen bernisches Gebiet. Und natürlich hat Freiburg auch das bernische Exklavewesen nicht unbeantwortet lassen dürfen: Es verfügt im Bernbiet mit der Ortschaft Wallenbuch[1] über eine ebenso aufdringliche Kolonie.

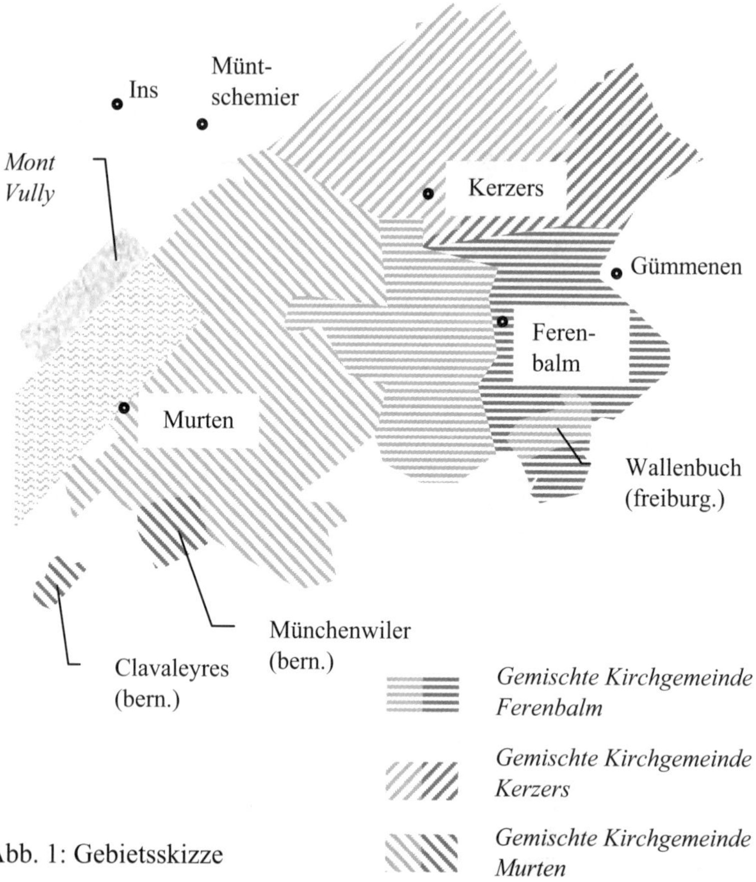


Abb. 1: Gebietsskizze

1 Wallenbuch ist seit dem 1. Januar 2003 keine eigenständige Gemeinde mehr, sondern eine Dorfschaft von Gurmels (Art. 3 Abs. 1 lit. a Dekret über den Zusammenschluss der Gemeinden Gurmels, Guschelmuth, Liebistorf und Wallenbuch vom 17. September 2002 [ASF 2002 086]).

Bereits im Mittelalter werden sich die Bewohner der Region mitunter gefragt haben, welche Teile des Seelands zu Freiburg und welche zu Bern gehören. Der bernisch-freiburgische Grenzverlauf war nie besonders übersichtlich[2]. Obwohl sich die Saane als natürliche Scheidelinie anerboten hätte, fliesst sie mitten durch bernisches Gebiet – Folge strategischer Überlegungen der Berner, die in Gümmenen einen wichtigen Brückenkopf sahen und sich daher auch einen Landstreifen westlich des Flusses sicherten. Erst weiter im Westen begann die Freiburger Einflusssphäre, aber Bern war auch hier: Das Gebiet unterstand als gemeine Herrschaft beiden Ständen. Der bernische Einfluss überwog dabei den freiburgischen[3], was sich nicht zuletzt darin zeigte, dass im Jahre 1530 gegen den Widerstand der Freiburger Stadtherren die Reformation eingeführt wurde[4]. Die deutschsprachigen Gemeinden richteten sich in der Folge gar nach der bernischen Kirchenordnung[5]. Erst der Einmarsch Frankreichs liess die Gewichte zugunsten Freiburgs verschieben, denn 1803 schlug Napoleon das Gebiet der gemeinen Herrschaft gegen den Willen der ansässigen Bevölkerung dem katholischen Stand zu[6]. Sofort bemühte sich das konservativ-klerikale Freiburg um konfessionelle Homogenität[7]. In der Restaurationsverfassung von 1814 fehlte nicht der kämpferische Hinweis, dass das katholische Bekenntnis *religion du canton* sei[8]. Der Einfluss der reformierten Kirche wurde auf das Murtenbiet eingegrenzt und im übrigen Staatsgebiet nur die katholische Konfession anerkannt[9]. Der im 19. Jahrhundert immer stärker werdende Liberalismus mit seiner Forderung nach einem säkularen Staat beendete diesen konfessionellen

2 Vgl. *Jakob Frey*, Aussenbeziehungen der Berner Kirche. Kurzreferat am Kirchenjuristentag in Bern vom 16. Januar 1989, besprochen in: ZevKR 34 (1989), S. 204 f.: „Die Verhältnisse sind dort sehr kompliziert, bedingt durch den Grenzverlauf".

3 *Ernst Flückiger*, Die Reformation in der gemeinen Herrschaft Murten und die Geschichte der reformierten Kirche im Murtenbiet und im Kanton Freiburg, Freiburg i.Ü. 1930, S. 1.

4 Vgl. *E. Flückiger*, Reformation (Anm. 3), S. 14 ff.; *Markus F. Rubli*, Murten, Langnau 1992, S. 3.

5 *Dieter Kraus*, Schweizerisches Staatskirchenrecht. Hauptlinien des Verhältnisses von Staat und Kirche auf eidgenössischer und kantonaler Ebene, Tübingen 1993, S. 211.

6 *E. Flückiger*, Reformation (Anm. 3), S. 1; *M. Rubli*, Murten (Anm. 4), S. 3.

7 *D. Kraus*, Schweizerisches Staatskirchenrecht (Anm. 5), S. 211.

8 Art. 31 der freiburgischen Verfassung von 1814.

9 *D. Kraus*, Schweizerisches Staatskirchenrecht (Anm. 5), S. 211 f.

Spuk. Als der Liberalismus auch die Kanzeln der reformierten Kirchen zu erobern begann, setzte allerdings eine mächtige pietistische Gegenbewegung ein. In Murten entstand eine einflussreiche Freikirche, die sich den *Freien Evangelischen Gemeinden* anschloss. Demgegenüber lehnten die Pietisten aus dem Raum Kerzers eine Abspaltung von der reformierten Kirche ab und fanden ihre Heimat in der *Evangelischen Gesellschaft des Kantons Bern*[10]. Obwohl sich dieses Gemeinschaftswerk ausdrücklich innerhalb der Berner Kirche verstand[11], hatten die Kerzers' „Gesellschafter" offenbar nicht das Gefühl, sich von ihrer Freiburger Kirche abgewandt zu haben. Das Beispiel aus der Zeit des vorletzten Jahrhundertwechsels zeigt, wie eng das Kirchenvolk die Verbindung zwischen den beiden reformierten Kantonalkirchen empfand. Diese Wahrnehmung, die bis zum heutigen Tage nicht erloschen ist, rührt nicht nur von der gemeinsamen Geschichte als gemeine Herrschaft her. Sie ist auch die Folge staatsvertraglicher Abkommen zwischen Bern und Freiburg, welche die Trennung des Murtenbiets von der bernischen Kirche abschwächten, die seit der Beendigung der gemeinen Herrschaft galt. Die erste Übereinkunft schlossen die beiden Stände nach längeren Diskussionen im Jahre 1812 ab[12]. Seither bildete die grenzüberschreitende Zusammenarbeit der bernischen und der freiburgischen Kirche wiederholt Gegenstand besonderer

10 Zur Gründungsgeschichte vgl. *John Weber*, Der Bezirk Kerzers des Evangelischen Gemeinschaftswerkes, Treiten 2002, S. 5 ff., und *Gottlieb Schwab*, Kerzers um 1900, Bern 1972, S. 11.

11 Die *Evangelische Gesellschaft des Kantons Bern* nennt sich seit der Wiedervereinigung mit dem *Verband Landeskirchlicher Gemeinschaften des Kantons Bern* im Jahre 1996 *Evangelisches Gemeinschaftswerk (EGW)* und gehört auch heute noch zu den Bewegungen mit innerkirchlichem Selbstverständnis (Art. 3 Statuten des Evangelischen Gemeinschaftswerkes vom 29. April 1995/6. Mai 1995: „Das Evangelische Gemeinschaftswerk versteht sich von seiner geschichtlichen Herkunft her als eigenständiges Gemeinschaftswerk innerhalb der Evangelisch-reformierten Landeskirche"; vgl. *Eduard Gerber*, Sekten, Kirche und die Bibel im neuen Jahrtausend, Murten u.a. 1999, S. 145: „Diese ‚Gesellschaft' darf nicht einfach als Freikirche eingestuft werden"; vgl. ferner *Christian R. Tappenbeck*, Kann es unabhängige Bewegungen „innerhalb" der evangelisch-reformierten Landeskirche Bern geben?, Freiburg i.Ü. 2001, S. 2 f., 13 f.). Im Kirchgemeinderat von Kerzers ist das *Evangelische Gemeinschaftswerk* traditionellerweise mit einem Mitglied vertreten.

12 Vgl. *E. Flückiger*, Reformation (Anm. 3), S. 160 ff.

Abkommen[13]. Der geltenden Konvention, die *Übereinkunft vom 22. Januar und 6. Februar 1889 zu näherer Bestimmung der kirchlichen Verhältnisse der gemischten Gemeinden Ferenbalm, Kerzers und Murten*, kann gleich eingangs entnommen werden, dass sie „freundschaftlich abgeschlossen" worden sei in der Absicht, „das gute Einvernehmen unter den beidseitigen Pfarrgenossen wie bisher zu behalten"[14] – die vertraglichen Regelungen hatten sich also im Zeichen der Freundschaft bewährt. Und sie bewähren sich noch heute. Als in den 90er Jahren des 20. Jahrhunderts das Gerücht die Runde machte, dass die bernischen Gebiete zu einer Regionalgemeinde vereinigt und die Zusammenarbeit mit den Freiburgern beendet werden sollte, holten die betroffenen Kirchgemeinden umgehend Hilfe bei einem Staatsrechtler, der feststellte, dass der Vertrag vorsieht, dass nur bei gegenseitigem Einverständnis etwas geändert werden kann[15]. Ein wichtiger Grund, weshalb sich die örtliche Bevölkerung vehement gegen die befürchteten Änderungsvorschläge des Berner Synodalrates zur Wehr setzte, findet sich in den Tiefen der Historie: Das Gebiet der Pfarreien wurde einst so festgelegt, dass die Kirche innerhalb einer Stunde erreicht werden konnte[16]. Die unübersichtliche Kantonsgrenze nimmt darauf keine Rücksicht und zerschneidet das Kirchengebiet. Diese kantonale Trennungslinie will man sich nicht aufdrängen lassen[17]. Sie verhindert eine sinnvolle Seelsorge, da das Wirkungsfeld der Landeskirche üblicherweise auf ihr Kantonsgebiet begrenzt ist. Die Übereinkunft von 1889 soll diese Einschränkungen durchbrechen.

Bei den sinkenden Mitgliederzahlen in unseren Kirchen werden die Reformierten in Zukunft vermehrt zusammenarbeiten müssen, auch auf interkantonaler Ebene. Das Konkordat aus dem Jahre 1889 ist ein Beispiel

13 Übereinkünfte vom 3./20. Januar 1812, vom 21. Juli 1824 und vom 23. April bis 8. Mai 1880 (vgl. Art. 14 Übereinkunft).

14 Vgl. Ingress der Übereinkunft.

15 Freiburger Ausgabe der Berner Zeitung vom 5. März 1996; in der Stellungnahme der gemischten Kirchgemeinden Ferenbalm, Kerzers und Murten zum Revisionsvorhaben des Kantons Bern (vgl. hierzu Ziff. II. C. 4.), die mit Hilfe von *Peter Hänni*, ordentlicher Professor für Staats- und Verwaltungsrecht an der Universität Freiburg i.Ü., ausgearbeitet worden war, wurde betont, dass die Übereinkunft nur im gegenseitigen Einverständnis abgeändert werden kann.

16 Mit den Juragewässerkorrektionen wurde einstiges Sumpfgebiet begehbar. Daher entspricht heute die Umschreibung des Kirchgemeindegebiets nicht mehr der Wegstunde zur Kirche.

17 Vgl. *E. Flückiger*, Reformation (Anm. 3), S. 82.

gelebter kantonsübergreifender Kooperation. Es bietet sich daher an, als bewährtes Modell der kirchlichen Zusammenarbeit näher betrachtet zu werden.

## *II. Die Übereinkunft von 1889*

### *A. Die Vertragsparteien*

Da sich im 19. Jahrhundert eigenständige Formen evangelischen Kirchentums erst allmählich auszubilden begannen[18], sind die Vertragspartner der Übereinkunft von 1889 nicht die reformierten Kirchen, sondern die Kantone Bern und Freiburg. Art. 13 der Übereinkunft sieht vor, dass eine Änderung lediglich „im gegenseitigen Einverständnis" dieser beiden Stände möglich ist. Eine einseitige Kündigung dürfte ausgeschlossen sein, zumal das Konkordat auf gegenseitige Rechte und Pflichten der beteiligten Kantone gerichtet ist[19]. Die Bestimmung geht als Bestandteil einer interkantonalen Vereinbarung den kantonalen Zuständigkeitsnormen vor[20]. Ohne Einvernehmen des bernischen und des freiburgischen Staates kann die Übereinkunft daher nicht abgeändert oder aufgehoben werden, selbst wenn sich die Selbständigkeit der Landeskirchen weiter vergrössern sollte[21].

18 Vgl. *Christoph Winzeler*, Kirchen in der staatlichen Rechtsordnung. Eine vergleichende Umschau aus schweizerischer Sicht, in: Die Zukunft der öffentlichrechtlichen Anerkennung von Religionsgemeinschaften, hg. von René Pahud de Mortanges, Gregor A. Rutz und Christoph Winzeler, Freiburg i.Ü. 2000, S. 77 ff., 86.

19 Vgl. *Ulrich Häfelin/Walter Haller*, Schweizerisches Bundesstaatsrecht, 5. Aufl. Zürich 2001, N 1300.

20 Vgl. BGE 100 Ia 423; vgl. *U. Häfelin/W. Haller*, Schweizerisches Bundesstaatsrecht (Anm. 19), N 1272.

21 Die Berner Landeskirchen ordnen lediglich die inneren Angelegenheiten im Rahmen des kantonalen Rechts selbständig (Art. 122 Abs. 1 Verfassung des Kantons Bern [KV BE] vom 6. Juni 1993 [BSG 101.1]). Da die Übereinkunft von 1889 strukturelle Wesenszüge aufweist (vgl. Anm. 29), wäre somit der Kanton Bern auch bei der heutigen kantonalen Rechtslage an der Übereinkunft zu beteiligen. Diese bernische Ausgangslage hat zur Folge, dass sich der Kanton Freiburg ebenfalls die staatliche Genehmigung vorbehalten würde (Art. 11 Abs. 1 Gesetz über die Beziehungen zwischen den Kirchen und dem Staat vom 26. September 1990 [SGF 190.1]).

## *B. Die Struktur der gemischten Kirchgemeinden*

### 1. Die Grundzüge

Die Übereinkunft von 1889 kündigt bereits in ihrem Titel an, dass sie die kirchlichen Verhältnisse in den „gemischten Gemeinden Ferenbalm, Kerzers und Murten"[22] näher bestimmen wolle. Als „gemischt" werden diese Kirchgemeinden bezeichnet, weil sie zugleich mit der bernischen und mit der freiburgischen Kirche verbunden sind[23]. Der erste Artikel des Konkordats formuliert diesen Umstand folgendermassen: „Die zu den Pfarreien Ferenbalm, Kerzers und Murten gehörenden bernischen und freiburgischen Gemeinden bleiben wie bisher der gleichen Kirchgemeinde vereinigt"[24]. Die Übereinkunft bietet somit in der Form eines unmittelbar rechtsetzenden Konkordats[25] die notwendige öffentlichrechtliche Grundlage[26] zum Bestand von kantonsübergreifenden Körperschaften, die zu

22 *Gemischte Kirchgemeinde Kerzers*, bestehend aus Golaten (BE), Gurbrü (BE), Wileroltigen (BE), Fräschels (FR) und Kerzers (FR); ungefähre Verteilung der Kirchenangehörigen: 25% Berner zu 75% Freiburger. – *Gemischte Kirchgemeinde Ferenbalm*, bestehend aus Ferenbalm (BE), Agriswil (FR), Büchslen (FR), Gempenach (FR), Ried-Ferenbalm (FR), Ulmiz (FR) und Wallenbuch (FR); ungefähre Verteilung der Kirchenangehörigen: 60% Berner zu 40% Freiburger. – *Gemischte Kirchgemeinde Murten*, bestehend aus Clavaleyres (BE) und Münchenwiler (BE) als bernisch Murten, Galmiz (FR), Jeuss (FR), Lurtigen (FR), Muntelier (FR), Murten (FR), Ried-Murten (FR) und Salvenach (FR); ungefähre Verteilung der Kirchenangehörigen: 5% Berner zu 95% Freiburger.

23 Die Bezeichnung bezieht sich weder auf die „gemischten Gemeinden" im Sinne des bernischen Gemeindegesetzes, die Vereinigungen von Einwohnergemeinden mit einer oder mehreren am Ort bestehenden Burgergemeinden darstellen (vgl. Art. 118 ff. Gemeindegesetz vom 16. März 1998 [BSG 170.11]), noch auf die „gemischten Kirchgemeinden" im Sinne von Art. 12 Ziff. 2 Kirchenordnung der Evangelisch-reformierten Kirche des Kantons Freiburg (KiO FR) vom 3. November 1997, welche zweisprachige Kirchgemeinden bezeichnen.

24 Im Einvernehmen mit dem Kanton Bern beschloss der Grosse Rat des Kantons Freiburg mit Dekret vom 22. September 1989 (vom Staatsrat des Kantons Freiburg am 1. Januar 1990 in Kraft gesetzt) Wallenbuch (vgl. auch Anm. 1) von der Kirchgemeinde Cordast abzutrennen und der gemischten Kirchgemeinde Ferenbalm anzugliedern.

25 Vgl. *U. Häfelin/W. Haller*, Schweizerisches Bundesstaatsrecht (Anm. 19), N 1284.

26 *Ulrich Häfelin/Georg Müller*, Grundriss des Allgemeinen Verwaltungsrechts, 3. Aufl. Zürich 1998, N 1022.

zwei Kantonalkirchen gehören[27]. Nicht von ungefähr haben das bernische Kirchengesetz und die Verfassungen der beiden Landeskirchen die Übereinkunft von 1889 bei der Umschreibung des Kirchengebiets vorbehalten[28]: Den gemischten Kirchgemeinden des Murtenbiets ist der alte Geist der gemeinen Herrschaft eingehaucht[29].

## 2. Die Struktur der gemischten Kirchgemeinden von Kerzers und Ferenbalm

Die Übereinkunft regelt den Aufbau der gemischten Kirchgemeinden nicht ausdrücklich, sondern geht von vorbestehenden Strukturen aus. Wie aber sah 1889, im Jahre des Abschlusses des Konkordats, die strukturelle Landschaft von Kerzers und Ferenbalm aus? Eine ausführliche Bestimmung des Konkordats, die sich eigentlich den Pfarrwahlen in diesen beiden Kirchgemeinden widmet[30], liefert hierzu wertvolle Hinweise. Sie erwähnt zum einen „die Präsidenten des bernischen und des freiburgischen Kirchgemeinderates"[31] und verdeutlicht dadurch, dass die gemischten

27 Vgl. *U. Häfelin/W. Haller*, Schweizerisches Bundesstaatsrecht (Anm. 19), N 1269. Die Übereinkunft zwischen den Ständen Bern und Solothurn betreffend die kirchlichen Verhältnisse in den evangelisch-reformierten Kirchgemeinden des Bucheggberges und der Bezirke Solothurn, Lebern und Kriegstetten (Übereinkunft BE-SO) vom 23. Dezember 1958 (BSG 411.232.12) bildet für die bernisch-solothurnischen Kirchgemeinden Messen und Oberwil (vgl. auch die Übereinkunft betreffend die Verhältnisse der ehemaligen Kollaturpfarrei Oberwil vom 4. Juli 1851 [BSG 411.232.11]) ebenfalls eine rechtliche Grundlage zum Bestand von kantonsübergreifenden Körperschaften. Die Idee kantonsübergreifender Gemeinden wurde jüngst auch auf der Ebene der Kantonalpolitik diskutiert: Der Vorentwurf der Staatsverfassung des Kantons Freiburg sieht in Art. 148 Abs. 2 vor, dass Gemeindefusionen über die Kantonsgrenzen hinaus erfolgen können.

28 Art. 61 Abs. 2 Gesetz über die bernischen Landeskirchen (KiG BE) vom 6. Mai 1945 (BSG 410.11); Art. 5 Abs. 3 Verfassung der evangelisch-reformierten Landeskirche des Kantons Bern (KiV BE) vom 19. März 1946; Art. 6 Ziff. 3 Kirchenverfassung der Evangelisch-reformierten Kirche des Kantons Freiburg (KiV FR) vom 26. Mai 1997.

29 Mit der Ermöglichung und Regelung von kantonsübergreifenden Kirchgemeinden hat die Übereinkunft von 1889 strukturelle Wesenszüge, durch die sie sich deutlich von einem blossen Pastorationsvertrag abhebt (a.M. *Ueli Friederich*, Die neue Kirchenordnung des Evangelisch-reformierten Synodalverbandes Bern-Jura. Geschichtliche und rechtliche Rahmenbedingungen, Bern 1991, S. 45).

30 Vgl. Ziff. II. C. 2.

31 Art. 8 lit. a Übereinkunft; vgl. Art. 8 lit. d, f und g Übereinkunft.

Kirchgemeinden kantonal getrennte Exekutiven aufweisen[32]. Zum andern verwendet sie den Begriff der „vereinigten Kirchgemeindeversammlungen“[33] und bringt damit zum Ausdruck, dass auch die Legislativen kantonal geteilt sind. Die Existenz dieser getrennten Organe weckt den Verdacht, dass die gemischten Kirchgemeinden so gemischt doch nicht sind und in Wahrheit je aus zwei kantonalen Kirchgemeinden bestehen. Das Konkordat gibt sich daher alle Mühe, solchen Missverständnissen vorzubeugen: Die kantonalen Teile werden als „Kirchgemeindebezirke“[34] bezeichnet und es ist die Rede vom „bernischen Gebiet dieser Kirchgemeinden“[35] oder vom „freiburgischen Teil dieser Kirchgemeinden“[36]. Bezeichnungen können freilich auch irreführend sein, zumal im kirchlichen Umfeld, wo das verwirrende Spiel mit Begriffen mitunter geliebt wird – etwa wenn die reformierte Kirche Berns juristisch *evangelisch-reformierte Landeskirche des Kantons Bern* heisst[37], sich im Aussenauftritt aber während längerer Zeit als *Reformierte Kirchen Bern-Jura* gab und neuerdings *Reformierte Kirchen Bern-Jura-Solothurn* genannt werden will, obwohl ihr Kirchengebiet doch gar nicht den gesamten Solothurn umfasst. Der Blick in die kantonale Gesetzgebung bestätigt, dass der Übereinkunft von 1889 derlei Begriffspielereien glücklicherweise fremd sind. Auf Freiburger Seite sind bei der örtlichen Umschreibung der Kirchgemeinden Ferenbalm und Kerzers die bernischen Gebiete einbezogen[38] und auch auf der Seite Berns werden die freiburgischen Gebiete zu den Kirchgemeinden Kerzers und Ferenbalm gezählt[39]. Die kantonalen Kirchgemeindebezirke von Kerzers und Ferenbalm sind somit nach Wortlaut der Übereinkunft und übereinstimmendem Verständnis der Beteiligten nur Teile einer kantonsübergreifenden Kirchgemeinde und daher

32 Vgl. auch Art. 8 lit. c Übereinkunft („die betreffenden bernischen Kirchgemeinderäte“; „die Pfarreiräte des freiburgischen Teiles“) sowie Art. 8 lit. e Übereinkunft („Jeder Kirchgemeindepräsident […] in seinem Kirchgemeindebezirk“).

33 Art. 8 lit. a Übereinkunft.

34 Art. 8 lit. e Übereinkunft.

35 Art. 8 lit. b Ziff. 1 Übereinkunft; vgl. Art. 8 lit. c Übereinkunft.

36 Art. 8 lit. b Ziff. 2 Übereinkunft; vgl. Art. 8 lit. c Übereinkunft.

37 Vgl. Titel der Berner Kirchenverfassung („Verfassung der evangelisch-reformierten Landeskirche des Kantons Bern“).

38 Art. 6 Ziff. 2 KiV FR.

39 Vgl. Art. 1 Ziff. 13 Grossratsbeschluss betreffend die Umschreibung der evangelisch-reformierten Kirchgemeinden des Kantons Bern (Grossratsbeschluss) vom 2. Dezember 1999 (BSG 411.21).

mangels juristischer Persönlichkeit auch nicht selber rechtsfähig. Die kantonalen Organe können folglich nicht im Namen ihrer Bezirke, sondern nur in demjenigen der gemischten Kirchgemeinde handeln[40]. In Kerzers und Ferenbalm fassen die Kirchgemeinderäte und -versammlungen die Beschlüsse deshalb grundsätzlich gemeinsam[41].

Die Kirchgemeindebezirke sind indes nicht unbedeutend, gelten doch für sie die jeweiligen kantonalen Regeln[42]. In einer gemischten Kirchgemeinde herrscht also nicht gleiches Recht, weil in ihren beiden Kirchgemeindebezirken unterschiedliche Kirchenverfassungen und -ordnungen sowie staatliche Regelungen gelten[43]. Darin liegt auch der Grund, warum in den gemischten Kirchgemeinden kantonal getrennte Organe bestehen,

40 Vgl. BGE 113 II 115.

41 *Gemischte Kirchgemeinde Ferenbalm:* Die Kirchgemeindeversammlungen von bernisch und von freiburgisch Ferenbalm wählen die Kirchgemeinderatsmitglieder und die Abgeordneten in die (Bezirks-)Synode separat (vgl. Art 11 Abs. 1 Entwurf eines Reglements für die Kirchgemeinde Bernisch und Freiburgisch Ferenbalm [Fassung vom 4. Juni 2003; E-Regl Ferenbalm]). Ausserdem beschliessen sie über jene Sachgeschäfte getrennt, die von ihren Kantonalkirchen den Kirchgemeinden übertragen worden sind (vgl. Art. 11 Abs. 3 E-Regl Ferenbalm). Die Organe des Freiburger Teils behandeln insbesondere Angelegenheiten des freiburgischen kirchlichen Unterrichts und gewisse Verwaltungs- und Karitativaufgaben unabhängig von den Bernern. Nach Art. 73 E-Regl Ferenbalm sollen nun aber die Aufgaben, die bisher von freiburgisch Ferenbalm wahrgenommen und über eine separate Kasse finanziert worden sind, namentlich der kirchliche Unterricht, von der Kirchgemeinde übernommen und finanziert werden. *Gemischte Kirchgemeinde Kerzers:* Die vereinigte Kirchgemeindeversammlung wählt die bernischen und freiburgischen Mitglieder des Kirchgemeinderates (vgl. Art. 12 lit. a und b Entwurf eines Organisationsreglements für die Kirchgemeinde bernisch und freiburgisch Kerzers [Fassung vom 11. August 2003; E-OgR Kerzers]) sowie die Abgeordneten in die kantonale Synoden bzw. in die bernische Bezirkssynode getrennt (vgl. Art. 12 lit. f und g E-OgR Kerzers [„des Wahlkreises"]).

42 Art. 4 Übereinkunft; Art. 6 Übereinkunft; vgl. auch Art. 2 Kirchenordnung des Evangelisch-reformierten Synodalverbandes Bern-Jura (KiO BE-JU) vom 11. September 1990.

43 Im Sinne einer spezialgesetzlichen Regelung wurde auf der Ebene des kirchlichen Bezirks dieser Grundsatz durchbrochen: Das Gebiet des *bernischen* Kirchlichen Bezirks Laupen umfasst auch die *freiburgischen* Territorien der gemischten Kirchgemeinden Ferenbalm und Kerzers (Art. 1 Organisationsreglement des Kirchlichen Bezirks Laupen [OgR Kirchl. Bezirk Laupen] vom 21. März 2002). Im Hinblick auf Art. 1 Übereinkunft muss dies auch für den freiburgischen Teil der gemischten Kirchgemeinde Murten gelten.

denn sie ergeben sich aus der jeweiligen kantonalen Gesetzgebung. Wie aber noch aufzuzeigen sein wird[44], hat die Übereinkunft für wichtige Sachbereiche kantonsübergreifende Regeln aufgestellt.

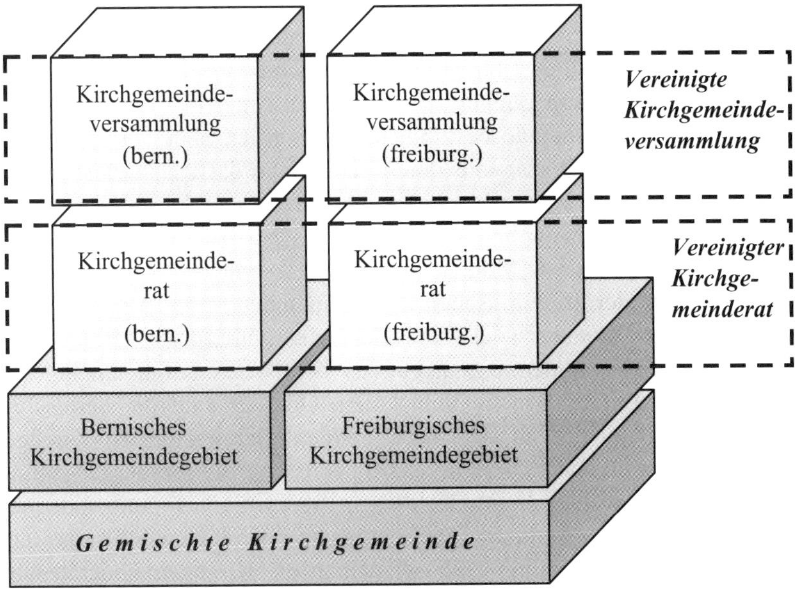


Abb. 2: Aufbau der gemischten Kirchgemeinde

Die getroffene Lösung ist bemerkenswert einfallsreich, besonders in unserem technisierten Gesetzgebungszeitalter, das selbst die Bundesverfassung zum Objekt einer gelangweilten Nachführung degradierte. Die Übereinkunft bietet allerdings auch einige Schwierigkeiten, die unter anderem darin bestehen, dass der Aufbau der gemischten Kirchgemeinde Murten von demjenigen der Kirchgemeinden Kerzers und Ferenbalm abweicht.

### 3. Der Sonderfall der gemischten Kirchgemeinde Murten

Die Übereinkunft sieht die „Dorfschaften Münchenwyler und Clavaleyres […] mit der Pfarrei Murten verbunden“[45]. Diese beiden Orte werden von

44 Vgl. Ziff. II. C.

ihr als der freiburgischen Kirchgemeinde „einverleibt“[46] betrachtet. Dass auf den Berner Teil der Kirchgemeinde Murten die bernischen Regeln Anwendung finden, gilt denn auch nur, wenn die Übereinkunft nicht etwas anderes festgelegt hat[47]. Eine derartige Kompetenzzuweisung an den Freiburger Teil ist allerdings nur in zwei eingegrenzten Bereichen erfolgt: Zum einen hat der freiburgische Kirchgemeinderat von Murten die Möglichkeit, den Gottesdienst für Münchenwiler und Clavaleyres alleine festzulegen[48]; zum andern kann er den kirchlichen Unterricht für die gesamte gemischte Kirchgemeinde bestimmen[49]. Ansonsten aber verfügen diese beiden bernischen Dörfer, die durch das Konkordat zu „bernisch Murten“[50] verbunden werden, gegenüber dem Freiburger Kirchgemeindeteil über eine aussergewöhnlich starke Stellung. So hat der Präsident des „Kirchgemeinderats von Münchenwiler und Clavaleyres“ von Amtes wegen Einsitz in den freiburgischen Kirchgemeinderat und ist gar Mitglied der Freiburger Synode[51] – der Präsident von freiburgisch Murten kann hingegen weder an den Sitzungen des bernischen Kirchgemeinderats noch an der Berner Synode teilnehmen. Oder es sind die bernischen Kirchgemeindeglieder an der meist getrennt durchgeführten Kirchgemeindeversammlung des freiburgischen Teils wie die Freiburger stimmberechtigt[52] – während umgekehrt ein freiburgisches Gemeindeglied nicht an der Versammlung des bernischen Kirchgemeindeteils mitbestimmen darf. Im Jahre 1990 versuchten die Kirchgemeinderäte von bernisch und freiburgisch Murten mittels einer „gemeinsamen Erklärung“ diese strukturellen Ungleichgewichte zu mildern. Die Vereinbarung sah unter anderem vor, dass die Berner bei Abstimmungen über das Budget und der Jahresrechnung inskünftig nicht mehr an der freiburgischen

45 Art. 12 Übereinkunft.

46 Art. 7 Übereinkunft.

47 Art. 4 Übereinkunft; Art. 6 Übereinkunft; Art. 7 Abs. 1 Übereinkunft.

48 Art. 7 Übereinkunft; vgl. Ziff. II. C. 3.; zu den Abmilderungen vgl. Anm. 115.

49 Art. 7 Übereinkunft; zu den Abmilderungen vgl. Anm. 115.

50 Art. 6 Übereinkunft („Kirchgemeinderat von bernisch Murten“).

51 Art. 7 Übereinkunft.

52 Art. 7 Übereinkunft. Dies gilt auch in finanziellen Angelegenheiten, obwohl in der gemischten Kirchgemeinde Murten die Haushalte kantonal getrennt geführt werden (vgl. Ziff. II. C. 4.). In seinem Rechtsgutachten vom 21. März 1990 hielt *Peter Sutermeister* fest, dass das Stimmrecht der Berner Gemeindeglieder unabhängig von den finanziellen Leistungen bernisch Murtens an den freiburgischen Teil der Kirchgemeinde besteht.

Kirchgemeindeversammlung stimmberechtigt sein sollen. Die „gemeinsame Erklärung“ stand aber nach berechtigter Meinung der Kantone Bern und Freiburg im Widerspruch zum Konkordat und musste daher fallen gelassen werden[53]. Eine dem Geist der Übereinkunft entsprechende Lösung könnte darin bestehen, dass die Organe der gemischten Kirchgemeinde Murten vermehrt gemeinsam tagen[54], so dass dank den gemeinsamen Entscheidungen die wenig glücklichen einseitigen Anordnungs- und Vertretungsrechte dahinfallen würden. In einer Zusatzvereinbarung könnte zudem vorgesehen werden, dass ein Freiburger Vertreter der gemischten Kirchgemeinden an der Berner Synode teilnehmen darf. Auf diese Weise würde die Berner Kirche mit der freiburgischen gleichziehen und in ihrer Synode ebenfalls einen Vertreter der Partnerkirche willkommen heissen.

Als ob die Übereinkunft von 1889 nicht schon genügend Probleme bereiten würde, wirft auch der bernische Grossratsbeschluss[55] betreffend die Umschreibung der evangelisch-reformierten Kirchgemeinden hinsichtlich der Struktur der Kirchgemeinde Murten Fragen auf. Unter der Bezeichnung „Münchenwiler-Clavaleyres, Bernisch Murten“ fasst der Erlass Münchenwiler und Clavaleyres zu einer eigenständigen Kirchgemeinde zusammen, blendet also die freiburgischen Gebiete aus[56]. Der Kanton Bern hat auf diese Weise das bernische Gebiet der gemischten Kirchgemeinde Murten zu einer eigenständigen Kirchgemeinde mit Rechtspersönlichkeit erhoben[57]. Im Gegensatz zu den Kirchgemeindebezirken von

53 Die Kantone Bern und Freiburg verweigerten am 24./29. August 1990 gemeinsam ihre Zustimmung zur „gemeinsamen Erklärung“.

54 Der Entwurf eines Reglements für die gemischte Kirchgemeinde Murten (Fassung vom 8. September 2003; E-Regl Murten) nimmt dieses Anliegen auf und misst sowohl der vereinigten Kirchgemeindeversammlung (Art. 7 f. E-Regl Murten) als auch dem vereinigten Kirchgemeinderat (Art. 34 ff. E-Regl Murten) eine grössere Bedeutung zu, als dies bis anhin der Fall war.

55 Nach Art. 8 Abs. 2 KiG BE geschieht die Bildung neuer, die Vereinigung sowie die Veränderung in der Umschreibung bestehender Kirchgemeinden durch Beschluss des Grossen Rates.

56 Vgl. Art. 1 Ziff. 13 Grossratsbeschluss; im Beschluss finden auch die jurassischen Gebiete der grenzübergreifenden bernisch-jurassischen Kirchgemeinden keine Erwähnung.

57 Der bernische Teil der gemischten Kirchgemeinde Murten schloss daher im eigenen Namen im Jahre 1990 mit dem Staat Bern und der Vereinigung der Volkshochschulen des Kantons Bern eine Vereinbarung über die Benützung der Kirche des Schlosses Münchenwiler ab.

Ferenbalm und Kerzers verfügt bernisch Murten daher auch über ein eigenes Organisationsreglement[58]. Auf Freiburger Seite wird demgegenüber an der Übereinkunft von 1889 festgehalten und Murten als gemischte Kirchgemeinde betrachtet: Nach der freiburgischen Kirchenverfassung[59] gehören auch die Kirchenangehörigen der „bernischen politischen Gemeinden Münchenwiler und Clavaleyres"[60] zur Kirchgemeinde Murten; ausserdem wird für „die besonderen Verhältnisse in den grenzübergreifenden Kirchgemeinden"[61] ausdrücklich die Übereinkunft vorbehalten. Auf kantonaler Ebene erfährt bernisch Murten somit eine unterschiedliche Behandlung: Einerseits gilt es als eigenständige Kirchgemeinde (Berner Meinung)[62], andererseits als Teil der gemischten Kirchgemeinde Murten (Freiburger Meinung).

Diese Ungereimtheiten könnten bei einer näheren Betrachtung der Übereinkunft von 1889 durchaus gelöst werden, da sie als Konkordat den kantonalen Bestimmungen vorgeht[63]. Sie versteht, wie bereits erwähnt, die bernischen Gebiete als dem freiburgischen Kirchgemeindeteil „einverleibt". Die Übereinkunft bringt damit zum Ausdruck, dass in Murten eine einzige, grenzüberschreitende Kirchgemeinde besteht. Die Berner Auffassung, dass bernisch Murten eine eigenständige, nicht grenzüberschreitende Kirchgemeinde sei, steht mithin im Widerspruch zum Konkordat[64]. Der Kanton Bern wollte dadurch wohl ein Gegengewicht zur

58 Vgl. Reglement für die Kirchgemeinde Bernisch-Murten vom 5. Juni 1978 (Regl bernisch Murten) sowie den Entwurf eines Organisationsreglements für die Kirchgemeinde Münchenwiler-Clavaleyres, Bernisch Murten (Fassung vom 29. Oktober 2002; E-OgR bernisch Murten). Die Bestimmungen der Übereinkunft von 1889 werden freilich in Art. 3 Abs. 3 Regl bernisch Murten bzw. in Art. 12 E-OgR bernisch Murten ausdrücklich vorbehalten.

59 Im Kanton Freiburg sind die Kirchenverfassungen für die örtliche Umschreibung der Kirchgemeinden massgebend, da sich nach Art. 2 Abs. 2 Staatsverfassung des Kantons Freiburg vom 7. Mai 1857 (SGF 10.1) die öffentlichrechtlich anerkannten Kirchen selbständig organisieren; vgl. auch Art. 154 Abs. 2 sowie Art. 155 Abs. 2 des Vorentwurfs der Staatsverfassung des Kantons Freiburg.

60 Art. 6 Ziff. 2 KiV FR.

61 Art. 6 Ziff. 3 KiV FR.

62 Vgl. *J. Frey*, Aussenbeziehungen (Anm. 2): „Murten sind eigentümlicherweise jedoch zwei Kirchgemeinden: bernisch Murten und freiburgisch Murten".

63 Vgl. BGE 100 Ia 423; vgl. *U. Häfelin*/*W. Haller*, Schweizerisches Bundesstaatsrecht (Anm. 19), N 1272.

64 Vgl. auch *Dieter Kraus*, der von drei grenzübergreifenden Kirchgemeinden ausgeht (Schweizerisches Staatskirchenrecht [Anm. 5], S. 178, 215).

„Einverleibung" setzen. Die Probleme liegen indes nicht speziell in der Stellung bernisch Murtens, sondern überhaupt in der unglücklichen gegenseitigen Zuordnung der beiden Kirchgemeindeteile. Das Konkordat dürfte in diesem Bereich freilich einer Verbesserung nicht entgegenstehen. Es wollte in erster Linie den Weiterbestand von gemischten Kirchgemeinden sichern, wobei von bereits Bestehendem ausgegangen wurde[65]. Die Übereinkunft enthält aus diesem Grunde keine Bestimmungen, welche sich mit der Veränderung der gegenseitigen organisatorischen Zuordnung von freiburgisch und bernisch Murten befassen. Diese gemischte Kirchgemeinde kann daher das bestehende Verhältnis zwischen ihren beiden Kirchgemeindeteilen ändern, ohne gegen das Konkordat zu verstossen. Da hier eine echte Lücke anzunehmen ist, sind dabei diejenigen Regeln anwendbar, welche den Wertungen und Vorstellungen der Übereinkunft entsprechen[66]. Diese finden ihren Ausdruck unter anderem in den auf die Kirchgemeinden Kerzers und Ferenbalm anwendbaren Bestimmungen[67]. Auf dem Wege der Lückenfüllung könnten diese deutlich gelungeneren Regeln sinngemäss auch auf die Kirchgemeinde Murten übertragen werden, so die bereits vorgeschlagenen gemeinsamen Tagungen der Kirchgemeindeorgane. Dadurch würde kein Widerspruch zum Berner Recht erzeugt, denn die Bezeichnung „Bernisch Murten" im Grossratsbeschluss entstammt der Übereinkunft von 1889[68] und kann daher als Verweisung auf sie und ihren (sinngemässen) Regeln verstanden werden. Da das neue Organisationsreglement des kirchlichen Bezirks Laupen bei der Umschreibung des Bezirksgebietes dem Grossratsbeschluss wörtlich gefolgt ist[69], könnte auch hier der Begriff „Bernisch Murten" als Verweisung auf das Konkordat betrachtet werden. Zudem behält die übergeordnete Berner Kirchenverfassung[70] wie auch die bernische Kirchenordnung[71] die Übereinkunft von 1889 ausdrücklich vor[72].

65 Vgl. Ziff. II. B. 1 und 2.

66 Vgl. *U. Häfelin/W. Haller*, Schweizerisches Bundesstaatsrecht (Anm. 19), N 147.

67 Vgl. auch Art. 1 Übereinkunft, welcher keine Unterscheidungen zwischen den drei gemischten Kirchgemeinden trifft.

68 Art. 6 Übereinkunft („Kirchgemeinderat von bernisch Murten").

69 Vgl. Art. 1 OgR Kirchl. Bezirk Laupen.

70 Art. 5 Abs. 3 KiV BE.

71 Art. 3 Abs. 2 KiO BE-JU.

72 Einen Vorbehalt zugunsten der Übereinkunft von 1889 enthält auch die Verfassung der Freiburger Kirche (Art. 6 Ziff. 3 KiV FR).

### 4. Eine Beurteilung

Im Vergleich zu einer Regelung, wonach das Recht einer betreuenden Kantonalkirche auch auf das ihr kantonsfremde Gebiet Anwendung findet[73], weist das Modell der gemischten Kirchgemeinde mit ihren beiden Bezirken wesentliche Vorzüge auf. Die angestammte kantonalkirchliche Identität wird in den Kirchgemeindebezirken bewahrt. Die kantonalen Gebiete sind unabhängig von der Verteilung der Kantonsbevölkerung gleichberechtigt, weil sich die Bezirke als zwei gleichwertige Teile der Kirchgemeinde begegnen[74]. Und dank seines schonenden Charakters geniesst dieses Kooperationsmodell bei der kirchlichen Bevölkerung eine hohe Akzeptanz. Die gemischten Kirchgemeinden von Kerzers und Ferenbalm können daher als gelungene Form einer grenzüberschreitenden Zusammenarbeit betrachtet werden. Demgegenüber bestehen in der gemischten Kirchgemeinde Murten viele Anordnungs- und Vertretungsrechte, die einseitig entweder zugunsten des Freiburger oder des Berner Teils der Kirchgemeinde ausgestaltet sind. Die vielfältigen Durchbrüche des Prinzips der Gleichberechtigung der beiden kantonalen Kirchgemeindeteile werden dazu geführt haben, dass im Gegensatz zur freiburgischen die bernische Seite den Berner Teil Murtens als eigenständige Kirchgemeinde betrachtet. Wird von der kantonalen Gleichheit abgewichen, entsteht somit die Gefahr, dass ein beteiligter Kanton sich zu vermeintlichen Hilfeleistungen aufgerufen fühlt und sich dabei über ein Konkordat hinwegsetzt.

## *C. Die inneren kirchlichen Verhältnisse*

Nachdem nun das strukturelle Gerippe der gemischten Kirchgemeinden behandelt worden ist, soll im Folgenden auch ihr Innenleben beleuchtet

73 Vgl. Art. 1 Ziff. 2 Übereinkunft BE-SO.

74 Dies zeigt sich etwa auch in der Zusammensetzung des vereinigten Kirchgemeinderats von Kerzers, der – unabhängig von den kantonalen Bevölkerungsanteilen – aus gleichviel bernischen und freiburgischen Mitgliedern besteht (vgl. Art. 19 Abs. 1 E-OgR Kerzers). Da im vereinigten Kirchgemeinderat der gemischten Kirchgemeinde Ferenbalm die Berner über einen Vertreter mehr als die Freiburger verfügen (vgl. Art. 39 Abs. 1 E-Regl Ferenbalm), wird hier zwar etwas von der Parität abgewichen, doch dürfen im Gegenzug der Kirchgemeinderatspräsident und der Präsident der Kirchgemeindeversammlung nicht dem gleichen Kanton angehören (vgl. Art. 8 Abs. 2 2. Satz E-Regl Ferenbalm).

werden. Die Bestimmungen der Übereinkunft über die inneren kirchlichen Verhältnisse betreffen den Einsitz des Pfarrers im Kirchgemeinderat (nachfolgend 1.), die Pfarrwahlen (2.), die Gottesdienste (3.) sowie die Finanzen (4.).

### 1. Der Einsitz des Pfarrers im Kirchgemeinderat

Gemäss dem Konkordat „macht die jeweilige kirchliche Gesetzgebung des betreffenden Kantons Regel“[75], wenn es um die Frage der Teilnahme des Pfarrers an den Sitzungen des Kirchgemeinderats geht. Die einfach erscheinende Bestimmung ist nicht ohne Tücken, haben doch die Pfarrer in Freiburg und in Bern im Regelfall nicht dasselbe Gewicht. Dem freiburgischen Kirchgemeinderat gehören sie als stimmberechtigte Mitglieder an[76]. Im bernischen Kirchgemeinderat verfügen sie zwar über beratende Stimme und Antragsrecht, sollen aber gemäss der bernischen Kirchenordnung in der Regel nicht abstimmen dürfen[77]. Hierbei handelt es sich jedoch nur um eine Empfehlung der Berner Kantonalkirche, da die Kirchgemeinde im Lichte der Gemeindeautonomie selbst über die Mitwirkung ihres Pfarrers in der Exekutive entscheiden kann. Will eine gemischte Kirchgemeinde von dieser Empfehlung der Berner Kirche nicht abweichen, müsste jedes Sachgeschäft in eine bernische und in eine freiburgische Komponente zerlegt werden, um auf die verschiedenen Teilnahmeberechtigungen des Pfarrers Rücksicht nehmen zu können. Eine derartige Zergliederung in kantonale Sachbereiche kann nicht der Sinn der gemeinsamen Tagungen der Räte sein. Im vereinigten Kirchgemeinderat von Kerzers und von Ferenbalm verfügen die Pfarrer denn auch ausschliesslich über beratende Stimme und Antragsrecht[78]. Entscheidet aber der freiburgische Kirchgemeinderat alleine, was in Murten generell und in den beiden anderen gemischten Kirchgemeinden für bestimmte Geschäfte der Fall ist[79], verfügt der Pfarrer in jedem Fall über das Stimmrecht[80].

75 Art. 3 Übereinkunft.

76 Art. 81 Ziff. 3 KiO FR; die Pfarrer verfügen nach dieser Bestimmung allerdings höchstens über 1/3 der Stimmkraft der von der Kirchgemeindeversammlung gewählten Mitglieder des Kirchgemeinderats.

77 Art. 125 Abs. 1 KiO BE-JU.

78 Vgl. Art. 36 Abs. 2 E-OgR Kerzers; vgl. Art. 66 Abs. 2 E-Regl Ferenbalm.

79 Vgl. Anm. 41.

80 Vgl. Art. 66 Abs. 3 E-Regl Ferenbalm.

Bei gemeinsamen Sitzungen der Kirchgemeinderäte sollte eine kantonsübergreifende Vereinbarung das Abstimmungsverfahren in den Grundzügen regeln, um in diesem Bereich Klarheit zu schaffen. Gleiches lässt sich übrigens auch zu den Tagungen der vereinigten Kirchgemeindeversammlungen sagen, auf deren Verfahren die Übereinkunft von 1889 ebenfalls nicht eingeht[81], sieht man von den Pfarrwahlen für Ferenbalm und Kerzers ab.

### 2. Die Pfarrwahlen

Während die Väter der Übereinkunft von 1889 der Stellung des Pfarrers im vereinigten Kirchgemeinderat kaum Beachtung schenkten, widmeten sie sich dafür den Pfarrwahlen in Kerzers und Ferenbalm im wahrsten Überfluss. Der entsprechende Artikel umfasst drei Seiten der Gesetzessammlung und benötigt zur Gliederung nicht weniger als elf Buchstaben. Da kann beispielsweise entnommen werden, dass in der Ausschreibung „bestimmt anzugeben ist, bis zu welchem Zeitpunkt und an wen die Anmeldungen einzureichen sind"[82] oder dass die Protokolle über die Wahlverhandlungen „in zwei Doppeln ausgefertigt und durch die respektiven Kirchgemeinderäte den Staatsbehörden der beiden Kantone je in einem Doppel mitgeteilt"[83] werden sollen. Die Langfädigkeit der Sätze erinnert an sozialversicherungsrechtliche Bundesverordnungen heutiger Tage und ist so betrachtet schon fast wieder in Mode.

Inhaltlich sind für ein bernisch-freiburgisches Konkordat die Pfarrwahlen allerdings auch eine schwierig zu regelnde Materie, denn die Beteiligten unterscheiden sich in dieser Frage deutlich voneinander. In Bern wird das Wahlverfahren vom Staat dominiert. Er eröffnet das Prozedere; die freie Pfarrstelle wird durch die Justiz-, Gemeinde- und Kirchendirektion ausgeschrieben[84]. Und beim Staat bleibt es auch: Er spricht, aufgrund des empfehlenden Gutachtens einer Prüfungskommission und des Synodalra-

81 In Anlehnung an Art. 5 Übereinkunft könnten allenfalls sinngemäss die Bestimmungen des Art. 8 Übereinkunft herangezogen werden, auch wenn sie für Abstimmungen nur beschränkt tauglich sind. Immerhin liesse sich diesfalls aus Art. 8 lit. h Übereinkunft ableiten, dass subsidiär in der Kirchgemeinde Kerzers die freiburgischen und in der Kirchgemeinde Ferenbalm die bernischen Verfahrensregeln gelten (vgl. Ziff. II. C. 3.).

82 Art. 8 lit. a Übereinkunft.

83 Art. 8 lit. i Übereinkunft.

84 Art. 31 Abs. 3 KiG BE.

tes, die Aufnahme in den bernischen Kirchendienst aus[85], was Voraussetzung für die Wahl durch eine Kirchgemeindeversammlung ist[86]. In der Freiburger Kirche dagegen beginnt das Verfahren mit der Bildung einer Wahlkommission in der Kirchgemeinde[87]. Diese Kommission kann zuhanden der Kirchgemeindeversammlung Wahlvorschläge formulieren[88], wobei der Synodalrat – und nicht der Staat – vorab die Wählbarkeit der Kandidaten feststellen muss[89]. Die Synode entscheidet auf Antrag der Ordinationskommission über die Aufnahme in den Dienst der Kirche[90] und der Synodalrat setzt den Pfarrer schliesslich in das Amt ein[91].

Zwischen diesen Polen der staatsnahen, grossen Berner Kirche und der vergleichsweise staatsfernen, kleinen freiburgischen Kirche bahnt sich die Übereinkunft für Kerzers und Ferenbalm einen Mittelweg:

Das Wahlverfahren beginnt mit der Ausschreibung, die durch die Präsidenten des bernischen und des freiburgischen Kirchgemeinderats gemeinsam eröffnet wird[92]. Es kommt dabei also weder die freiburgische Wahlkommission noch die Berner Justiz-, Gemeinde- und Kirchendirektion zum Zuge. Die Liste der Kandidaten wird daraufhin den „Staatsbehörden der beiden Kantone" zugestellt, welche die Wahlfähigkeit der Bewerber zu prüfen haben[93]. Diese Regelung weicht insbesondere von der freiburgischen Ordnung ab, wonach der Synodalrat als kirchliches Organ über die Wahlfähigkeit entscheidet. Anschliessend legen die Präsidenten der Kirchgemeinderäte gemeinsam einen Termin für die vereinigte Kirchgemeindeversammlung fest[94]. Die Stimmberechtigung in diesem Wahlorgan richtet sich für die Teilnehmer nach den Regeln ihres jeweiligen Kirchgemeindebezirks[95]. Der Präsident des bernischen Kirchgemeinderats leitet die Wahlversammlung von Ferenbalm und der Präsident des freiburgischen Kirchgemeinderats diejenige von Kerzers[96]. Aus-

85 Art. 23 Abs. 1 KiG BE; Art. 31 KiV BE.
86 Art. 26 KiG BE; Art. 31 Abs. 1 KiG BE; vgl. Art. 125 Abs. 2 KV BE.
87 Art. 97 Ziff. 1 KiO FR.
88 Art. 97 Ziff. 2 und Ziff. 3 KiO FR.
89 Art. 97 Ziff. 2 KiO FR; Art. 134 Ziff. 7 KiO FR.
90 Art. 164 KiO FR; vgl. Art. 165 Ziff. 2 KiO FR.
91 Art. 155 KiO FR.
92 Art. 8 lit. a Übereinkunft.
93 Art. 8 lit. a Übereinkunft.
94 Art. 8 lit. d Übereinkunft.
95 Art. 8 lit. b Übereinkunft.
96 Art. 8 lit. f Übereinkunft.

führliche Bestimmungen dienen dazu, die Freiburger und Berner gleichberechtigt an der Wahl teilnehmen zu lassen. So kann der Versammlungsleiter die beiden Stimmenzähler nicht alleine ernennen, sondern es bedarf der Zustimmung des Präsidenten des jeweiligen anderen Kirchgemeinderats. Oder der eine Stimmenzähler muss Berner und der andere ein Freiburger sein[97]. Eigens für die Wahlversammlung ist ein Sekretär zu wählen[98]; in Kerzers aus den bernischen und in Ferenbalm aus den freiburgischen Teilnehmern[99]. Der Pfarrer wird in geheimer Wahl gekürt[100]. Die getätigte Pfarrwahl muss danach von den beiden Kantonen anerkannt werden[101]. Sollte die Übereinkunft trotz diesen detaillierten Bestimmungen auf eine verfahrensrechtliche Frage keine Antwort geben können, so richtet sich das Wahlverfahren in Ferenbalm nach den bernischen und in Kerzers nach den freiburgischen Regeln[102].

Anders präsentieren sich die Verhältnisse in der gemischten Kirchgemeinde Murten. Ihre Pfarrstellen werden ausschliesslich nach den Freiburger Normen besetzt[103]. Die Kirchenangehörigen von bernisch Murten werden dabei zur Wahlversammlung in freiburgisch Murten eingeladen[104].

Die Übereinkunft von 1889 zeigt auf, dass die gemeinsame Wahl von Pfarrern rechtlich ein schwieriges Terrain ist. Besonders dornenvoll präsentiert sich die Mitsprache des Staates bei den Pfarrwahlen. Wirken an einer Konvention die Kantone mit, kann zwar eine juristische Sonderzone

97 Art. 8 lit. g Übereinkunft.

98 Art. 8 lit. g Übereinkunft *in fine* („Der Sekretär wird an der Versammlung [...] ernannt"); in der Praxis wird der Sekretär der Kirchgemeinde gewählt, was in der gemischten Kirchgemeinde Kerzers dazu führt, dass der Sekretär stets ein Berner ist und im Gegenzug der Präsident des freiburgischen Kirchgemeinderats zugleich als Präsident der gesamten Kirchgemeinde amtet.

99 Art. 8 lit. g Übereinkunft.

100 Art. 8 lit. a Übereinkunft.

101 Art. 8 lit. k Übereinkunft.

102 Art. 8 lit. h Übereinkunft.

103 Vgl. Art. 16 Regl bernisch Murten bzw. Art. 35 E-OgR bernisch Murten.

104 Vgl. Bulletin der Kirchgemeinde Murten, 54. Jahrgang, Nr. 9 (September 2000), S. 4; in Analogie (vgl. hierzu Ziff. II. B. 3 *in fine*) zu Art. 8 Übereinkunft soll inskünftig die vereinigte Kirchgemeindeversammlung die Pfarrer wählen (Art. 7 Abs. 4 lit. b E-Regl Murten), wobei aber weiterhin freiburgisches Recht massgebend bliebe (Art. 8 Abs. 1 und Abs. 2 E-Regl Murten).

geschaffen werden[105], in der die verschiedenen Traditionen der beteiligten Kirchen beachtet und ihre Gleichberechtigung sichergestellt werden. Aber auch diese Sonderzone sollte sich in die allgemeine Zuständigkeitsregelung der Kantone einbetten lassen. Es kann nicht der Sinn einer interkantonalen Vereinbarung sein, dass sie dem Staat, etwa bei der Feststellung der Wahlfähigkeit von Pfarramtskandidaten, eine kantonal nicht (mehr) bestehende Zuständigkeit verschafft, nur weil im Kanton der Partnerkirche eine staatliche Einflussnahme besteht.

## 3. Die Gottesdienste

Die Übereinkunft scheint davon auszugehen, dass die bernische und die freiburgische Regelung des Gottesdienstes so unterschiedlich nicht sein können. Sie bestimmt daher, dass sich in den gemischten Kirchgemeinden die Gottesdienste sowohl nach dem bernischen als auch nach dem freiburgischen Kirchenrecht richten. Ergeben sich auf diesem Gebiet aber Differenzen, muss gemäss dem Konkordat von 1889 nach einer einvernehmlichen Lösung gesucht werden, die „nachher den obern Kirchenbehörden und den Regierungen der beiden Kantone zur Genehmigung zu unterbreiten ist“[106]. Abweichende Regelungen kennen die beteiligten Kirchen etwa bei der Frage der Häufigkeit des Abendmahls[107] oder des Zeitpunktes des Konfirmationsgottesdienstes[108]. Nach der Übereinkunft haben sich dazu die beiden Kirchgemeinderäte ins Einvernehmen zu setzen, ausser sie seien nach den kantonalkirchlichen Normen für Gottesdienstangelegenheiten nicht zuständig. Glücklicherweise sind in der Berner wie in der Freiburger Kirche meist die Kirchgemeinderäte, alleine oder zusammen mit den Pfarrern, für die Gottesdienste zuständig[109]. Die Be-

105 Vgl. Art. 23 Abs. 2 KiG BE („Vorbehalten bleiben die mit andern Kantonen […] getroffenen Vereinbarungen“).

106 Art. 5 Übereinkunft.

107 Das Abendmahl wird in der Berner Kirche insbesondere an den hohen Festtagen gefeiert (Art. 39 KiO BE-JU); in der Freiburger Kirche findet seine Feier zwar auch an den kirchlichen Festtagen, mindestens aber einmal im Monat statt (Art. 29 KiO FR).

108 In der Berner Kirche findet die Konfirmation in der Zeit um Pfingsten statt (Art. 65 Abs. 1 KiO BE-JU), während sie in der Freiburger Kirche am Palmsonntag oder um Auffahrt gefeiert wird.

109 Sowohl in der Berner als auch in der Freiburger Kirche ist der Kirchgemeinderat entweder alleine (vgl. Art. 20 Abs. 2 und Abs. 3 KiO BE-JU; Art. 21 Abs. 1 KiO BE-JU; Art. 23 Abs. 5 KiO BE-JU; Art. 32 Abs. 1 KiO BE-JU; Art. 17 Ziff. 2

stimmung der Übereinkunft, wonach bei mangelnder Kompetenz der beiden kommunalen Exekutiven die komplizierten Verfahrensbestimmungen zu den Pfarrwahlen zur Anwendung gelangen, ist somit praktisch bedeutungslos.

Die Regelung der Übereinkunft ist nicht ohne Schwächen. So geht sie nicht auf den Fall ein, dass nur in einem der beiden Kirchgemeindebezirke der Kirchgemeinderat für Fragen des Gottesdienstes zuständig ist, während im anderen etwa der Synodalrat entscheidet[110]. Des Weiteren ist die Verweisung auf die Bestimmungen zu den Pfarrwahlen nur beschränkt tauglich, da bei einer Differenzbereinigung in Gottesdienstangelegenheiten eine Abstimmung und keine Wahl durchzuführen wäre. Immerhin liesse sich aus der verwiesenen Norm ableiten, dass subsidiär in der Kirchgemeinde Kerzers die freiburgischen und in der Kirchgemeinde Ferenbalm die bernischen Verfahrensregeln gelten[111]. Das Genehmigungsrecht des Staates verletzt im Übrigen das kirchliche Selbstbestimmungsrecht[112], und dasjenige des Synodalrates kann in ein Spannungsverhältnis zum innerkirchlichen Freiheitsraum der Kirchgemeinde geraten[113]. Das Konkordat wendet bei Gottesdienstbelangen aber insofern eine geschickte Koordinationstechnik an, als es nur eingreift, wenn zwischen den beteiligten Kirchen Differenzen entstehen und es diesfalls nur ein bestimmtes Verfahren vorsieht. Die inhaltliche Regelung wird so den

---

und Ziff. 3 KiO FR) oder zusammen mit dem Pfarrer (vgl. Art. 23 Abs. 1 und Abs. 2 KiO BE-JU; Art. 24 Abs. 1 KiO BE-JU; Art. 25 Abs. 3 KiO BE-JU; Art. 29 KiO BE-JU; Art. 30 Abs. 4 KiO BE-JU; Art. 8 Ziff. 1 und Ziff. 2 KiO FR; Art. 9 Ziff. 1 KiO FR; Art. 11 KiO FR; Art. 13 Ziff. 4 KiO FR; Art. 16 KiO FR) zuständig.

110 Vgl. Art. 23 Abs. 6 KiO BE-JU (Kompetenz des Berner Synodalrates zur Anordnung besonderer Gottesdienste); Art. 32 Abs. 2 KiO BE-JU (Weisungsrecht des Berner Synodalrates für andere Anlässe als Gottesdienste in der Kirche); Art. 7 Ziff. 4 KiO FR (Richtlinienkompetenz des Freiburger Synodalrates für die Feier des Kirchensonntags); Art. 11 Ziff. 2 KiO FR (Läuten der Kirchenglocken auf Veranlassung des Freiburger Synodalrates).

111 Vgl. Art. 8 lit. h Übereinkunft.

112 In ihrer „Meinungsäusserung“ vom 24./29. August 1990 zur „gemeinsamen Erklärung“ (vgl. Ziff. II. B. 3. und Anm. 53) erklärten sich die Kantone Bern und Freiburg daher als unzuständig, einen Punkt zu genehmigen, der sich auf die Liturgiekommission bezieht (S. 3).

113 In den nicht in Anm. 110 aufgeführten Fällen verfügt die Kirchgemeinde in Gottesdienstangelegenheiten grundsätzlich über einen Freiheitsraum.

örtlichen Organen überlassen, welche mit den Bedürfnissen der kirchlichen Bevölkerung vertraut sind.

Wie bereits erwähnt[114], findet die beschriebene Normierung auf die gemischte Kirchgemeinde Murten keine Anwendung, da die Übereinkunft im Sinne einer Spezialregelung vorsieht, dass der freiburgische Kirchgemeinderat von Murten die Ordnung des Gottesdienstes auch für den bernischen Teil der Kirchgemeinde festlegen kann. Diese Regelung durchbricht das Prinzip der Gleichheit der kantonalen Kirchgemeindeteile und ist daher unbefriedigend[115].

### 4. Die Finanzen

Wenn erst gegen Schluss dieses Aufsatzes die finanziellen Bestimmungen der Übereinkunft angesprochen werden, dann in der festen Überzeugung, dass die Finanzen zwar auch in der Kirche nicht zu vernachlässigen sind, aber doch hinter dem kirchlichen Leben stehen sollten – und nicht davor. Der Kanton Bern setzte anfangs der 90er Jahre des 20. Jahrhunderts die Prioritäten freilich etwas anders. Er wollte die Bestimmungen des Konkordats, welche die Aufteilung der Kosten regeln, mit Freiburg neu aushandeln. Zu diesem Zweck sandte Bern der freiburgischen Direktion des Innern und der Landwirtschaft im September 1991 ein Schreiben, in dem es gleich zur Sache kam: „Das Anliegen der Kostenteilung hat für uns auch heute zentrale Bedeutung und ist zwingend“[116]. Selbst

114 Vgl. Ziff. II. B. 3.

115 Vgl. Ziff. II. B. 3; der Entwurf eines Reglements für die gemischte Kirchgemeinde Murten enthält daher mehrere Abmilderungen: Art. 4 Abs. 4 E-Regl Murten bestimmt, dass Angelegenheiten des Gottesdienstes (und des kirchlichen Unterrichts) für die gesamte Kirchgemeinde von Freiburgisch Murten festgesetzt werden „können“, weswegen auf die Ausübung dieser Befugnisse auch verzichtet werden kann; will aber Freiburgisch Murten den Gottesdienst (oder den kirchlichen Unterricht) für die gesamte Kirchgemeinde festlegen, so ist gemäss Art. 38 Abs. 2 E-Regl Murten auf die „besonderen Bedürfnisse von Bernisch Murten Rücksicht“ zu nehmen; zudem gehört der Liturgiekommission – welche der Verantwortung des vereinigten Kirchgemeinderates untersteht (Art. 50 Abs. 2 E-Regl Murten) – ein Mitglied aus bernisch Murten an (zur Einsitznahme eines bernischen Mitglieds in die Unterrichtskommission vgl. Art. 51 Abs. 4 E-Regl Murten).

116 Schreiben der Direktion des Kirchenwesens des Kantons Bern an die Direktion des Innern und der Landwirtschaft des Kantons Freiburg vom 16. September 1991, S. 2.

das Vorgehen war für die bernische Kirchendirektion bereits vorgegeben: Man habe sich „vorerst auf Verwaltungsstufe“[117] über die Abänderungen der Übereinkunft von 1889 zu einigen, bevor die gemischten Kirchgemeinden und die beiden Kantonalkirchen angehört würden. Weniger verklausuliert ausgedrückt: Die Kirchen sollten vor vollendete Tatsachen gestellt werden. Als der Kanton Freiburg dieses Schreiben erhielt, liess er es sich nicht nehmen, je eine Kopie den drei Kirchgemeinden sowie der Kantonalkirche zuzustellen; begleitet von einem betont höflichen Schreiben, in welchem um Stellungnahme zu den bernischen Vorschlägen gebeten wurde[118]. Angesichts dieses missglückten bernischen Starts darf angenommen werden, dass auch der Brief der Berner Kirchendirektion vom 12. Oktober 1992 bei den freiburgischen Adressaten auf wenig Gegenliebe stiess. In dem Schreiben wurde erneut der Wunsch nach einer Veränderung der Kostenverteilung betont.

Dabei war das Anliegen des Kantons Bern nach einer neuen Aufteilung der Kosten durchaus verständlich. Bern übernahm in der Übereinkunft von 1889 die Verpflichtung, die Kirchen und die Pfarrhäuser von Ferenbalm und Kerzers zu unterhalten sowie für die Besoldung der „beiden Pfarrer“ aufzukommen[119]. Zur teilweisen Deckung der Kosten dienen noch heute Kirchengüter in Ferenbalm und Kerzers, die im Konkordat in ihrem Bestand geschützt und der Berner Aufsicht unterstellt wurden[120]. Sodann musste der Kanton Bern „Freiburg zur Nutzniessung des deutschen Pfarrers von Murten das Kapital von Fr. 3000,– alte W.“[121] überlassen. Demgegenüber verpflichtete sich Freiburg, für das „Kirchenhölzli zu Kerzers dem dortigen Pfarrer das zur Einfristung der auf freiburgischem Gebiet liegenden Pfarrgüter notwendige Holz auch fernhin aus den nächstgelegenen Waldungen zu liefern“[122]. Das Freiburger Holz musste

117 Schreiben der Direktion des Kirchenwesens des Kantons Bern an die Direktion des Innern und der Landwirtschaft des Kantons Freiburg vom 16. September 1991, S. 4.

118 Schreiben der Direktion des Innern und der Landwirtschaft des Kantons Freiburg an den Freiburgischen Synodalrat und die Kirchgemeinderäte der gemischten Kirchgemeinden vom 21. Juli 1992.

119 Art. 9 Übereinkunft.

120 Art. 9 Übereinkunft; die Kirchengutsrechnungen sind aber nicht nur dem bernischen, sondern auch dem freiburgischen Staat zur Genehmigung vorzulegen (Art. 11 Übereinkunft).

121 Art. 12 Übereinkunft.

122 Art. 10 Übereinkunft.

im 19. Jahrhundert über eine erstaunliche Qualität verfügt haben, dass es eingetauscht werden konnte gegen den Unterhalt von Kirchen und Pfarrhäusern sowie der Besoldung von Pfarrern!

In der Kirchgemeinde Murten konnten dann aber Lösungen gefunden werden, die den Wünschen Berns nach einer neuen Kostenverteilung entgegenkamen. Die erwähnten „Fr. 3000,– alte W." wurden ursprünglich dahingehend gedeutet, dass der Kanton Bern zugunsten der Kirchgemeinde Murten für den Lohn einer Hilfspfarrstelle aufkam; sie sind nun vertraglich auf eine dem bernischen Bevölkerungsanteil entsprechende Zahlung an die Pfarrbesoldungskosten gesenkt worden, wobei als obere Grenze die Kosten einer 60 %-Pfarrstelle festgelegt wurde[123]. Gestützt auf den Beschluss einer vereinigten Kirchgemeindeversammlung aus dem Jahre 1990 leistet zudem bernisch Murten entgegen der Übereinkunft[124] keinen jährlichen Beitrag an den freiburgischen Teil mehr[125]. Da in den beiden andern gemischten Kirchgemeinden ansehnliche Kirchengüter bestehen, vermochte hier Bern mit seinen finanziellen Begehren weniger durchzudringen: Weiterhin besoldet der bernische Staat den Pfarrer von Ferenbalm, und zugunsten der Kirchgemeinde Kerzers trägt er eine der zwei Pfarrstellen alleine. Zudem kommt er für die Pfarrhäuser in den beiden Kirchgemeinden auf. In Abweichung zum Konkordat trägt der Kanton Bern allerdings nicht mehr den Unterhalt ihrer Kirchen mit der Begründung, dass diese in der Zwischenzeit an die Kirchgemeinden abgetreten worden seien. Dem ist freilich entgegenzuhalten, dass alleine die veränderten Eigentumsverhältnisse die in der Übereinkunft von 1889 festgelegten Unterhaltspflichten des Kantons Bern[126] nicht aufzuheben vermö-

123 Vgl. Ziff. 1 Vereinbarung zwischen dem Kanton Bern und der Evangelisch-reformierten Kirchgemeinde Murten/FR über die Pfarrkosten der Gemeinden Clavaleyres und Münchenwiler (Vereinbarung) vom 5. Februar 2001. Der Vertrag trat rückwirkend auf den 1. Januar 2001 in Kraft (Ziff. 6 Vereinbarung). Als Übergangsregelung wurde vereinbart, dass sich die Leistung des Kantons Bern bis zur Erreichung des vertraglich vereinbarten Kostenanteils jährlich um 10 % eines Pfarrgehalts reduziert (Ziff. 5 Vereinbarung). Von den Vertragsparteien kann der Vertrag unter Einhaltung einer Frist von 6 Monaten jeweils auf Ende eines Kalenderjahres gekündigt werden (Ziff. 6 Vereinbarung).

124 Art. 7 Übereinkunft.

125 Vgl. Freiburger Nachrichten vom 10. Mai 1990; die jährlichen Zahlungen betrugen offenbar Fr. 1500.–.

126 Art. 9 Übereinkunft.

gen[127]. Um diese finanzielle Last Berns zu beseitigen, bedarf es einer formellen Änderung des Konkordats[128] oder – wie dies bei der Kirchgemeinde Kerzers der Fall ist[129] – einer entsprechenden Übereinkunft. Die früheren Argumente des bernischen Staates, um seine Verpflichtung zum Unterhalt der Kirchen abzulehnen, waren allerdings kaum überzeugender. Als einst in Kerzers der Kirchturm saniert werden musste, wollte der Kanton Bern die damit verbundenen Aufwendungen nicht übernehmen. Seine Haltung begründete er damit, dass die bernische Unterhaltspflicht nur die Kirche betreffe – ein Turm gehöre aber nicht zum Kirchengebäude. Kerzers rief daraufhin den Freiburger Staatsrat um Hilfe an. Die freiburgische Regierung parierte die Berner Argumentation nicht weniger trickreich: Sie erklärte den Kirchturm ausdrücklich zum Bestandteil der Kirche. Die Kosten der Sanierung musste daher am Ende doch der bernische Staat tragen[130].

In Kerzers und Ferenbalm bestehen grundsätzlich gemeinsame Haushalte[131]. In der Kirchgemeinde Murten verfügt der bernische Teil gestützt auf das Konkordat über eine eigenständige Finanzkompetenz[132]; die Haushalte von freiburgisch und von bernisch Murten sind daher getrennt.

Die finanziellen Bestimmungen in der Übereinkunft von 1889 bildeten wiederholt Gegenstand von Kritik und führten zu Revisionsbestrebungen. Daraus kann geschlossen werden, dass die Finanzen ein politisch sensib-

127 Das Auseinanderfallen von Eigentümerstellung und Unterhaltspflicht zeigt sich etwa am Beispiel des Pachtvertrages, bei welchem der Pächter als Nichteigentümer für den ordentlichen Unterhalt der Pachtsache sorgen muss (vgl. *Eugen Bucher*, Obligationenrecht Besonderer Teil, 3. Aufl. Zürich 1988, S. 189).

128 Genauer: Es müsste Art. 9 Übereinkunft revidiert werden.

129 Vertrag zwischen der evangelisch-reformierten Kirchgemeinde Kerzers und dem Staat Bern betreffend die Ablösung der Unterhaltspflicht des Staates Bern für das Kirchengebäude von Kerzers vom 15. November 1958 bzw. vom 10. Dezember 1958 (von den Regierungen der Kantone Bern und Freiburg am 9. Januar 1959 bzw. am 13. März 1959 genehmigt).

130 *G. Schwab*, Kerzers um 1900 (Anm. 10), S. 1.

131 Der freiburgische Kirchgemeindebezirk von Ferenbalm führt für die Kosten des eigenen kirchlichen Unterrichts und der Freiburger Synoden sowie für bestimmte Verwaltungs- und Karitativaufwände eine getrennte Kasse; nach Art. 73 E-Regl Ferenbalm sollen nun aber die Aufgaben, die bisher von freiburgisch Ferenbalm wahrgenommen und über eine separate Kasse finanziert worden sind, namentlich der kirchliche Unterricht, von der Kirchgemeinde übernommen und finanziert werden.

132 Art. 7 Übereinkunft.

les Gebiet sind. Ein wichtiger Grund hierfür liegt wohl darin, dass sich die mit einer kantonsübergreifenden Vereinbarung verbundenen Zielvorstellungen wandeln können. So wird es heute dem Kanton Bern mit dem Konkordat aus dem Jahre 1889 kaum mehr um die Stützung der reformierten Minderheitskirche in einem katholischen Nachbarkanton gehen.

## *D. Von der Ausstrahlung der Übereinkunft*

Die Übereinkunft von 1889 weist zweifellos technische Mängel auf, in einigen Belangen ist sie gar veraltet. Wenn etwa festgehalten wird, dass die Kantone die Konfession der gemischten Kirchgemeinden nicht einseitig abändern dürfen[133], dann wird eine juristische Selbstverständlichkeit heutiger Tage angeordnet. Trotz solcher Passagen kann die Übereinkunft aber in Sachen Flexibilität problemlos mit modernen Staatsverträgen wie den bilateralen Abkommen zwischen der Schweiz und den Europäischen Gemeinschaften mithalten, denn im Gegensatz zu diesen verweist sie in ihrem Art. 6 vorbehaltlos auch auf die zukünftigen Rechtserlasse („[...] erlassen sind oder noch erlassen werden"). Das Konkordat mag zwar im Vergleich ein eingeschränkteres Anwendungsgebiet haben, aber immerhin, es hat sich auch schon auf nichtkirchlichem Gebiet bewährt. Vor Jahren sollte in Ferenbalm der Parkplatz beim Friedhof durch eine aufgeschüttete Anhöhe erweitert werden. Zur Verwirklichung dieses Projekts hätte ein Teil vom Grundstück des Kirchenguts verkauft werden müssen – das aber ist durch die Übereinkunft in seinem Bestand geschützt[134]. Freiburg verweigerte in der Folge die Zustimmung zum Eingriff und so blieb Ferenbalm die verschandelnde Parkplatzerweiterung erspart.

Nicht im Landschaftsschutz liegt aber die Stärke der Übereinkunft von 1889, sondern darin, dass sie zwei Kantonalkirchen auf regionaler Ebene miteinander verknüpft, ohne dabei die kantonalen Identitäten zu opfern. Die im Konkordat vorgesehene enge Zusammenarbeit ist unter reformierten Kantonalkirchen leider noch immer unüblich. Hier hinken die Reformierten einer Entwicklung hinterher, die inzwischen unsere Gesellschaft längst durchdrungen hat: Die Vernetzung. Die recht schwachen Befugnisse des Schweizerischen Evangelischen Kirchenbundes sind in diesem Zusammenhang ebenso erstaunlich wie der Umstand, dass die Kantonal-

133 Art. 2 Übereinkunft; vgl. auch die Klammerbemerkung in Art. 4 Übereinkunft.
134 Art. 11 Übereinkunft.

kirchen selten in regionalen Dimensionen denken[135]. Die Berner Kirche, über einen Synodalverband mit Jura verbunden und mit besonderen rechtlichen Beziehungen zu Solothurn und Freiburg ausgestattet, stellt eine rühmliche Ausnahme dar, die durchaus den Ausgangspunkt eines *espace réformé* bilden könnte. Zur Errichtung eines derartigen reformierten Raumes würden sich zuerst die der bernischen Kirche zugehörigen solothurnischen Kirchgemeinden zu einer eigenen Kirche formieren. Entsprechende Ansätze bestehen schon heute: Das solothurnische Gebiet kennt eine eigene Bezirkssynode[136] und hat eigenständige innerkirchliche Kompetenzen. Die neugeschaffene Solothurner Kirche würde anschliessend vom bernisch-jurassischen Synodalverband als drittes Mitglied aufgenommen. Da die mit der Berner Kirche verbundenen solothurnischen Kirchgemeinden vom geltenden bernisch-jurassischen Synodalverband erfasst sind[137] und daher die Kirchenordnung des Synodalverbandes bereits auf sie anwendbar ist, lägen die juristischen Hürden zur Verwirklichung dieser gleichberechtigten Aufnahme tief. Schon heute „liesse sich auch von einem Synodalverband Bern – Solothurn (oberer Kantonsteil) – Jura sprechen“[138]. Dem nunmehr aufgewerteten Synodalverband schlössen sich daraufhin assoziierte Mitglieder an. Sie würden insbesondere in den Verbandsdiensten mitarbeiten und etwa auch die politischen Stellungnahmen des Synodalverbandes mittragen, um deren Gewicht zu erhöhen. An der Verbandssynode hätten sie lediglich ein eingeschränktes Stimmrecht. Im Gegenzug unterständen sie aber nicht der Kirchenordnung des Synodalverbandes und den in der Synodalverbandskonvention formulierten Pfarramtsanforderungen[139]. Die genauen Wirkungen der Assoziierung könnten in einem Reglement näher umschrieben werden[140].

135 Vgl. auch *Fritz Gloor*, Neue Kantonalkirchen? Die Urschweizer Kirchen nach der Auflösung des Evangelisch-reformierten Kirchenverbandes der Zentralschweiz, in: SJKR/ASDE 7 (2002), S. 185 ff., 195, welcher für eine Verstärkung der regionalen Zusammenarbeit über die Kantonsgrenzen hinaus eintritt, „etwa in der Gestalt eines kantonsübergreifenden Synodalverbandes“.

136 Art. 3 Übereinkunft BE-SO.

137 Art. 1 Abs. 1 Konvention zwischen dem Staat Bern und der Evangelisch-reformierten Landeskirche des Kantons Bern, einerseits, und der Evangelisch-reformierten Kirche des Kantons Jura, anderseits, über den Synodalverband (Synodalverbandskonvention) vom 5. November 1980 (BSG 410.291); vgl. auch Art. 11 Abs. 1 Synodalverbandskonvention.

138 *D. Kraus*, Schweizerisches Staatskirchenrecht (Anm. 5), S. 178.

139 Art. 10 Synodalverbandskonvention.

140 Vgl. Art. 7 Synodalverbandskonvention.

Als assoziierte Mitglieder würden sich die freiburgischen Gebiete der gemischten Kirchgemeinden dem Synodalverband anschliessen. Ihre Assoziierung drängte sich schon deshalb auf, weil die Berner Teile der Kirchgemeinden dem bernischen Recht unterstehen und daher ohne Weiteres dem Synodalverband angehören[141]. Als weitere assoziierte Mitglieder kämen auch die Eglise réformée évangélique du canton de Neuchâtel sowie Gemeinschaften mit innerkirchlichem Selbstverständnis[142] in Frage. Dass sie sich privatrechtlich organisiert haben, der Synodalverband aber öffentlichrechtlicher Natur ist, stände ihrer Assoziierung jedenfalls nicht entgegen[143]. Im Wirtschaftsverwaltungsrecht etwa sind recht häufig öffentlichrechtliche Körperschaften anzutreffen, an denen juristische Personen des Privatrechts als Mitglieder beteiligt sind[144].

141 Zudem schreibt die Synodalverbandskonvention selber vor, dass die Rechtsstellung der grenzübergreifenden Kirchgemeinden in besonderen Vereinbarungen zu regeln ist (Art. 13 Synodalverbandskonvention); die Konvention hält ferner ausdrücklich fest, dass Verbandsbezirke ohne Rücksicht auf die kantonalen Grenzen umschrieben werden können (Art. 14 Abs. 2 Synodalverbandskonvention).

142 Als Gemeinschaften mit innerkirchlichem Selbstverständnis treten im Gebiet des *espace réformé* das pietistisch geprägte *Evangelische Gemeinschaftswerk* (Kantone Bern und Freiburg), die charismatischen Bewegungen *Basileia Vineyard Bern* (Kanton Bern), *Landeskirchliche Gemeinschaft Jahu* (Kanton Bern) und *Neues Land* (Kantone Bern und Solothurn), sowie die evangelische Kommunität *Don Camillo* (Kanton Neuenburg) auf.

143 Art. 2 Abs. 1 Synodalverbandskonvention; vgl. auch Art. 61 Abs. 3 KiG BE.

144 Vgl. BGE 97 I 740 ff.: Futtermittelimporteure als Mitglieder einer öffentlichrechtlichen Genossenschaft für Getreide und Futtermittel; vgl. *Blaise Knapp*, Précis de droit administratif, 4. Aufl. Basel und Frankfurt am Main 1991, N 2594.

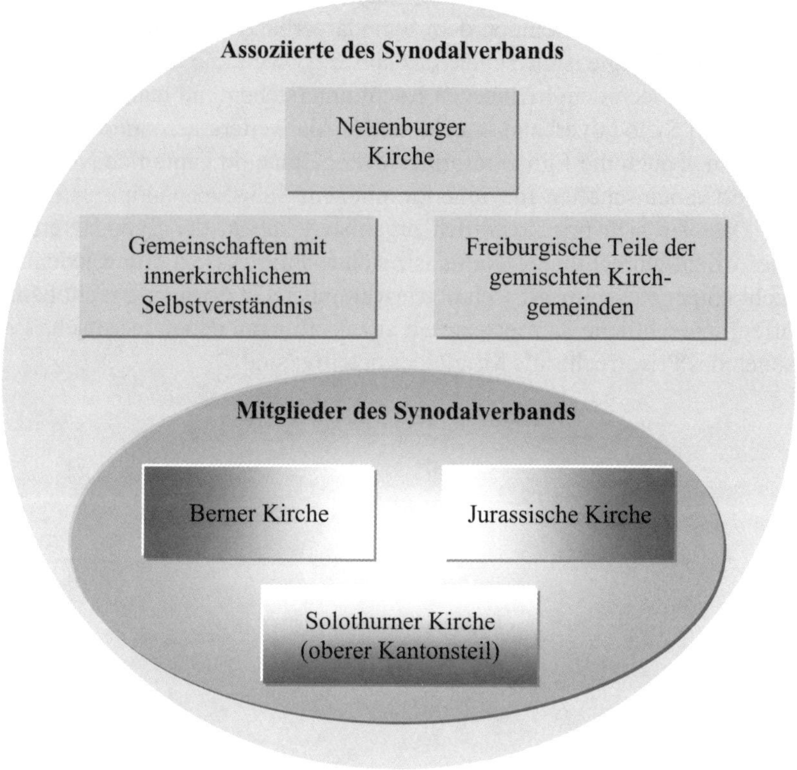


Abb. 3: Modell des espace réformé

Ohne weitherzige Aufgeschlossenheit wird sich der Traum eines *espace réformé* nicht verwirklichen lassen. Sie sollte im eigenen Haus beginnen. Wenn reformierte Landeskirchen selbst etablierte Gemeinschaften mit innerkirchlichem Selbstverständnis nicht offiziell anerkennen wollen[145] und wenn einige dieser Gemeinschaften mitunter mehr das Trennende denn das Verbindende zur Landeskirche suchen, dann werden auf beiden Sei-

145 Zwischen der *evangelisch-reformierten Landeskirche des Kantons Bern* und dem *Evangelischen Gemeinschaftswerk* finden immerhin regelmässig Leitungsgespräche statt (vgl. Jahresbericht 2002 des Evangelischen Gemeinschaftswerks, S. 6; vgl. auch *Samuel Lutz-Léchot*, L'œcuménisme dans les Eglises bernoises, in: SJKR/ASDE 3 [1998], S. 11 ff., 15: „Des réunions bilatérales ont lieu également entre l'Eglise réformée évangélique et *l'Œuvre communautaire évangélique*").

ten die Chancen einer aufgeschlossenen Vernetzung vertan[146]. Die kirchlichen Kräfte verlieren in der heutigen Gesellschaft zunehmend an Gewicht[147], und so kann man sich über die selbstschwächenden Grabenkämpfe – die ausgerechnet in reformiert-landeskirchlichen und somit Staat und Gesellschaft zugewandten Kreisen stattfinden! – nur wundern. Solange über diese Gräben nicht Brücken der reformierten Geschwisterliebe führen[148], darf die verbindende Wirkung der Übereinkunft von 1889 noch immer als vorbildlich gelten. Ein Vorbild, welches offenbar ausstrahlt: Das bernische Schloss Münchenwiler beherbergt regelmässig Gottesdienste der gemischten Kirchgemeinde Murten – auf seinem Turm weht keine übergrosse Kantonsflagge.

146 Die evangelisch-reformierte Landeskirche dürfte an Gemeinschaften mit innerkirchlichem Selbstverständnis schon deshalb ein Interesse haben, weil sie mit diesen ein Standbein im tendenziell zunehmenden Wirkungskreis privatrechtlicher Religionsgemeinschaften erhält, und weil die Mitglieder solcher Gemeinschaften in der Regel nicht aus der Landeskirche austreten. Den Vorteil des innerkirchlichen Status für eine Gemeinschaft umschrieb *Fritz Bangerter*, Pfarrer EGW, in einem Zeitungsinterview („Der Murtenbieter" vom 16. April 2003, S. 9) wie folgt: „Wir sind eine Gruppierung von Menschen, die innerhalb der evangelisch-reformierten Landeskirche sein wollen, weshalb man uns oft den Vorwurf macht, kein Profil zu haben. Gerade wegen unserer speziellen Struktur, innerhalb der Landeskirche selbständig zu sein, haben wir aber Möglichkeiten, welche Freikirchen nicht haben. Sicher ist diese Position nicht immer einfach, doch dort, wo das EGW einen positiven Beitrag leistet, wird etwas verändert".

147 Vgl. auch *Thomas Müller-Graf*, Neuordnung des Theologiestudiums an der Universität Bern, in: SJKR/ASDE 7 (2002), S. 69 ff., 81: „Es gibt kaum Anzeichen für eine Verlangsamung der gesellschaftlichen Entkirchlichung".

148 Die *Evangelisch-reformierte Kirche des Kantons Basel-Stadt* würdigt in ihrer Kirchenverfassung den Beitrag der Werke und Kommunitäten zum kirchlichen Leben (vgl. *Christoph Winzeler*, Die Partialrevision der Verfassung der Evangelisch-reformierten Kirche Basel-Stadt von 1996, in: SJKR-Beiheft 1/1997, S. 57 ff., 60 f.) und hat beispielsweise die pietistisch ausgerichtete *Evangelische Stadtmission Basel* kirchlich anerkannt.

SJKR/ASDE 8 (2003), S. 77-101

# Theologische Fakultäten in der Universität von morgen*

von Adrian Loretan (Luzern)

Wie sieht die Zukunft der Theologischen Fakultäten in Europa aus? Da ich kein Wahrsager bin, sondern Wissenschafter, habe ich eine Situationsanalyse von Fachkolleginnen und Fachkollegen in verschiedenen europäischen Ländern vornehmen lassen. Die ersten Resultate kann man in der Zeitschrift „Bulletin der Europäischen Gesellschaft für Katholische Theologie“ nachlesen, in der seit der Ausgabe 13 (2002) Nr. 1 die Reihe „Die rechtliche Stellung der Theologischen Fakultäten in Europa“ abgedruckt wird[1].

Die Frage nach der Theologie in der staatlichen Universität von morgen wird auch in der Schweiz an verschiedenen Orten diskutiert, zur Zeit v.a. bei den Universitätsrektoren und den Dekaninnen und Dekanen der Theologie, ferner bei der „Konferenz der Theologischen Fakultäten der Schweiz“, in der Schweizerischen Theologischen Gesellschaft und in der Schweizerischen Vereinigung für evangelisches Kirchenrecht[2].

Wie wird sich die universitäre Theologie weiterentwickeln? Werden das Erbe und die Herausforderung der bestehenden Theologischen Fakultäten an den staatlichen Universitäten von morgen noch gefragt sein?[3]

* Für die Veröffentlichung leicht überarbeitetes Referat, das am 29. November 2002 vor der ökumenischen Schweizerischen Theologischen Gesellschaft an der Universität Freiburg i.Ü. gehalten wurde.

1 Vgl. *Richard H. Puza*, Les facultés de théologie en Europe, in: Studia canonica 34 (2000), S. 75-89.

2 Vgl. den oben S. 11 ff. abgedruckten Beitrag von *Wolfgang Lienemann*.

3 *Universitäre Theologie in der Schweiz. Die Theologischen Fakultäten, ihr Erbe und ihre Herausforderungen*, hg. von der Konferenz der Theologischen Fakultäten der Schweiz, Neuchâtel 1999. – Vgl. *Jean Zumstein*, Theologische Fakultäten an staatlichen Hochschulen, in: Kirche und Staat. Bindung – Trennung – Partner-

Wie kann in den Theologischen Fakultäten gespart werden, da hier das Verhältnis zwischen Professuren und Studierenden im Vergleich zu anderen Fakultäten wenig vorteilhaft ist? Wird die Religionswissenschaft die Theologie teilweise verdrängen?[4]

Meine Ausführungen verstehen sich als vertiefender Beitrag an diese Diskussion – losgelöst von Sparzwängen und übereiltem „Innovationsdenken". Ich stelle mir die Frage: Wie kann in einer säkularen Gesellschaft die Bedeutung von Theologischen Fakultäten an staatlichen Universitäten rational begründet werden?[5]

Im *ersten, geschichtlichen Kapitel* soll kurz dargestellt werden, wie die Eingliederung der Theologie in die Universität sowohl der Theologie als auch der Politik zu einer positiven Rationalität verholfen hat.

Im *zweiten Kapitel* soll nach den Bedingungen gefragt werden, die erfüllt sein müssen, damit die Theologie auch morgen noch an der Universität eine wissenschaftliche Disziplin von Bedeutung sein kann.

Im *dritten Kapitel* und Hauptteil stelle ich die Theologischen Fakultäten ins Spannungsfeld von Gesellschaft, Kirche und Staat. Konkret werden *drei Denkmodelle* der Grundrechte Religionsfreiheit und Wissenschaftsfreiheit in Bezug auf die Theologischen Fakultäten genauer analysiert. Anhand religionsrechtlicher bzw. staatskirchenrechtlicher Modelle

---

schaft. Ringvorlesung der Theologischen Fakultät der Universität Zürich, hg. von Alfred Schindler, Zürich 1994, S. 82-100.

4 Vgl. *Claude Welscher*, „Religionsgeschichte und -wissenschaft" an waadtländischen Gymnasien, in: Annex. Die Beilage zur Reformierten Presse Nr. 33/2002, S. 11 f. (11): „So war zunächst unklar, welchen Platz das Christentum einnehmen sollte und ob Theologielizenziaten für dieses Lehramt in Frage kämen. Schliesslich entschied man sich dafür, verschiedene Typen von Lizenzen anzuerkennen, unter anderem die der Geisteswissenschaften (mit erstem Fach HSR [Histoire et sciences des religions]) und die Lizenz in Religionswissenschaften von der Theologischen Fakultät Lausanne. Allerdings ist die Diskussion nicht abgeschlossen: Die Anerkennung anderer Ausbildungsgänge liegt noch im Ermessen der Schuldirektoren."

5 Aus der grossen Fülle der Literatur seien hier nur einige Beispiele erwähnt: *Jan Milič Lochman*, Theologie und die Idee der Universität, in: Communio Viatorum [Prager Protestantische Theologische Fakultät] 35 (1993), S. 54-68; Salzburger Theologische Zeitschrift 2 (1998) Heft 1; *Edmund Arens* und *Helmut Hoping* (Hg.), Wieviel Theologie verträgt die Öffentlichkeit?, Freiburg i.Br. 1999; *Rolf Weibel*, Theologie: Schweizer Fakultäten gesichert, in: Herder Korrespondenz 54 (2000), S. 497-499; *Edmund Arens*, Theologie an der Universität, in: SKZ 170 (2002), S. 134-137.

soll deutlich werden, welche Zukunftschancen Theologische Fakultäten bei den verschiedenen Interpretationen der Grundrechte haben, bzw. nicht mehr haben werden.

## *I. Politische und Theologische Rationalität*

Die wissenschaftliche Theologie entwickelte sich im politischen Raum des lateinischen Westens. *Das Spannungsverhältnis von Kirche und Staat* ist die Quelle einer spezifisch theologischen und politischen Rationalität. Sie hat die Kultur des Westens geprägt.

Dem Investiturstreit zwischen politischer und religiöser Macht schulden die westlichen Nationen den Aufstieg der Bürgerfreiheit. Hätte nämlich im 11. Jahrhundert die „Kirche fortgefahren, die Throne des Königs abzustützen, […] so wäre ganz Europa unter das Joch eines byzantinischen […] Despotismus gefallen.“[6] Das Revolutionäre dieses Schrittes wird von der Politologie[7], der Theologie[8], der Rechtsgeschichte[9] und der Soziologie[10] unterstrichen.

Die Theologie als Wissenschaft begann ebenfalls im 11./12. Jahrhundert. Gewiss gab es Theologie schon 1000 Jahre vorher; sie hatte mit der

6 *Otto Kallscheuer*, Gottes Wort und Volkes Stimme. Glaube Macht Politik, Frankfurt 1994, S. 32.

7 Vgl. *Otto Kallscheuer*, Die Trennung von Politik und Religion und ihre ‚Globalisierung‘ in der Moderne, in: Beilage zur Wochenzeitung ‚Das Parlament‘ vom 21. Oktober 2002, hg. von der Bundeszentrale für politische Bildung (Berliner Freiheit 7, 53111 Bonn), S. 3-5.

8 Vgl. *Walter Kasper*, Wissenschaftliche Freiheit und lehramtliche Bindung der Katholischen Theologie, in: Essener Gespräche zum Thema Staat und Kirche Bd. 16 (1982), S. 12-42 (19).

9 Vgl. *Harold J. Berman*, Recht und Revolution. Die Bildung der westlichen Rechtstradition, übersetzt von Hermann Vetter, Frankfurt a.M. 1995 (Originalausgabe: Law and Revolution. The Formation of the Western Legal Tradition, Harvard 1983), S. 144-198 („Der Ursprung der westlichen Rechtstradition in der päpstlichen Revolution“).

10 Vgl. ‚Der Beitrag des Christentums zur Entstehung der modernen Organisationsgesellschaft‘ von *Karl Gabriel*, Organisation als Strukturprinzip der Kirchen: Spannungen, Zwänge, Aporien, in: Alfred Dubach und Wolfgang Lienemann (Hg.), Aussicht auf Zukunft. Auf der Suche nach der sozialen Gestalt der Kirchen von morgen. Kommentare zur Studie „Jeder ein Sonderfall? Religion in der Schweiz“, Bd. 2, Zürich 1997, S. 15-35, bes. S. 18-22.

Patristik[11] und den monastischen Arbeiten auch schon verschiedene Blütezeiten hervorgebracht. Doch das Entstehen einer relativ eigenständigen wissenschaftlichen Theologie im 11./12. Jahrhundert eröffnete neue Horizonte. Drei Umstände förderten diesen Prozess:

- Die Entstehung der Universitäten als eigenständige rechtliche Körperschaften[12],
- die Eingliederung der Theologie in die Universität,
- die Aufnahme des aristotelischen Wissenschaftsideals in der Theologie.

Jürgen Habermas beschreibt die Geschichte des Verhältnisses von Theologie und Philosophie wie folgt:

> „Seit der Spätantike lässt sich die griechische Philosophie auf eine enge Symbiose mit dem kirchlichen Christentum ein, wird zum wissenschaftlichen Organ der Theologie und büsst ihre eigenständige Heilsbedeutung ein. […] Die Kirche hilft bei der Bewältigung von existentieller Not. […] Unterdessen zieht sich die Philosophie, als der Statthalter der weltlichen Vernunft, immer mehr auf ihre kognitiven Aufgaben zurück und versteht, gut aristotelisch, die Theorie als Weg zur Erkenntnis, nicht zum Heil."[13]

11 Der Begriff Theologie wurde erst allmählich geklärt, wie der Patristiker Basil Studer aufgezeigt hat. Wenn die christlichen Autoren der Reichskirche „von *theologia* und *theologein* sprachen, meinten sie damit die Lehre von Gott oder auch das einfache bzw. wissenschaftliche Reden von Gott. Im Besonderen unterschieden sie die *theologia* als dem Sprechen über die ewige Dreifaltigkeit von der *oikonomia* als dem Sprechen über das göttliche Handeln in der Heilsgeschichte." (*Basil Studer*, Schola christiana. Die Theologie zwischen Nizäa und Chalcedon, Paderborn 1998, S. 13). – Gemäss diesem Sprachgebrauch müsste in den ökonomischen Fakultäten heute vom Heilshandeln Gottes in der Geschichte die Rede sein. Dass dem nicht so ist, zeigt, dass der Theologie-Begriff der Alten Kirche nicht gleichgesetzt werden kann mit der wissenschaftlichen Theologie ab dem Mittelalter.

12 „Erst die Kanonistik des 13. Jahrhunderts gestand einer Gesamtheit (universitas) von Personen Rechtspersönlichkeit zu, die unabhängig von ihren Mitgliedern bestand". Welchen Einfluss diese Rechtsentwicklung der Kanonistik auf die neu entstehenden Universitäten hatte, müsste eigens weiter untersucht werden. Vgl. *Adrian Loretan*, Juristische Personen im CIC 1983, in: Kirche Kultur Kommunikation. Peter Henrici zum 70. Geburtstag, hg. von Urban Fink und René Zihlmann, Zürich 1998, S. 581-594 (582).

13 *Jürgen Habermas*, Noch einmal: Zum Verhältnis von Theorie und Praxis, in: ders., Wahrheit und Rechtfertigung. Philosophische Aufsätze, Frankfurt a.M. 1999, S. 319-333 (320).

Im 11./12. Jahrhundert begann man, zwischen Philosophie und Theologie zu unterscheiden. Am Anfang dieses Ausdifferenzierungsprozesses, der zur Entstehung der europäischen Wissenschaften geführt hat, steht die Theologie. Sie ist neben der Philosophie eine selbständige Wissenschaft. Durch den Übergang von den Kloster- und Domschulen zur wissenschaftlichen Universitätstheologie kam es

- zu einer eigenständigen Schultheologie, der Scholastik,
- zu einem neuen Typus von christlicher Lehre,
- zu einem neuen Typus von doctores und
- zu einem neuen Typus von magisterium.

Ohne die Universität und ihren neuen Typus von Lehre, von doctores und von magisterium wäre auch die Reformation des 16. Jahrhunderts schwer vorstellbar. In einer neuen Weise vermittelt der Schöpfungsgedanke Theonomie und Autonomie. Die Welt in ihrer Abhängigkeit von Gott hat ihre relativ autonome Eigengesetzlichkeit. Theologisch wurde diese relative Autonomie erstmals im 12. und 13. Jahrhundert von Albertus Magnus und Thomas von Aquin herausgearbeitet[14], also kurz nach dem Entstehen der wissenschaftlichen Theologie und der Universität überhaupt.

Die Theologie ist also wie jede andere Wissenschaft frei in der Wahl ihrer Methoden. Sie kann und muss Thesen und Hypothesen aufstellen und diskutieren. Die formale prinzipielle Gleichstellung der Theologie mit den anderen Wissenschaften wurde in Kirche-Staat-Verträgen (v.a. in den Konkordaten des Apostolischen Stuhls mit Deutschland) verankert. Dieses Verhältnis wird erstmals vom gegenwärtigen Papst auch für die katholische Theologie als modellhaft bezeichnet. Es gibt – so Johannes Paul II. – „die Chance, Philosophie und Theologie im Kontext und in Kooperation mit allen Wissenschaften einer modernen Universität treiben zu können“[15].

14 *Thomas von Aquin*, STh I q 45, a. 6; STh I q 45, a. 1. „Wenn wir darum den allgemeinen Ausgang alles Seienden aus dem ersten Grunde betrachten, so ist es unmöglich, für diesen Ausgang irgendein Seiendes vorauszusetzen.“ Vgl. zum Schöpfungsbegriff *W. Kasper*, Wissenschaftliche Freiheit und lehramtliche Bindung (Anm. 8), S. 34.

15 *Johannes Paul II.*, Predigten und Ansprachen bei seinem Pastoralbesuch in Deutschland, hg. vom Sekretariat der Deutschen Bischofskonferenz (Verlautbarungen des Apostolischen Stuhles 25), S. 167-172 (168).

## *II. Bedingungen für eine mögliche Zukunft*

### *A. Forderungen an die Universität*

Die Universität wird sich die Frage stellen müssen: Will sie die älteste Fakultät der meisten europäischen Universitäten weiterentwickeln, oder werden u.a. betriebswirtschaftliche Argumente den sukzessiven Abbau der Theologischen Fakultäten fördern?[16]

Der Philosoph Jürgen Habermas hat in seiner Dankesrede zur Verleihung des Friedenspreises des Deutschen Buchhandels 2001 wesentliche Überlegungen vorgetragen, die wir ohne weiteres auch als Argumente für das Verbleiben der Theologie in der Universität interpretieren können.

Habermas plädiert u.a. gegen einen unfairen Ausschluss der Religion aus der Öffentlichkeit. Die säkulare Gesellschaft würde nur dann nicht von wichtigen Ressourcen der Sinnstiftung abgeschnitten, „wenn sich auch die säkulare Seite einen Sinn für die Artikulationskraft religiöser Sprachen bewahrt“[17]. Säkulare Sprachen, fährt er fort, „die das, was einmal gemeint war, bloss eliminieren, hinterlassen Irritationen. Als sich Sünde in Schuld, das Vergehen gegen göttliche Gebote in den Verstoss gegen menschliche Gesetze verwandelte, ging etwas verloren. Denn mit dem Wunsch nach Verzeihung verbindet sich immer noch der unsentimentale Wunsch, das anderen zugefügte Leid ungeschehen zu machen. Erst recht beunruhigt uns die Irreversibilität *vergangenen* Leidens [...] das über jedes Mass menschenmöglicher Wiedergutmachung hinausgeht. Die verlorene Hoffnung auf Resurrektion hinterlässt eine spürbare Leere“[18].

Theologie will dagegen das im Auferstehungsglauben selbst mitgegebene Verstehen entfalten. Sie ist gemäss Anselm von Canterbury „fides quaerens intellectum“[19], Glaube, der von sich selbst her nach dem Verstehen fragt. „Insofern ist Theologie nicht nur Glaubenswissen, sondern aus dem Glaubenswissen heraus Glaubenswissenschaft. [...] Sie will

16 Für ein Plädoyer gegen die Tendenz, universitäre Bildung im Blick auf Kosten und Nutzen zu begreifen vgl. *Edmund Arens*, *Jürgen Mittelstrass*, *Helmut Peukert*, *Markus Ries*, Geistesgegenwärtig. Zur Zukunft universitärer Bildung, Luzern 2002.

17 *Jürgen Habermas*, Glauben und Wissen, in: ders., Glauben und Wissen. Friedenspreis des Deutschen Buchhandels 2001, Frankfurt a.M. 2001, S. 22.

18 Ebda., S. 24-25.

19 *Anselm von Canterbury*, Proslogion, prooem.

vielmehr den Glauben als Glauben wissenschaftlich reflektieren und als Glauben begreifen. In diesem Sinn ist sie Glaubenswissenschaft, die sich der allen Menschen gemeinsamen ratio bedient und so universale Kommunikation beansprucht"[20]. Solche *wissenschaftliche* Theologie hat ihren Platz seit den Anfängen in europäischen Universitäten.

## *B. Forderungen an die Theologie als Wissenschaft*

Eine staatliche Universität ist ein *weltanschaulich neutrales Forum*, das zumindest dem Prinzip nach eine *weltanschaulich gebundene Wissenschaft* nur unter der Bedingung akzeptiert, dass diese die Spielregeln eines argumentativen Diskurses einhält[21]. Dies hat auch Auswirkungen auf die Organisation des theologischen Wissenschaftsbetriebs:

1. Theologie muss sich eine klare Kritik ihrer Erkenntnismöglichkeiten wie auch eine genaue Definition ihrer Methoden zugrunde legen. Deshalb bedarf eine wissenschaftliche Theologie in erster Linie einer fachspezifischen Wissenschaftstheorie.
2. Die Theologie darf sich nicht ausschliesslich mit kirchlichen Binnenfragen beschäftigen. So wichtig z.B. die Ausbildung der Pastorinnen und „die Priesterausbildung ist [...], sie allein kann nicht das Kriterium dafür sein, wie und wo heute Theologie als Wissenschaft betrieben wird"[22].
3. Das Theologiestudium in Kombination mit einem Nebenfach ermöglicht bereits im Rahmen des Grundstudiums den Erwerb einer interdisziplinären wissenschaftlichen Kompetenz. Heutige Theologietreibende sollten sich sowohl theologischer als auch säkularer Sprache bedienen. Als Gläubige in einer pluralistischen Gesellschaft müssen sie nämlich eine dreifache Reflexion erbringen:

20 *W. Kasper*, Wissenschaftliche Freiheit und lehramtliche Bindung (Anm. 8), S. 30-31.

21 Vgl. *Jürgen Habermas*, Rationalität und Verständigung. Sprechakttheoretische Erläuterungen zum Begriff der kommunikativen Rationalität, in: ders., Wahrheit und Rechtfertigung. Philosophische Aufsätze, Frankfurt a.M. 1999, S. 102-137.

22 *Karl Lehmann*, Theologische Impulse für die geistige und ethische Orientierung Europas an der Bruchlinie zwischen Ost und West, in: Bulletin ET, 12 (2001) S. 147-162 (158).

- „Das religiöse Bewusstsein muss erstens die kognitiv dissonante Begegnung mit anderen Konfessionen und anderen Religionen verarbeiten.
- Es muss sich zweitens auf die Autorität von Wissenschaften einstellen, die das gesellschaftliche Monopol an Weltwissen innehaben[23].
- Schliesslich muss es sich auf die Prämissen des Verfassungsstaates einlassen, die sich aus einer profanen Moral begründen“[24].

Kann Theologie ihre Existenzberechtigung wissenschaftstheoretisch und strukturell auch „unter den Bedingungen des nachmetaphysischen Denkens“[25] begründen? Welche Rolle wird sie im Kontext von Wissenschaft, Öffentlichkeit und Politik, von Erziehung[26] und Kultur spielen?

### C. *Forderungen an die Kirchen*

Die Kirchen müssen sich fragen lassen: Wollen sie die Theologie als relativ autonome Wissenschaft, wie sie seit dem 12. Jahrhundert besteht, auch in Zukunft?

Diese Spannung thematisiert z.B. das geltende Recht der katholischen Kirche in canon 218 des CIC 1983: „Die sich theologischen Wissenschaften widmen, besitzen die gebührende Freiheit der Forschung und der klugen Meinungsäusserung in den Bereichen, in denen sie über Sachkenntnis verfügen; *dabei ist der schuldige Gehorsam gegenüber dem Lehramt der Kirche zu wahren.*“ Papst Johannes Paul II. wünscht „eine selbständige theologische Forschung, die vom kirchlichen Lehramt unter-

23 „Ich wollte nie nur Philosoph sein. Darum war mir ein Austausch mit anderen Wissenschaften wichtig, die Zusammenarbeit mit Medizinern, insbesondere Psychiatern, mit Theologen, Literaturwissenschaftern und klassischen Philologen. Ausserdem neige ich zu einem Verständnis von Philosophie, wonach diese ebenso sehr mit Kunst und Religion zusammengehört“, *Adelbert Reif*, Ein anderes Leben als das angebotene. Ein Gespräch mit dem Philosophen Michael Theunissen, in: NZZ, Donnerstag, 10. Oktober 2002, Nr. 235, S. 56.

24 *Jürgen Habermas*, Glauben und Wissen (Anm. 17), S. 14.

25 *Jürgen Habermas*, Noch einmal: Zum Verhältnis von Theorie und Praxis (Anm. 13), S. 319.

26 Zum Rollenwandel der Theologie in den staatlichen Schulen vgl. *Helga Kohler-Spiegel* und *Adrian Loretan* (Hg.), Religionsunterricht an der öffentlichen Schule. Orientierungen und Entscheidungshilfen zum Religionsunterricht, Zürich 2000.

schieden ist"[27]. Die Theologie, so Johannes Paul II., „soll und muss neue Vorschläge zum Verständnis des Glaubens machen, aber diese sind nur ein Angebot für die ganze Kirche", das korrigiert und erweitert werden kann[28].

Lassen die Kirchen ihre eigene Wissenschaft, die Theologie, echt Wissenschaft sein, so machen sie diese auch für den Dialog mit den Wissenschaften glaubwürdig. In diesem Spannungsfeld bewegen sich die Theologischen Fakultäten zwischen Wissenschaft und Kirchen, zwischen dem Grundrecht der Wissenschaftsfreiheit und dem Grundrecht der Religionsfreiheit.

## *III. Drei Denkmodelle in einem Rechtsstaat*

Im Folgenden soll anhand von drei grundrechtlichen Modellen des Verhältnisses von Staat, Gesellschaft und Kirchen[29] nach den Zukunftschancen der Theologischen Fakultäten an staatlichen Universitäten gefragt werden. Dies kann in der Kürze nur in sehr vereinfachender modellhafter Form geschehen.

Seit den 50er Jahren gibt es im Bereich des Staatskirchenrechts eine rege, kontrovers geführte Diskussion:

- Das eine Modell setzt den Akzent auf eine radikale Trennung von Staat und Kirchen[30].
- Die andere Position vertritt als Antwort auf die Trennungsherausforderung „ein pluralistisches Modell". Sie möchte die bestehende Ko-

27 *Johannes Paul II.*, Predigten und Ansprachen bei seinem Pastoralbesuch in Deutschland (Anm. 15), S. 33.

28 Ebda., S. 170.

29 Vgl. *Klaus Schlaich*, Radikale Trennung und Pluralismus – zwei Modelle der weltanschaulichen Neutralität des Staates, in: Paul Mikat (Hg.), Kirche und Staat in der neueren Entwicklung, Darmstadt 1980, S. 427-451; *Adrian Loretan*, Brauchen die Kirchen den Staat noch? Zum Kontext der Religionsfreiheit, in: Markus Ries und Walter Kirchschläger (Hg.), Glauben und Denken nach Vatikanum II. Kurt Koch zur Bischofswahl, Zürich 1996, S. 157-180.

30 In der Schweiz wurden die Argumente für eine Trennung von Staat und Kirchen im Rahmen kantonaler oder eidgenössischer Volksbegehren vorgetragen. Das letzte derartige Volksbegehren wurde am 24. September 1995 im Kanton Zürich im Verhältnis von zwei Dritteln zu einem Drittel der Stimmen abgelehnt.

operation zwischen Staat und Kirchen fortschreiben. Im Sinne der Nichtdiskriminierung und Gleichstellung der Religionsgemeinschaften werden auch nichtchristliche Religionsgemeinschaften gefördert.

### *A. Modell der radikalen Trennung von Staat und Kirchen*

In zahlreichen Ländern Europas bestehen auf institutionell-rechtlicher Ebene zwischen Staat und Kirchen Verbindungen unterschiedlichster Form. Die neuere Entwicklung läuft zwar mehrheitlich auf eine zunehmende Entflechtung der Zuständigkeiten hinaus. Dies lässt gleichwohl eine Zusammenarbeit zu. So kennen z.B. die Bundesrepublik Deutschland und der Kanton Basel-Stadt, wo die Zuständigkeiten sehr weit gehend entflochten wurden (Bezeichnung „hinkende Trennung"),

- das Erheben von Kirchensteuern mittels staatlicher Steuerlisten,
- den konfessionellen Religionsunterricht an öffentlichen Schulen,
- theologische Fakultäten an staatlichen Universitäten, usw.

*Die Vertreter der radikalen Trennung* lehnen jegliche Form institutionell-rechtlicher Verbindung von Staat und Kirche ab, also auch eine ‚hinkende Trennung'. Das ganze Religionsrecht wird primär vom Individuum her konzipiert. Den Religionsgemeinschaften wird ein privatrechtlicher Status zugewiesen[31], wie z.B. in Frankreich (mit Ausnahme des Elsass[32]) und in den USA.

Aus der staatlichen Pflicht zur religiösen Neutralität resultiere das Verbot zur institutionellen Verbindung zwischen Staat und Kirchen. Anders als durch eine radikale Trennung seien die (rein individuell verstandene) Religionsfreiheit und das Verbot einer Staatskirche nicht zu sichern. Das Selbstbestimmungsrecht verlange eine Gleichbehandlung der Religionsgemeinschaften von staatlicher Seite, die nur durch eine strikte Trennung möglich sei. „Der Staat hat sich streng laizistisch und neutral gegenüber allen Religionen zu verhalten, er hat für alle die gleichen Strukturen zu

31 Vgl. *Andreas Honegger*, Trennung von Staat und Kirche: Ein Schritt zum Ausbau des Rechtsstaates, in: Trennung von Kirche und Staat, hg. von Louis Carlen, Freiburg i.Ü. 1994, S. 37-54.

32 Vgl. *Ulrike Rother*, Die theologischen Fakultäten der Universität Strassburg. Ihre rechtlichen Grundlagen und ihr staatskirchenrechtlicher Status von den Anfängen bis zur Gegenwart, Paderborn 2001.

schaffen. Die Mehrheitsreligionen dürfen kein Gesetz zur Erhaltung ihrer Privilegien bekommen“[33].

1. Konsequenzen für die Theologischen Fakultäten

Theologische Fakultäten an staatlichen Universitäten sind nicht denkbar, wenn es grundsätzlich keine gemeinsamen Angelegenheiten von Staat und Kirchen geben darf.

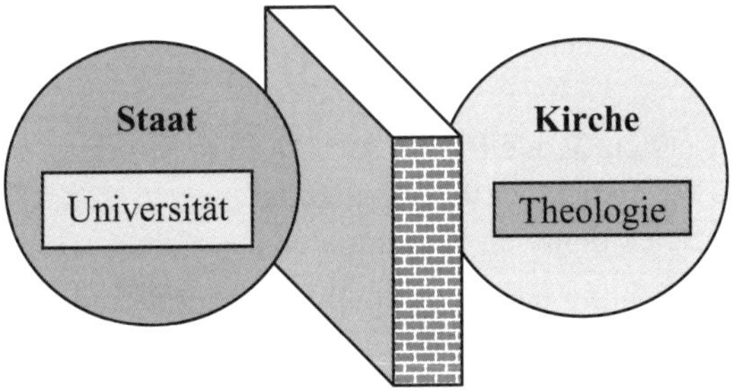


nur individuelle Religionsfreiheit

Gegen die Theologischen Fakultäten wird grundrechtlich argumentiert:

- Sie verstiessen gegen das *Grundrecht der Wissenschaftsfreiheit*. Denn die Theologie erfülle nicht die Anforderungen an eine Wissenschaft[34].

33 Votum von *Andreas Honegger* in: Mehr Autonomie für Landeskirchen. Entflechtung des Verhältnisses zwischen Kirche und Staat (Sitzungsbericht aus dem Zürcherischen Kantonsparlament zur Änderung der Kantonsverfassung und dem Entwurf des neuen Kirchengesetzes), in: NZZ 14. Januar 2003, S. 44.

34 In ihr gelten nicht die wissenschaftlichen Prinzipien der autonomen Vernunftseinsicht des auf sich selbst gestellten Menschen, der Voraussetzungslosigkeit der Forschung und der Widerspruchsfreiheit, wird betont. Vor allem aber widersprächen die Glaubensgebundenheit der Theologie und Gott als ihr unbeweisbarer Gegenstand dem Charakter einer Wissenschaft. Insbesondere stünden aber die Rechte der Kirchen, Einfluss auf „ihre“ theologischen Fakultäten auszuüben, dem Grundrecht der Wissenschaftsfreiheit diametral entgegen. Die kirchliche Funktion der Theologie wird als Argument für die fehlende Legitimation der Theologischen Fakultäten ins Feld geführt.

- Das *Grundrecht der Rechtsgleichheit* verbiete dem Staat eine Bevorzugung einzelner Religionsgemeinschaften (konkret der christlichen Kirchen), indem der Staat für die Ausbildung deren Geistlicher aufkomme. Dass der Staat aber allen Religionsgemeinschaften dieses Recht einräume, sei ausgeschlossen.

Als Konsequenz wird gefordert: Die Theologischen Fakultäten an staatlichen Universitäten sollen in kircheneigene Ausbildungsstätten überführt werden. Dies entspreche dem Selbstbestimmungsrecht der Religionsgemeinschaften.

### 2. Kritik

Die Kritik am ersten Modell kann kurz gefasst werden, da diese in der Darlegung des zweiten Modells enthalten ist.

Zwei Punkte seien dennoch erwähnt:

- Die Verwirklichung der individuellen Religionsfreiheit bedarf der religiösen Institutionen (z.B. der Kirchen), welche die Frage nach der religiösen Wahrheit nicht wie der Staat offen lassen. Damit ist neben der individuellen Religionsfreiheit auch eine institutionelle Seite der Religionsfreiheit zu beachten, die das Trennungsmodell übersieht[35].
- Der Sozialstaat pflegt auch mit anderen nichtstaatlichen Institutionen Beziehungen, so vor allem im kulturellen, sozialen, sportlichen und ökonomischen Bereich. Ausschliesslich die Religionsgemeinschaften zu ignorieren, stellte eine Diskriminierung der Kirchen und Religionen dar.

## *B. Pluralistisches Modell*

Das ‚pluralistische Modell' trägt als herrschende Lehre wesentlich dazu bei, dass die Theologischen Fakultäten in den staatlichen Universitäten auch in Zukunft eine Existenzberechtigung haben. Der Staat hat die Kirchen nicht um ihrer Wahrheit willen zu unterstützen, sondern um seiner Bürgerinnen und Bürger willen, damit diese ihre Religionsfreiheit positiv verwirklichen können. Der Staat „garantiert […] daher nicht Privilegien

35 Vgl. *Adrian Loretan*, Brauchen die Kirchen den Staat noch? (Anm. 29), S. 166-171.

der Kirche, sondern ‚Grundrechte des Menschen'"[36]. Das Recht der Bürgerinnen und Bürger auf Religionsfreiheit muss gewährleistet werden. Der Staat soll nach dem „pluralistischen Modell" die Rahmenbedingungen herstellen, damit ein plurales Angebot von Werthaltungen sich frei entfalten kann. Der Staat, konkret der Kanton, wählt einige Religionsgemeinschaften aus, denen er sein öffentliches Recht zur Verfügung stellt. Es stellt sich dabei die Frage: Wie kann der Staat die rechtliche Sonderstellung einzelner Religionsgemeinschaften angesichts seiner Pflicht zur Rechtsgleichheit verantworten?[37]

Massstab für die Auswahl kann die gesellschaftlich-kulturelle Bedeutung[38] einer Religionsgemeinschaft und deren Öffentlichkeitswirksamkeit sein. Indikatoren für die gesellschaftliche Bedeutung sind:

- der Rückhalt der jeweiligen Überzeugung in der Bevölkerung,
- die Mitgliederzahl und
- die Mitarbeit einer Religionsgemeinschaft bei der Lösung von gesellschaftlichen Problemen.

Gemessen an diesen Kriterien gelten die christlichen Kirchen für den Staat bisher als förderungswürdig. Dieser soziologisch-kulturelle Mass-

36 *Wilhelm Rees*, Der Religionsunterricht und die katechetische Unterweisung in der kirchlichen und staatlichen Rechtsordnung, Regensburg 1986, S. 46. Unter dem deutschen Grundgesetz erwächst der Verfassungsgarantie staatlichen Religionsunterrichts gleichermassen ihre Begrenzung wie auch ihre Legitimation.

37 Vgl. *Liz Fischli-Giesser*, Die öffentlich-rechtliche Stellung „anderer" Religionsgemeinschaften, in: Kirche – Staat im Umbruch. Neuere Entwicklungen im Verhältnis von Kirchen und anderen Religionsgemeinschaften zum Staat, hg. von Adrian Loretan, Zürich 1995, S. 160-168; *Cla Reto Famos*, Die öffentlichrechtliche Anerkennung von Religionsgemeinschaften im Lichte des Rechtsgleichheitsprinzips, Freiburg i.Ü. 1999; *Muslime und schweizerische Rechtsordnung*, hg. von René Pahud de Mortanges und Erwin Tanner, Freiburg i.Ü. 2002; *Adrian Loretan* u. *Konrad W. Sahlfeld*, L'islam pone nuove sfide alla Svizzera, in: Quaderni di Diritto e Politica Ecclesiastica, 2002 n. 3, pp. 825-846.

38 Vgl. die beiden Studien, die anlässlich der Trennungsinitiative im Kanton Zürich vom Kirchenrat der Evangelisch-reformierten Landeskirche bzw. von der Römisch-katholischen Zentralkommission in Auftrag gegeben wurden: *Charles Landert*, Die sozialen und kulturellen Leistungen der Evangelisch-reformierten Landeskirche des Kantons Zürich, Dübendorf 1995; *Charles Landert* u.a., Die Leistungen der römisch-katholischen Kirche im Kanton Zürich, Dübendorf 1995. – Kritisch dazu *Hans Geser*, Sozialbilanzierung: eine neue gesellschaftliche Legitimationsstrategie der Kirchen?, in: Kirche – Staat im Umbruch (Anm. 37), S. 145-155.

stab beinhaltet aber ein die Kirchen gefährdendes Element. Beim pluralistischen Modell kommt es darauf an, dass die Kirchen auch weiterhin gesellschaftlich relevante Gruppen bleiben. In den Städten sind die Kirchenaustrittszahlen[39] nicht mehr zu übersehen, wie vor allem das Beispiel Basel zeigt. Die Römisch-katholische Kirche des Kantons Basel-Stadt hatte in den letzten 25 Jahren rund zwei Drittel ihrer Mitglieder verloren[40].

## 1. Konsequenzen für die Theologischen Fakultäten

Die Theologischen Fakultäten sind gemeinsame Angelegenheiten von Staat und einer bestimmten Kirche. Dieser Doppelcharakter der Theologischen Fakultäten erfordert in allen gemeinsamen Angelegenheiten einvernehmliches Handeln von Staat und Kirche.

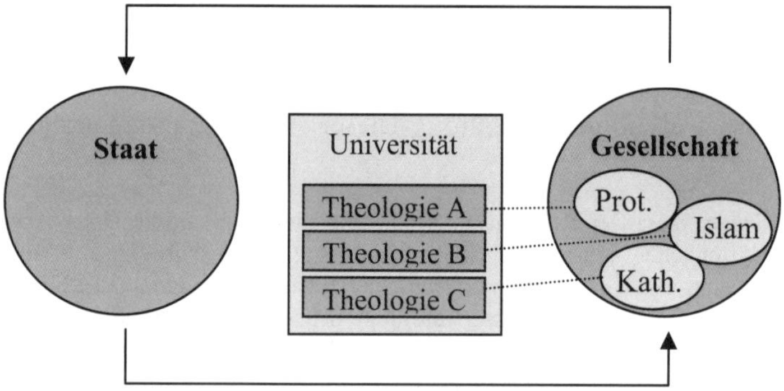


Religionsfreiheit und Wissenschaftsfreiheit

39 Zu den rechtlichen Folgeproblemen vgl. *Adrian Loretan*, Die Konzilserklärung über die Religionsfreiheit – oder ist der Kirchenaustritt Privatsache?, in: Jenseits der Kirchen. Analyse und Auseinandersetzung mit einem neuen Phänomen in unserer Gesellschaft, hg. vom Schweizerischen Pastoralsoziologischen Institut, Zürich 1998, S. 113-145.

40 Ökumenische Basler Kirchenstudie, in: Annex (Beilage zur Reformierten Presse Nr. 1/99), S. 3. – Vgl. zur sozialwissenschaftlich und theologischen Bearbeitung dieses Phänomens: *Manfred Brun* (Hg.), Ökumenische Basler Kirchenstudie. Ergebnisse der Bevölkerungs- und Mitarbeitendenbefragung, Basel 1999; *Manfred Brun/Albrecht Grözinger*, Kirche und Marktorientierung. Impulse aus der Ökumenischen Basler Kirchenstudie, Freiburg i.Ü. 2000.

Die Universitätstheologin und der Universitätstheologe in den Theologischen Fakultäten haben ein konfessionelles Staatsamt inne. Sie stehen damit im Schnittpunkt zwischen staatlichen und kirchlichen Kompetenzen, denn die Personalhoheit der staatlichen Universität unterliegt Einschränkungen.

In diesem Punkt treten charakteristische Unterschiede zwischen den katholischen und reformierten Theologischen Fakultäten zutage. Katholischerseits ist „die Berufung in den Kreis des wissenschaftlichen Personals unter bestimmten Voraussetzungen von der Zustimmung der Kirchenleitung abhängig [...] und diese [hat] auch nach erfolgter Anstellung ein Beanstandungsrecht“[41].

Die Mitsprache der Evangelischen Kirchenleitungen ist nicht im gleichen Mass rechtlich geregelt. Für die evangelisch-reformierte „Kirche sieht das jeweilige kantonale Hochschulrecht [...] ein Begutachtungsrecht vor (so in Zürich und in Lausanne)[42] bzw. findet [...] nur eine Anhörung auf gewohnheitsrechtlicher Basis statt (so in Bern und in Basel)[43]. Desgleichen gilt heute in Neuchâtel, dass der Staatsrat die Professoren

41 *Alexander Hollerbach*, Die Theologischen Fakultäten und ihr Lehrpersonal im Beziehungsgefüge von Staat und Kirche, in: Essener Gespräche zum Thema Staat und Kirche Bd. 16 (1982), S. 69-99 (82). Gewährung, Versagung und Widerruf des Nihil obstat „sind die staatskirchenrechtlich relevanten Formen, in denen kirchliche Mitwirkungsrechte wahrgenommen werden.“ (ebda., S. 83).
Es ist zwischen Nihil obstat und missio canonica zu unterscheiden. Das Staatskirchenrecht beginnt immer erst, wenn die zuständige kirchliche Autorität die Nihil-obstat-Befugnis geltend macht. Zur Entwicklung dieses Rechtsinstituts vgl. *Heribert Schmitz*, Entwicklungsstufen des Nihil obstat, in: Bulletin ET 12 (2001), S. 93-116.

42 Vor der regierungsrätlichen Wahl einer Professorin oder eines Professors für die Theologische Fakultät ist das Gutachten des kantonalkirchlichen Organs (Kirchenrat [ZH], Conseil synodal [VD]) einzuholen. (Die Fundstellen der Rechtstexte über die Kirchenmitsprache bei den Lehrstuhlbesetzungen der evangelisch-reformierten Theologischen Fakultäten finden sich bei *Dieter Kraus*, Schweizerisches Staatskirchenrecht. Hauptlinien des Verhältnisses von Staat und Kirche auf eidgenössischer und kantonaler Ebene, Tübingen 1993, S. 360-363.)

43 In Bern sind im Universitätsgesetz keine Besonderheiten für die Theologische Fakultät vorgesehen. In einer landeskirchlichen Vorschrift heisst es: „Bei der Neubesetzung von Lehrstühlen [an der ev.-ref. theol. Fakultät] soll der Synodalrat mit der Fakultät Fühlung nehmen und nötigenfalls dem Regierungsrat seine Auffassung mitteilen.“ Das Universitätsgesetz von Basel hält fest, dass die Bestellung der Universitätslehrer ohne Rücksicht auf deren politische und religiöse Überzeugung erfolgt.

der Theologischen Fakultät ernennt, auf Vorschlag des Fakultätsrates und nach Anhörung des Synodalrates (dessen Stellungnahme der Zustimmung der Synode bedarf). Dagegen befindet in Genf der paritätisch von Kanton und Kirche beschickte Stiftungsrat der ‚Fondation de la Faculté' über die Auswahl des Lehrpersonals. [...] Der Grad der kirchlichen Mitbestimmung leitet sich [also] aus den jeweiligen [...] kantonalen religionsrechtlichen Grundvorstellungen her. In der Tradition des Selbstverständnisses als *christliche Obrigkeit* halten sich manche Regierungen noch heute für befähigt, auch über die kirchlich-konfessionellen Aspekte ihrer Theologischen Fakultäten zu befinden. Freilich wird diese Einstellung mit fortschreitender *Entflechtung* im Verhältnis von Staat und Kirche immer fragwürdiger"[44].

Das Problem der kirchlichen Mitwirkungsrechte wird in der Praxis abgeschwächt durch die im Vergleich zur römisch-katholischen Kirche weit weniger ausgeprägte Bekenntnisbindung der schweizerischen evangelisch-reformierten Kirchen. Denn je kleiner die Bekenntnisbindung, desto seltener kommen Beanstandungsfälle vor.

Die unterschiedlichen Einflussrechte der Kirchen auf die Theologischen Fakultäten beruhen u.a. auf einem unterschiedlichen Amtsverständnis. *Im evangelischen Kirchenrecht* gibt es kein Amt, das mit wahrheitsverbürgender Rechtsgewalt ausgestattet, kirchliche Lehre bilden und davon abweichende theologische Lehrmeinungen verurteilen könnte. Die evangelischen Kirchen kennen kein Lehramt, das autoritativ über wahre und falsche Lehre urteilt. Dennoch aber ist auch für den Protestantismus die Frage relevant, welche Aussagen im Sinne des Evangeliums sind und welche nicht[45]. Ohne Lehramt sehen sich die evangelischen Kirchen dennoch in der Notwendigkeit, Gesetze und Verordnungen zu erlassen, die den Umgang mit Irrlehren und Irrlehrern regeln[46].

44 *D. Kraus*, Schweizerisches Staatskirchenrecht (Anm. 42), S. 360-361.

45 Zu theologischen Texten von der Reformation bis zur Gegenwart, die Notwendigkeit, Recht und Möglichkeit der Lehrbeurteilung diskutieren, vgl. *Wilfried Härle* u. *Heinrich Leipold* (Hg.), Lehrfreiheit und Lehrbeanstandung. Bd. 1: Theologische Texte, Gütersloh 1985; *Albert Stein*, Probleme evangelischer Lehrbeanstandung, Bonn 1967.

46 Zu kirchenrechtlichen Dokumenten, die eine Vermittlung zwischen der Freiheit des Evangeliums und den Notwendigkeiten der Institution Kirche herzustellen versuchen, vgl. *Wilfried Härle* u. *Heinrich Leipold* (Hg.), Lehrfreiheit und Lehrbeanstandung, Bd. 2: Kirchenrechtliche Dokumente, Gütersloh 1985.

Bisher waren aber die kirchenamtlichen Erklärungen gegenüber dem Staat meist nicht mit Rechtsgewalt verbunden. Sie entsprachen damit auch dem reformatorischen Verständnis vom Bischofsamt. Dieses konnte Lehre beurteilen, jedoch „sine vi humana, sed verbo“[47]. „Als das wesentliche Prinzip protestantischer Theologie wird das alleinige Verpflichtetsein des Theologen im allgemeinen und des Universitätstheologen im besonderen seinem Gewissen gegenüber angesehen“[48], so Hans Georg Babke. Würde die staatskirchenrechtliche Letztentscheidungskompetenz bei der Besetzung theologischer Lehrstühle auf das kirchenleitende Amt übergehen, dann wäre die kirchliche Erklärung mit wirksamer Rechtsgewalt verbunden. Damit würde den Prinzipien der evangelischen Bekenntnisordnung widersprochen, wie Hans Georg Babke meint[49].

## 2. Kritik

Die Kritik der Handhabung des pluralistischen Modells kann in zwei Punkten zusammengefasst werden:

- Die Kirchen sollten die Theologischen Fakultäten nicht als ihren Besitz auffassen. „Sie sollen gewissermassen – theologisch gesprochen – die Tugenden [...] üben des besitzen, als besässen sie nicht“[50]. Die Theologischen Fakultäten ihrerseits müssten sich auch in Zukunft durch ihren Dienst an der Gesellschaft und der Kirche erst noch bewähren.
- In den Staatskirchenverträgen der deutschen neuen Bundesländer von 1993/94 wird die Letztentscheidungskompetenz bei der Besetzung theologischer Lehrstühle dem kirchenleitenden Amt übertragen[51]. Damit ist die kirchliche Erklärung mit wirksamer Rechtsgewalt verbunden. Diese von Martin Heckel[52] und Axel von Campenhausen[53]

47 CA XXVIII.

48 *Hans-Georg Babke*, Theologie in der Universität aus rechtlicher, theologischer und wissenschaftstheoretischer Perspektive, Frankfurt a.M. 2000, S. 106-123 (110).

49 Ebda., S. 109.

50 *Alexander Hollerbach*, Die staatskirchenrechtliche Ordnung des Grundgesetzes in der gegenwärtigen Diskussion, in: Paul Mikat (Hg.), Kirche und Staat in der neueren Entwicklung, Darmstadt 1980, S. 121-138 (134).

51 Dazu kommt eine Befugnis für ein nachträgliches Beanstandungsverfahren.

52 Vgl. *Martin Heckel*, Die theologischen Fakultäten im weltlichen Verfassungsstaat, Tübingen 1986.

vorgeschlagene Lösung wird von Babke aufgrund von rechtlichen, theologischen und wissenschaftstheoretischen Argumenten kritisiert[54]. *Dieser innerevangelische Konflikt* bleibt nicht ohne Auswirkungen auf die staatskirchenrechtliche Modelldiskussion. Babke lehnt die Staatskirchenverträge in den neuen Bundesländern ab. Er befürwortet das dritte Modell: die inpersonale Grundrechtstheorie.

### *C. Modell der inpersonalen Grundrechtstheorie*

In der Modelldiskussion wird neuerdings auch ein drittes Modell diskutiert, das für die Theologischen Fakultäten entscheidend ist. Ausgangspunkt dieses Modells sind subjektlose Grundrechte, wie z.B. die Wissenschaftsfreiheit oder die Pressefreiheit. Das Recht auf *Wissenschaftsfreiheit* schützt das Funktionssystem Wissenschaft vor ausserwissenschaftlichen Eingriffen. Die institutionelle Absicherung durch das staatliche Hochschulrecht beinhaltet

- sowohl die Nicht-Einmischung des Staates in die wissenschaftlichen Diskurse
- als auch die Nicht-Einmischung anderer nichtwissenschaftlicher Faktoren.

Unter den Schutz dieser ‚uneingeschränkten' Wissenschaftsfreiheit ist nach Babke auch die Theologie zu stellen[55].

---

53 Vgl. *Axel von Campenhausen*, Theologische Fakultäten/Fachbereiche, in: Handbuch des Wissenschaftsrechts, Berlin 1982, S. 1019-1045.

54 *H.-G. Babke*, Theologie in der Universität (Anm. 48), S. 121: „Die von der herrschenden Rechtsauffassung geforderte Neugestaltung des Staatskirchenrechts *mit aus dem Katholizismus entlehnten Rechtsfiguren*, vor allem mit der Letztentscheidungskompetenz der Kirchenleitung über die Lehre in den Fällen der Lehrstuhlbesetzung und nachträglicher Lehrabweichungen, ist mit dem evangelisch-theologischen Selbstverständnis und mit den Normen des besonderen evangelischen Kirchenrechts nicht zu vereinbaren. […] Das Staatskirchenrecht [wird] missbraucht" und dient als Instrument zur Durchsetzung unzulässiger Normen des Kirchenrechts. – Unter dieser Voraussetzung der Nicht-Justitiabilität der theologischen Lehre entfällt selbstverständlich auch die Möglichkeit eines nachträglichen Beanstandungsverfahrens vor allem in Bezug auf Lehrabweichungen vom kirchlichen Konsens. Bestehende Lehrkonflikte wie z.B. jener des Göttinger Neutestamentlers Lüdemann können dann nicht anders als argumentativ ausgetragen werden.

55 Vgl. *H.-G. Babke*, Theologie in der Universität (Anm. 48), S. 79.

1. Konsequenzen für die Theologischen Fakultäten

„Mir scheint […] die Staatskirchenrechtsauffassung, wie sie im Rahmen der ‚inpersonalen Grundrechtstheorie' entwickelt worden ist und nach der die theologischen Fakultäten ausschliesslich Angelegenheiten des Staates sind, sowohl mit dem historischen Befund als auch mit den Freiheitsansprüchen der Theologie gegenüber kirchenamtlichen Einflüssen am ehesten verträglich zu sein" meint Babke[56]. Die Wissenschaftsfreiheit der Theologie wird von diesem Modell hervorgehoben. Denn Wissenschaftsfreiheit wehre jeden ausserwissenschaftlichen Anspruch ab. Von daher würden alle Forderungen nach einem Mitbestimmungsrecht der Kirchen

- bei Lehrstuhlbesetzungen,
- bei Beanstandungsverfahren,
- bei Fakultätsgründungen,
- bei Studien- und Prüfungsordnungen

als verfassungswidrig abgewiesen. Mit der wissenschaftstheoretisch begründeten Trennung der Theologischen Fakultäten von den Kirchen werden auch

- der Doppelstatus der Theologischen Fakultäten
- sowie die These vom Universitätstheologen als Inhaber eines konfessionellen Staatsamtes obsolet.

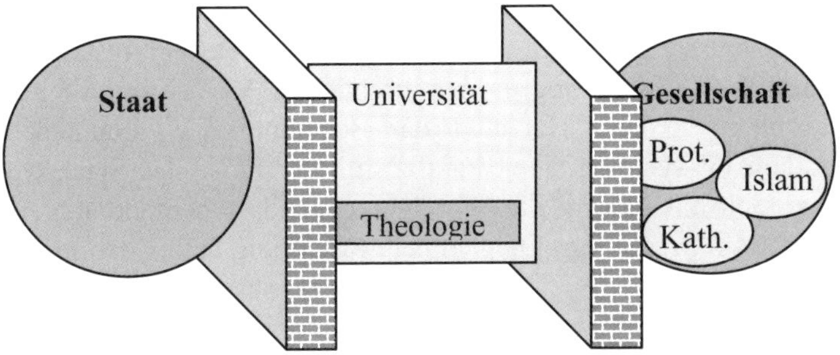


nur Wissenschaftsfreiheit

Die Position Babkes hat zur Folge: „Die theologischen Fakultäten gehören verfassungsrechtlich ausschliesslich zum Staat und unterliegen un-

56 *H.-G. Babke*, Theologie in der Universität (Anm. 48), S. 122.

eingeschränkt dem Schutz der Wissenschaftsfreiheit“[57]. Sie sind aus der „Bindung an die Kirche ‚in den Kreis der freien Wissenschaften‘ zurückzuholen, freilich nicht als wahrheitsfähige Wissenschaft, sondern als Disziplin, in der moralisch-praktische Diskurse geführt werden“[58].

Exkurs: Bekenntnisoffene Kirche

Das kirchliche Bekenntnis hat in der reformierten Tradition der Schweiz keine ausgeprägte Bedeutung. Das Weglassen des liturgischen Bekennens wird teilweise „als Ausfluss reformierter Bekenntnisfreiheit verstanden, öfters von Kirchengliedern jedoch als praktische Bekenntnislosigkeit erlebt“[59]. Im reformierten Gottesdienst ist das Bekenntnis eher zweitrangig. Ein früheres Kirchengesangbuch kannte keine Bekenntnistexte für den liturgischen Gebrauch[60]. Kirchenverfassungen und Kirchenordnungen verweisen aber verschiedentlich auf die ‚reformierte Tradition‘ bzw. auf ‚reformatorische Grundlagen‘. „Mir scheint [...] vom Neuen Testament bis heute [...], dass Kirche immer nur Kirche sein kann, wenn sie Jesus Christus als ihren Herrn und als Haupt der Kirche bekennt und in diesem Sinne bekennende Kirche ist. [...] In diesem Sinne weigere ich mich strikt, als Bekenntnis nur gelten zu lassen, was im üblichen Sinn vom Apostolikum bis zur Barmer theologischen Erklärung darunter verstanden werden kann“, sagt Alfred Schindler[61]. Der Bekenntnis-Begriff veränderte sich allerdings sehr stark im Laufe der Rechtsgeschichte.

Im Rahmen des Verselbständigungsprozesses der evangelischen Landeskirchen musste die Frage nach dem Rang des Bekenntnisses in einer von staatlicher Einwirkung freien kirchlichen Verfassung schliesslich zum Problem werden. „Hat etwa das Bekenntnis [...] nunmehr seine Verbindlichkeit verloren? [...] Parallel mit der Krise des Staatskirchentums hat sich ein gewandeltes Kirchenverständnis bemerkbar gemacht. Das korporationsrechtliche Denken der Aufklärung hatte auch in der Kir-

57 *H.-G. Babke*, Theologie in der Universität (Anm. 48), S. 80.

58 *H.-G. Babke*, Theologie in der Universität (Anm. 48), S. 78-79.

59 Jahresbericht 2000 des Vorstandes der Schweizerischen Vereinigung für evangelisches Kirchenrecht, in: SJKR/ASDE 5 (2000), S. 137-141 (137).

60 Das neue Gesangbuch der Evangelisch-reformierten Kirchen der deutschsprachigen Schweiz enthält nun aber verschiedene Bekenntnistexte (vgl. Nr. 261-268).

61 *Alfred Schindler*, Überlegungen zum Bekenntnisstand der evangelisch-reformierten Landeskirchen der Schweiz, vor allem Zürichs, in: SJKR/ASDE 5 (2000), S. 33-45 (35).

chenrechtswissenschaft seinen Einzug gehalten“[62]. Durch die Aufklärung geprägte Denker suchten die Territorialkirche naturrechtlich als eine Korporation zu verstehen, zu der sich die Christen zur Pflege ihres gemeinsamen Glaubens zusammengeschlossen hatten. Im Bekenntnis sahen diese Denker den Ausdruck der Glaubensüberzeugung, die die jeweils lebenden Christen miteinander verbindet. „Es tritt also die historische Komponente in den Hintergrund, nach welcher im Bekenntnis das zum Ausdruck kommt, was die Gemeinsamkeit der gegenwärtigen Gläubigen mit der ursprünglichen Kirche gewährleistet. [...] Die Gemeinsamkeit im Bekenntnis hatte ihre Bedeutung als rechtliche Klammer [...] eingebüsst“[63]. Die Bekenntnisbindung trat in eine Spannung zur Gewissensfreiheit. Bekenntnisbindung wurde als Glaubenszwang missverstanden.

Das Eigenartige der *Schweizer staatskirchenrechtlichen Entwicklung* liegt darin, dass in der Folge der Aufklärung die evangelische Kirche in den Staat eingegliedert wurde. „So entstand unter dem Einfluss des Liberalismus die für die Schweiz typische bekenntnisoffene Kirche, ja teilweise wurde gar die [staatliche] Glaubens- und Gewissensfreiheit von den kantonalen Kirchengesetzen übernommen und als innerkirchliches Grundrecht anerkannt. Das kirchenpolitische System stand so ganz im Zeichen des Einzelnen und seiner [Religions-]Freiheit, während der Gedanke der Freiheit der Kirche [...] im Hintergrund blieb“[64].

Dieses liberale[65] Kirchenverständnis förderte Elemente einer *Auflösung des Kirchenbegriffs*. Als Resultat dieser Entwicklung unterscheiden sich die schweizerischen reformierten Kirchen sehr stark von ihren lutherischen und reformierten Schwesterkirchen.

Während in der *Bundesrepublik Deutschland* das Verhältnis von Kirche und Staat nach der Zeit des Nationalsozialismus aufgrund der Erfahrungen des Kirchenkampfes der Bekennenden Kirche eine grundsätzliche

62 Vgl. *Dietrich Pirson*, Das Bekenntnis im Recht der Kirche, in: SJKR/ASDE 5 (2000), S. 13-31 (19). Zur Entwicklung des Bekenntnisbegriffs vgl. bes. S. 15-22.

63 Ebda., S. 19.

64 *Peter Karlen*, Das Grundrecht der Religionsfreiheit in der Schweiz, Zürich 1988, S. 130.

65 „La suppression du caractère obligatoire des confessions historiques est également issue du libéralisme et, plus particulièrement, de la politique et théologie libérale du 19^e^ siècle“, *Christoph Winzeler*, Le droit ecclésial protestant en Suisse. Principes et questions fondamentales, in: SJKR/ASDE 5 (2000), pp. 101-110 (104).

Neuorientierung erfuhr, blieb das schweizerische Staatskirchenrecht von den deutschen Ereignissen weitgehend unberührt, trotz der führenden Rolle des Schweizer Theologen Karl Barth an der Arbeit der Theologischen Erklärung von Barmen vom 29.-31. Mai 1934. Die Erkenntnis der Kirche, dass sie ihre rechtliche Ordnung selber theologisch zu verantworten hat[66], führte in der Bundesrepublik Deutschland zu einer fast völligen Verselbstständigung der Kirchen gegenüber dem Staat und zur Entlassung aus der staatlichen Kirchenhoheit (hinkende Trennung).

In der Schweiz dagegen blieb die in der Kulturkampfzeit errichtete religionsrechtliche Ordnung in den meisten Kantonen vorerst unverändert[67]. Dennoch sollte man die Bekenntnisfreiheit nicht etwa verwechseln mit der Bekenntnislosigkeit.

Die Frage nach der Kirchenbindung der evangelischen Theologie in der Schweiz stellt sich anders als in der Bundesrepublik, weil sich die Schweizer evangelischen Kirchen stark von ihren lutherischen und reformierten Schwesterkirchen unterscheiden[68]. Damit wird deutlich: Die in Deutschland auch in der evangelischen Kirche sehr umstrittene These von Babke bekommt auf dem staatskirchenrechtlichen und theologischen Hintergrund der Schweiz eine besondere Bedeutung[69], weil hier das evangelische Kirchenrecht vielerorts noch als an den Staat delegierte Materie verstanden wird, die allein von staatlichen Juristen behandelt wird[70].

Vor allem in den Kantonen Bern, Waadt und Zürich herrscht noch das Prinzip der kirchlichen Gesetzgebung durch den politischen Gesetzgeber

66 Vgl. das Kapitel „Der Arierparagraph" des staatlichen Rechts, wonach nur Arier Pfarrer werden konnten, in: *Eberhard Bethge*, Dietrich Bonhoeffer. Eine Biographie, Gütersloh 1994[8], S. 357-378.

67 „La Suisse réformée n'a pas connu de pression suffisante de l'Etat pour inciter les Eglises nationales à revenir aux sources de leur droit comme les églises allemandes au cours des années 1930 et 1940. L'exception est l'Eglise libre vaudoise", *Ch. Winzeler*, Le droit ecclésial protestant en Suisse (note 66), p. 104.

68 Rechtlich: vgl. *P. Karlen*, Das Grundrecht der Religionsfreiheit (Anm. 64). Ekklesiologisch: *Klauspeter Blaser*, Resistenz und Konvergenz. Zur Gesprächskultur reformierter Ekklesiologie, in: Helmut Hoping (Hg.), Konfessionelle Identität und Kirchengemeinschaft, Münster 2000, S. 71-87.

69 Vgl. *D. Kraus*, Schweizerisches Staatskirchenrecht (Anm. 42), S. 360-363.

70 Dieser Umstand wird auch kritisiert von Juristen, vgl. *Ch. Winzeler*, Le droit ecclésial protestant en Suisse (note 66); *D. Kraus*, Schweizerisches Staatskirchenrecht (Anm. 42).

vor[71]. Könnte dieser politische Gesetzgeber Theologie nicht auch als eine besondere Form der Religionswissenschaft verstehen, vor allem wenn die Nachfrage der Studierenden nach Religionswissenschaft steigen sollte? Einige Theologen liefern für dieses Ansinnen Argumente. Babke und Pannenberg[72] versuchen Theologie im heutigen Wissenschaftsverständnis neu zu begründen, indem sie diese nicht mehr als Glaubenswissenschaft, sondern als Religionswissenschaft verstehen.

## 2. Kritik

Dieses Modell, das die Wissenschaftsfreiheit der Theologie gegenüber Kirche und Staat betont, macht bewusst, dass sich evangelische und katholische Theologische Fakultäten aufgrund ihrer unterschiedlichen Amtstheologie (Lehramt) unterscheiden. Eine totale Loskoppelung der Theologie von der jeweiligen Kirche würde dem Selbstverständnis der katholisch Theologischen Fakultäten, aber auch dem Selbstverständnis evangelischer Kirchen selbst in der Schweiz[73] nicht entsprechen (Religionsfreiheit).

Zwei von drei staatskirchenrechtlichen Modellen schliessen die Theologischen Fakultäten aus dem Kreis der Wissenschaften und damit aus der staatlichen Universität aus, wegen ihrer konfessionellen Bindung. Es sind dies:

- das radikale Trennungsmodell und
- die inpersonale Grundrechtstheorie.

Diesen Modellen liegt ein univokes Wissenschaftsverständnis zugrunde, das vom Paradigma einer ganz bestimmten erfolgreichen Wissenschaft ausgeht und dieses verabsolutiert. Dabei wird nicht gesehen, „dass es *die* Wissenschaften nur in Form von einzelnen Wissenschaften gibt, die das, was man heutige Wissenschaft nennen kann, in jeweils sehr verschiedener Weise verwirklichen“[74]. So sehen wissenschaftliche Beweisverfahren

71 „Mais il faut tenir compte du fait que le canton, en donnant un règlement à ‚son‘ Eglise, n'exerce pas le pouvoir de l'Etat, mais celui de l'Eglise à titre fiduciaire“, *Ch. Winzeler*, Le droit ecclésial protestant en Suisse (note 66), p. 106.

72 Vgl. *Wolfhart Pannenberg*, Wissenschaftstheorie und Wissenschaftsgeschichte der Theologie, Freiburg i.Br. 1980. Die Haltung Pannenbergs wäre allerdings von derjenigen Babkes noch stark zu differenzieren.

73 Vgl. dazu Band 5 (2000) des Schweizerischen Jahrbuches für Kirchenrecht.

74 *W. Kasper*, Wissenschaftliche Freiheit und lehramtliche Bindung (Anm. 8), S. 27.

von Mathematikerinnen, Naturwissenschaftern, Historikerinnen, Juristen, Medizinerinnen, Literaturwissenschaftern und Theologinnen sehr verschieden aus. „Was Wissenschaft konkret ist, kann offensichtlich nicht allein dogmatisch von einer abstrakten Wissenschaftstheorie her bestimmt werden, sondern richtet sich nach dem Gegenstandsbereich der jeweiligen Wissenschaft“[75], obwohl natürlich ein Minimum von Gemeinsamkeit unter den Wissenschaften notwendig ist.

Das deutsche Bundesverfassungsgericht hat klargestellt: Mit dem Verfassungsartikel über die Wissenschaftsfreiheit soll nicht *eine bestimmte* Auffassung von Wissenschaft oder *eine bestimmte* Wissenschaftstheorie geschützt werden, schon gar nicht die Ideologie von der Voraussetzungslosigkeit der Wissenschaft. Das Bundesverfassungsgericht schreibt: Die Wissenschaftsfreiheit „erstreckt sich vielmehr auf jede wissenschaftliche Tätigkeit, das heisst auf alles, was nach Inhalt und Form als ernsthafter planmässiger Versuch zur Ermittlung der Wahrheit anzusehen ist“[76].

Wenn Wissenschaft so verstanden wird, ist klar, „dass, ganz abgesehen von historischen Gründen, auch die *Theologie als Glaubenswissenschaft* oder kirchliche Wissenschaft in den Schutzbereich“[77] der grundrechtlich geschützten Wissenschaftsfreiheit zu rechnen ist.

Dazu gehört für die konfessionelle Theologie ihre Zuordnung zu den Strukturen der verfassten Kirche. Im Unterschied zur evangelischen Theologie ist für die katholische Theologie die Anerkennung eines Lehramtes kennzeichnend. Aber auch Kirchen ohne Lehramt nehmen lehramtliche Funktionen wahr[78], wenn auch das Disziplinarrecht nicht nur dort gerne verschwiegen wird[79]. Im säkularen Umfeld wird eine theologische Profilierung in Zukunft sogar noch gefragter sein. „Die Frage nach dem säkularen bzw. nichtchristlichen Umfeld ist für die Kirchen m.E. dann richtig gestellt, wenn sie als eine Frage an das Christliche in diesem Um-

75 *W. Kasper*, Wissenschaftliche Freiheit und lehramtliche Bindung (Anm. 8), S. 27-28.

76 BVerfGE 35, 79 (113).

77 *A. Hollerbach*, Die Theologischen Fakultäten und ihr Lehrpersonal (Anm. 41), S. 74.

78 Vgl. *Samuel Jakob*, Die Wahrnehmung des Lehramtes in einer Kirche ohne Lehramt, in: ders. und Hans Strub (Hg.), Kirche leiten im Übergang – Konturen werden sichtbar. Festschrift für Ernst Meili, Zürich 1993, S. 92-93.

79 Vgl. *Ch. Winzeler*, Le droit ecclésial protestant en Suisse (note 66), pp. 108-109.

feld verstanden wird"[80]. So entstand z.B. in der Zürcher Evangelisch-reformierten Landeskirche 1998 das Projekt Bekenntnis, als Seitenzweig des ,Projekts Reformierte Identität'[81].

## *Schluss*

„Die Theologie würde ihre Identität einbüssen, wenn sie versuchte, sich vom dogmatischen Kern der Religion und damit von jener religiösen Sprache abzukoppeln, in der sich die Gebets-, Bekenntnis- und Glaubenspraxis der Gemeinde vollzieht. In dieser Praxis bezeugt sich erst der religiöse Glaube, den die Theologie nur auslegen kann"[82]. Die grundsätzliche Frage, ob der moderne, religiös neutrale Staat an seinen Universitäten Theologische Fakultäten unterhalten kann, wurde lange Zeit durch die bestehende gesellschaftliche Ordnung überdeckt. Vor dem Hintergrund des Nachlassens kirchlicher Bindekraft in der schweizerischen Gesellschaft, d.h. sinkende Mitgliederzahlen in den Kirchen, angesichts der vergleichsweise niedrigen und weiter sinkenden Studierendenzahlen an den Theologischen Fakultäten, sowie unter dem Spardruck der in die finanzielle Eigenständigkeit entlassenen Universitäten ist die Existenzfrage für die Theologischen Fakultäten unausweichlich gestellt – sowohl rein pragmatisch als auch theoretisch.

Mit meinen Ausführungen versuchte ich zu klären, wie die religionsrechtlichen Rahmenbedingungen gestaltet sein müssen, damit Theologische Fakultäten auch in Zukunft in der Spannung zwischen konfessioneller Bindung und wissenschaftlicher Freiheit existieren können. Ich bin der Meinung, dass sich das Weiterbestehen der evangelischen und katholischen Theologischen Fakultäten an den staatlichen Universitäten auch morgen noch im Rahmen des Verhältnisses von Staat, Gesellschaft und Religion *rational* begründen lässt.

80 *Pierre Vonaesch*, Evangelisches Kirchenrecht im säkularen Umfeld, in: SJKR/ASDE 3 (1998), S. 109-122 (121).

81 Vgl. *Matthias Krieg*/*Hans Jürgen Luibl* (Hg.), In Freiheit Gesicht zeigen. Zur Wiederaufnahme des liturgischen Bekennens im reformierten Gottesdienst, Zürich 1999.

82 *Jürgen Habermas*, Zeit der Übergänge, Frankfurt a.M. 2001, S. 173-196 (191).

SJKR/ASDE 8 (2003), S. 103-143

# Die Erklärung des Austritts aus der römisch-katholischen Kirche. Kirchenrechtliche und staatskirchenrechtliche Konsequenzen*

von René Pahud de Mortanges (Freiburg i.Ü.)

## *I. Einleitung*

Der Kirchenaustritt ist für die römisch-katholische Kirche in der Schweiz gleich wie für die evangelisch-reformierten Kirchen[1] eine Realität. Im Kanton Zürich, um nur ein Beispiel zu nennen, erklärten im Jahr 2001 bei einer katholischen Wohnbevölkerung von 379'159 Personen 2243 Mitglieder der katholischen Kirche ihren Austritt[2]. In den Jahren 1990 bis 2001 lag die Zahl der Kirchenaustritte jeweils zwischen 1915 (im Jahr 1998) und 3538 (im Jahr 1993). In Addition der Austrittszahlen 1990 bis 2001 ergibt dies die stattliche Zahl von 34'435 Personen. Auch wenn es sich hier nicht um eine dramatische Entwicklung handelt, verdeutlichen diese Zahlen, dass das Problem ernst zu nehmen ist.

Die religionssoziologische Forschung hat sich wiederholt mit dem Phänomen des Kirchenaustritts und der zunehmenden Konfessionslosigkeit beschäftigt. Sie verweist darauf, dass der gesellschaftliche Wandel seit den 50er Jahren des 20. Jahrhunderts zu einer Relativierung der auf Dau-

* Für die Drucklegung leicht gekürzte und modifizierte Version einer im Auftrag der Römisch-Katholischen Zentralkonferenz der Schweiz erstellten Studie (Mai 2002). Die Studie gibt die Meinung des Verfassers wieder und präjudiziert damit weder die Auffassung der Römisch-katholischen Zentralkonferenz in diesen Fragen noch jene der diözesanen Organe der römisch-katholischen Kirche.

1 Auf den Austritt aus der evangelisch-reformierten Kirche wird hier nicht näher eingegangen.

2 Jahresbericht 2001 der katholischen Kirche im Kanton Zürich, hg. von der *Römisch-Katholischen Zentralkommission des Kantons Zürich*, Zürich 2002, S. 56.

er angelegten Bindungen und sozialen Einbettungen geführt hat[3]. Auch im kirchlichen Bereich besteht heute für den Einzelnen oft keine durch religiöse Sozialisation bewirkte fraglose und lebenslange Bindung an eine bestimmte Gemeinschaft. Vielmehr ist er im „Basar" der weltanschaulichen Angebote vor die Wahl gestellt, ob und wie er religiös und kirchlich wählen will. Die Kirche wird dabei als ein Lebensbereich neben vielen anderen erfahren und konkurriert mit diesen um zeitliches, emotionelles und materielles Engagement. Auch wer einst als junger Mensch eine Kirchenmitgliedschaft bejaht hat, wird diese in bestimmten Lebenssituationen in Frage stellen und die Kirche, so wie sich ihm realiter präsentiert, an seinen Ansprüchen und Bedürfnissen messen. Die Forschung hat aufgezeigt, dass bei den meisten Menschen dem Kirchenaustritt ein langer Prozess der Entfremdung von Kirche und Glaube vorausgegangen ist[4]. Dies auch dann, wenn der Austritt im Einzelfall etwa mit Ärger über konkrete Äusserungen der Kirche oder mit der Kirchensteuer begründet wird. Letztere wird erst dann als Belastung empfunden, wenn ihr kein subjektiv nachvollziehbarer Sinn der Mitgliedschaft gegenübersteht[5]. Hier hat sich die Kirche zu fragen, was sie ihrerseits zur Entfremdung zwischen sich und ihren Mitgliedern beigetragen hat.

Die Verantwortlichen in den diözesanen und staatskirchenrechtlichen Organisationen der römisch-katholischen Kirche haben in den letzten Jahren verschiedenenorts Musterbriefe und Handreichungen zur Frage des Kirchenaustritts erarbeitet[6]. Diese richten sich je nachdem direkt an

3 *Alfred Dubach*, Konfessionslose in der Schweiz: Entwicklung von 1960-1990, in: Schweizerisches Pastoralsoziologisches Institut (Hg.), Jenseits der Kirchen, Zürich 1998, S. 11; *Michael Krüggeler/Peter Voll*, Strukturelle Individualisierung – ein Leitfaden durchs Labyrinth der Empirie, in: Alfred Dubach/Roland J. Campiche (Hg.), Jeder ein Sonderfall? Religion in der Schweiz, Zürich/Basel 1992, S. 43.

4 *Udo Schmälzle*, Die Steuergemeinschaft endet. Die Heilsgemeinschaft bleibt! Kirchenaustritt als pastoralsoziologische Herausforderung, in: Schweizerisches Pastoralsoziologisches Institut (Hg.), Jenseits der Kirchen (Anm. 3), S. 177.

5 *Renate Köcher*, Art. Kirchenaustritt II., in: Lexikon für Theologie und Kirche, Bd. 5, 3. Aufl. Freiburg i.Br. 1996, Sp. 1511 mit Verweis auf die vom Allensbacher Institut für Demoskopie durchgeführten Befragungen zu den Motiven für einen Kirchenaustritt.

6 Beispielsweise: Römisch-Katholische Zentralkommission des Kantons Zürich (Hg.), Umgang mit Kirchenaustritten. Handreichung für Kirchenpflegen und Seelsorgerinnen und Seelsorger im Kanton Zürich (2002); Römisch-katholische Landeskirche des Kantons Aargau (Hg.), Rundschreiben zu Fragen betreffend

die ausgetretenen Kirchenmitglieder oder dann an die Seelsorger und die Kirchgemeinde- bzw. Pfarreiräte. Es wird jeweils dargelegt, welche rechtlichen Konsequenzen die Austrittserklärung im „dualen“ staatskirchenrechtlichen System der römisch-katholischen Kirche hat und welche pastoralen Folgen mit ihr verbunden sind.

Die nachfolgende Studie geht von wissenschaftlicher Warte aus den staatsrechtlichen und den kirchenrechtlichen Konsequenzen der Erklärung des Kirchenaustritts nach. Sie will diese Konsequenzen, so wie sie von der staatsrechtlichen Rechtsprechung und Lehre und von der Kanonistik entwickelt wurden, im Einzelnen aufzeigen, offene Fragen ansprechen und, wo möglich, einer Lösung zuführen. Damit möchte sie Hintergrundwissen vermitteln, welches, abgesehen vom wissenschaftlichen Ertrag, auch praktischen Nutzen haben kann: es könnte dazu dienen, in den kirchlichen Handreichungen die kirchenrechtlichen Konsequenzen des Austritts eingehender darzulegen. Wie sich nämlich zeigen wird, ergeben sich aus dem kanonischen Recht mancherorts Handlungsanweisungen für den pastoralen Umgang der Seelsorger mit aus der Kirche ausgetretenen Personen.

Dass nachfolgend nicht lediglich die staatskirchenrechtlichen, sondern auch die kirchenrechtlichen Konsequenzen thematisiert werden, geschieht aus der Überlegung heraus, dass eine einseitige Behandlung des Themas der komplexen ‚dualen Struktur‘ der katholischen Kirche in der Schweiz nicht gerecht würde[7]. Der staatskirchenrechtliche Teil der Studie wird in der Folge auf diejenigen Kantone fokussiert, die das typisch (deutsch-) schweizerische System der ‚dualen‘ staatskirchenrechtlichen und kanonischen Strukturen kennen; in den ‚Trennungskantonen‘ der Westschweiz stellt sich die Situation teilweise anders dar.

Das Kapitel II.A. zur theologischen Grundlegung der Taufe wurde von meiner Frau, Dr. theol. Elke Pahud de Mortanges, Privatdozentin für

---

Mitgliedschaft in Pfarrei und Kirchgemeinde und Austritt aus der Kirche (1998); Pastoralamt des Bistums Basel (Hg.), Pastorale und kirchenrechtliche Überlegungen zu den Kirchenaustritten (1981/2001); Seelsorge bei Kirchenaustritt, Richtlinien des Bischofs von St. Gallen (1992/1994); Musterbrief des Bischofs des Bistums Lausanne, Genf, Freiburg bei Kirchenaustritten im Kanton Freiburg (Entwurf, erhalten von Dr. Nicolas Betticher, Kanzler des Bistums).

7 Freilich soll damit nicht implizit die (wohl wenig Erfolg versprechende) Strategie empfohlen werden, mit den Mitteln des Kirchenrechts den Austritt aus den staatskirchenrechtlichen Körperschaften zu unterbinden.

Dogmatik und Dogmengeschichte an der Fakultät für katholische Theologie der Universität Freiburg i.Br. verfasst.

## II. Die Mitgliedschaft in der römisch-katholischen Kirche

Um zu verdeutlichen, welche Konsequenzen die Erklärung des Austritts hat, ist zunächst zu klären, wie man Mitglied der römisch-katholischen Kirche wird und was dies bedeutet. Die Erörterung hat daher anzusetzen beim Sakrament der Taufe, da man durch die Taufe in die Kirche Christi eingegliedert wird (c. 96 CIC).

### A. Zur theologischen Grundlegung der Taufe

Die im Namen des dreieinigen Gottes gefeierte Taufe wird systematisch-theologisch als das grundlegende der Initiations-Sakramente verstanden. Initiation im theologischen Sinn meint hier den grundlegenden und herausragenden Akt im gläubig-kirchlichen Eingliederungs- und Sozialisationsprozess. In der Taufe erfolgt (1.) die Eingliederung in Christus und zugleich (2.) die Eingliederung in die Kirche[8]. Dieser Doppelcharakter der Taufe hat (3.) theologische Konsequenzen.

#### 1. Die Taufe ist Eingliederung in Christus

Die Taufe „auf den Namen Jesu Christi" ist heilsvermittelnde Wirklichkeit. Sie ist Teilhabe an Tod und Auferstehung Jesu Christi. Durch sie wird der Mensch wiedergeboren zu neuem Leben. Das Sakrament der Taufe schafft unaufhebbar und darum auch unwiederholbar eine neue Existenzgrundlage, die durch die Verbundenheit mit Christus und die Gabe des Geistes ausgezeichnet ist[9]. Diese christologische Versiegelung und Prägung ist unverlierbar. Sie meint die bleibende Bereitschaft Gottes, sich gerade von diesem Menschen finden zu lassen und sich dem Glaubenden in Gnaden zu schenken. Diese Bereitschaft und gnadenhafte Zuwendung Gottes bleibt auch dann bestehen, wenn der Mensch den Glau-

8 *Theodor Schneider*, Zeichen der Nähe Gottes. Grundriss der Sakramententheologie, 3. Aufl. Mainz 1982, S. 93.

9 *Eva-Maria Faber*, Art. Taufe IV. und V. in: Lexikon für Theologie und Kirche, Bd. 9, 3. Aufl. Freiburg i.Br. 2000, Sp. 1287 f.

ben verliert oder preisgibt: Der Mensch bleibt unwiderruflich (character indelebilis) ein Getaufter[10]. Die in der Taufe erfolgte objektive Zusage des Heiles von Seiten Gottes verlangt auf Seite des Menschen nach immer wieder neu zu vollziehender und realisierender, subjektiver Annahme des Heiles. Deshalb ist die Taufe trotz ihrer Einmaligkeit und Unwiderruflichkeit nicht etwas Abgeschlossenes oder gar ein fester Besitz: Sie ist vielmehr der Beginn eines Weges und „bleibende Verpflichtung zu einem Lebensvollzug in der Communio der Gläubigen“[11].

## 2. Die Taufe ist Eingliederung in die Kirche

Die Taufe ist nicht nur Eingliederung in Christus, sondern zugleich und ineins damit Eingliederung in die Kirche. Diese Eingliederung in die Kirche ist nicht etwas Sekundäres oder Akzidentielles, sondern eine zentrale Dimension des Heiles selber[12].

> „Gott hat es gefallen, die Menschen nicht einzeln, unabhängig von aller wechselseitigen Verbindung zu heiligen und zu retten, sondern sie zu einem Volke zu machen, das ihn in Wahrheit anerkennen und ihm in Heiligkeit dienen soll. So hat er sich das Volk Israel zum Eigentum erwählt und hat mit ihm einen Bund geschlossen und hat es Stufe um Stufe unterwiesen […]. Dies alles aber wurde zur Vorbereitung und zum Vorausbild jenes vollkommenen und neuen Bundes, der in Christus geschlossen […] werden sollte […]. Gott hat die Versammlung derer, die zu Christus als dem Urheber des Heils und dem Ursprung der Einheit und des Friedens glaubend aufschauen, als seine Kirche zusammengerufen und gestiftet, damit sie allen und jedem das sichtbare Sakrament dieser heilbringenden Einheit sei“[13].

Die Gemeinschaft der Glaubenden ist somit sichtbares Sakrament der heilbringenden Einheit für alle. In und durch die Taufe wird der Mensch hineingenommen in die sichtbare Gemeinschaft der von Gott Angenommenen, die sich in Christus gegenseitig annehmen[14]. In der seinsmässigen

10 *Th. Schneider*, Zeichen (Anm. 8), S. 94; *Helmuth Hoping*, Kirchenzugehörigkeit und Kirchenmitgliedschaft, in: SKZ 166 (1998), S. 102.

11 *Th. Schneider*, Zeichen (Anm. 8), S. 94.

12 *Günther Koch*, Art. Taufe, in: Wolfgang Beinert (Hg.), Lexikon der katholischen Dogmatik, Freiburg i.Br. 1997, S. 487.

13 *Lumen Gentium*, Art. 9, in: Lexikon für Theologie und Kirche, Ergänzungsband 1, 2. Aufl. Freiburg i.Br. 1966, S. 177.

14 *G. Koch*, Art. Taufe (Anm. 12), S. 488.

Verbindung mit Christus geschieht zugleich die Eingliederung in den einen, unteilbaren ekklesialen Leib Christi[15].

> „Der eine Christus ist Mittler und Weg zum Heil, der in seinem Leib, der Kirche, uns gegenwärtig wird; indem er aber selbst mit ausdrücklichen Worten die Notwendigkeit des Glaubens und der Taufe betont hat (Mk 16,16; Jo 3,5), hat er zugleich die Notwendigkeit der Kirche, in die die Menschen durch die Taufe wie durch eine Türe eintreten, bekräftigt“[16].

Wenn die Taufe Eingliederung in den einen, unteilbaren ekklesialen Leib Christi ist, dann stellt sich die Frage, wo denn der Leib und damit die Kirche Christi zu finden ist. Gemäss dem Selbstverständnis der römisch-katholischen Kirche fällt die Kirche Christi zwar nicht einfach mit der römisch-katholischen Kirche zusammen (wie das noch 1943 die Enzyklika „Mystici corporis“[17] bekräftigt hatte). Wohl aber versteht sich die römisch-katholische Kirche als die *konkrete Existenz- und Erscheinungsform der Kirche Christi*[18]. Das Zweite Vatikanische Konzil brachte das in der Formulierung zum Ausdruck, dass die einzige Kirche Christi „verwirklicht ist [‚subsistit in‘] in der katholischen Kirche, die vom Nachfolger Petri und von den Bischöfen in Gemeinschaft mit ihm geleitet wird“[19].

Im Anschluss an die Erklärung der römischen Glaubenskongregation „Dominus Jesus“ über die Einzigartigkeit und die Heilsuniversalität Jesu Christi und der Kirche aus dem Jahre 2000 ist eine Diskussion darüber entbrannt, ob das Zweite Vatikanische Konzil mit seiner Aussage, dass die Kirche Christi in der katholischen Kirche „subsistiert“, aussagen wollte, dass es auch weitere Subsistenzen der Kirche Christi gebe oder aber ob es, wie die Instruktion anführt, sagen wollte, dass es nur eine einzige wahre Subsistenz der wahren Kirche gebe, nämlich die römisch-

15 *E. Faber*, Art. Taufe (Anm. 9), Sp. 1288 f.

16 *Lumen Gentium*, Art. 14, 1 (Anm. 13), S. 199.

17 *Enzyklika „Mystici corporis“* vom 29. Juni 1943, in: Enchiridion symbolorum definitionum et declarationum de rebus fidei et morum. Kompendium der Glaubensbekenntnisse und kirchlichen Lehrentscheidungen, hg. von Heinrich Denzinger/Peter Hünermann, 37. Aufl. Freiburg i.Br. 1991, S. 3800-3822.

18 *Helmut Hoping*, Unklare Verwandtschaftsverhältnisse, in: Michael J. Rainer (Hg.), „Dominus Jesus“. Anstössige Wahrheit oder anstössige Kirche?, Münster 2001, S. 216.

19 *Lumen Gentium*, Art. 8 (Anm. 13), S. 173.

katholische Kirche[20]. Wenn mit dem Konzil daran festzuhalten ist, dass die Kirche Christi nicht mit der katholischen Kirche zusammenfällt, diese aber deren authentischer Träger ist, so ist es in der Folge notwendig, zwischen der Eingliederung in die Kirche Christi und der Eingliederung in die römisch-katholische Kirche zu unterscheiden. Dies auch bezüglich der durch die Taufe zugrunde gelegten Zugehörigkeit[21]. Alle Getauften – gleich welcher christlichen Denomination und Konfession – sind durch ein sakramentales Band der Einheit miteinander verbunden[22]. Aber nicht alle Getauften gehören der römisch-katholischen Kirche (in gleicher Weise) an.

Kirchengliedschaft ist demnach eine *abgestufte Wirklichkeit*, die auch Nicht-Katholiken zugesprochen werden kann. Die unterschiedlichen Weisen der Kirchengliedschaft sind aber, so ist mit Karl Rahner aus systematisch-theologischer Sicht zu betonen, *nicht eindeutig und allein nach rechtlichen Kriterien festschreibbar*, weil sich das Leben der Gnade einer solchen Festschreibung entzieht[23]. Dass auch andere Kirchen und kirchliche Gemeinschaften neben der katholischen Kirche kirchengliedschaftsbegründend sind, hat das Zweite Vatikanische Konzil in seiner Kirchenkonstitution hervorgehoben. Das Konzil erkennt verschiedene Stufen und Schichten der Kirchengliedschaft[24]. „Jene werden der Gemeinschaft der

20 Vgl. zu dieser Diskussion *Michael J. Rainer* (Hg.), Dominus Jesus. Anstössige Wahrheit oder anstössige Kirche? Dokumente, Hintergründe, Standpunkte und Folgerungen, Münster 2001.

21 *Reinhild Ahlers*, Art. Taufe VII., in: Lexikon für Theologie und Kirche, Bd. 9, 3. Aufl. Freiburg i.Br. 2000, Sp. 1291.

22 *Johannes Brosseder*, Art. Taufe/Firmung, in: Peter Eicher (Hg.), Neues Handbuch theologischer Grundbegriffe, Bd. 5, München 1991, S. 124. In der Konvergenzerklärung der Kommission für Glauben und Kirchenverfassung des Ökumenischen Rates der Kirchen heisst es im sogenannten Lima-Text von 1982: „Vollzogen im Gehorsam gegenüber unserem Herrn, ist die Taufe ein Zeichen und Siegel unserer gemeinsamen Jüngerschaft. Durch ihre eigene Taufe werden Christen in die Gemeinschaft mit Christus, miteinander und mit der Kirche aller Zeiten und Orte geführt. Unsere gemeinsame Taufe, die uns mit Christus im Glauben vereint, ist so ein grundlegendes Band der Einheit (Eph 4, 3-6).“ Zitiert nach *Joh. Brosseder*, S. 124 f.

23 *Karl Rahner*, Art. Kirchengliedschaft, in: Lexikon für Theologie und Kirche, Bd. 6, 2. Aufl., Sp. 223-226.

24 *Peter Krämer*, Die Zugehörigkeit zur Kirche, in: Joseph Listl/Heribert Schmitz (Hg.), Handbuch des katholischen Kirchenrechts, 2. Aufl. Regensburg 1999, S. 203.

Kirche *voll* eingegliedert, die, im Besitze des Geistes Christi, ihre ganze Ordnung und alle in ihr eingerichteten Heilmittel annehmen und in ihren sichtbaren Verband mit Christus, der sie durch den Papst und die Bischöfe leitet, verbunden sind, und dies durch die Bande des Glaubensbekenntnisses, der Sakramente und der kirchlichen Leitung und Gemeinschaft"[25].

Allerdings ist nach römisch-katholischem Selbstverständnis festzuhalten, dass, insofern das Heil christologisch vermittelt ist, die Taufe als Eingliederung in Christus und in die römisch-katholische Kirche *„heilsnotwendig"* ist. Dies sagt das Zweite Vatikanische Konzil wie folgt: „Darum könnten jene Menschen nicht gerettet werden, die um die katholische Kirche und ihre von Gott durch Christus gestiftete Heilsnotwendigkeit wissen, in sie aber nicht eintreten oder in ihr nicht ausharren wollten"[26].

Wichtig ist auch Folgendes: Wenn auch alle Getauften durch ein sakramentales Band der Einheit miteinander verbunden sind und dem einen ungeteilten ekklesialen Leib Christi zugehören, so muss in Rechnung gestellt werden, dass die Taufe *nie gleichsam abstrakt oder freischwebend gespendet* wird, sondern immer in einer ganz konkreten christlichen Denomination.

### 3. Folgerungen

Die in der Taufe erfolgte objektive Zusage des Heiles durch Gott bedarf, so war oben festzuhalten, der subjektiven Annahme des Menschen. Diese subjektive Annahme realisiert sich zum einen in der personalen Übergabe an Gott und zum anderen im Sich-Aneignen der und im Sich-Einschreiben in die ekklesiale Gestalt des Glaubens. Fehlt diese positive Aneignung der gnadenhaften Zuwendung Gottes, dann ist das Sakrament der Taufe „unfruchtbar". Die christologische Versiegelung und Prägung – und damit auch das Heilsversprechen Gottes – sind jedoch unverlierbar. Selbst dann, wenn ein Schritt weitergegangen wird und die Zugehörigkeit zur Kirche durch Unglauben und Spaltung aufgehoben wird, wird dadurch die Taufe als christologische Versiegelung *nicht* rückgängig gemacht oder aufgehoben. Der Mensch bleibt, so betont Karl Rahner, ein der Kirche Verpflichteter und er behält die dauernde Hingeordnetheit auf

25 *Lumen Gentium*, Art. 14.1 (Anm. 13), S. 199.
26 Ebda., S. 201.

die Gemeinde des Herrn. „Dieses bleibende Siegel ist darum auch die dauernde Grundlage für das Anrecht auf die Teilnahme an dem heiligen Geist der Kirche, an Gnade und Rechtfertigung, die dem Menschen in der Taufe geschenkt werden."[27] Im Umkehrschluss könnte man deshalb auch sagen: So wie der Getaufte ein Anrecht auf die Teilhabe am heiligen Geist der Kirche und ihrem Gnadenschatz hat, so hat auch die Kirche sich für den einmal Getauften offen zu halten. Ob und wie das kirchenrechtlich bei der Erklärung des Kirchenaustritts umgesetzt wird, ist nachstehend (unten III.B.) zu prüfen.

## *B. Die Mitgliedschaft nach kanonischem Recht*

Wie wird die Zugehörigkeit zur Kirche kirchenrechtlich konkretisiert? Dazu ist das geltende Gesetzbuch der römisch-katholischen Kirche, der Codex Iuris Canonici von 1983 (CIC), zu konsultieren.

C. 96 CIC bestimmt: „Durch die Taufe wird der Mensch in die Kirche Christi eingegliedert und wird in ihr zur Person mit Pflichten und Rechten, die den Christen unter Beachtung ihrer jeweiligen Stellung eigen sind, soweit sie sich in der kirchlichen Gemeinschaft befinden und wenn nicht eine rechtmässige Strafe entgegensteht".

Diese Norm verdeutlicht dreierlei:

a) die Christen sind Träger von Rechten und Pflichten,
b) ihre Rechtsstellung ist unterschiedlich je nach dem, ob sie sich in voller Gemeinschaft mit der römisch-katholischen Kirche befinden oder nicht,
c) die Rechtsstellung der Katholiken kann durch eine kirchenrechtliche Strafe gemindert sein.

Das ist näher zu erläutern.

Zu b: Gemäss c. 205 CIC stehen jene Getauften voll in der Gemeinschaft der katholischen Kirche, die in ihrem sichtbaren Verband mit Christus verbunden sind, und zwar durch die Bande des Glaubensbekenntnisses, der Sakramente und der kirchlichen Leitung. Das kanonische Recht greift hier die von Robert Bellarmin begründete Lehre vom dreifachen Band *(vinculum symbolicum, liturgicum, hierarchicum)* auf. Wer aufgrund seiner christlichen Konfession (etwa als evangelischer Christ) nicht durch dieses dreifache Band gebunden ist, steht nicht in der vollen

27 *Karl Rahner*, Über die Sakramente der Kirche, Freiburg i.Br. 1985, S. 32 f.

Gemeinschaft. Dies hat zur Folge, dass seine Rechtsstellung im kanonischen Recht deutlich gemindert ist, ja eigentlich nur theoretischer Natur ist. Die gemäss kanonischen Rechts den Gläubigen zuerkannten Pflichten und Rechte finden auf ihn nur in Sonderfällen Anwendung[28].

Eine geminderte Rechtsstellung haben aber auch jene Katholiken, die öffentlich den katholischen Glauben aufgegeben haben. Das wird (unten Kap. III.B.) näher auszuführen sein.

Zu a: Im Vorfeld des Erlasses des CIC war geplant, eine Art Grundgesetz der katholischen Kirche *(Lex Ecclesiae fundamentalis)* zu erlassen[29]. Das hat sich nicht verwirklicht. Jedoch wurde der als Bestandteil dieses Grundgesetzes vorgesehene Katalog von Pflichten und Rechte der Gläubigen in das II. Buch des CIC inkorporiert. Teil I des II. Buches des CIC unterscheidet die Pflichten und Rechte aller Gläubigen (cc. 208-223 CIC) von den Pflichten und Rechten der Laien (cc. 224-231 CIC) und den Pflichten und Rechten der Kleriker (cc. 273-289 CIC). Bei den für alle Gläubigen geltenden Pflichten und Rechte seien hier *beispielsweise*[30] erwähnt:

- die Pflicht zur Wahrung der Gemeinschaft mit der Kirche (c. 209 CIC),
- die Pflicht zur Führung eines heiligen Lebens und zur Förderung des Wachstums der Kirche (c. 210 CIC),
- die Pflicht und das Recht zur Verkündigung der göttlichen Heilsbotschaft (c. 211 CIC),

28 Gemäss c. 11 CIC werden Nichtkatholiken durch die rein kirchlichen Gesetze grundsätzlich nicht verpflichtet. Die nachstehend erwähnte Liste mit Rechten und Pflichten ist auf sie daher nicht anwendbar. Ausnahmsweise kann kanonisches Recht aber auch für Nichtkatholiken von Bedeutung sein: So kann der katholische Spender der Sakramente der Busse, der Eucharistie und der Krankensalbung diese in einer pastoralen Notlage auch einem nichtkatholischen Christen spenden (c. 844 § 4 CIC). Ferner hat der nichtkatholische Partner einer „Mischehe" zur Kenntnis zu nehmen, dass der katholische Partner „nach Kräften alles tun muss, dass alle seine Kinder in der katholischen Kirche getauft und erzogen werden" (c. 1125 CIC).

29 Vgl. *Winfried Aymans*, Kanonisches Recht, Bd. 2, Paderborn 1997, S. 49 f.

30 Siehe für eine nähere Erörterung: *Reinhild Ahlers*, Die rechtliche Grundstellung der Christgläubigen, in: HdbKathKR (Anm. 24), S. 223 ff.; *W. Aymans*, Kanonisches Recht, Bd. 2 (Anm. 29), S. 94 ff.; *Klaus Lüdicke*, in: ders. et al. (Hg.), Münsterischer Kommentar zum CIC, Münster 1985 ff., Einführung vor c. 208 CIC.

- die Pflicht zum christlichen Gehorsam gegenüber dem, was die geistlichen Hirten in Stellvertretung Christi als Lehrer des Glaubens erklären oder als Leiter der Kirche bestimmen (c. 212 § 1 CIC),
- die Pflicht zur Leistung eines materiellen Beitrages für die Erfordernisse der Kirche (c. 222 § 1 CIC),
- das Recht auf freie Meinungsäusserung (c. 212 §§ 2 und 3 CIC),
- das Recht auf das Hören des Wortes Gottes und auf Empfang der Sakramente (c. 213 CIC), also das Recht auf geistlichen Beistand,
- das Recht auf Vereinigungs- und Versammlungsfreiheit (c. 215 CIC),
- das Recht auf Forschungs- und Veröffentlichungsfreiheit innerhalb der theologischen Forschung, dies unter Wahrung des schuldigen Gehorsams gegenüber dem Lehramt der Kirche (c. 218 CIC),
- das Recht auf katholische Erziehung (cc. 217 und 226 § 2 CIC),
- das Recht auf Persönlichkeitsschutz (c. 220 CIC) und auf Rechtsschutz (c. 221 CIC).

Auf die Pflicht zur materiellen Unterstützung wird (unten bei Kap. IV.A.2.) noch zurückzukommen sein. An dieser Stelle ist darauf hinzuweisen, dass nicht alle Pflichten der Gläubigen seitens der Kirchenleitung in gleicher Weise durchsetzbar sind. Für einige bestehen kirchenrechtliche Strafdrohungen in den cc. 1364 ss. CIC, für andere nicht. Umgekehrt sind auch nicht alle Rechte in gleicher Weise gegenüber der Kirchenleitung einforderbar. Wichtig aber ist: Die Mitgliedschaft in der katholischen Kirche ist nicht ein deklaratorisches Gebilde ohne Inhalt, sondern hat für Katholiken einen diese Mitgliedschaft konkretisierenden Katalog von Rechten und Pflichten zur Folge, gleich wie sie als Bürger des Staates von diesem gewisse Leistungen erwarten dürfen, dafür aber ihrerseits auch verschiedene Leistungen erbringen müssen. Wer den Austritt aus der Kirche erklärt, verliert einen Teil der erwähnten Rechte.

Zu c: Wer mit einer kirchlichen Strafe belegt wird, verliert in einem je nach Sanktion unterschiedlichen Ausmass seine kirchlichen Rechte (nicht aber seine Pflichten). So hat der nach c. 1331 CIC Exkommunizierte keinen Zugang mehr zum kirchlichen Gnadenhandeln und kann nur mehr sehr marginal am kirchlichen Leben teilnehmen (siehe näher unten Kap. III.B.3). Immerhin: Auch wenn seine Rechtsstellung auf einen minimalen Rest schrumpft, bleibt der Exkommunizierte Mitglied der katholischen Kirche. Eine definitive Aufkündigung der Mitgliedschaft durch die Kirchenleitung kennt das katholische Kirchenrecht nicht.

### C. Die Mitgliedschaft nach staatlichem Recht

Wie oben stehend ausgeführt ist die Zugehörigkeit zur römisch-katholischen Kirche zunächst eine theologische und kirchenrechtliche Frage. In einem staatsrechtlichen System strikter Trennung von Kirche und Staat bleibt es dabei.

Anders ist es in vielen Kantonen namentlich der Deutschschweiz, wo die römisch-katholische Kirche einen öffentlichrechtlichen Status hat. Dieser Status drückt zunächst die öffentliche Bedeutsamkeit der katholischen Kirche aus und hat darüber hinaus eine Reihe von Wirkungen und Konsequenzen zur Folge[31]. Sehr stark verallgemeinernd[32] sind etwa zu erwähnen:

- die Verleihung staatlicher Hoheit zum Einzug von *Kirchensteuern* von natürlichen und in manchen Kantonen auch von juristischen Personen. Zur Durchsetzung der Steuerforderung wird der Kirche staatlicher *Verwaltungszwang* zur Verfügung gestellt,
- die *Steuerbefreiung,*
- die *finanzielle* Unterstützung von kirchlichen Tätigkeiten und Diensten, welche nicht nur den eigenen Kirchenmitgliedern zukommen,
- die Gewährung des Rechtes, in kantonalen und kommunalen Anstalten wie Spitälern, Schulen und Gefängnissen *Seelsorge* zu leisten,

31 Dazu eingehend *Gregor A. Rutz*, Die öffentlichrechtliche Anerkennung in der Schweiz, in: Die Zukunft der öffentlichrechtlichen Anerkennung von Religionsgemeinschaften, hg. von René Pahud de Mortanges, Gregor A. Rutz und Christoph Winzeler, Freiburg i.Ü. 2000, S. 29 ff.

32 Zu diesen Regeln gibt es zahlreiche Ausnahmen. Korrekterweise ist daher für jeden Kanton zu differenzieren:
- Welche Teile der katholischen Kirche werden öffentlichrechtlich anerkannt: Die staatskirchenrechtlichen (kantonale Körperschaft und Kirchgemeinde) oder auch die diözesanen (Bistum und Pfarrei)?
- Hat die Anerkennung die Steuerhoheit zur Folge oder nicht?
- Setzt die finanzielle Unterstützung durch den Staat die vorgängige Anerkennung voraus oder nicht?
- Welche Auflagen in Hinblick auf die (demokratische) Organisation und die Transparenz der Mittelverwendung sind mit der Anerkennung verbunden?
- Inwiefern und in welchen Bereichen kommt öffentliches Recht zur Anwendung?

Siehe im Einzelnen *Dieter Kraus*, Schweizerisches Staatskirchenrecht, Tübingen 1993, S. 150 ff.; *Jakob Frey*, Schweizerische Kirchenrechtsquellen. Bd. 1: Kantonales Recht, Bern 1999, S. 27 ff.

- das Recht, im schulischen *Religionsunterricht* mitzuwirken und/oder für den eigenen, konfessionellen Unterricht die schulische Infrastruktur zu nutzen,
- das Recht auf *Meldung* des Zuzugs eines Katholiken durch die Einwohnergemeinde.

Die öffentlichrechtliche Anerkennung durch den Staat dient dazu, die Tätigkeit der Kirche durch Verleihung der Steuerhoheit und durch administrative und finanzielle Hilfen zu erleichtern. Zur konkreten Umsetzung dieser Hilfen wurden in vielen Kantonen namentlich der Deutschschweiz mit Zustimmung der Bistumsleitung[33] und des Kirchenvolkes öffentlichrechtliche Körperschaften gebildet, welche die im Kantonsgebiet lebenden Katholikinnen und Katholiken umfassen[34]. Ihre Organe (kantonale Körperschaft bzw. Landeskirche und Kirchgemeinden) treten neben die kanonischen Organe (Diözese und Pfarrei) und arbeiten ihnen zu. Die Kirchgemeinde zieht beispielsweise die Kirchensteuern der Katholiken vor Ort ein und finanziert damit die Tätigkeit der Pfarrei; die Körperschaft sorgt für den Finanzausgleich und die Finanzierung der diözesanen Arbeitsbereiche.

Damit die staatskirchenrechtliche Kirchengemeinde weiss, von wem sie Kirchensteuern einziehen darf und muss, wird die Zugehörigkeit in ihr bzw. in der kantonalkirchlichen Körperschaft durch das staatliche Recht umschrieben. Dabei verweisen die staatlichen Regeln freilich nebst anderen Kriterien stets auf die innerkirchliche Regelung der Zugehörigkeit.

Das ist an einigen Beispielen zu verdeutlichen:

- Das *Luzerner* Gesetz über die Kirchenverfassung[35] sagt in § 1 Abs. 2: „Die im Kanton wohnhaften Angehörigen der Konfession bilden aufgrund der Kirchenverfassung eine Landeskirche“. Und die Verfassung der Römisch-katholischen Landeskirche des Kantons Luzern[36] bestimmt in § 12: „Wer nach kirchlicher Ordnung der römisch-katholischen Kirche angehört, gilt für Landeskirche und Kirchgemeinde als

33 Siehe etwa für den Kanton Zürich: *Alfred Theobaldi*, Katholiken im Kanton Zürich. Ihr Weg zur öffentlichrechtlichen Anerkennung, Zürich 1978, S. 266 und passim.

34 Im Einzelnen vgl. *D. Kraus*, Schweizerisches Staatskirchenrecht (Anm. 32), S. 154 ff.

35 Vom 21. Dezember 1964, zitiert nach *J. Frey*, Schweizerische Kirchenrechtsquellen (Anm. 32), S. 205 f.

36 In der Ausgabe vom 1. Januar 2002.

Katholikin oder Katholik, solange sie oder er dem zuständigen Kirchenrat am gesetzlich geregelten Wohnsitz nicht schriftlich erklärt hat, der römisch-katholischen Konfession nicht mehr anzugehören“[37].

- Gemäss Art. 38 der Verfassung des Kantons *Nidwalden*[38] sind die Kantonseinwohner Glieder einer öffentlichrechtlich anerkannten Kirche, sofern sie deren Konfession angehören. Die Verfassung der Römisch-Katholischen Landeskirche des Kantons Nidwalden[39] wiederholt in Art. 9: „Glied der Landeskirche ist jeder römisch-katholische Kantonseinwohner, solange er nicht durch schriftliche Erklärung an den Präsidenten der Kirchgemeinde aus der römisch-katholischen Kirche ausgetreten ist“.
- Das Organisationsstatut der Römisch-katholischen Kantonalkirche *Schwyz*[40] sagt in § 2: „Jede Person, die ihren Wohnsitz im Kanton hat, nach Kirchenrecht der römisch-katholischen Kirche angehört und nicht ausdrücklich ihren Austritt oder ihre Nichtzugehörigkeit schriftlich erklärt hat, ist Mitglied der Kantonalkirche und der Kirchgemeinde ihres Wohnsitzes“.
- Gemäss Art. 4 des Statutes der katholischen kirchlichen Körperschaften des Kantons *Freiburg*[41] ist jede Person, die ihren Wohnsitz im Kanton hat und nach Kirchenrecht der römisch-katholischen Kirche angehört, Mitglied der Pfarrei ihres Wohnsitzes und der kantonalen Körperschaft. Die Zugehörigkeit zu den kirchlichen Körperschaften endet gemäss Art. 8 mit dem Austritt aus der römisch-katholischen Kirche[42]. Wer aus der Kirche austreten will, hat dies mit einer schriftlichen Erklärung zu bezeugen, die dem Pfarreirat entweder von der

37 Siehe auch § 13: Mitglied der Kirchgemeinde ist jede Katholikin und jeder Katholik, die oder der in ihrem Gemeindegebiet den gesetzlich geregelten Wohnsitz hat. Wer einer Kirchgemeinde angehört, ist zugleich Mitglied der Landeskirche.

38 Vom 10. Oktober 1965, zitiert nach *J. Frey*, Schweizerische Kirchenrechtsquellen (Anm. 32), S. 228 f.

39 Vom 26. Oktober 1975.

40 Vom 8. April 1998, zitiert nach *J. Frey*, Schweizerische Kirchenrechtsquellen (Anm. 32), S. 268 f.

41 Vom 14. Dezember 1996.

42 Eine Fussnote zum Marginale dieser Bestimmung („Austritt“) lautet: „Diese Bestimmungen präjudizieren weder die kirchenrechtliche Tragweite, welche die kirchliche Behörde generell oder in jedem Einzelfall der Austrittserklärung und deren Widerruf beimisst, noch die seelsorgerlichen Konsequenzen, die sie daran knüpft“.

kirchlichen Behörde, die sie erhalten hat, oder direkt vom Erklärenden mitgeteilt wird (Art. 9 Abs. 1).

- Dem katholischen Konfessionsteil des Kantons *St. Gallen* gehören gemäss Art. 6 ihrer Verfassung[43] die Katholiken römisch-katholischen Bekenntnisses an, die in einer st. gallischen Kirchgemeinde wohnen. Die Zugehörigkeit erlischt, wenn dem Kirchenverwaltungsrat schriftlich und mit beglaubigter Unterschrift der Austritt aus der römisch-katholischen Kirche mitgeteilt wird.
- Nach § 4 Abs. 1 des Gesetzes über das katholische Kirchenwesen des Kantons *Zürich*[44] wird als Mitglied der römisch-katholischen Körperschaft jeder auf Grund der kirchlichen Ordnung der römisch-katholischen Konfession angehörende Kantonseinwohner betrachtet, der nicht ausdrücklich seinen Austritt oder seine Nichtzugehörigkeit erklärt hat.

Diese Übersicht zeigt, dass regelmässig *drei* Voraussetzungen vorliegen müssen, damit man nach staatlichem Recht der kantonalkirchlichen Körperschaft bzw. der örtlichen Kirchgemeinde angehört: a. der Wohnsitz im entsprechenden Gebiet, b. die Zugehörigkeit zur Kirche, c. die fehlende Austrittserklärung[45].

Zu a: Da nach Art. 72 Abs. 1 BV die Regelung des Verhältnisses von Staat und Kirche den Kantonen zusteht, bestimmen diese autonom, ob und mit welchen Wirkungen Religionsgemeinschaften öffentlichrechtlich anerkannt werden. Die öffentlichrechtliche Anerkennung kann sich damit auch nur auf das jeweilige Kantonsgebiet beziehen. Die kantonalkirchliche Körperschaft umfasst nur, aber immerhin die Katholiken im jeweiligen Kantonsgebiet. Entsprechend ist der Wohnsitz[46] im Kantonsgebiet Voraussetzung für die Mitgliedschaft in der Körperschaft und der Wohn-

43 Vom 18. September 1979.

44 Vom 7. Juli 1963, zitiert nach *J. Frey*, Schweizerische Kirchenrechtsquellen (Anm. 32), S. 393.

45 Siehe dazu auch *Urs J. Cavelti*, Der Kirchenaustritt nach staatlichem Recht, in: Austritt aus der Kirche – Sortir de l'Eglise, hg. von Louis Carlen, Freiburg i.Ü. 1982, S. 77 ff.; *ders.*, Mitgliedschaft in Kirchgemeinde und Kirche, in: SKZ 49 (1997), S. 731 ff.; *Peter Karlen*, Das Grundrecht der Religionsfreiheit in der Schweiz, Zürich 1988, S. 322 ff.; *Adrian Loretan*, Kirchenrechtliche Konsequenzen eines staatskirchenrechtlichen Kirchenaustritts, in: SKZ 166 (1998), S. 100.

46 Dieser Wohnsitzbegriff deckt sich nicht mit dem Wohnsitzbegriff in Art. 23 ff. ZGB; vgl. *U. Cavelti*, Austritt (Anm. 45), S. 80 f.

sitz im entsprechenden Gemeindegebiet Voraussetzung für die Mitgliedschaft in der Kirchgemeinde.

Zu b: Neben dem Wohnsitz ist als zweites Kriterium vorausgesetzt, dass man katholisch ist. Was bedeutet das? Es würde gegen die in Art. 15 BV mitenthaltene korporative Religionsfreiheit der Kirche[47] verstossen, wenn der Staat dies festlegen würde. Von daher verweisen die staatlichen Bestimmungen in diesem Punkt zum Teil ausdrücklich auf die kirchliche Ordnung bzw. auf das Kirchenrecht. Auch wo sie das nicht tun, gilt dasselbe: Die Kirchenzugehörigkeit bestimmt sich nach kirchlichem Recht. Dies freilich unter Vorbehalt einer Willkürkontrolle. Das staatliche Recht vollzieht in dieser Frage die kirchliche Ordnung nur insofern und solange, wie diese die Zugehörigkeit nicht willkürlich handhabt[48]. Die Zugehörigkeit zur katholischen Kirche wird bei entsprechender Erklärung staatlicherseits also *vermutet*, aber nicht weiter geprüft. Von daher ist es möglich, dass auch eine nicht in der katholischen Kirche getaufte Person für die staatlichen Behörden als Katholik gilt[49]. Wegen des sogleich erörterten jederzeitigen Austrittsrechts ist das aus der Sicht des staatlichen Verfassungsrechtes nicht unzulässig[50].

Zu c: Wer als Katholikin oder Katholik in einen Kanton zieht, in welchem die katholische Kirche öffentlichrechtlich anerkannt ist und die staatliche Steuerhoheit besitzt, wird bei Erklärung seiner kirchlichen Mitgliedschaft vor der Einwohnerkontrolle der neuen Wohngemeinde mit staatlichem Hoheitszwang zur Bezahlung von Kirchensteuern verpflichtet. Ausdruck der staatlich garantierten Religionsfreiheit ist es jedoch, dass die Bürger in religiösen Angelegenheiten keinen Zwang erfahren dürfen. Gemäss der *negativen Religionsfreiheit* darf niemand gezwungen werden, einer Religionsgemeinschaft anzugehören (Art. 15 Abs. 4 BV). In der Folge ist auch niemand gehalten, Steuern zu bezahlen für eine Religionsgemeinschaft, der er nicht angehört. Das regelte die alte BV ausdrücklich in Art. 49 Abs. 6. Im neuen Verfassungsrecht gilt dies gestützt auf Art. 15 Abs. 4 BV[51] auch ohne ausdrückliche Erwähnung im Verfas-

47 Dazu *P. Karlen*, Religionsfreiheit (Anm. 45), S. 332.

48 *U. Cavelti*, Austritt (Anm. 45), S. 83.

49 Etwa wenn Eltern ihr Kind von den staatlichen Behörden als katholisch registrieren, es aber (noch) nicht taufen lassen.

50 Schweizerisches Zentralblatt 80 (1979), S. 78 ff.

51 Vgl. Schweizerisches Bundesblatt 1997 I 157; *Andreas Kley*, Das Religionsrecht der alten und der neuen Bundesverfassung, in: Das Religionsrecht der neuen Bundesverfassung, hg. von René Pahud de Mortanges, Freiburg i.Ü. 2001, S. 16.

sungstext. In Konkretisierung der bundesrechtlich garantierten Religionsfreiheit sehen die kantonalen Gesetzgebungen die Möglichkeit zum *Austritt* aus der kantonalen Körperschaft vor. Durch die allenfalls an gewisse Formalien gebundene Erklärung des Austritts oder der Nichtzugehörigkeit erlischt die Mitgliedschaft in der Körperschaft und in der Kirchgemeinde, ebenso die damit verbundenen Rechte und Pflichten. Das freie Austrittsrecht ist also das angesichts der Religionsfreiheit erforderliche Pendant zur Delegation zwangsweise durchsetzbarer staatlicher Befugnisse an die Kirche[52].

An dieser Stelle ist darauf hinzuweisen, dass sich hier eine *Spannung* zwischen unterschiedlichen Mitgliedschaftskonzepten auftut:

- Durch die Irreversibilität der Taufe und die Bindung des Sakramentes an die Kirche bleibt die Zugehörigkeit des Getauften zur Kirche in einer theologischen und kirchenrechtlichen Sicht stets erhalten; einen Austritt gibt es nicht.
- Für den Staat gibt es aufgrund der Religionsfreiheit die Mitgliedschaft in Religionsgemeinschaften nur bis auf Widerruf. Man soll aus der Religionsgemeinschaft austreten können, wenn man sich innerlich von ihr distanziert hat.

Die Unmöglichkeit des Austritts aus theologischer Sicht kollidiert also mit dem freien Austritt gemäss staatlichem Recht.

## *III. Die Erklärung des Austritts aus der Kirche*

### *A. Die Austrittserklärung nach staatlichem Recht*

#### 1. Der Grundsatz

Die in Art. 15 BV verankerte negative Religionsfreiheit schützt den Einzelnen vor dem Zwang, gegen seinen Willen einer Religionsgemeinschaft anzugehören. Die Freiheit, aus einer Religionsgemeinschaft austreten zu können, erscheint uns heute selbstverständlich, war es aber in der Ge-

52 Auch wo Religionsgemeinschaften privatrechtlich organisiert sind, gibt es das freie Austrittsrecht. Ist die Religionsgemeinschaft als Verein im Sinne von Art. 60 ZGB organisiert, kann man aus dem Verein austreten; vgl. *Christoph Rüegg*, Die privatrechtlich organisierten Religionsgemeinschaften in der Schweiz, Freiburg i.Ü. 2002, S. 379 ff.

schichte keineswegs; in den Orten der alten Eidgenossenschaft war Glaubenszwang gemäss dem Grundsatz *cuius regio, eius religio* die Regel[53]. Aus der Religionsfreiheit folgt heute indessen der Grundsatz, wonach der Austritt jederzeit möglich sein muss und nicht durch schikanöse Vorschriften erschwert oder unnötig verzögert werden darf[54]. Zur Sicherung des Austrittsrechts hat der Staat das nötige Verfahrensrecht vorzusehen[55].

Das staatlich gewährleistete Austrittsrecht bezieht sich dabei auf das staatliche „Rechtskleid" der Religionsgemeinschaft. Ist letztere als Verein nach Art. 60 ff. ZGB verfasst, besteht ein vereinsrechtliches Austrittsrecht. Ist die Religionsgemeinschaft eine öffentlichrechtliche Korporation, hat das öffentliche Recht ein Austrittsverfahren vorzusehen. Über die Möglichkeit und/oder die Wirkungen des Austritts gemäss dem allenfalls bestehenden internen Recht der Religionsgemeinschaft kann das staatliche Recht nicht bestimmen[56].

Für die Erklärung des Austritts aus der katholischen Kirche finden sich in der Regel entsprechende Bestimmungen in den Organisationsstatuten der kantonalen kirchlichen Körperschaften. Das dort vorgesehene Verfahren hat gewissen Mindestanforderungen zu genügen, die durch die bundesgerichtliche Rechtsprechung entwickelt worden sind.

### 2. Form und Wirkungen der Austrittserklärung

Die Austrittserklärung kann von jedermann, der religionsmündig[57] und urteilsfähig[58] ist, ausgeübt werden[59]. Sie ist (relativ) höchstpersönlicher

53 Siehe dazu *René Pahud de Mortanges*, Art. Religionsfreiheit, in: Theologische Realenzyklopädie, Bd. 28, Berlin/New York 1997, S. 571 f.

54 BGE 104 Ia 84.

55 *P. Karlen*, Religionsfreiheit (Anm. 45), S. 336.

56 Werden aber Mitglieder von Religionsgemeinschaften durch Knebelungsverträge oder faktischen Zwang an die Institution gebunden, kann dies allenfalls persönlichkeitsrechtliche oder strafrechtliche Konsequenzen haben. Auch der interne Bereich einer Religionsgemeinschaft ist also kein rechtsfreier Raum.

57 Nach Art. 303 Abs. 3 ZGB entscheidet ein Kind, welches das 16. Altersjahr zurückgelegt hat, selbständig über sein religiöses Bekenntnis.

58 Gemäss Art. 16 ZGB ist jeder urteilsfähig, dem nicht wegen seines Kindesalters oder infolge von Geisteskrankheit, Geistesschwäche, Trunkenheit oder ähnlichen Zuständen die Fähigkeit fehlt, vernunftgemäss zu handeln.

59 *U. Cavelti*, Austritt (Anm. 45), S. 90.

Natur. Der Ehemann kann nicht für seine Frau die Austrittserklärung abgeben (und umgekehrt), die Eltern nicht für ihr religionsmündiges Kind[60].

Die bundesgerichtliche Rechtsprechung hat einen *Rahmen* für die Austrittserklärung entwickelt. Für die Austrittserklärung dürfen seitens des Gesetzgebers die Einhaltung gewisser Formen verlangt werden, namentlich um einen überstürzten Austritt zu verhindern[61]. Neben der mündlichen kann die einfache schriftliche oder die qualifizierte schriftliche[62] Form verlangt werden; auch die Einrichtung eines Verfahrens mit einer gewissen Bedenkzeit ist nicht unzulässig[63]. Keine gültige Austrittserklärung stellt das Leerlassen des Feldes „Konfession" auf der Steuererklärung[64] dar. Die Rechtssicherheit gebietet eine klare und unzweideutige Austrittserklärung. Daher kann auch verlangt werden, dass die Kirche, aus der man austreten will, mit Namen und als Ganzes genannt wird. Es genügt daher nicht zu erklären, man trete nur aus der örtlichen Pfarrei oder Kirchgemeinde aus[65].

Nicht verlangt werden darf hingegen eine *Begründung* des Austritts: Die Religionsfreiheit umfasst auch das Recht, seine religiöse Überzeugung zu verschweigen[66]. Die Gründe, warum man nicht mehr Mitglied der Kirche sein will, können also verschwiegen werden. Auf eine entsprechende Nachfrage des Pfarrers oder des Kirchgemeinderates braucht man nicht zu antworten. Insgesamt darf der Austritt nicht durch schikanöse Vorschriften erschwert oder durch ein überlanges Verfahren verzögert werden.

Wie die oben stehend in Kap. II.C. genannten *Beispiele* (Luzern, Nidwalden, Schwyz, Freiburg, St. Gallen, Zürich) zeigen, genügen die Regeln in den Organisationsstatuten der kantonalen Körperschaften diesen Kriterien. Verlangt wird in der Regel eine einfache oder eine qualifizierte schriftliche Erklärung an die Exekutive der Kirchgemeinde.

60 Wohl aber für ihr religionsunmündiges Kind (Art. 303 Abs. 3 ZGB); die Höchstpersönlichkeit ist also nicht absolut.

61 BGE 104 Ia 84.

62 D.h. die schriftliche Erklärung mit durch eine Amtsperson beglaubigter Unterschrift.

63 BGE 104 Ia 85.

64 ZBl 1984 (1985), S. 133.

65 BGE 129 I 68 ff.; BGE 34 I 52; *U. Cavelti*, Austritt (Anm. 45), S. 91; *ders.*, Mitgliedschaft (Anm. 45), S. 732; *P. Karlen*, Religionsfreiheit (Anm. 45), S. 338. Darauf wird in Kap. IV.A. noch zurückzukommen sein.

66 Vgl. *P. Karlen*, Religionsfreiheit (Anm. 45), S. 222 f.

Die *Wirkungen* der Austrittserklärung bestehen nach staatlichem Recht darin, dass die ausgetretene Person ihren Rechtsstatus in der kantonalen kirchlichen Körperschaft und in der örtlichen Kirchgemeinde verliert. Sie verliert sämtliche Mitgliedschaftsrechte, also das Stimmrecht, das Wahlrecht und das Initiativ- und Referendumsrecht gemäss den Statuten der kantonalen Körperschaft. Das betrifft zum Beispiel die aktive und passive Wahl der Organe der Kirchgemeinde, die allenfalls vorgesehene Mitwirkung bei der Wahl des Pfarrers bzw. des Gemeindeleiters, die Mitwirkung bei der Bestimmung der Vertreter der Kirchgemeinde im legislativen Organ der kantonalkirchlichen Körperschaft, das Recht an Versammlungen und Abstimmungen in der Kirchgemeinde teilzunehmen, das Recht über den Erlass und die Änderungen des Organisationsstatutes der Körperschaft abzustimmen etc.[67] Ebenso verliert sie ihre Mitgliedschaftspflichten, namentlich die Kirchensteuerpflicht.

Es ist darauf hinzuweisen, dass der Austritt *sofort* und nicht erst mit Ablauf des Austrittsverfahrens oder des Kalenderjahres wirksam werden muss. Namentlich darf die Kirchensteuer nicht berechnet werden für einen Zeitraum, in der die Austrittserklärung bereits in Kraft getreten ist. Wird die Austrittserklärung in der laufenden Steuerperiode abgegeben, ist der letzte Steuerbetrag pro rata temporis zu erheben[68]. Dass damit ein gewisser, allerdings bescheidener, zusätzlicher Verwaltungsaufwand verbunden ist, ändert nichts. Auch im Interesse der Kirche selber ist der Anschein zu vermeiden, man wolle aus irgendwelchen, vor allem finanziellen Gründen den Austritt mit juristischen Mitteln möglichst hinausschieben.

Wiederholt sei: Die vom staatlichen Recht vorgesehenen Wirkungen der Austrittserklärung beziehen und beschränken sich stets nur auf die kantonale kirchliche Körperschaft und die Kirchgemeinde. Ob und wel-

67 Siehe zum Beispiel das Gesetz über die Organisation der Katholischen Landeskirche des Kantons *Thurgau* vom 1. Juli 1968 und darin insbesondere § 4 und 5 (Stimm- und Wahlrecht in den Kirchgemeinden und der Landeskirche), § 6 (Wählbarkeit in Behörden und Ämter der Landeskirche und der Kirchgemeinde), § 7 Abs. 2 (Bestätigungswahl der Pfarrer und Gemeindeleiter durch die Kirchgemeinde), § 11 (Erlass und Änderung des Organisationsgesetzes und Wahl in die Synode), § 19 (Wählbarkeit in die Synode); vgl. *Peter Plattner*, Kirchenorganisationsgesetz und Kirchgemeinden. Referat an der Fortbildungsveranstaltung des Katholischen Kirchenrates des Kantons Thurgau vom 8. Februar 2003, Manuskript, S. 7 ff.

68 BGE 104 Ia 86.

che Wirkungen die Austrittserklärung innerkirchlich hat, darüber kann und will das staatliche Recht nicht befinden[69], sondern überlässt dies den diözesanen Behörden und dem kanonischen Recht.

Welche *Verhaltensrichtlinien* ergeben sich nach dem Gesagten für die Mitglieder eines örtlichen Kirchgemeinde- bzw. Pfarreirates, die mit einem Austrittsgesuch konfrontiert werden?

- Sie können verlangen, dass die Erklärung in der richtigen Form abgegeben wird, also in der Regel schriftlich und durch die austrittswillige Person selber.
- Sie können verlangen, dass sich die Austrittserklärung auf die Kirche als Ganzes bezieht. Je nach Organisationsstatut ist also der Austritt aus der Körperschaft/Landeskirche oder aus der katholischen Kirche als Ganzes zu erklären. Eine nur auf die örtliche Kirchgemeinde beschränkte Austrittserklärung kann als unerheblich erachtet werden.
- Sie können (und sollten) nach Eintreffen der Austrittserklärung die austrittswillige Person schriftlich auf die Konsequenzen des Austritts hinweisen. Auch ein Gespräch kann angeboten werden, sollte aber nicht aufgedrängt werden.
- Eine Begründung des Austritts bei Abgabe der Austrittserklärung darf als Austrittsbedingung nicht gefordert werden. Diese kann aber ex post und auf freiwilliger Basis erfragt werden.

## *B. Konsequenzen der Austrittserklärung im kirchlichen Recht*

### 1. Grundsätzliches

Wer den CIC durchsieht, wird feststellen, dass vom Austritt aus der Kirche nicht gesprochen wird. Das hängt mit dem theologischen Verständnis der Kirchenzugehörigkeit zusammen. Wie oben ausgeführt, kann die Zugehörigkeit zur Kirche wegen des „character indelebilis" der Taufe nie verloren gehen, dies auch dann nicht, wenn man durch eine Sanktion des Kirchenrechts von der Teilnahme an ihren Gnadenmitteln und an ihrem Handeln ferngehalten wird oder wenn man sich selber durch einen äusserlich bekundeten Akt von ihr trennt. Wer in der katholischen Kirche ge-

69 *U. Cavelti*, Mitgliedschaft (Anm. 45), S. 732; *P. Karlen*, Religionsfreiheit (Anm. 45), S. 341.

tauft wurde, bleibt nach ihrem ekklesiologischen und sakramententheologischen Verständnis in untrennbarer Weise ihr Angehöriger.

Damit ist aber nicht gesagt, dass die Erklärung des Austritts aus der katholischen Kirche gemäss Kirchenrecht auf der institutionellen Ebene unbeachtlich oder bedeutungslos wäre. Vielmehr wird sie als ein äusseres Zeichen dafür verstanden, dass dem ausgetretenen Kirchenglied die Heilsvermittlung durch die Kirche gleichgültig geworden ist und es nun seine weitere Eingliederung in die Kirche ablehnt. Dabei bestimmt der CIC es ja als die Grundpflicht des Gläubigen, immer die Gemeinschaft, die *communio* mit der Kirche zu wahren (c. 209 § 1 CIC). Mit der Austrittserklärung stellt man sich selber ausserhalb der konkreten plena communio. Das Kirchenrecht vollzieht das unter anderem in der Weise nach, dass es die „tätigen" Mitgliedschaftsrechte des Ausgetretenen für aufgehoben erklärt[70].

## 2. Die Suspension von Aktivrechten

Eine erste Gruppe von Wirkungen umfasst den Verlust von kirchlichen Aktivrechten und Rechtsstellungen. Diese werden verstreut über verschiedene Teile des CIC genannt. Eine Auflistung wird erschwert durch die Tatsache, dass der CIC den Begriff „Kirchenaustritt" nicht kennt. Das hängt neben dem soeben genannten ekklesiologischen Grund auch damit zusammen, dass der CIC ein Gesetzbuch für die katholische Universalkirche darstellt, staatliche Steuerhoheit jedoch nur in wenigen Ländern (Deutschland, Österreich und die Schweiz) der Kirche vor Ort delegiert wird und eine staatskirchenrechtliche Seite der Kirchenzugehörigkeit, die man durch Austritt beenden kann, ebenfalls nur in diesen Staaten existiert[71]. Ein solcher Austritt aus staatskirchenrechtlichen, mit der Kirche vor Ort verknüpften Institutionen ist aus der Sicht der Weltkirche wohl ein Randproblem. Zwar waren sich die Konsultoren im Verfahren zum Erlass des CIC des Problems bewusst. Eine eingehende Erörterung mit

70 *Joseph Listl*, Die Erklärung des Kirchenaustritts, in: HdbKathKR (Anm. 24), S. 212; s.a. *W. Aymans*, Kanonisches Recht (Anm. 29), Bd. 2, S. 58 f.

71 In allen anderen Ländern „verabschiedet" man sich nicht durch formalen Akt, sondern nur faktisch von der Kirche. Gemäss mündlicher Auskunft des Strasbourger Priesters und Kirchenrechtlers Jean Werckmeister: Wenn Eltern ihre Kinder in Frankreich nicht mehr zur Taufe bringen, muss man sie faktisch wohl als ausgetreten betrachten.

dem Ziel einer stringenten Regelung erfolgte hingegen nicht[72]. Die Konkretisierung der kirchenrechtlichen Konsequenzen des Austritts aus der staatskirchenrechtlichen Organisation ist damit dem Partikularrecht der Bischöfe und der kirchenrechtlichen Lehre in den deutschsprachigen Ländern überlassen. Letztere hat die Bestimmungen zusammengetragen und interpretiert, in denen vom „offenkundigen Abfall" vom Glauben oder von der Gemeinschaft der Kirche oder vom „formalen Akt des Abfalls" die Rede ist.

Gemäss der von Joseph Listl vorgelegten Liste sind zu nennen[73]:

- Die Enthebung von Rechts wegen aus einem *Kirchenamt* (c. 194 § 1 n. 2 CIC). Ein Kleriker verliert also z.B. sein Pfarramt; ein Pastoralassistent verliert sein Gemeindeleiteramt, ein Laie verliert sein Amt als Lektor und Akolyth, als Mitglied des Pastoralrates einer Pfarrei oder einer Diözese, als Mitglied eines Offizialates oder eines Vermögensverwaltungsrates.
- Die Unfähigkeit zur Ausübung jedweden kirchlichen *Wahlrechtes* nach kanonischem Recht (c. 171 § 1 n. 4 CIC). Das kann für Laien dort von praktischer Bedeutung sein, wo ihnen das kanonische Recht eine Mitwirkung bei der Pfarrwahl (c. 523 CIC) bzw. der Bischofswahl (c. 377 CIC) gewährt. Ansonsten sieht der CIC eine Wahl etwa für den Ordensoberen (c. 625 CIC) oder den diözesanen Priesterrates (c. 497 CIC) vor, wobei in diesen Fällen Kleriker wahlberechtigt sind.
- Die Unfähigkeit zur Mitgliedschaft in einem kirchlichen *Verein* (c. 316 § 1 CIC). Nach c. 215 CIC ist es den Gläubigen unbenommen, Vereinigungen für Zwecke der Caritas oder der Frömmigkeit oder zur Förderung der christlichen Berufung in der Welt zu gründen. Sie können damit in eigener Initiative Aufgaben der Kirche wahrnehmen. Wer öffentlich den katholischen Glauben aufgegeben hat oder von der kirchlichen Gemeinschaft abgefallen ist, kann in einem solchen Verein nicht mehr aufgenommen werden.

72 Auch in anderen Fragen fehlt es dem CIC an der nötigen Stringenz und Präzision.

73 Vgl. *J. Listl*, Kirchenaustritt (Anm. 70), S. 212 f.; *ders.*, Die Rechtsfolgen des Kirchenaustritts in der staatlichen und kirchlichen Rechtsordnung, in: Winfried Schulz (Hg.), Recht als Heilsdienst. M. Kaiser zum 65. Geburtstag, Paderborn 1989, S. 163 ff.

- Die Unfähigkeit zur Übernahme des *Taufpatendienstes* (c. 874 § 1 nn. 3 und 4 CIC) und des *Firmpatendienstes* (c. 893 § 1 CIC). C. 874 § 1 n. 3 CIC spricht freilich „nur" davon, dass der potentielle Taufpate ein Leben führen muss, das dem Glauben entspricht; anders als in den anderen Bestimmungen ist hier nicht vom formalen oder öffentlichen Abfall im Glauben die Rede. Ob der Kirchenaustritt unfähig zum Patenamt macht, ist daher von Fall zu Fall zu prüfen. Es ist abzuklären, „ob der in Aussicht genommene Pate seinen damit verbundenen Aufgaben in geeigneter Weise gerecht werden kann. Dazu gehört zunächst wesentlich, dass er selbst das Sakrament der Taufe empfangen hat, aber auch, dass er den katholischen Glauben kennt und bekennt sowie in aktiver Gemeinschaft mit der katholischen Kirche steht. Bei einem aus der katholischen Kirche ausgetretenen Katholiken steht die Vermutung dafür, dass er nicht in dieser Gemeinschaft steht; das Gegenteil müsste im Einzelfall erwiesen werden"[74]. Dies gilt stets vorausgesetzt, dass der Austritt nicht im Sinne von 874 § 1 n. 4 CIC eine rechtmässig verhängte oder festgestellte Straftat darstellt; dann ist der Ausschluss vom Patenamt in jedem Fall zwingend[75].
- Die Entlassung aus einem *Ordensinstitut* (c. 694 § 1 n. 1 CIC), aus einem *Säkularinstitut* (c. 729 CIC) und aus einer *Gesellschaft des apostolischen Lebens* (c. 746 CIC). Der Austritt führt damit nicht nur für einen Ordensmann oder eine Ordensfrau zur Entlassung aus der Kirche, sondern auch für eine in einer Laienkommunität lebende Person.

Daraus lässt sich die erste Konsequenz der Austrittserklärung ableiten: Die betreffende Person verliert in verschiedenen Bereichen des kirchlichen Lebens die Möglichkeit, aktiv Rechte wahrzunehmen und Funktionen zu übernehmen.

### 3. Die Austrittserklärung als schismatisches Verhalten?

Nach einer namentlich in der deutschen und österreichischen Kanonistik vertretenen Lehre[76] stellt die Erklärung des Austritts auch ein schismati-

74 *Reinhild Ahlers*, Das Tauf- und Firmpatenamt im Codex Iuris Canonici, Münster 1996, S. 35.

75 Ebda., S. 39.

76 So in der neueren Literatur z.B. *J. Listl*, Kirchenaustritt (Anm. 70), S. 216 ff.; *ders.*, Rechtsfolgen (Anm. 73), S. 179 ff.; *Wilhelm Rees*, Die Strafgewalt der Kir-

sches Verhalten im Sinne von c. 751 CIC dar, also einen Akt der Verweigerung der Unterordnung unter den Papst oder der Gemeinschaft mit dem ihm unterstellten Gliedern der Kirche, namentlich unter den zuständigen Diözesanbischof. Diese Lehre wurde wohl vom Kanonisten Klaus Mörsdorf begründet, der Mitte des 20. Jahrhunderts schrieb: „Der sog. Kirchenaustritt, wodurch der neuzeitliche Staat seinen Untertanen einen Weg eröffnet, mit Wirkung für den staatsbürgerlichen Bereich aus der Kirche auszuscheiden, lässt sich nicht eindeutig in die herkömmlichen Deliktsformen der Apostasie, der Häresie und des Schismas einordnen. Die Beweggründe zum Kirchenaustritt können sehr verschieden sein [...] und erfordern jeweils eine besondere Würdigung bei der Prüfung der Schuldfrage. Hiervon abgesehen ist der Kirchenaustritt, so wie er sich in der Austrittserklärung kundgibt, ein öffentliches Lossagen von der Kirche, also in jedem Falle Trennung von der kirchlichen Einheit; diese kann unter Umständen geschehen, die den Austritt zugleich als Apostasie oder als Häresie erscheinen lassen“[77].

Liegen entsprechende Beweggründe und Umstände vor, führt die Austrittserklärung zur Exkommunikation als Tatstrafe (c. 1364 § 1 CIC). Dem Exkommunizierten ist gemäss c. 1331 § 1 CIC untersagt,

- bei der Feier des eucharistischen Opfers oder bei irgendwelchen anderen gottesdienstlichen Feiern Dienste zu leisten,
- Sakramente oder Sakramentalien zu spenden und Sakramente zu empfangen,
- jedwede kirchlichen Ämter, Dienste oder Aufgaben auszuüben oder Akte der Leitungsgewalt zu setzen.

---

che, Berlin 1993, S. 93; *Ilona Riedel-Spangenberger*, Grundbegriffe des Kirchenrechts, Paderborn 1992, S. 140. Siehe aber die Differenzierungen von *K. Lüdicke*, Münsterischer Kommentar (Anm. 30), N. 12 zu c. 1364 CIC und *Bruno Primetshofer*, Zur Frage der Rechtsfolgen eines Kirchenaustritts aus finanziellen Gründen, in: Winfried Schulz (Hg.), Recht als Heilsdienst. M. Kaiser zum 65. Geburtstag, Paderborn 1989, S. 187 ff., und für die Schweiz: *Pier Virginio Aimone*, Sovvenire alle necessità della Chiesa, in: Quaderni di diritto ecclesiastico 7 (1994), S. 478 ff., *Eugenio Corecco*, La sortie de l'Eglise pour raison fiscale, in: Austritt aus der Kirche – Sortir de l'Eglise (Anm. 45), S. 63 ff.; *H. Hoping*, Kirchenzugehörigkeit (Anm. 10), S. 104; *A. Loretan*, Konsequenzen (Anm. 45), S. 101.

77 *Klaus Mörsdorf*, Lehrbuch des Kirchenrechts, 7. Aufl. Paderborn 1954, Bd. 3, S. 415.

Diese Rechtsfolgen treten *von selber* ein, ohne dass sie von einem kirchlichen Gericht verhängt worden wären. Als Besonderheit des kanonischen Strafrechts gibt es nämlich auch die Möglichkeit, dass eine Strafe „von selbst durch Begehen eintritt“ (c. 1314 CIC).

Für ausgetretene katholische Laien hat dies zur Konsequenz:

- Man kann zwar passiv am Gottesdienst teilnehmen, aber die *Eucharistie* nicht mehr empfangen;
- man kann die anderen Sakramente der *Firmung*, der *Weihe*, der *Busse* und der *Krankensalbung* nicht mehr empfangen;
- man kann das Sakrament der *Ehe* nicht mehr spenden und empfangen.

Nach diesem Verständnis hat die Erklärung des Kirchenaustritts also zur Folge, dass die betreffende Person nicht mehr am Gnadenhandeln der Kirche teilhaben kann. Ihre Stellung in der Kirche wird noch um einen weiteren, ganz wichtigen Bereich geschwächt. Durch die Austrittserklärung wird man vollends zum kirchlichen „Passivmitglied“.

Nun sind hier freilich folgende *Einschränkungen* zu dieser Lehre zu beachten:

- C. 751 CIC enthält zwar eine Definition des Schismas[78]. Dass die Kirchenaustrittserklärung ein schismatisches Verhalten darstellt, wird aber in der Kirchenrechtslehre seit Mörsdorf von den einzelnen Autoren mehr behauptet statt überzeugend dargelegt. Eine neuere, detaillierte kirchenrechtsdogmatische Erörterung und Auslegung dessen, was im Hinblick auf den Kirchenaustritt unter einem Schisma im Sinne von Art. 751 CIC zu verstehen ist, fehlt[79]. Es trifft zwar zu, dass die Austrittserklärung dem gesellschaftlichen Erscheinungsbild nach ein öffentliches Sich-Lossagen von der Kirche ist. Der Kirche, der man bisher angehörte, will man nun offensichtlich nicht mehr angehören[80]. Angesichts der weitreichenden Konsequenzen einer Würdigung des Kirchenaustritts als Schisma kann es aber allein mit einer auf dem Alltagsverständnis gestützten Gesetzesauslegung durch die

78 C. 751 CIC: „[…] Schisma nennt man die Verweigerung der Unterordnung unter den Papst oder der Gemeinschaft mit den diesen untergebenen Gliedern der Gemeinschaft“.

79 Die bei *I. Riedel-Spangenberger*, Grundbegriffe (Anm. 76), Art. Schisma, S. 213 f. zitierte Literatur hilft m.E. auch nicht weiter.

80 So treffend *B. Primetshofer*, Rechtsfolgen des Kirchenaustritts (Anm. 76), S. 196.

Lehre nicht getan sein. Um die hier bestehende *Rechtsunsicherheit* zu beseitigen, wäre m.E. ein klarer partikularrechtlicher Erlass erforderlich[81]. Ein solcher ist z.B. 1988 für die Diözese Augsburg in Kraft gesetzt worden[82]. Die bisher ergangenen Handreichungen der Schweizer Diözesen tönen gelegentlich die Möglichkeit an, dass der Kirchenaustritt auch eine kirchenrechtliche Straftat sein könnte, halten aber nicht unmissverständlich fest, dass die einfache Austrittserklärung ein schismatisches Verhalten darstellt[83].

– Die Notwendigkeit partikularrechtlicher Klarstellung wäre auch aus einem anderen Grund erforderlich. Nach obengenannter Konstruktion der Rechtslage treten die Wirkungen der Exkommunikation mit der Austrittserklärung von selbst ein. Die betreffende Person muss also von sich aus die Eucharistie und die anderen Sakramente meiden. Allerdings muss sie im Sinne des Vorsatzes ein *Wissen* bezüglich dieser Rechtsfolge haben; gemäss c. 1324 § 1 n. 9 CIC in Verbindung mit c. 1324 § 3 CIC tritt die Exkommunikation als Tatstrafe dann nicht ein, wenn der handelnden Person *schuldlos* die Rechtsfolge ihrer Erklärung nicht bewusst war[84]. Das leuchtet ein, denn man kann nur dann die Sanktion für ein verpöntes Verhalten von sich aus auf sich nehmen, wenn man überhaupt ein Bewusstsein dafür hat, sich verfehlt zu haben. Wenn und solange ein Katholik also nicht weiss, dass eine Austrittserklärung den Tatbestand des Schismas erfüllt und dass er sich damit selber exkommuniziert, kann man ihn nicht als exkommuniziert betrachten. Konkret: Solange diese Zusammenhänge nicht

81 So für die Schweiz auch *A. Loretan*, Konsequenzen (Anm. 45), S. 130.

82 Vgl. *J. Listl*, Rechtsfolgen (Anm. 73), S. 181 f. mit Verweis auf das Amtsblatt der Diözese Augsburg 1988, S. 141 f. Die Erklärung der Diözesanbischöfe der Bundesrepublik Deutschland vom Dezember 1969 zu Fragen des kirchlichen Finanzwesens (AfkathKR 138 [1969], S. 557-559) impliziert offenbar den schismatischen Charakter des Kirchenaustritts, ohne dies explizit zu sagen: „Die Ausübung der Grundrechte eines katholischen Christen ist untrennbar von der Erfüllung seiner Grundpflichten. Wenn also ein Katholik seinen Austritt aus der Kirche erklärt – aus welchen Gründen auch immer – so stellt dies eine schwere Verletzung gegenüber der kirchlichen Gemeinschaft dar. Er kann daher am sakramentalen Leben erst wieder teilnehmen, wenn er bereit ist, seine Austrittserklärung rückgängig zu machen und seinen Pflichten auch in Bezug auf die Kirchensteuer wieder nachzukommen.“ (S. 558).

83 Auch in der Erklärung „Seelsorge bei Kirchenaustritt“ für die Diözese St. Gallen aus dem Jahr 1992 ist davon nicht die Rede.

84 *K. Lüdicke*, Münsterischer Kommentar (Anm. 30), N. 7 zu c. 1364 CIC.

auf partikularrechtlichem Wege (z.B. in der Form einer Erklärung der Schweizerischen Bischofskonferenz oder der einzelnen Bischöfe) der kirchlichen Öffentlichkeit dargelegt werden, kann in der Schweiz diese Sanktion wohl nur bei Personen mit spezifischen kirchenrechtlichen Kenntnissen zum Tragen kommen – faktisch also sehr selten.

- Die Fragestellung ist von *beschränkter praktischer Bedeutung*. Wer seinen Austritt aus der Kirche erklärt, wird in der überwiegenden Mehrzahl der Fälle keine „Leistungen" mehr von ihr erwarten. Meistens hat man sich schon längst vom kirchlichen Leben abgewendet. Man „braucht" das kirchliche Leben vor Ort nicht mehr und nun möchte man auch nicht mehr dafür bezahlen. Mit dem Ausschluss vom sakramentalen Leben der Kirche wird damit allenfalls rechtlich etwas nachvollzogen, was faktisch schon besteht. Dem entspricht im Übrigen auch ein Verständnis der Exkommunikation als deklaratorisches Urteil und nicht als Strafe, so wie dies von Libero Gerosa entwickelt wurde: Mit diesem Urteil ex post wird nicht im Sinne der Vergeltung von Unrecht gestraft, sondern nur festgestellt, dass sich der Fehlbare ausserhalb der kirchlichen Gemeinschaft gestellt hat und damit der *communio plena* verlustig gegangen ist[85].

Nach dem Gesagten ist für die Schweizer Diözesen gegenwärtig als Regelfall davon auszugehen, dass der Austritt aus einer staatskirchenrechtlichen Körperschaft kein Schisma darstellt.

### 4. Weitere Konsequenzen

#### a. Im Eherecht

Wer eine nach dem Recht der katholischen Kirche gültige Ehe (c. 1055 ss. CIC) geschlossen hat und zu einem nachfolgenden Zeitpunkt den Austritt aus der Kirche erklärt, erfährt durch diesen Austritt keine statusverändernde Wirkung seiner Ehe. Sie bleibt weiterhin kanonisch gültig und muss, wenn sich die Eheleute zu einem späteren Zeitpunkt nach staatlichem Recht scheiden lassen, in einem Ehenichtigkeitsverfahren nach cc. 1671 ss. CIC für nichtig erklärt werden.

Komplexer präsentiert sich die Situation bei der Frage, ob ein Katholik, der den Austritt erklärt, in einem Zeitpunkt nach Abgabe dieser Erklärung noch nach kanonischem Recht gültig heiraten kann. Hier ist die

85 *Libero Gerosa*, La scommunica è una pena?, Freiburg i.Ü. 1984, S. 98 ff.

Antwort abhängig davon, ob die Austrittserklärung als Schisma zu betrachten ist oder nicht:

- Wäre durch partikularrechtliche Regelung zweifelsfrei festgestellt, dass die Erklärung eines Austritts ein Schisma darstellte, hätte dies zur Folge, dass die ausgetretene Person nach kanonischem Recht *nicht* mehr heiraten kann. Denn nach katholischem Verständnis spenden sich die Brautleute gegenseitig das Ehesakrament (c. 1055 CIC) und als Schismatiker ist es Katholiken untersagt, Sakramente zu spenden und zu empfangen (c. 1331 § 1 n. 2 CIC). In Konsequenz davon hat die katholische Kirche ihre Mitwirkung an der beabsichtigten Eheschliessung zu verweigern.
- Geht man hingegen davon aus, dass die Austrittserklärung mangels klarer partikularrechtlicher Pönalisierung nicht zweifelsfrei den Strafbestand des Schismas erfüllt (was gegenwärtig für die Schweizer Diözesen zutrifft), ist die Situation anders: Ausgetretene Katholiken *können* sowohl einen katholischen wie einen nichtkatholischen Partner nach kanonischem Recht *heiraten.*

Das ergibt sich durch Auslegung von drei Bestimmungen des CIC, die hier zunächst zitiert seien:

- Nach c. 1086 § 1 CIC ist eine Ehe ungültig zwischen zwei Personen, von denen die eine in der katholischen Kirche getauft oder in sie aufgenommen wurde und nicht durch einen formalen Akt von ihr abgefallen ist, die andere aber ungetauft ist. Es liegt also ein *Ehehindernis* für die Eheschliessung vor.
- Nach c. 1117 CIC muss die in c. 1108 CIC geregelte *Eheschliessungsform* (Eheschliessung vor dem Pfarrer und zwei Zeugen) eingehalten werden, wenn einer der Eheschliessenden in der katholischen Kirche getauft oder in sie aufgenommen wurde und nicht durch einen formalen Akt von ihr abgefallen ist.
- Nach c. 1124 CIC ist die Eheschliessung zwischen zwei Getauften, von denen der eine in der katholischen Kirche getauft oder nach der Taufe in sie aufgenommen worden ist und nicht durch einen formalen Akt von ihr abgefallen ist, der andere aber einer Kirche oder kirchlichen Gemeinschaft zugezählt wird, die *nicht* in der *vollen Gemeinschaft* mit der katholischen Kirche steht, ohne ausdrückliche Gemeinschaft der zuständigen Autorität verboten.

Alle drei Bestimmungen erwähnen die Situation, dass jemand durch „formalen Akt" von der katholischen Kirche „abgefallen" ist. Was heisst das? Das bedeutet nach der wohl herrschenden Lehre, dass man den Austritt aus der katholischen Kirche erklärt hat[86]. In der Folge gilt durch Umkehrschluss:

- Nach c. 1086 § 1 CIC ist die Ehe zwischen einem ausgetretenen Katholiken und einem nichtausgetretenen Katholiken, aber auch zwischen einem ausgetretenen Katholiken und einem Nichtchristen gültig.
- Nach c. 1117 CIC ist die Eheschliessungsform des c. 1108 nur dann einzuhalten, wenn der ausgetretene Katholik einen nichtausgetretenen Katholiken heiraten will, nicht jedoch, wenn er einen Nichtkatholiken heiraten will.
- Nach c. 1124 CIC stellt die Eheschliessung des ausgetretenen Katholiken mit einem nichtkatholischen Christen kein Ehehindernis dar.

Auch wer den Austritt aus der katholischen Kirche erklärt, verliert damit also nicht die Möglichkeit, eine nach kanonischem Recht gültige Ehe zu schliessen – immer vorausgesetzt, die Austrittserklärung stellt kein schismatisches Verhalten dar. Mit Listl: „Der Sinn dieser neuen Regelung ist darin zu sehen, dass sich die katholische Kirche bemüht hat, auch den von ihr abgefallenen Katholiken, soweit es in ihren Kräften steht, den Abschluss einer nach dem Recht der katholischen Kirche gültigen Ehe zu ermöglichen“[87].

b. Bei der Taufe der eigenen Kinder

Können Eltern, die ihrerseits aus der Kirche ausgetreten sind, für ihre Kinder die Taufe begehren? Grundsätzlich gilt, dass jeder Mensch zur Taufe fähig ist (c. 864 CIC). Eltern sind verpflichtet, dafür zu sorgen, dass ihre Kinder innerhalb der ersten Lebenswochen getauft werden; möglichst bald nach der Geburt haben sie sich an den Pfarrer zu wenden, um für ihr Kind das Taufsakrament zu erbitten (c. 867 § 1 CIC). Damit ein Kind erlaubt getauft wird, ist neben der Zustimmung der Eltern erforderlich, dass „die *begründete Hoffnung* besteht, dass das Kind in der ka-

86 So zunächst *Titus Lehnherr*, Der Abfall von der katholischen Kirche durch formalen Akt, in: AfkathKR 152 (1983), S. 120 ff. nach detaillierter Auslegung der Bestimmung; ihm folgend fast die ganze deutschsprachige kirchenrechtliche Lehre, vgl. die Auflistung bei *J. Listl*, Kirchenaustritt (Anm. 70), S. 215; anderer Meinung immerhin *K. Lüdicke*, Münsterischer Kommentar (Anm. 30), N. 3 zu c. 1086 CIC. Siehe auch *Hartmut Zapp*, Das kanonische Eherecht, 7. Aufl. Freiburg i.Br. 1988, S. 178 ff.

87 *J. Listl*, Kirchenaustritt (Anm. 70), S. 214.

tholischen Religion erzogen wird" (c. 868 § 1 n.2 CIC). Nur wenn diese Hoffnung völlig fehlt, ist die Taufe aufzuschieben.

Die Tatsache, dass die Eltern aus der Kirche ausgetreten sind, ist damit ein *starkes Indiz* dafür, dass das Kind nicht in der katholischen Religion erzogen werden wird. Sie müssen daher dem Ortspfarrer überzeugend darlegen können, dass ihr Kind gleichwohl katholisch erzogen werden kann und wird. Anstelle der Eltern könnte dies allenfalls durch katholische Tauf- und Firmpaten geschehen und/oder durch den späteren konfessionellen Religionsunterricht in der Schule[88].

Damit nimmt der CIC den aus der Kirche ausgetretenen Eltern nicht a priori die Möglichkeit, ihre Kinder katholisch taufen zu lassen[89]. Doch hat der Ortspfarrer ein gewisses *Ermessen*, ob er die Taufe vornehmen will oder nicht. Er kann und muss von den ausgetretenen Eltern „flankierende Massnahmen" in Hinblick auf die erforderliche religiöse Erziehung fordern. Wo für ihn erkennbar ist, dass es den völlig ungläubig gewordenen Eltern ausschliesslich um ein schönes Familienfest geht, braucht er gewiss nicht mitzuwirken[90].

Auch bei dieser Frage wären partikularrechtliche Klarstellungen wünschbar, wie sie etwa für den Bereich der Deutschen Bischofskonferenz erfolgt sind[91].

### c. In Hinblick auf das kirchliche Begräbnis

In der Praxis stellt sich nicht selten die Frage, ob eine Person, die ihren Austritt aus der Kirche erklärt hat, nach ihrem Tode ein kirchliches Begräbnis erhalten kann. Möglicherweise hat sie dies vor ihrem Tode als Wunsch geäussert, möglicherweise sind es ihre Angehörigen, die mit dieser Bitte an den Ortspfarrer herantreten.

Gemäss c. 1176 § 1 CIC haben alle verstorbenen Gläubigen einen Anspruch auf ein kirchliches Begräbnis, sofern dieser Anspruch ihnen nicht

88 Wobei in der Praxis die diesbezüglichen Hoffnungen wohl nicht zu hoch gesteckt werden dürfen.

89 Angesichts der christologischen Bedeutung der Taufe besteht ein starkes kirchliches Bestreben, Kinder zu taufen. Das zeigt sich z.B. in c. 868 § 2 CIC: „In Todesgefahr wird ein Kind katholischer, ja sogar auch nichtkatholischer Eltern auch gegen den Willen der Eltern erlaubt getauft".

90 Vgl. *Alfred E. Hierold*, Kirchensteuer und Kirchenbeitrag, in: HdbKathKR (Anm. 24), S. 815.

91 Vgl. *K. Lüdicke*, Münsterischer Kommentar (Anm. 30), N. 4 zu c. 868 CIC.

von Rechts wegen ausdrücklich aberkannt ist. Wem steht dieses Recht nicht zu? Das sagt c. 1184 CIC:

> § 1. Das kirchliche Begräbnis ist zu verweigern, wenn sie nicht irgendwelche Zeichen der Reue gegeben haben:
>
> 1° offenkundigen Apostaten, Häretikern und Schismatikern;
>
> 2° denjenigen, die sich aus Gründen, die der christlichen Glaubenslehre widersprechen, für die Feuerbestattung entschieden haben;
>
> 3° anderen öffentlichen Sünder, denen das kirchliche Begräbnis nicht ohne öffentliches Ärgernis bei den Gläubigen gewährt werden kann.
>
> § 2. Wenn irgendein Zweifel aufkommt, ist der Ortsordinarius zu befragen, dessen Entscheidung befolgt werden muss.

In der Konsequenz ist dem vom kirchlichen Begräbnis Ausgeschlossenen auch die Begräbnismesse zu verweigern (c. 1185 CIC).

Sofern man den Ausgetretenen als Schismatiker betrachtet oder als offenkundigen Sünder, kann der Ortspfarrer gleichwohl dann ein kirchliches Begräbnis vornehmen, wenn dieser vor dem Tod ein Zeichen der *Reue* gegeben hat. Ob der schriftlich niederlegte oder allenfalls mündlich einem Zeugen gegenüber geäusserte Wunsch des Ausgetretenen nach einem kirchlichen Begräbnis als genügendes Zeichen der Reue zu betrachten ist, liegt im Ermessen des Ortspfarrers bzw., im Zweifelsfall, im Ermessen seines Bischofs.

Wenn seitens des Verstorbenen keine Willensäusserung vorliegt, sondern dieser Wunsch von dessen Angehörigen kommt, stellt sich die Frage, ob der Ausgetretene als offenkundiger Schismatiker oder öffentlicher Sünder betrachtet werden muss:

- Damit eine ausgetretene Person offenkundiger Schismatiker ist, ist vorausgesetzt, dass der Austritt zweifelsfrei als schismatisches Verhalten zu werten ist. Das aber würde, wie ausgeführt, eine entsprechende partikularrechtliche Klarstellung voraussetzen, die zum gegenwärtigen Zeitpunkt in der Schweiz aber nicht vorliegt. Die Verweigerung gestützt auf diese Bestimmung scheidet damit in der Regel aus.
- Dem „öffentlichen Sünder" ist das Begräbnis dann zu verweigern, wenn dies bei den Gläubigen zu einem öffentlichen Ärgernis führen würde. Als öffentlicher Sünder gilt gemäss Reinhardt jener, der in seiner Lebensführung schwer und fortdauernd gegen die objektiven Gebote der Kirche verstösst, so namentlich der aus der Kirche Ausge-

tretene[92]. Ob durch dessen kirchliche Bestattung ein öffentliches Ärgernis entsteht, bemisst sich gemäss der Empfindlichkeit der Ortsgemeinde[93]. Für diese mag es im konkreten Fall ein Ärgernis darstellen, dass die Kirche am Begräbnis des Ausgetretenen mitwirkt, zumal gemäss landläufiger Auffassung der Ausgetretene gerade sein Recht auf ein kirchliches Begräbnis verwirkt hat. Andrerseits kann man sich in der heutigen anonymen Gesellschaft wohl mit Fug fragen, wo und bei wem ein konkretes Ärgernis vorliegt. De facto hat der Seelsorger vor Ort auch in dieser Frage einen Ermessensentscheid zu fällen.

Im *Ergebnis* lässt sich festhalten, dass die Erklärung des Austritts gemäss kanonischen Rechts auch Konsequenzen im pastoralen Bereich hat. Ob kirchliche Amtshandlungen zu verweigern sind, hängt namentlich im Ehe- und Begräbnisrecht entscheidend von der zugrunde liegenden (partikular-)rechtlichen Bewertung der Erklärung des Kirchenaustritts ab. Umso wichtiger sind partikularrechtliche Klarstellungen seitens der Diözesanleitung. Diese sollten es den Seelsorgern vor Ort erleichtern, bei der Bitte von aus der Kirche ausgetretenen Personen um Gewährung von Amtshandlungen Entscheide zu fällen, die sowohl menschlich wie kirchlich vertretbar sind.

## *IV. Sonderfragen im Zusammenhang mit dem Kirchenaustritt*

### *A. Die partielle Kirchenaustrittserklärung*

Nachfolgend ist auf die partielle Kirchenaustrittserklärung einzugehen, also auf die Konstellation, dass jemand erklärt, er wolle zwar aus der staatskirchenrechtlichen Körperschaft bzw. aus der Kirchgemeinde austreten, gleichwohl aber weiterhin der katholischen Kirche angehören. Die Motive für diese Erklärung mögen verschieden sein:

- Es mag sein, dass der Erklärende mit dem Verhalten der diözesanen oder staatskirchenrechtlichen Behörden vor Ort *unzufrieden* ist, oder, aus welchen Gründen auch immer, das in der Deutschschweiz ver-

92 *Heinrich J.F. Reinhardt*, Das kirchliche Begräbnis, in: HdbKathKR (Anm. 24), S. 1018.

93 Ebda., S. 1018.

breitete duale System diözesaner und staatskirchenrechtlicher Organe ablehnt[94].

- Es mag sein, dass mit dieser Form der Erklärung schlicht eine *Steuerumgehung* intendiert wird in dem Sinne, dass man sich der Kirchensteuerpflicht entziehen will, als „Trittbrettfahrer" dennoch kirchliche „Leistungen" beanspruchen möchte.

Wie ist eine solche Erklärung zu würdigen? Wie vorstehend ist zunächst die staatskirchenrechtliche und dann die kirchenrechtliche Seite zu erörtern.

### 1. Die partielle Kirchenaustrittserklärung nach staatlichem Recht

Nach staatlichem Recht ist eine partielle Austrittserklärung *unbeachtlich*. Erklärt also eine Person, sie wolle zwar aus der staatskirchenrechtlichen Körperschaft austreten, aber weiterhin der katholischen Kirche angehören o.ä., liegt kein Austritt vor; die Mitgliedschaft in der staatskirchenrechtlichen Organisation und damit die Kirchensteuerpflicht bleibt weiterhin bestehen. Der zuständige Kirchgemeinde- oder Pfarreirat kann von der betreffenden Person verlangen, zwecks Austritt eine eindeutige Erklärung abzugeben; tut diese das nicht, kann er allenfalls eine Feststellungsverfügung erlassen, wonach ein rechtsgültiger Austritt nicht vorliegt und die Zugehörigkeit zur Kirchgemeinde und zur staatskirchenrechtlichen Körperschaft nicht erloschen ist[95].

Der Grund für die Unbeachtlichkeit solcher Erklärungen liegt in der *konzeptionellen Einheit* des Eintritts in, wie des Austritts aus der staatskirchenrechtlichen Körperschaft. Wie oben ausgeführt, bestehen die kantonalen Körperschaften bzw. Landeskirchen aus den römisch-katholischen Einwohnern des jeweiligen Kantons. In den die staatskirchenrechtliche Körperschaft regelnden kantonalen Rechtsnormen wird vermutet, dass wer römisch-katholisch ist, ebenso der staatskirchenrechtlichen Körperschaft angehört. So lange man also nicht explizit erklärt, nicht der römisch-katholischen Kirche anzugehören, bleibt man Mitglied auch der

94 Siehe dazu etwa den Kommentar des „prominenten" Kritikers des landeskirchlichen Systems *Martin Grichting*, Landeskirchen: Die Doppelzüngigkeit muss endlich aufhören. Zum neuesten Bundesgerichtsurteil betreffend Kirchenaustritt, <www.mypage.bluewin.ch/libertas-ecclesiae>, besucht am 11. Februar 2003.

95 *Heinz Bachtler*, Rechtsgutachten über die Auslegung von § 4 des Gesetzes über das katholische Kirchenwesen vom 7. Juli 1963, in: Informationsblatt für die katholischen Kirchgemeinden des Kantons Zürich, Heft 3, Zürich 1971, S. 38.

staatskirchenrechtlichen Körperschaft. Es wäre unlogisch, bei der Frage der Mitgliedschaft auf die Konfessionszugehörigkeit abzustellen, bei der Frage des Austritts hingegen nicht[96]. Richtigerweise präzisieren daher Art. 4 des Statutes der katholischen kirchlichen Körperschaften des Kantons *Freiburg* und Art. 6 der Verfassung des katholischen Konfessionsteils des Kantons *St. Gallen*, dass die Zugehörigkeit zur Körperschaft (erst) mit der Erklärung des Austritts aus der römisch-katholischen Kirche erlischt.

Dieser konzeptionellen Einheit von Beginn und Ende der Mitgliedschaft vorgelagert ist der rechtliche *Konnex* zwischen diözesaner Kirche vor Ort und staatskirchenrechtlicher Organisation. Letztere wird mit Willen der Diözesanleitung und des Stimmvolkes geschaffen, um für erstere administrative und finanzielle Aufgaben wahrzunehmen. Insbesondere verleiht der Staat seine Steuerhoheit nur unter der Bedingung, dass über die Verwendung der bezogenen Steuermittel nach demokratischen Regeln bestimmt werden kann. Angesichts des vom kanonischen Recht vorgegebenen hierarchischen Aufbaus der diözesanen Strukturen ist die Schaffung zusätzlicher staatskirchenrechtlicher Körperschaften erforderlich, will die katholische Kirche die evidenten Vorteile der mit staatlichen Verwaltungszwang bezogenen Kirchensteuern nutzen[97].

Richtigerweise wurde vom Bundesgericht daher in einer neueren Entscheidung die Möglichkeit eines bloss partiellen Kirchenaustritts abgelehnt. Bezogen auf einen Fall im Kanton *Luzern* führt das Bundesgericht aus:

> „Die Kirchenverfassung/LU (§§ 12 und 13) verknüpft für die im Kanton Luzern wohnhaften Personen das Bekenntnis zur römisch-katholischen Religionsgemeinschaft bzw. Konfession mit der Mitgliedschaft in der römisch-katholischen Landeskirche und der entsprechenden Kirchgemeinde (sog. Nexus). Eine solche Verknüpfung ist verfassungsrechtlich zwar nicht geboten; der Kanton kann das

96 *H. Bachtler*, Rechtsgutachten (Anm. 95), S. 33; *U. Cavelti*, Austritt (Anm. 45), S. 91; *A. Loretan*, Konsequenzen (Anm. 45), S. 125 ff.; *Giusep Nay*, Leitlinien der neueren Praxis des Bundesgerichts zur Religionsfreiheit, in: Religiöse Minderheiten und Recht, hg. von René Pahud de Mortanges, Freiburg i.Ü. 1998, S. 36 ff.

97 Sprechend: Im Kanton Genf, wo die Abgabe an die Kirche freiwillig ist, wird diese – bei 115'000 katholischen Haushalten – nur gerade von 15'000 Haushalten bezahlt: *Pierre Regad*, Comment l'Eglise catholique romaine à Genève vit-elle la séparation? in: Adrian Loretan (Hg.): Rapports Eglise-Etat en mutation, Freiburg i.Ü. 1997, S. 150.

> Verhältnis zwischen kirchlichen Körperschaften des öffentlichen Rechts und Religionsgemeinschaft auch dualistisch regeln. Der Nexus, eine Regelung, die die Zugehörigkeit zur Religionsgemeinschaft und zu ihren lokalen Verbänden als eine Einheit betrachtet, ist aber grundsätzlich zulässig. Dies muss jedenfalls solange gelten, als die Organe der Religionsgemeinschaft eine Verknüpfung nicht ablehnen, sondern sie – allenfalls stillschweigend – akzeptieren, wovon hier auszugehen ist."[98]

Wer erklärt, er werde trotz Austritt weiterhin am kirchlichen Leben teilnehmen oder wer dies zwar nicht ausdrücklich erklärt, aber stillschweigend tut, handelt *rechtsmissbräuchlich.* Nach Art. 2 ZGB hat jedermann in der Ausübung seiner Rechte und in der Erfüllung seiner Pflichten nach Treu und Glauben zu handeln; der offenbare Missbrauch eines Rechtes findet keinen Rechtsschutz. Das gilt nicht nur im Verhältnis zwischen Privaten, sondern auch im Verhältnis des Bürgers gegenüber dem Staat[99]. Wer also am Leben der Kirche teilhaben will, hat die damit verbundenen staatskirchenrechtlichen Pflichten, namentlich die Kirchensteuerpflicht, zu akzeptieren. In der Formulierung des Bundesgerichts:

> „Auch unter Gesichtspunkten des Rechtsmissbrauchs wäre nur schwer zu rechtfertigen, weshalb eine aus der Kirchgemeinde und der Landeskirche ausgetretene Person weiterhin die Dienste der Kirchenorgane beanspruchen können sollte, nachdem sie mit ihrem Austritt bewirkt hat, dass sie an diese Leistungen nicht mehr beizusteuern hat"[100].

Letzteres gibt m.E. auch eine klare *Grenze* für diözesane Handreichungen zum pastoralen Umgang mit aus der Kirche ausgetretenen Personen vor. Zwar bezieht sich der Austritt auf die staatskirchenrechtliche Organisation und steht es im Ermessen der Diözesanorgane, welche kirchenrechtlichen und pastoralen Konsequenzen sie an die Erklärung des Austritts knüpfen wollen. Werden aber der ausgetretenen Person nicht bloss vereinzelte, menschlich vertretbare kirchliche Amtshandlungen (wie z.B. das Begräbnis) gewährt, sondern eine regelmässige Teilnahme am kirchlichen Leben ermöglicht, stellte dies aus der Sicht des staatlichen Rechts eine Duldung, ja geradezu eine Förderung des Rechtsmissbrauchs dar.

98 BGE 129 I 72.

99 Art. 2 ZGB gilt als allgemeiner Rechtsgrundsatz auch im kantonalen Recht (BGE 102 II 55).

100 BGE 129 I 73.

## 2. Die partielle Kirchenaustrittserklärung nach kirchlichem Recht

Wer aus der staatskirchenrechtlichen Körperschaft, nicht aber aus der katholischen Kirche als Ganzes austreten will, möchte damit im Wesentlichen das in der Deutschschweiz verbreitete Finanzierungsmodell der kirchlichen Tätigkeit umgehen. Wie ist ein solches Verhalten kirchenrechtlich zu würdigen?

Zunächst ist darauf hinzuweisen, dass es keine abstrakte Zugehörigkeit zur römisch-katholischen Kirche gibt. Stets wird damit auch die Zugehörigkeit zu einer bestimmten Teilkirche begründet. Die römisch-katholische Kirche besteht in und aus Teilkirchen (Lumen Gentium Art. 23 und c. 368 CIC[101]). Die Zugehörigkeit des einzelnen Katholiken konkretisiert sich deshalb in der Zugehörigkeit zu einer bestimmten Teilkirche, innerhalb dieser in der Zugehörigkeit zu einer bestimmten Pfarrei[102]. Eine *abstrakte* Zugehörigkeit zur römisch-katholischen Kirche, ohne Einbindung in eine Teilkirche, ist kirchenrechtlich nicht vorgesehen. Die Angehörigen eines Bistums haben daher neben dem übergeordneten Recht des CIC auch das Partikularrecht ihrer Diözese zu befolgen.

Ausgangspunkt ist hier c. 222 § 1 CIC, der die Gläubigen verpflichtet, für die Kirche Beiträge zu leisten, damit ihr die Mittel zur Verfügung stehen, die für den Gottesdienst, die Werke des Apostolats und der Caritas sowie für einen angemessenen Unterhalt ihrer Amtsträger und Bediensteten notwendig sind. Diese Abgabe*pflicht* der Gläubigen korrespondiert mit dem in c. 1260 CIC verankerten *Recht* der Kirche, von den Gläubigen das zu fordern, was für ihre Zwecke notwendig ist. Dabei stehen zwei Formen im Vordergrund:

- die von der Kirche erbetene Unterstützung gemäss c. 1262 CIC, die seitens des Gebenden auf Freiwilligkeit beruht;
- die vom Diözesanbischof auferlegte Steuer gemäss c. 1263 CIC, also eine voraussetzungslos geschuldete Zwangsabgabe.

Im Rahmen der katholischen Weltkirche ist die erste Form der Kirchenfinanzierung die Regel, die zweite Form hingegen die Ausnahme[103]. C. 1263 CIC knüpft denn auch klare Bedingungen an die Auferlegung

101 *Lumen Gentium*, Art. 23,1 (Anm. 13), S. 231. Teilkirchen bilden Diözesen, aber u.a. auch Gebietsprälaturen und Gebietsabteien (siehe c. 368 CIC).

102 *P. Krämer*, Zugehörigkeit (Anm. 24), S. 204.

103 *Alexander Hollerbach*, Kirchensteuer und Kirchenbeitrag, in: HbdKathKR (Anm. 24), S. 1080.

von Kirchensteuern. Natürliche Personen dürfen vom Bischof nur besteuert werden:

- bei Vorliegen eines „grossen Notstandes“,
- im Rahmen der finanziellen Leistungsfähigkeit des Besteuerten,
- nach Anhörung des Diözesanvermögensverwaltungsrates und des Priesterrates.

Bei der Schlussredaktion des CIC im Jahr 1982 ist dieser Formulierung in c. 1263 CIC auf Betreiben der Deutschen und der Österreichischen Bischofskonferenz allerdings angefügt worden, das an die genannten Bedingungen geknüpfte Besteuerungsrecht des Bischofs gelte „unbeschadet der partikularen Gesetze und Gewohnheiten, die ihm weitergehende Rechte einräumen“. Diese sog. *clausula teutonica* am Schluss des c. 1263 CIC stellt so die kirchenrechtliche Grundlage für jene staatskirchenrechtlichen Kirchensteuersysteme dar, welche im betreffenden Land die Kirchensteuer nicht als eine an strenge Voraussetzungen gebundene Ausnahme, sondern als die übliche Form der Kirchenfinanzierung vorsehen[104]. Gemeint sind hier namentlich die Kirchensteuersysteme Deutschlands, Österreichs und der Schweiz. Diese sind auf diese Weise nicht nur staatskirchenrechtlich, sondern auch kirchenrechtlich legitimiert. Partikularkirchen, die sich auf diese Weise finanzieren, „brauchen gewissermassen kein schlechtes Gewissen zu haben“[105]. Dass in der Schweiz das Besteuerungsrecht nicht, wie in Deutschland und Österreich, direkt beim Bischof, sondern bei staatskirchenrechtlichen Organen liegt, ist im vorliegenden Kontext unerheblich: in beiden Fällen geht es um Modelle der Kirchenfinanzierung mittels staatlichem Verwaltungszwang.

In der Schweiz gewährt der Diözesanbischof[106] ausdrücklich oder konkludent seine Zustimmung zum entsprechenden kantonalen Kirchensteu-

104 Vgl. *A. Hollerbach*, Kirchensteuer und Kirchenbeitrag (Anm. 103), S. 1080; *W. Schulz*, Münsterischer Kommentar zum CIC, hg. von Klaus Lüdicke et al., Münster 1985ff., N. 6 zu c. 1263 CIC; *Heiner Marré*, Das kirchliche Besteuerungsrecht, in: Joseph Listl/Dietrich Pirson (Hg.), Handbuch des Staatskirchenrechts der Bundesrepublik Deutschland, Bd. 1, 2. Aufl. Berlin 1994, S. 1115.

105 *A. Hollerbach*, Kirchensteuer und Kirchenbeitrag (Anm. 103), S. 1081.

106 Für das Gebiet der Schweiz hat die Schweizerische Bischofskonferenz im Jahr 1985 die Zuständigkeit der einzelnen Diözesanbischöfe zum Erlass von Normen zu dieser Frage bestätigt; vgl. Art. 11 der Partikularnormen der Schweizerischen Bischofskonferenz zum neuen Kirchenrecht vom 3. Juli 1985. Genau genommen bezieht sich die Delegation an den einzelnen Bischof allerdings auf c. 1262 CIC: „Unbeschadet der bereits bestehenden Richtlinien und der schon unternommenen

errecht[107]. Auf diese Weise kommt es gewissermassen zur Verschränkung von kantonalem und kirchlichem Recht. Treffenderweise wird denn auch z.B. das staatskirchenrechtliche Finanzierungsmodell des Kantons Zürich als Partikularrecht der Diözese Chur für den Kanton Zürich bezeichnet[108].

Wer damit eine partielle Kirchenaustrittserklärung abgibt, verstösst gegen die in c. 222 CIC verankerte Pflicht zur materiellen Unterstützung der Kirche. Dass er allenfalls behauptet, ersatzweise der Kirche Spenden zukommen zu lassen, entschuldigt nicht. Er bleibt nicht nur nach staatlichem, sondern auch nach kirchlichem Recht ein unrechtmässiger „Trittbrettfahrer". Das Finanzierungsmodell mittels kantonaler Kirchensteuern ist heute nun einmal die in der Deutschschweiz verbreitete Hauptquelle der Finanzierung kirchlicher Tätigkeit. Solange die Diözesanleitung und das Kirchenvolk dieses Modell wünschen, ist es für den einzelnen Katholiken verbindlich.

Weniger klar ist hingegen, welche *Sanktion* auf die Verletzung dieser nicht unbedeutenden kirchenrechtlichen Pflicht erfolgt. Ein genau für dieses Verhalten vorgesehener Straftatbestand fehlt im CIC. In den Blick zu nehmen ist daher allenfalls c. 1371 Ziff. 2 CIC, wonach mit einer gerechten Strafe belegt werden kann, wer rechtmässigen Anordnungen des Ordinarius nicht nachkommt[109]. Allerdings ist eine solche Pönalisierung eher theoretischer Natur, da ja die partielle Kirchenaustrittserklärung

---

Anstrengungen zu einer grösseren Solidarität, beschliesst die Schweizerische Bischofskonferenz, dass jeder Diözesanbischof zuständig ist, die von ihm als notwendig erachteten Normen bezüglich der „Subsidia Ecclesia" zu erlassen (Canon 1262)", vgl. AfkathKR 154 (1985), S. 544 (auch in: SKZ 153 [1985], S. 472).

107 Sehr anschaulich für den Kanton Zürich im Bericht des damaligen Generalvikars *Alfred Theobaldi* zum Anerkennungsprozess in den 50er/60er Jahren des letzten Jahrhunderts: „Dass der Bischof sich eindeutig hinter die Kirchengesetzgebungskommission gestellt hatte, habe ich schon wiederholt hervorgehoben. Doch Bischof Christianus Caminada war am 18. Januar 1962 gestorben. Seine Nachfolge trat am 22. Januar 1962 Dr. Johannes Vonderach an [...]. Auch von ihm wussten wir, dass er die Auffassung seines Vorgängers teilte." (*A. Theobaldi*, Katholiken [Anm. 33], S. 266). Die öffentlichrechtliche Anerkennung ist also der Bistumsleitung nicht aufgedrängt worden.

108 Vgl. *Römisch-Katholische Zentralkommission des Kantons Zürich* (Hg.), Umgang mit Kirchenaustritten. Handreichung für Kirchenpflegen und für Seelsorgerinnen und Seelsorger im Kanton Zürich, Zürich 2002, S. 11.

109 So *W. Schulz*, Münsterischer Kommentar (Anm. 104), N. 7 zu c. 1263 CIC; nach *W. Rees*, Strafgewalt (Anm. 76), S. 444 erfasst diese Strafnorm hingegen nur die Verweigerung des kanonischen Gehorsams durch Kleriker.

staatskirchenrechtlich unbeachtlich ist. Wer eine solche Erklärung abgibt, bleibt solange Mitglied der staatskirchenrechtlichen Körperschaft, als er nicht seinen definitiven Austritt erklärt. Dann aber treten neben den staatskirchenrechtlichen Konsequenzen die regulären, oben stehend beschriebenen kirchenrechtlichen Wirkungen der Austrittserklärung ein.

### *B. „Innerkirchliche Mandatssteuer"?*

Der Wunsch nach einem Kirchenaustritt mag gelegentlich durch einen konkreten Konflikt in der Pfarrei oder Kirchgemeinde, der man angehört, motiviert sein. Der Ortspfarrer hat z.B. ein Kirchenmitglied verärgert und nun möchte dieses ein Zeichen setzen. Sollte es in diesem Fall möglich sein, dass die betreffende Person, statt aus Verärgerung auszutreten, angibt, dass ihre Kirchensteuer nicht für pfarreiliche, sondern für überpfarreiliche Zwecke wie den Finanzausgleich zwischen den Kirchgemeinden oder die Förderung von überpfarreilichen Aufgaben der Diözese oder der Körperschaft verwendet wird?

Es ist hier zunächst darauf hinzuweisen, dass das kantonale Recht in den meisten Kantonen die Kirchensteuerhoheit an die Kirchgemeinden delegiert[110]. Unabhängig davon, wer im konkreten Fall die Kirchensteuer erhebt[111], dient diese gleich wie die Steuer der politischen Gemeinde primär der Finanzierung der kirchlichen Tätigkeit vor Ort, also der Aufgaben der Pfarrei. Erst in einem zweiten Schritt geht es um die Finanzierung anderer Aktivitäten (überpfarreiliche und diözesane Aufgaben, Finanzausgleich).

Zuständig für die Entscheidung über die Verwendung des Steuersubstrates ist meistens die Kirchgemeindeversammlung[112]. Teilweise ist sie dabei durch übergeordnetes Recht gebunden, wie z.B. durch die Kirchen-

110 Als Beispiel Art. 12 („Steuerhoheit") des Gesetzes über die Beziehungen zwischen den Kirchen und dem Staat des Kantons Freiburg vom 26. September 1990: „Die Pfarreien (Kirchgemeinden) können zur Erfüllung ihrer Aufgaben und ihrer finanziellen Verpflichtungen Steuern erheben".

111 Vgl. die Zusammenstellung der Erhebungsinstanzen bei: *Interkantonale Kommission für Steueraufklärung*, Die Kirchensteuern, Bern 1999, S. 9 f.

112 Vgl. ebda., S. 6 (mit den Ausnahmen in den Kantonen TI, GE, BS, NE, VS, GR und VD).

ordnung der kantonalen Körperschaft oder durch anderes kantonales Staatskirchenrecht[113].

Es ist m.E. theoretisch denkbar, dass die Kirchgemeinde in Einzelfällen beschliesst, die Kirchensteuer eines Gläubigen nicht für die lokalen Bedürfnisse zu verwenden, sondern sie vollumfänglich der kantonalen Körperschaft für die überpfarreilichen Aufgaben weiterzuleiten. Ob es dazu eine Änderung des anwendbaren Rechts bedarf oder ob es genügt, vorhandene rechtliche Spielräume auszunützen, muss von Fall zu Fall anhand einer näheren Analyse des geltenden kantonalen Staatskirchenrechts geprüft werden.

Allerdings ist Folgendes zu bedenken: Werden Lösungen ins Auge gefasst, die für mehr als für seltene Einzelfälle gedacht sind, wird damit das Prinzip der Territorialgemeinde im Staatskirchenrecht aufgeweicht. Hätte das einzelne Kirchenmitglied im Sinne einer Art innerkirchlichen Mandatssteuer die Möglichkeit, den Verwendungszweck seiner Kirchensteuern selbst zu bestimmen und anders als für die Belange seiner Wohnortspfarrei zuzuwenden, könnte dies in der Summierung der Fälle die Erfüllung der Aufgaben der Ortspfarreien erschweren. Eine Pfarrei, die etwa mit einem unpopulären Pfarrer/Gemeindeleiter oder einem unglücklich agierenden Kirchgemeinderat ausgestattet ist, sähe bald ihr Finanzsubstrat schwinden. Die Ortskirchen würden damit einer Art *Konkurrenzkampf* untereinander ausgesetzt. Das würde zweifellos zu Ärger und Unfrieden in den Ortskirchen führen[114]. Von daher ist m.E. grosse Vorsicht geboten, wenn man nach mehr als blossen Einzelfalllösungen sucht.

113 Als Beispiel Art. 37 („Beiträge der Kirchgemeinden") der Kirchenordnung der römisch-katholischen Körperschaft des Kantons Zürich vom 28. November 1982: „Die Synode setzt die Höhe der Beiträge der Kirchgemeinden an die Zentralkasse in Prozenten der einfachen Staatssteuer auf drei Jahre fest". Diese Beiträge dienen u.a. dem Finanzausgleich (Art. 38).

114 Die Bedenken, die man generell gegen eine Mandatssteuer haben muss (vgl. dazu *Erwin Tanner*, Die Mandatssteuer – ein Januskopf, in: SKZ 169 [2001], S. 374 ff.), gelten auch hier.

SJKR/ASDE 8 (2003), S. 145-183

# Rechtsprechung

## Religionsrechtlich bedeutsame Entscheide des Bundesgerichts in den Jahren 2002–2003*

von Dieter Kraus (Luxemburg)

### *I. Zusammenfassende Darstellung*

Nachfolgend werden im Anschluss an frühere Berichte in diesem Jahrbuch einige religionsrechtlich bedeutsame Entscheide des Bundesgerichts der vergangenen zwölf Monate (Herbst 2002–Herbst 2003) dargestellt[1]; eine Auswahl daraus findet sich alsdann im Volltext abgedruckt[2].

#### *1. BG 2P.223/2003, Urteil vom 27. August 2003 – Reform des Zürcher Staatskirchenrechts*

Begonnen sei mit der Abstimmung über die Reform des Zürcher Staatskirchenrechts im November 2003, die ihre Schatten in Form einer staatsrechtlichen Beschwerde gegen die Verfassungsvorlage voraus warf (wie

* Siehe zuletzt SJKR/ASDE 7 (2002), S. 121 ff.

1 1. Reform des Zürcher Staatskirchenrechts; 2. Partieller Kirchenaustritt; 3. Landeskirchliche Gerichtsbarkeit; 4. Verfassungsprozessuale Folgen der öffentlichrechtlichen Anerkennung; 5. Sonntagsverkauf im Advent; 6. Glockengeläut; 7. Lärmschutz gegenüber islamischen Kulturzentrum in Wohngebiet; 8. Religionsausübung in Strafanstalt; 9. Pfändung religiöser Gegenstände; 10. Scientology-Anhängerin als Privatschulträger.

2 Vorige Anm. Nrn. 2-5, hinten S. 160 ff.

an anderer Stelle dieses Jahrbuchbandes im Einzelnen ausgeführt, wurden dem Volk drei Vorlagen zur Abstimmung vorgelegt: die Vorlage zur Änderung der Kantonsverfassung sowie die beiden Gesetzesvorlagen, d.h. Kirchengesetz und Anerkennungsgesetz)[3]. Die Beschwerdeführer machten geltend, die Verfassungsvorlage verletze den Grundsatz der Einheit der Materie und beeinträchtige damit die Stimmfreiheit der Stimmberechtigten nach Art. 34 Abs. 2 BV. Die Zusammenfassung der Entflechtung des Verhältnisses zwischen Kirchen und Staat einerseits und der Einführung der Möglichkeit zur Anerkennung weiterer Religionsgemeinschaften andererseits vereitele eine freie Willenskundgabe zu den einzelnen Teilen der Verfassungsvorlage.

Um zu verhindern, dass die Stimmberechtigten in eine Zwangslage versetzt werden, die ihnen keine freie Wahl zwischen den einzelnen Teilen einer Vorlage belässt, erlaubt der Grundsatz der Einheit der Materie nur dann die Verbindung mehrerer Sachfragen oder Materien in einer einzigen Vorlage, wenn ein „innerer sachlicher Zusammenhang" besteht. Da die diesbezüglichen Anforderungen schwer zu fassen sind, gesteht das Bundesgericht den Behörden ein weites Ermessen bei der Ausgestaltung von Vorlagen zu, wobei freilich an Partialrevisionen von Verfassungen strengere Anforderungen als sonst üblich gestellt werden (E. 2.2-3).

Das Bundesgericht resümiert, dass die Verfassungsvorlage im Wesentlichen drei Sachbereiche umfasse, die „sehr unterschiedliche Themenkreise" (E. 4.1) betreffen (Kirchenautonomie, Finanzordnung, öffentlich-rechtliche Anerkennung). Auch erkennt es an, dass die einzelnen Themenkreise einander keineswegs bedingen, sondern gleich geordnet sind: So könnten die Bereiche der Erweiterung der Kirchenautonomie und der Neuregelung der Finanzordnung einerseits und jener der öffentlichrechtlichen Anerkennung weiterer Religionsgemeinschaften andererseits unabhängig voneinander Bestand haben. Die – formale – Möglichkeit der Aufspaltung der Verfassungsvorlage nehme dieser jedoch nicht notwendigerweise den inneren Zusammenhang, vielmehr zeige sich daran, dass eine andere – inhaltliche – Betrachtung vonnöten sei (E. 4.1).

Hinsichtlich des „Innovationsgehaltes" der einzelnen Themenkreise meint das Bundesgericht, dass die „Entflechtung" von Staat und Kirche zwar einen wesentlichen Schritt zur Neugestaltung des Verhältnisses von Staat und Kirche bedeute, insbesondere durch den Autonomiezuwachs und die Überwindung der langen Auseinandersetzungen um die histori-

3 Siehe hinten S. 241 ff.

schen Rechtstitel, sich indessen mit der öffentlichrechtlichen Anerkennung der drei Kirchen im herkömmlichen Rahmen bewege. Demgegenüber werde mit der Möglichkeit der öffentlichrechtlichen Anerkennung weiterer Religionsgemeinschaften „etwas grundlegend Neues geschaffen" (E. 4.2). Diese überspitzt wirkende Aussage wird vom Bundesgericht gleich darauf relativiert, wenn es darauf hinweist, dass im Laufe der Entstehungsgeschichte der Vorlage zum Ausdruck gebracht worden ist, dass es mit dem Gleichbehandlungsgrundsatz nicht mehr zu vereinbaren sei, Privilegien (insbes. in Form staatlicher Beiträge und der Möglichkeit der Besteuerung juristischer Personen) einzig einer festgeschriebenen Zahl von Kirchen zukommen zu lassen (E. 4.3).

Im Endergebnis bevorzugt das Bundesgericht zu Recht die von Kantons- und Regierungsrat betonte „grundsätzliche Ausrichtung der Vorlage", die gegenüber der Sichtweise der Beschwerdeführer auf einer höheren Abstraktionsstufe liege und die vor die Einzelaspekte den grundlegenden Zweck der Revision ziehe, d.h. das Bestreben, das Verhältnis zwischen Staat und Kirchen bzw. Religionsgemeinschaften auf eine neue Grundlage zu stellen. Darin könne für die gesamte Vorlage ein hinreichender Sachzusammenhang im Sinne des Grundsatzes der Einheit der Materie erblickt werden (E. 4.4).

## *2. BGE 129 I 68 zum sog. partiellen Kirchenaustritt*

In seinem Entscheid vom 18. Dezember 2002 befasst sich das Bundesgericht mit der Frage der Zulässigkeit des sog. partiellen Kirchenaustritts, d.h. der Erklärung, lediglich aus der Kirchgemeinde bzw. Landeskirche auszutreten, sich aber weiterhin zur (röm.-kath.) Kirche bekennen zu wollen. Der Kirchenrat der betroffenen röm.-kath. Luzerner Kirchgemeinde hatte sich geweigert, einen solchen Kirchenaustritt anzuerkennen, und der Synodalrat der Luzerner röm.-kath. Landeskirche war auf die Beschwerde wegen Fristversäumnisses nicht eingetreten. Das Bundesgericht schützt die Auffassung der kantonalkirchlichen Behörden; der Entscheid ist abgedruckt hinten S. 160 ff.[4].

Dem Bundesgericht ist darin zuzustimmen, dass – staatskirchenrechtlich – die Mitgliedschaft in der röm.-kath. Kantonalkirche und der ent-

4 Der Entscheid des Luzerner Verwaltungsgerichts in dieser Sache ist im Rechtsprechungsbericht des vergangenen Jahres abgedruckt und besprochen worden. Siehe SJKR/ASDE 7 (2002), S. 142 ff. (Entscheid), 148 ff. (Anmerkung).

sprechenden Kirchgemeinde mit der Zugehörigkeit zur röm.-kath. Konfession verknüpft werden kann. Eben hierin liegt der Sinn und Zweck der Zuordnung kantonaler und kanonischer Kirchenverfassung, wie sie in Luzern und anderenorts in der Schweiz praktiziert wird (sog. dualistisches Modell).

Ob das Bundesgericht indes gut daran tut, diese Verbindung zu einem „Nexus" hochzustilisieren, darf bezweifelt werden[5]. Jeder dualistischen Struktur ist die Existenz einer gewissen Verbindung inhärent, doch trägt eine solche Struktur denknotwendig immer auch die Möglichkeit einer gespaltenen Entwicklung in sich, d.h. einer Entwicklung, die sich nur auf einen der beiden Teile bezieht bzw. beschränkt. Die eigentliche Frage ist daher die Frage nach der richtigen Zuordnung der verknüpften Teile (Art und Weise, Intensität, verfassungsrechtliche Vorgaben etc.). Die Rede von einem „Nexus" hilft dabei nicht sehr viel weiter[6].

Das Luzerner Gesetz über die Kirchenverfassung (kantonales Kirchengesetz) knüpft die Mitgliedschaft in Kirchgemeinde und Kantonalkirche an die Konfessionszugehörigkeit und lässt daher ohne Wegfall der Konfessionszugehörigkeit staatskirchenrechtlich keinen Kirchenaustritt zu. Eine solche Regelung bundesrechtlich zu schützen, respektiert die kantonale Kompetenz im Staatskirchenrecht und befindet sich folglich in Übereinstimmung mit Art. 72 Abs. 1 BV. Fraglich ist jedoch, ob die Luzerner Regelung, dadurch dass sie das Aufgeben der Konfessionszugehörigkeit zur Voraussetzung des staatskirchenrechtlichen Kirchenaustritts macht, (unzulässigerweise) die Vornahme einer religiösen Handlung verlangt (Art. 15 BV, Art. 9 EMRK). Hierzu ist zu bemerken, dass nach dem System der dualistischen Kirchenorganisation die Beendigung der Mitgliedschaft in Kirchgemeinde und Kantonalkirche die zwangsläufige Folge davon ist, dass der Betreffende der röm.-kath. Konfession nicht mehr zugehören will. Der Austrittswillige erklärt gegenüber den kantonalkirchlichen Behörden somit nicht die Aufgabe der Konfessionszugehörigkeit, sondern gibt lediglich mittelbar zu erkennen, dass er das Band der Konfessionszugehörigkeit als gelöst betrachtet.

5 Kritisch auch *Andreas Kley*, Die staatsrechtliche Rechtsprechung des Bundesgerichts in den Jahren 2002 und 2003 – Glaubens- und Gewissensfreiheit, in: ZBJV 139 (2003), S. 708 („Die Nexus-Theorie ist ohne Erklärungswert").

6 Das Bundesgericht scheint die Luzerner Regelung als eine nicht-dualistische Regelung anzusehen (E. 4 Mitte). Doch setzt auch nach seinem Nexus-Verständnis die Verknüpfung der Mitgliedschaftsregelungen zwei Bezugspunkte und damit eine dualistische Struktur voraus.

Indes bleibt unklar, was kantonalkirchlicherseits gewonnen ist, wenn Austrittserklärungen nicht mit Zusätzen im Sinne eines nur partiellen Kirchenaustritts verbunden werden dürfen. Ob die Konfessionszugehörigkeit tatsächlich weggefallen ist, können die kantonalkirchlichen Organe schliesslich ohnehin nicht nachprüfen. Worauf es ankommt, ist vielmehr, ob die kanonischen Kirchenorgane eine Person, die ihren Austritt aus Kirchgemeinde und Kantonalkirche erklärt hat, weiterhin als eine pfarreiangehörige Person behandeln und ihr die für Pfarreimitglieder vorgesehenen Dienste anbieten. Geschieht das, würde auf lange Sicht der staatskirchenrechtliche Grundgedanke in Frage gestellt, demzufolge die kanonische und die kantonale Kirchenorganisation aufeinander bezogen sind und sich wechselseitig ergänzen, was auch für die Mitgliedschaftsverhältnisse gilt, die daher möglichst deckungsgleich sein sollen.

Wem am Fortbestand des dualistischen Modells gelegen ist, sollte sein Augenmerk auf diesen Aspekt richten, nicht darauf, juristische Siege zu erringen, deren Wert fragwürdig ist. Es würde dann genügen, Erklärungszusätze im Sinne eines nur partiellen Kirchenaustritts schlicht und einfach zu ignorieren. Das wäre vermutlich auch klüger und weiser, als sich auf langwierige Rechtshändel einzulassen, selbst wenn diese zu Gunsten der Kantonalkirche ausgehen.

## *3. BGE 129 I 91 zu Fragen der landeskirchlichen Gerichtsbarkeit*

Ein in mancherlei Hinsicht bemerkenswerter bundesgerichtlicher Entscheid betrifft das sog. Verbot der geistlichen Gerichtsbarkeit bzw. die Autonomie der Landeskirche im Bereich der Gerichtsbarkeit. Im Aargau war es zu einem negativen Kompetenzkonflikt gekommen, als sich sowohl kirchliche als auch staatliche Instanzen für unzuständig hielten, die vermögensrechtlichen Ansprüche eines kirchlichen Mitarbeiters aus einem öffentlichrechtlichen Dienstverhältnis zu beurteilen (Nebenfolgen der Nichtwiederwahl eines evang.-reform. Pfarrers).

Laut Bundesgericht obliegt es den staatlichen Instanzen, festzulegen, welche Bereiche vom landeskirchlichen Rechtsschutzauftrag gemäss § 114 KV/AG erfasst werden. Die Meinung des aargauischen Verwaltungsgerichts, die Beurteilung vermögensrechtlicher Streitigkeiten aus kirchlichem Dienstrecht habe auf dem Wege des kircheninternen Beschwerde- und nicht des staatlichen Klageverfahrens zu erfolgen, halte vor dem Verbot der geistlichen Gerichtsbarkeit stand (E. 4.2) und verletze weder die landeskirchliche Autonomie (E. 4.3) noch das Willkürverbot (E. 4.4). Ferner vermöge die landeskirchliche Rekurskommission als gerichtsähnliches Organ ungeachtet gewisser Mängel einen genügenden Rechtsschutz zu gewährleisten (E. 4.5). Der Entscheid ist abgedruckt hinten S. 165 ff.

Kircheneigene Rechtsschutzorgane und -verfahren bieten für die Kirchen viele Vorteile. Ein kirchliches Gericht ist sachnäher und in religiösen Fragen kompetenter als ein staatliches (Verwaltungs-)Gericht; seine Anrufung wird Streitigkeiten oft kirchenintern klären können, so dass staatliche Gerichte nicht befasst zu werden brauchen. Das Bundesgericht erklärt völlig zu Recht, dass dies nichts zu tun hat mit (verbotener) geistlicher Gerichtsbarkeit i.S.v. Art. 58 Abs. 2 aBV – einer Vorschrift, deren Regelungsgegenstand sich auf das 19. Jhd. bezieht und die nicht in die neue BV übernommen wurde. Indes ist auch zu bedenken, dass ein Verzicht des Staates auf Rechtsschutzgewährung durch eigene Gerichte nur dann in Frage kommen kann, wenn kirchlicherseits „genügender" Rechtsschutz gewährleistet ist (so ausdrücklich § 114 Abs. 1 KV/AG) und sich dieses „genügend" nicht nur auf das „Ob", sondern auch auf das „Wie" bezieht. Ferner sollte nicht vergessen werden, dass im Falle eines kirchlichen Amtsträgers, der sich von der Kirche getrennt hat oder von der Kirche entlassen worden ist, einem Verweis auf kircheneigenen Rechtsschutz aus der Sicht des Betroffenen leicht der Verdacht parteilicher Rechtsprechung anhaftet.

Darüber hinaus müssen staatliche und kirchliche Rechtsschutzverfahren aufeinander abgestimmt sein. Hieran haperte es im Aargau. Die landeskirchliche Rekurskommission hatte in ständiger Praxis die Auffassung vertreten, für vermögensrechtliche Streitigkeiten kirchlicher Amtsträger seien die staatlichen Instanzen zuständig. Auch das kantonale Verwaltungsgericht hatte noch vor einigen Jahren erklärt, dieser Auffassung zuzustimmen, war aber nie mit einem solchen Fall befasst worden. In dem angefochtenen Entscheid änderte es seine Meinung, mit der Folge, dass der betroffene Pfarrer ohne Rechtsschutz war. Mittlerweile hat die evang.-reform. Landeskirche reagiert und den kircheneigenen Rechtsschutz den veränderten Umständen angepasst, um auch weiterhin dem Verfassungsauftrag zur Gewährleistung genügenden Rechtsschutzes nachzukommen[7].

7 Näher siehe *Jürg Vögtli*, Zur Neuorganisation des Rechtsschutzes in der Aargauer evang.-reform. Landeskirche, hinten S. 207 ff.

### 4. *BG 2P.66/2003, Urteil vom 19. März 2003 – verfassungsprozessuale Folgen der öffentlichrechtlichen Anerkennung*

Ein kleiner Entscheid zum institutionellen Staatskirchenrecht, der aber einen Lichtstrahl wirft auf gewisse verfassungsprozessuale Folgen der öffentlichrechtlichen Anerkennung von Kirchen und Religionsgemeinschaften, hier der evang.-reform. Kirchgemeinde Brig-Glis/VS, ist abgedruckt hinten S. 174 ff.

### 5. *BG 2A.542/2001, Urteil vom 1. Oktober 2002 – Sonntagsverkauf im Advent*

Die Berner Behörden hatten 1997 im Wege einer generellen Erlaubnis verfügt, dass die Verkaufsgeschäfte im Kanton an zwei Sonntagen im Jahr (ausgenommen die hohen Feiertage) von 10.00 bis 16.00 Uhr Arbeitnehmer beschäftigen dürfen. Am 25. Oktober 2000 wurde diese Erlaubnis durch eine gleichlautende Verfügung ersetzt, mit dem einzigen Unterschied, dass die Verkaufsgeschäfte nunmehr bis 18.00 Uhr geöffnet haben durften. Sowohl nach der alten (1964) als auch nach der novellierten (2000) Fassung des Arbeitsgesetzes darf vorübergehende Sonntagsarbeit nur bewilligt werden, wenn ein „dringendes Bedürfnis" dafür besteht (vgl. Art. 19 Abs. 3 ArbG i.d.F. von 2000). Dazu bestimmt Art. 27 der Verordnung 1 vom 10. Mai 2000 zum Arbeitsgesetz: „(1) Ein dringendes Bedürfnis liegt vor, wenn: [...], c. Ereignisse kultureller, gesellschaftlicher oder sportlicher Art in Abhängigkeit von den örtlichen Verhältnissen und Gebräuchen oder den spezifischen Bedürfnissen von Kunden die Erbringung von zeitlich begrenzten Arbeitseinsätzen in der Nacht oder am Sonntag erfordern"[8]. Die Berner Behörden sahen ein solches dringendes Bedürfnis insbesondere im Advent. Von Gewerkschaftsseite wurde dies bestritten und der Fall schliesslich vom Berner Verwaltungsgericht an das Bundesgericht weitergezogen.

Das Bundesgericht lässt zunächst seine einschlägige diesbezügliche Praxis Revue passieren (E. 3.2). In einer jurassischen Angelegenheit hatte es 1994 entschieden, dass allein die erhöhte Nachfrage nach Verbrauchsgütern vor Weihnachten und die knappe zur Befriedigung dieser Nachfrage zur Verfügung stehende Zeit kein solches dringendes Bedürfnis be-

8 SR 822.111, AS 2000 1581.

gründen[9]. Wenig später, 1995, stellte es in einem Tessiner Fall darauf ab, dass der vorweihnachtliche Sonntagsverkauf dort seit 1934 Tradition habe, und betonte, dass der Neigung der Konsumenten entgegenzusteuern sei, bei Nichtbewilligung des Sonntagsverkaufs im benachbarten Italien zu dieser Zeit einzukaufen und dabei überdies von günstigen Wechselkursverhältnissen zu profitieren[10]. Ein im Jahr 2000 in einem Waadtländer Fall ergangener Entscheid bestätigte ein dringendes Bedürfnis für den Adventsverkauf an zwei Sonntagen in Montreux, unter Hinweis auf den dortigen Weihnachtsmarkt und darauf, dass die in dem Tessiner Fall erwähnten Voraussetzungen erfüllt seien (langjährige Tradition, ausländische Konkurrenz)[11].

Im vorliegenden Berner Fall unterstreicht das Bundesgericht den Arbeitnehmerschutzcharakter der betreffenden Vorschriften. Es führt aus, dass 1996 eine Änderung des Arbeitsgesetzes, die eine Ausweitung des Sonntagsverkaufs vorsah, vom Volk aus eben diesem Grunde abgelehnt wurde. Es gehe nicht an, diese Willensäusserung im Wege von Verwaltungsbestimmungen zu umgehen (E. 4.1). Zudem fehle es an einem dringenden Bedürfnis. Weder gäbe es eine langjährige Tradition (die Ausnahmebewilligung sei im Übrigen nicht dazu da, eine solche erst zu schaffen), noch mache ausländische Konkurrenz in besonderem Masse zu schaffen. Die Ausnahmebewilligung beträfe nämlich den gesamten Kanton Bern und man könne nicht, wie das Bundesgericht maliziös anmerkt, wegen der leistungsfähigen Strassen- und Eisenbahnverbindungen den gesamten Kanton Bern oder gar die Schweiz in ihrer Gesamtheit zum Grenzgebiet erklären (E. 4.2). Der Entscheid ist abgedruckt hinten S. 176 ff.

### *6. BG 1A.240/2002, Urteil vom 13. Mai 2003 – Glockengeläut*

In der Paritätischen Kirche Thal/SG findet das Frühgeläut derzeit um 6.00 Uhr morgens statt. Früher erklang das Angelus-Läuten in der Gemeinde bereits um 5.00 Uhr; nunmehr verlangen die Beschwerdeführer seine Verschiebung auf 7.00 Uhr.

9 BGE 120 Ib 332.
10 Abgedruckt in: RDAT 1996 I 63 188.
11 BG 2A.578/1999 vom 5. Mai 2000.

Die immissionsschutzrechtliche Zulässigkeit kirchlichen Glockengeläuts ist kein neues Thema in der Rechtsprechung des Bundesgerichts[12]. Nach gefestigter Praxis darf kirchliches Glockengeläut, auch soweit es einen Teil der Religionsausübung darstellt und unter dem Schutz der Glaubens- und Gewissensfreiheit steht, zum Schutz der öffentlichen Ruhe gewissen Einschränkungen unterworfen werden (E. 2.1). Allerdings sind die Lärmschutzvorschriften des Umweltschutzgesetzes in erster Linie zugeschnitten auf Geräusche, die als unerwünschte Nebenwirkungen einer Tätigkeit auftreten. Diese können grundsätzlich mit geeigneten Massnahmen an der Quelle reduziert werden, ohne dass dadurch die entsprechenden Tätigkeiten als solche in Frage gestellt werden. Daneben gibt es jedoch auch Geräusche, welche den eigentlichen Zweck einer bestimmten Aktivität ausmachen, wie „beispielsweise das Läuten von Kirchen- oder Kuhglocken, das Musizieren sowie das Halten von Reden mit Lautverstärkern an Anlässen in der Öffentlichkeit“ (E. 2.4). Solche Lärmemissionen können nicht völlig vermieden und in der Regel auch nicht in der Lautstärke wesentlich reduziert werden, ohne dass zugleich der Zweck der sie verursachenden Tätigkeit vereitelt würde. Derartige Lärmemissionen als unzulässig zu qualifizieren, würde implizieren, die betreffende Tätigkeit generell als unnötig zu betrachten. Daher werden solche Emissionen zwar aufgrund des Umweltschutzgesetzes beurteilt, aber zugleich unter Berücksichtigung des Interesses an der Lärm verursachenden Tätigkeit nicht völlig verboten, sondern bloss einschränkenden Massnahmen unterworfen, die in der Regel nicht in einer Reduktion des Schallpegels, sondern in einer Einschränkung der Betriebszeiten bestehen. Dabei ist eine Interessenabwägung vorzunehmen zwischen dem Ruhebedürfnis der Bevölkerung und dem Interesse an der lärmverursachenden Tätigkeit. Zu beachten sind insbesondere der Charakter des Lärms, Zeitpunkt, Dauer und Häufigkeit seines Auftretens sowie die Lärmempfindlichkeit bzw. die Lärmvorbelastung der betroffenen Zone. Den örtlichen Behörden ist ein gewisser Beurteilungsspielraum zuzugestehen, soweit es sich um Anlässe mit lokaler Ausprägung oder Tradition handelt (E. 2.4).

In Anwendung dieser Grundsätze erwägt das Bundesgericht, dass es sich um ein ruhiges, ländlich geprägtes Wohngebiet in einem Ort handelt, in dessen sämtlichen Teilen das Frühgeläut um 6.00 stattfindet und eine langjährige Tradition besitzt, die von der Bevölkerung getragen wird. Es

12 Vgl. BGE 126 II 366 – Bubikon; mit Anmerkung abgedruckt in SJKR/ASDE 6 (2001), S. 98 ff.

berücksichtigt auch, dass an der katholischen Kirchbürgerversammlung vom Frühling 2000 ein Antrag auf Verschiebung des Frühgeläuts auf 7.00 Uhr mit 42 Nein-Stimmen gegen sieben Ja-Stimmen abgelehnt worden ist und dass die Maximalpegel des frühmorgendlichen Einläutens zu gering sind, um eine Aufwachreaktion hervorzurufen (E. 3.3-4). Im Ergebnis sieht das Bundesgericht keinen Anlass, von der Beurteilung durch die mit den lokalen Verhältnissen besser vertrauten örtlichen Behörden und kantonalen Rechtsmittelinstanzen abzuweichen, denen zufolge an der Aufrechterhaltung des traditionellen Frühgeläuts der Paritätischen Kirche um 6.00 Uhr ein öffentliches Interesse besteht (E. 3.6).

### *7. BG 1A.69/2002 – Lärmschutz gegenüber islamischen Kulturzentrum in Wohngebiet*

Im Jahr 1999 erhielt die Stiftung Islamische Gemeinschaft Zürich die nachträgliche baurechtliche Bewilligung für den Umbau und die Umnutzung des Einfamilienhauses Rötelstrasse 86 in Zürich zu einem islamischen Kulturzentrum. Die Bewilligung wurde mit zahlreichen Auflagen verbunden; unter anderem wurde die Belegung auf maximal 200 Besucher im Hauptgebetsraum im Erdgeschoss und zusätzlich maximal 40 Besucherinnen im Frauengebetsraum im Obergeschoss (insgesamt maximal 240 Teilnehmende) begrenzt; zudem wurde angeordnet, dass Schalldämmlüfter eingebaut werden müssen und die Veranstaltungen nur in den damit versehenen Räumen und bei geschlossenen Fenstern stattfinden dürfen. Das kantonale Verwaltungsgericht reduzierte die Maximalbelegung für die ganze Liegenschaft auf im Regelfall 150 Personen und setzte die Maximalzahl der Ausnahmen mit einer Belegung von höchstens 250 Personen auf zehn im Voraus zu benennende Anlässe pro Jahr fest. Vor dem Bundesgericht steht einzig die Differenz zwischen den (im Normalfall) bewilligten 150 und den beantragten 240 Personen in Streit.

Art. 11 USG (Bundesgesetz über den Umweltschutz vom 7. Oktober 1983, SR 814.01) sieht, auch im Bereich des Lärmschutzes, ein zweistufiges Konzept der Emissionsbegrenzung vor. In der ersten Stufe, im Vorsorgebereich, sind Emissionen so weit zu begrenzen, als dies technisch und betrieblich möglich und wirtschaftlich tragbar ist. In der zweiten Stufe werden die Emissionsbegrenzungen verschärft, wenn feststeht oder zu erwarten ist, dass die Einwirkungen unter Berücksichtigung der bestehenden Umweltbelastung schädlich oder lästig werden. Gehen wie hier die Lärmimmissionen von einem Kultur- und Religionszentrum aus, d.h. nicht von einem nach marktwirtschaftlichen Prinzipien betriebenen Unternehmen, wird das für die Zulässigkeit von vorsorglichen Massnahmen genannte Kriterium der wirtschaftlichen Tragbarkeit durch eine Verhältnismässigkeitsprüfung ersetzt (E. 3.1-2).

Massnahmen, welche die Durchführung einer religiösen Handlung verunmöglichen oder wesentlich erschweren, können demgemäss nur angeordnet werden, wenn öffentliche Interessen oder Rechte Dritter konkret beeinträchtigt oder bedroht werden, aber nicht schon vorsorglich, weil abstrakt eine Beeinträchtigung erfolgen könnte. Daher ist es unverhältnismässig, Auflagen über die Belegung des Kulturzentrums als vorsorgliche Massnahmen anzuordnen, unabhängig davon, ob die zu erwartenden Lärmeinwirkungen die Planungswerte überschreiten bzw. unter Berücksichtigung der bestehenden Umweltbelastung schädlich oder lästig werden. Vielmehr sind die streitigen Auflagen nur auf der zweiten Stufe, d.h. im Rahmen der verschärften Emissionsbegrenzung, zulässig (E. 3.3-4).

Zu der Frage, ob die Voraussetzungen für eine verschärfte Emissionsbegrenzung vorliegen, bemerkt das Bundesgericht, dass die Zahl der Besucher des Kulturzentrums nicht zwingend mit den Lärmemissionen korreliert. Bereits wenige Personen könnten bei entsprechendem Benehmen übermässigen Lärm verursachen. Umgekehrt können sich auch zahlreiche Menschen so ruhig verhalten, dass keine unzulässigen Lärmemissionen entstehen. Da es nur um Lärmschutz gehe, blendet das Bundesgericht den Aspekt der baurechtlichen Ungeeignetheit des Gebäudes (Einfamilienhaus), dessen grosser Versammlungsraum etwa 95 $m^2$ umfasst und für den gleichzeitigen Aufenthalt von mehr als 150 Personen bestenfalls schlecht geeignet ist, in juristisch vielleicht korrekter aber dem Sachverhalt kaum gerecht werdender Weise aus. Immerhin weist es darauf hin, dass die Intensität des Sekundärlärms (Zu- und Wegfahrt) auch von der Anzahl der Teilnehmer abhängt und die Übermässigkeit dieses Lärms je nach Tages- oder Nachtzeit gewürdigt werden muss. Da jedoch nicht klar ist, ob die durch den Betrieb des Zentrums entstandenen, zumindest zeitweilig unzumutbaren Lärmimmissionen darauf zurückzuführen sind, dass die in der Baubewilligung angeordneten Auflagen nicht eingehalten werden, hebt es den angefochtenen Entscheid auf und verweist die Sache an das Verwaltungsgericht zu weiterer Sachverhaltsabklärung und zu neuem Entscheid zurück. Dabei wird, so das Bundesgericht, zu prüfen sein, ob auch bei Befolgung der in der Baubewilligung enthaltenen Auflagen unzumutbare Lärmbelastungen entstehen, wobei die Zumutbarkeit bei Tag und Nacht differenziert zu beurteilen ist. Soweit kein unzumutbarer Lärm entsteht, rechtfertigen sich keine über die Baubewilligung hinausgehenden Beschränkungen der Belegungszahl, sondern höchstens Massnahmen, die mit relativ geringem Aufwand eine wesentliche zusätzliche Reduktion der Emissionen bewirken. Entstehe lediglich deshalb unzumutbarer Lärm, weil die Beschwerdeführerin die in der Baubewilligung enthaltenen Auflagen nicht beachtet, so erweise sich die von der Vorinstanz angeordnete Beschränkung der Teilnehmerzahl als unnötig oder ungeeignet, um den Lärmschutz sicherzustellen. Stattdessen seien die bereits angeordneten Auflagen durchzusetzen. Stelle sich heraus, dass die Beschwerdeführerin dauernd nicht willens oder in der Lage ist, die Auflagen einzuhalten, sei die Bewilligung zu widerrufen und das Zentrum zu schliessen. Sollte sich hingegen erweisen, dass mit den angeordneten Auflagen der Lärm tatsächlich nicht auf ein zumutbares Mass begrenzt werden kann, seien weitere Einschränkungen anzuordnen. Dabei sei eine Beschränkung der Teilnehmerzahl nicht von vornherein ausgeschlossen, doch seien in erster Linie andere Möglichkeiten, wie technische Massnahmen oder zeitliche Betriebseinschränkungen, in Betracht zu ziehen (E. 4.4-8).

## *8. BGE 129 I 74 – Religionsausübung in einer Strafanstalt*

In der Strafanstalt Pöschwies/ZH verweigerte die Anstaltsleitung einem sich zum orthodoxen Glauben bekennenden Strafgefangenen die Teilnahme an der orthodoxen Osterfeier mit der Begründung, er befinde sich für drei Monate in der Abteilung für Fluchtgefahr. Der ihm stattdessen zugesicherte Besuch eines orthodoxen Geistlichen (Popen) fand aufgrund eines Versäumnisses des Anstaltsseelsorgers nicht statt. Als jener Strafgefangene später an einigen Tagen die Arbeitsleistung verweigerte, weil es sich um „offizielle Feier- und Ruhetage der orthodoxen Christenheit" handele und er an diesen Tagen vermehrt bete und sich tiefer gehend mit seinem Glauben befasse, traf die Anstaltsleitung ihm gegenüber Disziplinarmassnahmen (jeweils drei Tage Einzelhaft mit Entzug des Fernsehgeräts). In beiden Fällen erhob er staatsrechtliche Beschwerde, nachdem die gegen die betreffenden Massnahmen gerichteten Rechtsmittel erfolglos geblieben waren.

Mit seinem Entscheid führt das Bundesgericht seine Praxis zu den Grenzen der Religionsausübung im Strafgefangenenverhältnis nunmehr unter der neuen Bundesverfassung fort[13]. Art. 15 BV schützt demnach auch die Kultusfreiheit von Strafgefangenen, gilt jedoch nicht absolut, d.h. Einschränkungen sind zulässig, wenn sie auf einer gesetzlichen Grundlage beruhen, im öffentlichen Interesse liegen und dem Gebot der Verhältnismässigkeit entsprechen (Art. 36 BV) (E. 4.1). Diese Voraussetzungen sah das Bundesgericht in beiden Fällen zu Recht für gegeben an (E. 4.2-6, 5.2, 6.2-7).

Hinsichtlich der Osterfeier hebt das Bundesgericht hervor, dass die dem Beschwerdeführer vorgeworfenen schweren Straftaten es rechtfertigten, zunächst (d.h. nach seiner Überweisung in die Strafanstalt) abzuklären, ob und inwieweit von ihm eine Gefahr für das Gefängnispersonal und die Mitinsassen ausging, und ihn in dieser Zeit in der Abteilung für Fluchtgefahr unterzubringen.

Mit Bezug auf die Frage der Arbeitsbefreiung aus religiösen Gründen im Strafvollzug unterstreicht das Bundesgericht, dass aus Gründen der Einhaltung eines geordneten Anstaltsbetriebes nicht jedem Insassen völlig freigestellt werden kann, an welchen Kalendertagen er unter Berufung auf einen religiösen Feiertag Befreiung von der Arbeitspflicht beanspruchen kann. Von Gewicht sei auch das Argument der kantonalen Behörden, das friedliche Zusammenleben der Häftlinge in der Anstalt würde gefährdet, wenn sich die Angehörigen einer religiösen Gruppe vermehrt auf die Befreiung von der Arbeitspflicht berufen könnten, weil sie besonders viele religiöse Feiertage haben. Wollte man zur Verhinderung von derartigen Ungleichheiten fordern, dass die betreffenden Personen ihr Arbeitspensum etwa durch Wochenendeinsätze kompensieren, würde der Strafvollzugsbetrieb übermässig belastet.

Etwas anderes könne ggfs. für die höchsten religiösen Feiertage gelten, insbesondere wenn die betreffende Religion das Arbeiten an diesen Feiertagen verbietet und sich der Strafgefangene ausdrücklich darauf beruft. Dabei sei grundsätzlich unerheblich, ob das religiöse Gebot der Arbeitseinstellung von allen, von einer Mehrheit oder allenfalls von einer Minderheit der Glaubensangehörigen befolgt wird[14]. In der Tat: Es sollte nicht darauf ankommen, ob die religiöse Auffassung eines Einzelnen von anderen Personen geteilt wird; dies ändert jedoch nichts daran, dass im Strafvollzug die Ausübung individueller „Freiheit“ stets in Relation mit

13 Zur bisherigen Praxis siehe insbes. BGE 113 Ia 304.

14 So in anderem Kontext schon BGE 119 Ia 178 E. 4d S. 186 (betr. Befreiung vom Schwimmunterricht aus religiösen Gründen).

der Aufrechterhaltung und Sicherstellung des Anstaltszweckes gesehen werden muss[15].

## *9. BG 7B.183/2003, Urteil vom 28. August 2003 – Pfändung religiöser Gegenstände*

Nur kurz erwähnt sei ein Entscheid des Bundesgerichts, demzufolge im Erbfall eine Statue des hl. Antonius sowie eine Ikone der hl. Maria gepfändet werden dürfen, wenn feststeht, dass diese Gegenstände von den Erben nicht zum religiösen Gebrauch verwendet werden.

Unpfändbar nach Art. 92 Abs. 1 Ziff. 2 SchKG sind die religiösen Erbauungsbücher und Kultusgegenstände, wobei als Kultusgegenstände bewegliche Sachen gelten, die zur Ausübung gottesdienstlicher Handlungen verwendet werden oder Gegenstand religiöser Verehrung bilden. Das Bundesgericht urteilt, dass die in der Rechtsprechung[16] vertretene Auffassung, der Schuldner bzw. dessen Familienangehöriger müsse jener Religion angehören, welcher der betreffende Kultusgegenstand zuzuordnen ist, nicht zu eng verstanden werden dürfe, jedoch Voraussetzung bleibe, dass der betreffende Kultusgegenstand tatsächlich Objekt einer religiösen Verehrung bildet.

## *10. BG 2P.296/2002, Urteil vom 28. April 2003 – Scientology-Anhängerin als Privatschulträger*[17]

Gegenstand dieser staatsrechtlichen Beschwerde ist der Entzug der Bewilligung zur Führung einer privaten Primarschule im Kanton Luzern. Der Entzug erfolgte, nachdem die zuständigen Behörden in Erfahrung gebracht hatten, dass die Beschwerdeführerin „Scientology" angehört und auch die Studiermethode von L. Ron Hubbard im Unterricht anwendet. Damit erschien sie als Trägerin einer Privatschule nicht hinreichend vertrauenswürdig.

Gemäss Luzerner Recht setzt die Bewilligung einer Privatschule u.a. voraus, dass die Trägerschaft „die für die Ausübung dieser öffentlichen Aufgabe notwendige Vertrauenswürdigkeit besitzt", die an der Privat-

15 Ebenso *A. Kley*, Staatsrechtliche Rechtsprechung 2002-2003 (Anm. 5), S. 711.
16 BGE 88 III 47 S. 48 f.
17 BGE-Publikation vorgesehen.

schule unterrichtenden Lehrkräfte über eine gleichwertige pädagogische Ausbildung verfügen wie jene an den öffentlichen Schulen und der Lehrplan den kantonalen Vorschriften entspricht. Bei ungenügendem Unterricht wird die Bewilligung entzogen und die Einweisung der Lernenden in eine öffentliche Schule verfügt.

In ausführlich und wohlabgewogen begründeter Weise schützt das Bundesgericht den angefochtenen Entscheid des kantonalen Verwaltungsgerichts, der zu dem Schluss gekommen war, bei „Scientology" handle es sich nach wie vor um ein Gebilde mit hybridem, schwer fassbarem Charakter, das an totalitäre Systeme erinnernde Züge trage, manipulatives Potential aufweise und zum Schutz vor tatsächlichen oder vermeintlichen Gefahren nachrichtendienstliche Aktivitäten entfalte. Das Bundesgericht fügt hinzu, das sich diese Auffassung mit in offiziellen Fachberichten zum Ausdruck kommenden Einschätzungen decke. Die Beschwerdeführerin stehe Scientology so nahe, dass eine Einflussnahme durch diese nicht hinreichend ausgeschlossen und ihre persönliche „Vertrauenswürdigkeit" dadurch ebenfalls in Frage gestellt erscheine (E. 4.2).

In dem Entzug läge kein unzulässiger Eingriff in die Religionsfreiheit, da dieses Grundrecht keinen absoluten Anspruch darauf gibt, im obligatorischen Schulbereich eine Privatschule führen zu dürfen (E. 5.1).

Nicht nur seitens der Eltern, sondern auch seitens des für die Qualität des Grundschulunterrichts verantwortlichen Gemeinwesens (vgl. Art. 62 Abs. 2 BV) bestehe ein erhebliches öffentliches Interesse daran, dass die im Kanton wohnhaften Kinder nicht in einer Schule unterrichtet werden, die von einer vertrauensunwürdigen Trägerschaft geleitet wird. Im Vordergrund stehe der Schutz der Kinder; ein solcher erscheine um so gebotener, je jünger und beeinflussbarer diese sind. Zwar müsse der Privatschule eine gewisse didaktische Freiheit zugestanden werden; ein Kanton sei jedoch von Verfassungs wegen nicht gehalten, in diesem Rahmen – mittelbar oder unmittelbar – mit einer Trägerschaft zu kooperieren, die mit manipulativen Methoden und Konzepten operiert, die geeignet erscheinen, die der Volksschule zugrunde liegenden Wertvorstellungen von Menschenwürde, Freiheit, Gerechtigkeit, Toleranz, Solidarität und Chancengleichheit zu gefährden. Die Frage nach der Vertrauenswürdigkeit stelle sich im Falle der Beschwerdeführerin in besonderer Weise, als wegen der Personalunion von Trägerschaft und einziger Lehrkraft eine Kontrolle durch weitere an der Schule unterrichtende Personen oder eine unabhängige Trägerschaft praktisch fehle. Das private Interesse am Betrieb einer Privatschule habe daher hinter das öffentliche Interesse an der Sicherung des pluralistischen obligatorischen Schulunterrichts zurückzutreten (E. 5.2).

## *II. Entscheid des Bundesgerichts vom 18. Dezember 2002 i.S. A. gegen Römisch-katholische Kirchgemeinde B. sowie Römisch-katholische Landeskirche des Kantons Luzern (staatsrechtliche Beschwerde) (2P.16/2002, BGE 129 I 68)*

**Art. 15, 72 BV; Art. 9 EMRK; Glaubens- und Gewissensfreiheit; Austritt aus der Kirchgemeinde bzw. aus der Landeskirche. Rechtswirkungen einer Erklärung, lediglich aus der Kirchgemeinde bzw. Landeskirche austreten, sich aber weiterhin zur röm.-kath. Kirche bekennen zu wollen (sog. partieller Kirchenaustritt), im Lichte der Glaubens- und Gewissensfreiheit und der rechtlichen Regelung im Kanton Luzern.**

*Sachverhalt:*

A. ist in der luzernischen Gemeinde B. wohnhaft. Mit schriftlicher Eingabe vom 9. Dezember 2000 an den Kirchenrat der katholischen Kirchgemeinde B. mit dem Betreff „Partieller Kirchenaustritt“ erklärte sie, aus der erwähnten Kirchgemeinde auszutreten. Gleichzeitig hielt sie aber fest, „dass dieser Austritt nur die Staatskirche des Kantons Luzern betrifft und nicht etwa die Röm.-Kath. Kirche, zu der ich mich als Katholikin nach wie vor zugehörig fühle“. Der Präsident des Kirchenrates antwortete am 21. Dezember 2000, ihre Mitgliedschaft in der Kirchgemeinde B. bestehe fort, nachdem sie sich nach wie vor zur röm.-kath. Kirche bekenne; ein „partieller Kirchenaustritt“ sei aus rechtlichen Gründen nicht möglich. Er verwies hiezu auf folgende Bestimmungen der Verfassung der Röm.-kath. Landeskirche des Kantons Luzern vom 25. März 1969 (im Folgenden: KiVerf/LU):

> § 12 Katholikinnen und Katholiken
>
> Wer nach kirchlicher Ordnung der römisch-katholischen Kirche angehört, gilt für Landeskirche und Kirchgemeinden als Katholikin oder Katholik, solange sie oder

er dem zuständigen Kirchenrat am gesetzlich geregelten Wohnsitz nicht schriftlich erklärt hat, der römisch-katholischen Konfession nicht mehr anzugehören.

§ 13 Mitgliedschaft

(1) Mitglied der Kirchgemeinde ist jede Katholikin und jeder Katholik, die oder der in ihrem Gemeindegebiet den gesetzlich geregelten Wohnsitz hat.

(2) Wer einer Kirchgemeinde angehört, ist zugleich Mitglied der Landeskirche.

Im Anschluss daran wechselten A. und der Kirchenrat mehrfach Korrespondenz. Mit als „Gemeindebeschwerde“ bezeichneter Rechtsschrift vom 31. Juli 2001 gelangte A. schliesslich erfolglos an den Synodalrat der Röm.-kath. Landeskirche des Kantons Luzern mit dem Antrag festzustellen, „dass die Beschwerdeführerin mit Wirkung ab 10. Dezember 2000 nicht mehr Mitglied der Röm.-kath. Kirchgemeinde B. ist“.

Mit Postaufgabe vom 19. Januar 2002 hat A. beim Bundesgericht staatsrechtliche Beschwerde eingereicht, mit der sie begehrt: (1) Es sei der Entscheid der Röm.-kath. Landeskirche des Kantons Luzern vom 19. Dezember 2001 aufzuheben; (2) es sei festzustellen, dass die Beschwerdeführerin mit Wirkung ab Empfang der Austrittserklärung, d.h. ab 10. Dezember 2000, eventuell ab 21. Dezember 2000, nicht mehr Mitglied der Röm.-kath. Kirchgemeinde B. ist.

Das Bundesgericht weist die staatsrechtliche Beschwerde ab, soweit es darauf eintritt.

*Aus den Erwägungen:*

3./3.1. Die Beschwerdeführerin macht im Wesentlichen geltend, die Kirchenbehörden würden von ihr „eine Erklärung betreffend Austritt aus der Konfession“ verlangen, sie solle „ihren Glauben verleugnen“. Ein solches Begehren sei ein „Anti-Bekenntnis“. Dies dürfe von ihr aber nicht verlangt werden, denn es sei „eine Form des Glaubensabfalls und aus christlicher Sicht verboten“. Nach kanonischem Recht sei ein Austritt „aus der Kirche Jesu Christi nicht möglich, nicht einmal mit einer schriftlichen Erklärung“. Letztlich würden die Kirchenbehörden von ihr also etwas Unmögliches fordern. Dadurch werde die Glaubens- und Gewissensfreiheit verletzt.

3.2. Das Bundesgericht hat sich bisher nicht ausdrücklich zu der hier interessierenden Frage geäussert. Immerhin hat es bereits in BGE 2 S. 388 festgehalten und darauf auch in einem neueren Urteil vom 19. April 2002 (BGE 128 I 317 E. 2.2.2 S. 322) Bezug genommen, dass Art. 49

aBV nur von „Religionsgenossenschaften“ (Art. 15 BV von „Religionsgemeinschaft“) spricht und dass die Befreiung von den Kirchensteuern den Austritt aus der Religionsgenossenschaft selbst bedingt, wohingegen der Austritt aus der Kirchgemeinde allein nicht genügt (BGE 2 S. 388 E. 5 S. 396). In BGE 34 I 41 hat es sodann eine kantonale Regelung, die für die steuerrechtliche Anerkennung einen Austritt nicht nur aus der Kirchgemeinde, sondern aus der Landeskirche oder Religionsgenossenschaft überhaupt forderte, als nicht gegen Art. 49 aBV verstossend betrachtet (E. 11 und 12 S. 52 f.).

3.3. Die Doktrin ist gespalten: die Möglichkeit eines sog. partiellen Kirchenaustritts wird teilweise bejaht (vgl. in diesem Sinne Martin Grichting, Kirche oder Kirchenwesen?, Diss. Freiburg 1997, S. 185 ff.; Dieter Kraus, Schweizerisches Staatskirchenrecht, Diss. Tübingen 1993, S. 93 f.; Felix Hafner, Kirchen im Kontext der Grund- und Menschenrechte, Habilitationsschrift Basel 1991, S. 339, Fn. 171; Peter Karlen, Das Grundrecht der Religionsfreiheit in der Schweiz, Diss. Zürich 1988, S. 338 f.; Johannes Georg Fuchs, Zugehörigkeit zu den Schweizer evangelisch-reformierten Volkskirchen, in: Louis Carlen [Hg.], Austritt aus der Kirche, 1982, S. 183 ff., insbes. S. 187; Hans Schmid, Die rechtliche Stellung der römisch-katholischen Kirche im Kanton Zürich, Diss. Zürich 1973, S. 235; Fritz Rohr, Organisation und rechtliche Stellung der evangelisch-reformierten Kirchgemeinde des Kantons Aargau, Diss. Zürich 1951, S. 94); zum Teil wird sie abgelehnt (Urs Josef Cavelti, Kirchenrecht im demokratischen Umfeld, 1999, S. 188 f.; ders., Der Kirchenaustritt nach staatlichem Recht, in: Louis Carlen [Hg.], op. cit., S. 91; Adrian Loretan, Die Konzilserklärung über die Religionsfreiheit – oder ist der Kirchenaustritt Privatsache?, in: Pastoralsoziologisches Institut [Hg.], Jenseits der Kirchen, 1998, S. 125 ff.; Giusep Nay, Leitlinien der neueren Praxis des Bundesgerichts zur Religionsfreiheit, in: René Pahud de Mortanges, Religiöse Minderheiten und Recht, 1998, S. 37 f.; Eugen Isele, Die Gliedschaft in der Kirche und die Mitgliedschaft in der Kirchgemeinde, Rechtsgutachten, Freiburg 1971; Heinz Bachtler, Rechtsgutachten über die Auslegung von § 4 des Gesetzes über das katholische Kirchenwesen vom 7. Juli 1963, in: Informationsblatt für die katholischen Kirchgemeinden des Kantons Zürich, Heft 3, Zürich 1971, S. 25 ff., insbes. S. 39; Hans Beat Noser, Pfarrei und Kirchgemeinde, 1957, S. 131; Alois Schwegler, Die Kirchgemeinde im Kanton Luzern, Diss. Freiburg 1935, S. 77 f.; Ulrich Lampert, Kirche und Staat in der Schweiz, Bd. I,

1929, S. 331; wohl auch Walther Burckhardt, Kommentar der schweizerischen Bundesverfassung, 3. Aufl. 1931, S. 454).

3.4. Die in Art. 15 BV und Art. 9 EMRK garantierte Glaubens- und Gewissensfreiheit umfasst unter anderem das Recht, die Religion frei zu wählen, einer Religionsgemeinschaft beizutreten, anzugehören, aus ihr aber auch jederzeit auszutreten (vgl. BGE 125 I 347 E. 3a S. 354; 104 Ia 79 E. 3 S. 84; Urs Josef Cavelti, in: Bernhard Ehrenzeller/Philippe Mastronardi/Rainer J. Schweizer/Klaus A. Vallender [Hg.], Die Schweizerische Bundesverfassung, 2002, N. 28-30 zu Art. 15 BV; Mark E. Villiger, Handbuch der Europäischen Menschenrechtskonvention, 2. Aufl. 1999, S. 383, N. 594 f.). § 2 der Staatsverfassung des Kantons Luzern vom 29. Januar 1875, der für die Glaubens- und Gewissensfreiheit auf die Bundesverfassung verweist, hat keinen weiter gehenden Inhalt. Die von den kantonalen Kirchenbehörden mit Blick auf die KiVerf/LU vertretene Position respektiert diese Freiheit. Der Beschwerdeführerin steht es nämlich frei, der röm.-kath. Religionsgemeinschaft weiterhin anzugehören oder aus ihr auszutreten. Von der Beschwerdeführerin wird nicht verlangt, dass sie sich gegen die röm.-kath. Religion ausspricht („Anti-Bekenntnis"). Bekennt sie sich aber zu dieser Religionsgemeinschaft, die im Kanton Luzern als öffentlichrechtliche Institution anerkannt ist, ist sie auch an die insoweit vorgesehene Organisation gebunden. Denn nach dem schweizerischen Verfassungsverständnis können die Kantone gestützt auf Art. 72 Abs. 1 BV die Organisation und die Mitgliedschaft in den von ihnen anerkannten Kirchen regeln (vgl. BGE 120 Ia 194 E. 2c S. 201; Willy Spieler, Staatskirchenrecht als Kirchennotrecht, in: Dietmar Mieth/René Pahud de Mortanges [Hg.], Recht – Ethik – Religion, Festgabe zum 60. Geburtstag von Giusep Nay, 2002, S. 73 ff.; Adrian Hungerbühler/Michel Féraud, Rechtsprechung der Verfassungsgerichte im Bereich der Bekenntnisfreiheit, in: Constitutional jurisprudence, XI. Konferenz der Europäischen Verfassungsgerichte, Warschau 2000, S. 821; Ulrich Häfelin, Kommentar zur Bundesverfassung, N. 23 zu Art. 49 aBV; Ueli Friederich, Kirchen und Glaubensgemeinschaften im pluralistischen Staat, Diss. Bern 1993, S. 374 ff.; Dieter Kraus, op. cit., S. 367 ff., insbes. S. 368 und 404 f.; ders., Die Kirchgemeinde in der Rechtsprechung des schweizerischen Bundesgerichts, in: Urban Fink/René Zihlmann [Hg.], Kirche, Kultur, Kommunikation, Peter Henrici zum 70. Geburtstag, 1998, S. 579). Dies ist hier durch das Luzerner Gesetz vom 21. Dezember 1964 über die Kirchenverfassung (als Rahmengesetz) sowie durch die vom Grossen Rat des Kantons Luzern genehmigte KiVerf/LU geschehen. Die

KiVerf/LU (§§ 12 und 13) verknüpft für die im Kanton Luzern wohnhaften Personen das Bekenntnis zur röm.-kath. Religionsgemeinschaft bzw. Konfession mit der Mitgliedschaft in der röm.-kath. Landeskirche und der entsprechenden Kirchgemeinde (sog. Nexus). Eine solche Verknüpfung ist verfassungsrechtlich zwar nicht geboten; der Kanton kann das Verhältnis zwischen kirchlichen Körperschaften des öffentlichen Rechts und Religionsgemeinschaft auch dualistisch regeln. Der Nexus, eine Regelung, die die Zugehörigkeit zur Religionsgemeinschaft und zu ihren lokalen Verbänden als Einheit betrachtet, ist aber grundsätzlich zulässig. Dies muss jedenfalls solange gelten, als die Organe der Religionsgemeinschaft eine Verknüpfung nicht ablehnen, sondern sie – allenfalls stillschweigend – akzeptieren, wovon hier auszugehen ist. Es wäre auch in gewissem Sinne widersprüchlich, der Kirchgemeinde seines Wohnsitzes nicht angehören zu wollen, wohl aber der entsprechenden kirchlichen Dachorganisation. Denn beiden ist das gleiche Bekenntnis eigen, und die Organe vor Ort sind zugleich Organe der Dachorganisation bzw. handeln in ihrem Interesse und Auftrag. Persönliche Konflikte verleihen noch nicht von Verfassungs wegen das Recht, aus einem Verband nur teilweise auszutreten; das gilt im Bereich der Glaubens- und Gewissensfreiheit nicht anders als in anderen Grundrechtsbereichen. Auch unter Gesichtspunkten des Rechtsmissbrauchs wäre nur schwer zu rechtfertigen, weshalb eine aus der Kirchgemeinde und der Landeskirche ausgetretene Person weiterhin die Dienste der Kirchenorgane beanspruchen können sollte, nachdem sie mit ihrem Austritt bewirkt hat, dass sie an diese Leistungen nichts mehr beizusteuern hat (vgl. BGE 10 S. 320 E. 3 S. 324). Ein verfassungsrechtlicher Schutz für solches Verhalten erscheint jedenfalls nicht als geboten. Es ist weder von der Beschwerdeführerin dargelegt worden noch ersichtlich, dass das im Kanton Luzern geregelte Mitgliedschaftsverhältnis die Beschwerdeführerin in ihrem Bekenntnis und ihrer Religionsausübung in unzulässiger Weise beeinträchtigen würde. Wenn die Beschwerdeführerin den in BGE 104 Ia 79 publizierten Entscheid des Bundesgerichts anführt, ist ihr entgegenzuhalten, dass es dort nur um Formalitäten des Kirchenaustritts ging; zum partiellen Kirchenaustritt hatte sich das Bundesgericht nicht geäussert. Soweit es schliesslich um das Recht geht, seine religiöse Überzeugung zu verschweigen, verzichtet eine förmlich den Austritt aus den lokalen kirchlichen Körperschaften erklärende Person von sich aus auf absolute Geheimhaltung; der Austritt ohne derartige Erklärung ist im System der Mitgliedschaftspräsumption, welches das Bundesgericht seit langem anerkannt hat (vgl. BGE 31 I 81

E. 2 S. 88; 55 I 113 E. 2 S. 126; Urteil vom 14. November 1978, ZBl 80/1979 S. 78 ff. E. 2), gar nicht möglich. Gewiss kann die Person von den Behörden nicht verpflichtet werden, auch eine Austrittserklärung bezüglich der Religionsgemeinschaft abzugeben. Es ist jedoch auf dem Boden von rechtlichen Grundlagen wie den im Kanton Luzern geltenden auch nicht verfassungswidrig, wenn die Behörden eine Austrittserklärung wie die vorliegende als unvollständig und damit unbeachtlich betrachten (vgl. BGE 52 I 108 E. 3 S. 118 f.).

## *III. Entscheid des Bundesgerichts vom 29. November 2002 i.S. X. gegen Evangelisch-Reformierte Kirchgemeinde A. sowie Verwaltungsgericht des Kantons Aargau (staatsrechtliche Beschwerde) (2P.118/2002, BGE 129 I 91)*

**Art. 9, 29, 30 und 72 BV; Art. 58 Abs. 2 aBV; § 114 KV/AG; Verbot der geistlichen Gerichtsbarkeit; Autonomie der Landeskirche; Zuständigkeit kircheninterner oder staatlicher Justizorgane zur Beurteilung der vermögensrechtlichen Nebenfolgen bei Nichtwiederwahl eines Pfarrers?**

*Sachverhalt:*

X. war von 1979 bis 1999 Pfarrer in einer aargauischen Evang.-Reform. Kirchgemeinde. Anlässlich der Volkswahl im April 1999 wurde er nicht wiedergewählt. Mit Schreiben vom 14. Juni 1999 machte er gegenüber der Kirchgemeinde Ansprüche auf Abgangsentschädigung, Abgeltung von nicht bezogenem Weiterbildungsurlaub, Dienstalterszulagen und Genugtuung geltend. Am 18. September 1999 wies das Kuratorium der Kirchgemeinde die Forderung als ungerechtfertigt zurück.

Nach erneuter Ablehnung seiner Forderung im Rahmen des Vorverfahrens nach § 63 des aargauischen Gesetzes vom 9. Juli 1968 über die Verwaltungsrechtspflege (VRPG/AG) erhob X. am 12. Juli 2000 gegen die Evang.-Reform. Kirchgemeinde beim Verwaltungsgericht des Kantons Aargau verwaltungsgerichtliche Klage (§ 60 Ziff. 3 VRPG/AG) mit dem

Begehren, die Kirchgemeinde zu verpflichten, ihm nach richterlichem Ermessen eine Entschädigung zu leisten.

Mit Urteil vom 11. März 2002 trat das Verwaltungsgericht – nachdem es das Verfahren auf die Frage der Zuständigkeit beschränkt hatte – auf die Klage nicht ein. Das Gericht hielt dafür, dass vermögensrechtliche Ansprüche aus kirchlichem Dienstrecht nicht auf dem Wege des staatlichen Klage-, sondern des kircheninternen Beschwerdeverfahrens zu beurteilen seien.

Das Bundesgericht weist die staatsrechtliche Beschwerde ab, soweit es darauf eintritt.

*Aus den Erwägungen:*

3. Gemäss § 110 Abs. 1 KV/AG organisieren sich die Landeskirchen im Rahmen der Kantonsverfassung nach demokratischen Grundsätzen selber. Sie sind für einen „genügenden Rechtsschutz“ der Konfessionsangehörigen und der Kirchgemeinden besorgt (§ 114 Abs. 1 KV/AG). Letztinstanzliche Entscheide der landeskirchlichen Behörden sind nach Massgabe der Gesetzgebung an staatliche Organe weiterziehbar; diesen steht die Kontrolle hinsichtlich der Übereinstimmung der Entscheide mit der Verfassung und dem Organisationsstatut zu (§ 114 Abs. 2 KV/AG). Als hiefür zuständige Beschwerdeinstanz bestimmt § 59b Abs. 1 VRPG/AG (Fassung vom 26. März 1985) den Regierungsrat. Für den kircheninternen Rechtsschutz der Evang.-Reform. Landeskirche bestimmt Art. 14 des (gemäss § 110 Abs. 2 KV/AG der Genehmigung des Grossen Rats unterliegenden) Organisationsstatuts (OS):

> Aufsicht und Beschwerde
>
> (1) Beschlüsse, Verfügungen und Entscheide kirchlicher Behörden können nach Massgabe der Kirchenordnung durch Beschwerde weitergezogen werden.
>
> (2) Für das Verfahren gelten sinngemäss die Vorschriften des Verwaltungsrechtspflegegesetzes, soweit in der Kirchenordnung nicht etwas anderes bestimmt ist.
>
> (3) Vorbehalten bleiben die Bestimmungen der Kantonsverfassung, des Verwaltungsrechtspflegegesetzes und anderer staatlicher Erlasse über den Weiterzug landeskirchlicher Verfügungen und Entscheide an den Regierungsrat und das Verwaltungsgericht.

Gemäss § 140 Abs. 1 der Kirchenordnung (KiO) können Verfügungen und Entscheide der Organe der Landeskirche und der Kirchgemeinden mit Verwaltungsbeschwerde angefochten werden. Vom Kirchenrat werden Beschwerden (u.a.) gegen Beschlüsse, Verfügungen und Entscheide der Kirchgemeindeversammlung und der Kirchenpflege beurteilt (§ 142 Abs. 1 KiO). Beschlüsse, Verfügungen und Entscheide der Synode und des Kirchenrates unterliegen der Beschwerde an die Rekurskommission (§ 142 Abs. 2, 1. Satz KiO), welche die oberste Beschwerdeinstanz der Landeskirche bildet (Art. 9 OS). Entscheide der Rekurskommission können (nach Massgabe von § 114 Abs. 2 KV/AG sowie § 59b VRPG/AG) an den Regierungsrat weitergezogen werden (§ 142 Abs. 2, 2. Satz KiO). Für das Verfahren vor den Organen der Kirchgemeinden und der Landeskirchen sieht § 143 KiO die (grundsätzliche) Kostenlosigkeit vor (Abs. 1); im Übrigen gelten die Bestimmungen des kantonalen Gesetzes über die Verwaltungsrechtspflege (Abs. 2).

4./4.1. Der Beschwerdeführer rügt eine Verletzung des Verbots der geistlichen Gerichtsbarkeit „im Sinne von Art. 30 Abs. 1 BV und § 114 KV/AG“: Ob ein weltlicher oder kirchlicher Streitgegenstand vorliege, beurteile sich nach staatlichem Recht. Aus § 112 Abs. 2 KV/AG ergebe sich, dass die Wahl (u.a.) der Pfarrer dem kirchlichen bzw. geistlichen Bereich zuzuordnen sei, was jedoch nicht bedeute, dass das gesamte kirchliche Dienstrecht und insbesondere auch dessen vermögensrechtliche Aspekte innerkirchliche Angelegenheiten darstellten. Die kirchliche Urteilskompetenz in Fragen des Dienstrechts reiche nur so weit, als sich die Zuständigkeit kirchlicher Instanzen durch das Selbstbestimmungsrecht der Kirche rechtfertigen lasse. Dies gelte etwa für die Nicht-(wieder)wahl, Entlassung, Versetzung oder die Anordnung anderer disziplinarischer Massnahmen, würde doch bei der Beurteilung solcher Statusfragen durch den Staat das Selbstbestimmungsrecht der Kirche verletzt. Eine Zuständigkeit der kirchlichen Instanzen lasse sich dann nicht rechtfertigen, wenn eine vermögensrechtliche Streitigkeit zu beurteilen sei, die erst nach Beendigung des kirchlichen Dienstverhältnisses entstanden sei und sich deshalb auf den Status des Geistlichen gar nicht mehr auswirken könne. Diesfalls liege ein reiner Vermögensstreit vor, welcher durch staatliche Gerichte zu entscheiden sei. Derselben Auffassung sei auch die landeskirchliche Rekurskommission des Kantons Aargau. Auch im Kanton Zürich seien im Übrigen personalrechtliche Anordnungen des Kirchenrates unmittelbar beim Verwaltungsgericht anfechtbar, womit die Zuständigkeit der kirchlichen Rekurskommission entfalle. Auch stelle sich vorliegend das Problem nicht, dass vorfrageweise über Statusfragen zu entscheiden sei, da ausschliesslich vermögensrechtliche Fragen umstritten seien; gegebenenfalls könnten aber die staatlichen Gerichte das Verfahren bis zum Entscheid der kirchlichen Behörden in der Statusfrage aussetzen. Die streitigen Ansprüche seien weltlicher Natur, weshalb darüber ausschliesslich die staatlichen Gerichte zu entscheiden hätten. Eine Delegation von vermögensrechtlichen Streitigkeiten an innerkirchliche Organe sei daher verfassungsrechtlich unzulässig. Der Nichteintretensentscheid des Verwaltungsgerichts verstosse gegen das Verbot der geistlichen Gerichtsbarkeit, welches sich heute aus Art. 30 Abs. 1 BV herleiten lasse und sich auch aus dem kantonalen Verfassungsrecht (§ 114 KV/AG) ergebe.

4.2. Die vom Beschwerdeführer gemachte begriffliche Unterscheidung zwischen „weltlichen" und „kirchlichen" Streitgegenständen wird der Sache nicht gerecht: Die durch die Regelung von § 114 KV/AG anvisierten Streitgegenstände können, auch wenn hierüber eigene Satzungen der Landeskirche oder der Kirchgemeinde bestehen, durchaus „weltlicher Natur" sein, wie dies zum Beispiel für Streitigkeiten aus dem Dienstverhältnis (Arbeitszeit, Ferien, Besoldung) zutreffen kann (vgl. dazu insbesondere den Hinweis bei Kurt Eichenberger, Verfassung des Kantons Aargau, Aarau 1986, N. 2 zu § 114 KV/AG, S. 384, wonach sich § 114 KV/AG durchwegs auf „Normen, welche die äusseren Angelegenheiten der Kirche betreffen", beziehe; ferner Michael Merker, Rechtsmittel, Klage und Normenkontrollverfahren nach dem aargauischen Gesetz über die Verwaltungsrechtspflege, Zürich 1998, § 59b Rz. 2 und 6). Richtig ist, dass es letztendlich den staatlichen Instanzen obliegt, festzulegen, welche Bereiche durch den der Landeskirche in § 114 KV/AG erteilten Rechtsschutzauftrag erfasst werden bzw. wie die diesbezügliche Abgrenzung zu ziehen ist. Das hat das Verwaltungsgericht mit dem angefochtenen Nichteintretensentscheid denn auch getan. Im Übrigen lässt sich das Verbot der geistlichen Gerichtsbarkeit nicht aus § 114 KV/AG herleiten, welcher keine Abwehrnorm in dieser Richtung enthält, sondern im Gegenteil den Entscheid über Streitigkeiten aus der Anwendung landeskirchlicher Satzungen den Organen der Landeskirche zuweist. In der Bundesverfassung vom 29. Mai 1874 fand sich das Verbot der geistlichen Gerichtsbarkeit in Abs. 2 des die Garantie des verfassungsmässigen Richters statuierenden Art. 58 aBV. Demgegenüber verzichtet die Bundesverfassung vom 18. April 1999 sowohl in Art. 30 BV, welcher die erwähnte Garantie mitumfasst, als auch in Art. 72 BV, der Kompetenznorm zum Verhältnis Kirche und Staat, auf die (ausdrückliche) Aufnahme einer Art. 58 Abs. 2 aBV entsprechenden Regelung. Eine solche wurde vom

Verfassungsgeber als im heutigen Zeitpunkt obsolet betrachtet (vgl. dazu die Botschaft in BBl 1997 I 183; ferner Andreas Kley, in: René Pahud de Mortanges [Hg.], Das Religionsrecht der neuen Bundesverfassung, Freiburg 2001, S. 29 f.). Das Verbot der geistlichen Gerichtsbarkeit ist aber vorliegend so oder so nicht verletzt, wird doch dadurch die Rechtsprechung kirchlicher Organe in Anwendung eigener kirchlicher Satzungen in die Kirche und ihre Mitglieder betreffenden Angelegenheiten nicht untersagt (Alfred Kölz, Kommentar aBV, Rz. 79 zu Art. 58 aBV; Giovanni Biaggini, in: Daniel Thürer/Jean-François Aubert/Jörg Paul Müller [Hg.], Verfassungsrecht der Schweiz, Zürich 2001, § 73 N. 32; Walther Burckhardt, Kommentar der schweizerischen Bundesverfassung, 3. Aufl. Bern 1931, S. 537). Während demzufolge den öffentlichrechtlich anerkannten Religionsgemeinschaften von Bundesverfassungs wegen unbenommen bleibt, im Rahmen ihrer Autonomie bzw. ihres Selbstbestimmungsrechts eine derartige Gerichtsbarkeit einzurichten (Biaggini, op. cit.; Dieter Kraus, Schweizerisches Staatskirchenrecht, Tübingen 1993, S. 140), werden die Landeskirchen im Kanton Aargau sogar verfassungsrechtlich (§ 114 Abs. 1 KV/AG) dazu angehalten. Wird das pfarramtliche Dienstverhältnis durch kircheneigenes Dienstrecht ausgestaltet, was der Beschwerdeführer in Bezug auf die streitigen vermögensrechtlichen Nebenfolgen seiner Nichtwiederwahl nicht in Abrede stellt, so hält es nach dem Gesagten vor dem Verbot der geistlichen Gerichtsbarkeit stand, wenn die Beurteilung entsprechender Streitigkeiten als in die Zuständigkeit kircheninterner Justizorgane fallend betrachtet wird. Die beanstandete Rechtsschutzregelung, wie sie sich nach der Interpretation des Verwaltungsgerichts ergibt, wird jedoch unter dem Titel des genügenden Rechtsschutzes noch zu prüfen sein. Schliesslich bleibt anzufügen, dass für die Regelung des Verhältnisses zwischen Kirche und Staat die Kantone zuständig sind (explizit: Art. 72 Abs. 1 BV), weshalb rechtsvergleichende Überlegungen zum Rechtsschutzsystem im Staatskirchenrecht anderer Kantone – insbesondere angesichts der föderalistischen Vielfalt an Regelungen in diesem Bereich (vgl. dazu Kraus, op. cit., S. 408 f.) – kein taugliches Auslegungskriterium bilden können.

4.3. Ebenfalls unbegründet erscheint die Rüge, die Argumentation des Verwaltungsgerichts setze sich über den Umstand hinweg, dass die Evang.-Reform. Landeskirche auf die Inanspruchnahme der Rechtsschutzkompetenz für vermögensrechtliche Streitigkeiten verzichtet habe, und verletze dadurch das Willkürverbot und die Autonomie der Landeskirche. Massgebend für die Beurteilung der streitigen Kompetenzfrage ist die in den geltenden Erlassen zum Ausdruck kommende Rechtsordnung, insbesondere § 114 KV/AG (oben E. 4.2). Ein gültiger Verzicht auf die Ausübung der Rechtspflege für gewisse potentiell der landeskirchlichen Jurisdiktion unterstellte Materien könnte allenfalls darin liegen, dass das Organisationsstatut der Landeskirche die betreffenden Materien mit Genehmigung des Grossen Rates (§ 110 Abs. 2 KV/AG) von der landeskirchlichen Rechtspflegekompetenz ausnimmt. Wieweit ein Verzicht auch ohne entsprechenden Niederschlag in der Rechtsordnung bzw. ohne Genehmigung durch den Grossen Rat angenommen werden könnte, braucht nicht weiter abgeklärt zu werden. Seitens des – aufgrund seiner verfassungsrechtlichen Stellung (§ 110 Abs. 3 KV/AG) und der ihm zukommenden Rechtsetzungskompetenz (Art. 7 Abs. 4 OS) – hiefür primär zuständigen Organs der Landeskirche, der Synode, liegt keine dahingehende Erklärung vor; ebenso wenig findet sich eine entsprechende Verlautbarung seitens des landeskirchlichen Exekutivorgans, des Kirchenrates (Art. 8 OS). Zwar ist die Rekurskommission zuständig zur Auslegung des geltenden landeskirchlichen Rechts und kann sie durch ihre Praxis zu dessen Weiterentwicklung beitragen. Die verbindliche Abgrenzung zwischen staatlichen und landeskirchlichen Zuständigkeiten nach der geltenden Rechtsordnung obliegt jedoch im Streitfall den staatlichen Organen. Im Urteil des Verwaltungsgerichts kann keine Verletzung der landeskirchlichen Autonomie erblickt werden, sei es, weil der Entscheid des Gerichts den Auffassungen der zuständigen landeskirchlichen Organe gar nicht widerspricht oder weil jedenfalls nicht von einer willkürlichen Missachtung der landeskirchlichen Rechtsordnung gesprochen werden kann, zumal es letztlich die Kantonsverfassung ist, welche den Rahmen des landeskirchlichen Selbstbestimmungsrechts umschreibt.

4.4. Der Beschwerdeführer rügt eine willkürliche Auslegung von § 60 Ziff. 3 VRPG/AG. Nach der im angefochtenen Entscheid massgeblichen (vor dem 1. November 2000 gültigen) Fassung dieser Bestimmung urteilte das Verwaltungsgericht (im Klageverfahren) als einzige Instanz über: „vermögensrechtliche Streitigkeiten, an denen der Kanton, eine Gemeinde, oder eine öffentlich-rechtliche Körperschaft oder Anstalt des kantonalen oder kommunalen Rechts beteiligt ist, sofern nicht die Verwaltungsgerichtsbeschwerde gegeben oder der Zivilrichter zuständig ist. Ausgenommen sind die Staatsbeiträge und jene Streitigkeiten, auf welche die Bestimmungen über die Rechtspflege in Sozialversicherungssachen zur Anwendung kommen."

Der Beschwerdeführer scheint auf die seit 1. November 2000 gültige neue Formulierung der Bestimmung Bezug zu nehmen, welche – bei ansonsten gleichem ersten Satz – die verwaltungsgerichtliche Klage ausschliesst, „sofern nicht die Verwaltungsgerichtsbeschwerde gegeben oder ein Zivilgericht oder ein Spezialrekursgericht zuständig ist". Er macht geltend, da die Kirche ihre Entscheidkompetenz vom Staat ableite, müsse sich ihre Zuständigkeit zur Beurteilung vermögensrechtlicher Streitigkeiten auf einen gültigen Vorbehalt im staatlichen Recht abstützen. Einen solchen Vorbehalt zugunsten der landeskirchlichen Justizorgane, welche insbesondere nicht unter den Begriff „Spezialrekursgericht" fielen, enthalte § 60 Ziff. 3 VRPG/AG gerade nicht. Wenn das Verwaltungsgericht in seinem Urteil zum Schluss komme, ein Verzicht auf die Gerichtsbarkeit in vermögensrechtlichen Angelegenheiten würde eine ausdrückliche Regelung im Organisationsstatut voraussetzen, lege es § 60 Ziff. 3 VRPG/AG offensichtlich unrichtig aus. Soweit die Kirche in den Grauzonen zwischen staatlicher und innerkirchlicher Angelegenheit nicht ausdrücklich eine eigene Gerichtsbarkeit beanspruche, bleibe es bei der staatlichen Grundordnung, der staatlichen Gerichtsbarkeit. Da sich dieser Einwand in gleicher Weise auch unter Bezugnahme auf die im vorliegenden Verfahren massgebende, bis 31. Oktober 2000 gültige Fassung von § 60 Ziff. 3 VRPG/AG ins Feld führen liesse, ist die Rüge zu behandeln, wiewohl Zweifel daran bestehen, ob sie in einer den Anforderungen von Art. 90 Abs. 1 lit. b OG entsprechenden Weise erhoben wurde. Die Zuständigkeitsnorm von § 60 Ziff. 3 VRPG/AG kann in vertretbarer Weise verschieden ausgelegt werden. Bei Berücksichtigung der Regelung von § 114 KV/AG, wonach die Landeskirchen selber zur Sicherstellung eines genügenden Rechtsschutzes verpflichtet sind, erscheint die im angefochtenen Urteil vorgenommene Auslegung dieser Bestimmung jedenfalls nicht als willkürlich. Von Gewicht ist insbesondere das Argument, dass die Kompetenz zur Beurteilung von Sachanordnungen und vermögensrechtlichen Folgen des landeskirchlichen Dienstrechts nicht aufgespaltet werden sollte, da ansonsten staatliche Gerichte unter Umständen vorfrageweise auch über nicht vermögensrechtliche und damit der kirchlichen Jurisdiktion vorbehaltene Aspekte zu befinden hätten und das Auseinanderfallen der Rechtswege dem Anliegen eines einfachen und effizienten Rechtsschutzes zuwider liefe, woran auch die vom Beschwerdeführer erwähnte Möglichkeit der Sistierung des staatlichen Verfahrens bis zum Entscheid des kirchlichen Justizorgans nichts zu ändern vermag. Wenn die landeskirchliche Rechtspflegekompetenz die Handhabung des Dienstrechts mitumfasst (so Eichenberger, op. cit., N. 2 zu § 114 KV/AG), lässt sich zulässigerweise die Auffassung vertreten, dass auch vermögensrechtliche Streitigkeiten aus dem Dienstrecht unter den Rechtsschutzauftrag von § 114 KV/AG fallen. Der Entscheid über solche Streitigkeiten braucht nicht notwendigerweise im Klageverfahren zu ergehen. Ein genügender Rechtsschutz kann, wie das Verwaltungsgericht zutreffend angenommen hat, auch im Beschwerdeverfahren gewährt werden, indem über vermögensrechtliche Forderungen durch eine Verfügung der beteiligten Verwaltungsbehörde entschieden wird, die alsdann an eine unabhängige Rechtspflegeinstanz weitergezogen werden kann. Eine entsprechende Regelung findet sich heute sowohl im Bund (vgl. Art. 34 ff. des Bundespersonalgesetzes vom 24. März 2000 [BPG; SR 172.220.1]) als auch in einigen Kantonen (vgl. dazu Peter Hänni, Rechtsschutz gegen kantonale Entscheide, in: Peter Helbling/Tomas Poledna [Hg.], Personalrecht des öffentlichen Dienstes, Bern 1999, S. 568 ff.). Dass das neue aargauische Personalgesetz vom 16. Mai 2000 für vermögensrechtliche Streitigkeiten aus staatlichen Dienstverhältnissen offenbar ein Klageverfahren vorsieht (§§ 37 ff.), steht dem nicht entgegen. Es kann auch nicht von einer unzulässigen Vorbefassung gesprochen werden, wenn die (erstinstanzliche) Verfügung, mit der über den Geldanspruch befunden wird, von der gleichen Verwaltungsbehörde ausgeht, welche bereits die dem Streitfall zugrunde liegenden dienstrechtlichen Sachanordnungen (z.B. Auflösung des Dienstverhältnisses) verfügt hat. Massgebend ist, dass die Verfügung an eine unabhängige Rechtspflegeinstanz weitergezogen werden kann, welche den Streitfall sachverhaltsmässig und rechtlich frei überprüft (vgl. Eichenberger, op. cit., N. 3 zu § 114 KV/AG).

4.5. Zu prüfen bleibt, ob die landeskirchliche Rekurskommission, welche als Rechtsmittelinstanz angerufen werden kann, in diesem Sinne einen genügenden Rechtsschutz gewährleistet. Der Beschwerdeführer erblickt in gewissen Mängeln, welche dem Verfahren vor der Rekurskommission anhaften sollen, eine Verletzung des Justizgewährleistungsanspruches und beruft sich in diesem Zusammenhang auf § 114 i.V.m. § 68 KV/AG. So beanstandet er unter anderem, dass die landeskirchlichen Rechtspflegeorgane weder förmliche Zeugeneinvernahmen noch formelle Parteibefragungen durchführen könnten und generell nicht die für die Durchsetzung ihrer Beweisanordnungen erforderliche Amtsgewalt besässen. Bei der Rekurskommission handelt es sich – wie in BGE 127 I 128 E. 4 festgestellt – um ein gerichtsähnliches Organ, dem ausschliesslich rechtsprechende Funktionen obliegen und das von seiner organisatorischen Stellung her einem unabhängigen Gericht gleichgestellt werden kann. Dass ihr allenfalls nur die den Verwaltungsbehörden zustehenden, in § 22 Abs. 1 VRPG/AG genannten Instrumente zur Beweiserhebung (Befragung von Beteiligten und Auskunftspersonen, Beizug von Urkunden, Durchführung von Augenscheinen, Anordnung von Expertisen) zur Verfügung stehen und nicht ohne weiteres auch die Kompetenz zur Einvernahme von Zeugen (§ 22 Abs. 2 VRPG/AG), stellt die grundsätzliche Tauglichkeit der Rekurskommission als Rechtspflegeorgan nicht in Frage. Wenn die Zwangsmittel der Rekurskommission ausreichen, um streitige Sachanordnungen des Dienstrechts wirksam zu überprüfen, darf dies grundsätzlich auch bejaht werden für Verfahren, in denen es um die Beurteilung der vermögensrechtlichen Folgen solcher Anordnungen geht. Sollten sich die behaupteten instrumentalen Mängel auf das Ergebnis eines Verfahrens vor der Rekurskommission tatsächlich in unzulässiger Weise auswirken, könnte hierin eine Verletzung des Rechtsschutzauftrages von § 114 KV/AG oder – bei vermögensrechtlichen Streitigkeiten – auch ein Verstoss gegen die (vorliegend nicht angerufene) Garantie von Art. 6 Ziff. 1 EMRK liegen, was mittels Beschwerde an die nach § 114 Abs. 2 KV zuständige staatliche Rechtsmittelinstanz (Beschwerde an den Regierungsrat gemäss § 59b VRPG/AG), allenfalls mit Verwaltungsgerichtsbeschwerde an das Verwaltungsgericht (§ 52 Ziff. 20 VRPG/AG) sowie mit staatsrechtlicher Beschwerde an das Bundesgericht geltend gemacht werden könnte. Schliesslich erscheinen auch die Befürchtungen, dass die Entscheide der Rekurskommission nicht vollstreckbar sein könnten, aufgrund der diesbezüglichen Ausführungen im angefochtenen Urteil wenig überzeugend. Die Kompetenzzuweisung von § 114 KV/AG impliziert, dass auch vermögensrechtliche Entscheide landeskirchlicher Rechtspflegeinstanzen unter die Regelung von § 75 VRPG/AG fallen müssen, wonach auf Geld- oder Sicherheitsleistung lautende Verfügungen oder Entscheide nach den Vorschriften des Bundesgesetzes über Schuldbetreibung und Konkurs vollstreckbar sind. Im angefochtenen Entscheid kann nach dem Gesagten auch kein Verstoss gegen das Verbot der formellen Rechtsverweigerung (Art. 29 Abs. 1 BV) erblickt werden.

## *IV. Entscheid des Bundesgerichts vom 19. März 2003 i.S. Evangelisch-Reformierte Lukas-Kirchgemeinde Brig-Glis und Umgebung gegen Stadtgemeinde Brig-Glis, Staatsrat des Kantons Wallis sowie Kantonsgericht Wallis (staatsrechtliche Beschwerde) (2P.66/2003)*

**Art. 9 und 30 BV (Kultuskosten)**

*Aus den Erwägungen:*

1. Gemäss Art. 5 des Gesetzes vom 13. November 1991 über das Verhältnis zwischen Kirchen und Staat im Kanton Wallis (GVKS) kommen die Einwohnergemeinden für jenen Teil der ortskirchlichen Kultusausgaben auf, welchen die Pfarreien nicht aus eigenen Mitteln zu bestreiten vermögen (Abs. 1); die entsprechenden Beziehungen können die Pfarreien und die Gemeinden durch eine Vereinbarung regeln (Abs. 2). Gestützt auf diese Bestimmung haben die Stadtgemeinde Brig-Glis und die röm.-kath. Pfarreien von Brig und Glis offenbar vereinbart, dass Erstere pro Kirchenmitglied jährlich Fr. 95.– an die Kultusausgaben bezahlt. Den gleichen Betrag bezahlt die Gemeinde Brig-Glis auch der evang.-reform. Lukas-Kirchgemeinde Brig-Glis und Umgebung, obschon mit dieser keine entsprechende Vereinbarung geschlossen worden ist. Die evang.-reform. Kirchgemeinde, welche gemäss eigenen Angaben nur über einen Zehntel der Mitglieder der röm.-kath. Schwestergemeinde verfügt, sieht sich durch diese formelle Gleichbehandlung materiell ungleich behandelt und hat offenbar erfolglos versucht, einen höheren Beitrag zu erstreiten. Den abschlägigen Beschluss des Staatsrats des Kantons Wallis hat sie mit Verwaltungsgerichtsbeschwerde beim Kantonsbericht angefochten; dieses ist mit Entscheid vom 7. Februar 2003 auf die Beschwerde nicht eingetreten und hat die Beschwerdeführerin an die spezialgesetzlich vorgesehene kantonale paritätische Kommission (vgl. Art. 18 GVKS) verwiesen.

2. Hiergegen hat die evang.-reform. Lukas Kirchgemeinde Brig-Glis und Umgebung am 13. März 2003 staatsrechtliche Beschwerde beim Bundesgericht eingereicht mit dem Antrag, den Nichteintretensentscheid des Kantonsgerichts Wallis aufzuheben. Dieses Rechtsmittel ist indessen

offensichtlich unzulässig: Die staatsrechtliche Beschwerde ist zum Schutz der Träger verfassungsmässiger Rechte gegen Übergriffe der Staatsgewalt bestimmt. Solche Rechte stehen grundsätzlich nur dem Bürger zu, nicht aber dem Gemeinwesen als Inhaber hoheitlicher Gewalt. Öffentlichrechtliche Korporationen – wie Kantone und Gemeinden oder ihre Behörden – können gegen Akte anderer Staatsorgane, die sie als Träger hoheitlicher Befugnisse treffen, somit in der Regel nicht staatsrechtliche Beschwerde führen (BGE 121 I 218 E. 2a S. 219, mit Hinweisen). Eine Ausnahme besteht nur insofern, als sie sich gegen eine Verletzung ihrer durch das kantonale Recht gewährleisteten Autonomie oder Bestandesgarantie zur Wehr setzen (für die Kirchgemeinden: BGE 108 Ia 82 E. 1a S. 84 f.; 264 E. 3b S. 268). Die Beschwerdeführerin beruft sich indessen nicht auf ihre Autonomie, die bei Interessenkonflikten zwischen einander gleichgeordneten Rechtssubjekten auch nicht zum Zuge kommen könnte (BGE 119 Ia 214 E. 3b S. 219, mit Hinweisen), sondern sie macht geltend, vorliegend „als Privatperson" betroffen zu sein. Voraussetzung dafür, dass öffentlichrechtliche Körperschaften wie Private zur staatsrechtlichen Beschwerde legitimiert sind, ist jedoch, dass sie nicht hoheitlich handeln, sich auf dem Boden des Privatrechts bewegen oder sonst wie als dem Bürger gleichgeordnete Rechtssubjekte auftreten und durch den angefochtenen Akt wie eine Privatperson betroffen werden (BGE 120 Ia 95 E. 1a S. 97, mit Hinweisen). Dies ist vorliegend offensichtlich nicht der Fall, dreht es sich doch um einen Streit zwischen zwei öffentlichrechtlichen Körperschaften über die Verteilung von Kosten für öffentliche Aufgaben. Bezüglich der hier masslich umstrittenen Verpflichtung der Einwohnergemeinde zur subsidiären Tragung der Kultusausgaben tritt die Beschwerdeführerin in ihrer Eigenschaft als Trägerin hoheitlicher Befugnisse auf. Mithin ist sie, soweit nicht eine Verletzung ihrer Autonomie oder Bestandesgarantie in Frage steht, nicht zur staatsrechtlichen Beschwerde legitimiert. Auf ihre Eingabe ist im vereinfachten Verfahren nach Art. 36a OG nicht einzutreten, ohne dass Akten oder eine Vernehmlassung eingeholt werden müssten.

## *V. Entscheid des Bundesgerichts vom 1. Oktober 2002 i.S. Syndicat UNIA, Syndicat SIB, section bernoise UNIA, Syndicat FTMH, section bernoise UNIA contre Office cantonal de l'industrie, des arts et métiers et du travail du canton de Berne, Direction de l'économie publique du canton de Berne, Tribunal administratif du canton de Berne (recours de droit administratif) (2A.542/2001)*

### Autorisation d'employer du personnel deux dimanches de l'Avent par année

*Faits:*

Le 1er juin 1997, l'Office cantonal de l'industrie, des arts et métiers et du travail du canton de Berne (ci-après: l'Office cantonal) a publié dans l'Information systématique des communes bernoises une «Autorisation globale temporaire du travail du dimanche». Cette autorisation, valable du 1er mai 1997 jusqu'à nouvel avis, permettait aux magasins de vente du canton de Berne d'employer deux dimanches par an (jours de grande fête exclus) de 10 heures à 16 heures des femmes, des hommes et des jeunes gens ainsi que des apprenti(e)s occupés à la vente. L'Office cantonal énumérait en outre toutes les conditions que devaient respecter ceux qui feraient usage de cette autorisation.

Les 30 novembre et 1er décembre 1999, le Syndicat du secteur tertiaire UNIA (ci-après: UNIA) a demandé des renseignements à l'Office cantonal sur l'emploi du personnel dans les magasins du canton de Berne, en particulier de la ville de Moutier, durant les dimanches précédant Noël. L'Office cantonal a répondu par lettres des 15 et 21 décembre 1999. Il s'est notamment référé à l'autorisation globale du 1er juin 1997.

Le 10 janvier 2000, UNIA, le Syndicat SIB-section bernoise UNIA (ci-après: SIB) et le Syndicat FTMH-section bernoise UNIA (ci-après: FTMH) ont recouru à la Direction de l'économie publique du canton de Berne (ci-après: la Direction cantonale) en concluant à l'annulation des décisions de l'Office cantonal des 15 et 21 décembre 1999 ainsi qu'à celle des autorisations d'employer du personnel le dimanche octroyées par l'Office cantonal dans le canton de Berne, plus spécialement dans les villes de Berne, Bienne, Thoune, Burgdorf, Langenthal et Moutier, et portant sur les dimanches 5, 12 et 19 décembre 1999; ils demandaient en outre à la Direction cantonale de constater que la pratique consistant à octroyer une autorisation générale, comme celle que l'Office cantonal avait accordée le 1[er] juin 1997, était contraire au droit fédéral et d'annuler avec effet immédiat la décision de l'Office cantonal du 1[er] juin 1997. Ils reprochaient à l'Office cantonal de ne pas avoir procédé à une pesée concrète des intérêts en présence, plus particulièrement de n'avoir pas examiné l'urgence du besoin, qu'ils contestaient au demeurant.

Par décision du 1[er] septembre 2000, la Direction cantonale a rejeté le recours, dans la mesure où il était recevable. Elle a estimé que seule l'autorisation globale du 1[er] juin 1997 pouvait faire l'objet d'un recours. Elle considérait que, pour le canton de Berne, il existait un besoin urgent au sens de l'art. 19 al. 3 – en vigueur depuis le 1[er] août 2000 – de la loi fédérale du 13 mars 1964 sur le travail dans l'industrie, l'artisanat et le commerce (ci-après: loi sur le travail ou LTr; RS 822.11) justifiant l'ouverture des magasins deux dimanches par an spécialement durant l'Avent. Le 25 octobre 2000, l'Office cantonal a édicté une autorisation globale temporaire de travail dominical valable du 1[er] décembre 2000 au 31 décembre 2003 qui reprend les termes de celle du 1[er] juin 1997 sauf en ce qui concerne l'horaire: les magasins peuvent être ouverts de 10 heures à 18 heures.

Les syndicats UNIA, SIB et FTMH ont recouru contre la décision de la Direction cantonale du 1[er] septembre 2000 auprès du Tribunal administratif du canton de Berne, Cour des affaires de langue française, (ci-après: le Tribunal administratif). Par jugement des 5/7 novembre 2001, le Tribunal administratif a partiellement admis le recours, dans la mesure où il était recevable: il a limité l'autorisation globale temporaire de travail dominical à deux des quatre dimanches de l'Avent (jours de grande fête exclus). Il a rejeté le recours pour le surplus.

Agissant par la voie du recours de droit administratif, les syndicats UNIA, SIB et FTMH demandent au Tribunal fédéral, sous suite de frais et dépens pour les procédures cantonale et fédérale, d'annuler le jugement du Tribunal administratif des 5/7 novembre 2001 ainsi que les décisions de l'Office cantonal du 1[er] juin 1997 et de la Direction cantonale du 1[er] septembre 2000. Ils se plaignent essentiellement de violation du droit fédéral, notamment des art. 18 et 19 LTr. Ils contestent en particulier l'existence d'un besoin urgent en l'espèce.

*Le Tribunal fédéral considère en droit:*

3. 3.1. La loi sur le travail a été modifiée par une novelle du 20 mars 1998, qui est entrée en vigueur le 1er août 2000. Le présent litige concerne l'autorisation d'employer du personnel deux dimanches de l'Avent en 1999. Le droit applicable en l'espèce est donc la loi sur le travail dans sa teneur d'avant le 1er août 2000. Au demeurant, le nouveau droit n'apporte pas de changements significatifs dans le domaine en cause ici. En principe, l'ancien droit peut donc être interprété à la lumière de la modification du 20 mars 1998, qui codifie la pratique et la jurisprudence.

La loi sur le travail consacre le principe de l'interdiction de travailler le dimanche à son art. 18 al. 1, 1ère phrase (cf., au sujet de la justification de ce principe, l'ATF 120 Ib 332 consid. 3a p. 333/334). Ce principe souffre cependant des exceptions. C'est ainsi que l'art. 19 al. 1 LTr (dans sa version d'avant le 1er août 2000) prévoit que l'autorité cantonale peut autoriser temporairement le travail du dimanche à trois conditions: il faut (a) qu'il existe un besoin urgent dûment établi, (b) que les travailleurs affectés à ce travail y consentent et (c) que l'employeur leur verse, en contrepartie, un supplément de salaire d'au moins cinquante pour cent. Dans sa version actuelle, l'art. 19 LTr contient d'ailleurs les mêmes conditions.

3.2. Sous l'empire de l'ancien droit, le Tribunal fédéral a défini notamment la notion de besoin urgent.

Le 27 juin 1994, dans une affaire jurassienne (ATF 120 Ib 332 consid. 4b p. 334/335), il a relevé que la demande en biens de consommation augmentait pendant la période précédant Noël et que le besoin accru des consommateurs devait être satisfait durant une période très limitée dans le temps. Il a toutefois retenu que ces considérations ne permettaient pas encore d'établir l'urgence à satisfaire ces besoins par une ouverture des commerces le dimanche. Les consommateurs pouvaient acquérir des biens de consommation pendant les jours ouvrables. En outre, la commune de Porrentruy avait déjà autorisé deux ouvertures nocturnes des commerces durant la période précédant Noël. Une ouverture dominicale des commerces – demandée pour le dimanche 19 décembre 1993 de 14 heures à 18 heures 30 – ne correspondait donc pas à un besoin urgent de ces derniers, quand bien même, accompagnée d'animations diverses, elle aurait eu un effet publicitaire bienvenu.

Un peu plus d'un an après l'arrêt précité, le Tribunal fédéral s'est prononcé sur une affaire tessinoise dans un arrêt du 5 septembre 1995 (RDAT 1996 I 63 188, consid. 5c et 5d, p. 191/192). Il a souligné qu'au

Tessin, des ouvertures dominicales des commerces durant la période précédant Noël étaient autorisées depuis 1934 et qu'elles étaient régulièrement accordées depuis une vingtaine d'années – soit depuis 1975 environ – pour un ou deux dimanche(s) après-midi par an. Il s'agissait d'un usage qui pouvait apparaître comme l'indice d'un besoin, que les clients satisferaient à l'étranger le cas échéant, compte tenu des conditions favorables existant en Italie (heures d'ouverture des magasins, taux de change). En outre, pendant la période précédant Noël, où la demande de biens de consommation est particulièrement forte, il y avait lieu de contrecarrer la tendance de la clientèle à aller s'approvisionner à l'étranger. Il est donc apparu que la conjonction d'une longue habitude d'ouverture dominicale des magasins durant la période précédant Noël et d'une situation économique difficile où il convenait de retenir les consommateurs au Tessin créait un besoin urgent justifiant une dérogation au principe de l'interdiction du travail dominical. La dérogation accordée – qui concernait les magasins, les salons de coiffure, les pharmacies, les boucheries et les charcuteries – portait sur deux dimanches après-midi; elle reprenait en outre les conditions de l'art. 19 al. 1 LTr relatives au consentement des travailleurs et au supplément de salaire.

Plus récemment, le Tribunal fédéral a admis, dans une affaire vaudoise, l'existence d'un besoin urgent justifiant l'ouverture des magasins les dimanches 13 et 20 décembre 1998, de 14 heures à 18 heures (arrêt 2A.578/1999 du 5 mai 2000, spéc. consid. 4b). Il a souligné l'imbrication de l'animation qui résultait du marché de Noël de Montreux – dont les stands avaient été installés pour la plupart le long de la Grand-Rue et sous le marché couvert de Montreux – et de celle qui était due à l'ensemble de l'activité commerciale de la place. Il a relevé que cette interdépendance était une caractéristique de cette cause et que les critères dégagés dans l'affaire tessinoise précitée étaient réalisés dans le cas vaudois (tradition consistant à ouvrir les commerces montreusiens certains dimanches pendant la période précédant Noël; âpreté de la concurrence étrangère). Au demeurant, les commerçants en cause s'étaient expressément engagés à verser aux travailleurs concernés un supplément de salaire d'au moins cinquante pour cent.

A l'heure actuelle, l'art. 27 de l'ordonnance 1 du 10 mai 2000 relative à la loi sur le travail (OLT 1; RS 822.111) détermine ce qu'il faut entendre par besoin urgent; l'art. 27 al. 1 lettre c OLT 1 dispose: «Le besoin urgent est établi lorsque s'imposent: a. (...) b. (...) c. des interventions de durée limitée, de nuit ou le dimanche, dans le cadre d'événements de société ou de manifestations d'ordre culturel ou sportif procédant des spécificités et coutumes locales ou des besoins particuliers de la clientèle.»

4. Les recourants reprochent au Tribunal administratif d'avoir violé les art. 18 et 19 LTr en confirmant une pratique consistant à accorder des autorisations globales de travail du dimanche sans examiner s'il existe un besoin urgent. Ils estiment d'ailleurs que l'octroi de toute autorisation générale dans ce domaine est incompatible avec la pesée des intérêts en présence nécessaire pour évaluer l'existence d'un besoin urgent. Ils nient en outre que l'autorisation globale litigieuse puisse se fonder sur la loi bernoise du 4 novembre 1992 sur le commerce et l'industrie (ci-après: LCI), en particulier sur l'art. 11a LCI, en tant que cette réglementation irait à l'encontre de la force dérogatoire du droit fédéral. Les recourants soutiennent aussi que l'autorité intimée aurait violé le principe de la séparation des pouvoirs dans la mesure où le jugement attaqué créerait en fait une règle de niveau législatif. Enfin, ils nient l'existence d'un besoin urgent en l'espèce.

4.1. L'art. 18 LTr, qui interdit le travail dominical, fait partie des dispositions légales visant à protéger les travailleurs (cf. le message du 30 septembre 1960 du Conseil fédéral à l'Assemblée fédérale concernant un projet de loi sur le travail dans l'industrie, l'artisanat et le commerce, in FF 1960 II 885 ss, spéc. pp. 909, 953 et 955-957). Le 1$^{er}$ décembre 1996, un projet de modification de la loi sur le travail, qui prévoyait notamment l'occupation des travailleurs sans autorisation officielle pendant six dimanches et jours fériés par an (cf. FF 1996 I 1275 ss, spéc. p. 1279), a été rejeté en votation populaire. Il est ressorti d'une analyse que l'assouplissement du travail dominical avait été un des éléments déterminants pour le rejet de ce projet (cf. le rapport du 17 novembre 1997 de la Commission de l'économie et des redevances du Conseil national au sujet de l'initiative parlementaire concernant la révision de la loi sur le travail, in FF 1998 p. 1128 ss, spéc. p. 1131). Le 1$^{er}$ décembre 1996, les citoyens bernois ont par ailleurs adopté l'art. 11a LCI, selon lequel deux jours fériés officiels par année, excepté les jours de grande fête, d'autres magasins que les laiteries, les boulangeries, les pâtisseries, les confiseries, les magasins d'alimentation dont la surface ne dépasse pas 120 m$^2$ et les magasins de fleurs, pouvaient également ouvrir de 10 heures à 16 heures (durée portée à 18 heures, le 6 avril 2000). Cette nouvelle disposition bernoise, qui n'est pas en soi incompatible avec le droit fédéral en vigueur, ne saurait cependant servir à le contourner (cf. ATF 125 I 431 consid. 3b/aa p. 434). De plus, il ne serait pas admissible d'introduire par une voie détournée une réglementation que le peuple a refusée en votation populaire et à laquelle le Parlement a renoncé même sous la forme atténuée de deux dimanches travaillés par an en adoptant la novelle du 20 mars 1998. A cet égard, la lettre du 10 mars 1997 de l'Office fédéral de l'industrie des arts et métiers et du travail (ci-après: l'Office fédéral), adressée aux autorités cantonales d'exécution de la loi sur le travail, puis sa circulaire d'octobre 1997, relative à la loi sur le travail concernant le travail du dimanche dans les magasins, sont critiquables. En effet, dans ces deux textes, l'Office fédéral a affirmé qu'il était possible d'accorder deux autorisations globales par année, sans analyser s'il existait véritablement un besoin. Ainsi, l'autorisation globale du 1^er^ juin 1997 ne saurait se fonder valablement ni sur l'art. 11a LCI ni sur la lettre de l'Office fédéral du 10 mars 1997 pour établir une réglementation contraire à la loi sur le travail.

Au demeurant, le fait que l'autorisation du 1^er^ juin 1997 ait un certain caractère global n'est pas en soi critiquable, bien que la définition de la décision contenue dans l'art. 5 PA n'indique pas à quelles conditions cela serait possible (cf. toutefois l'art. 30a PA; au sujet des décisions globales, Alfred Kölz/Isabelle Häner, Verwaltungsverfahren und Verwaltungsrechtspflege des Bundes, 2^e^ éd., Zurich 1998, n. 493-495, pp. 178/179). Or, il est indéniable que des raisons pratiques justifient parfois de régler un certain nombre de cas concrets dans une seule décision. En revanche, une telle simplification n'est admissible que dans le respect des exigences légales, ici notamment de la clause du besoin urgent dûment établi (cf. RDAT 1996 I 63 188, consid. 6, pp. 193/194).

4.2. Reste à examiner si c'est à bon droit que l'autorité intimée a admis l'existence d'un besoin urgent dûment établi justifiant l'ouverture des commerces sur tout le territoire du canton de Berne durant deux dimanches de l'Avent, de 10 heures à 16 heures, voire 18 heures.

Dans le cas tessinois précité (RDAT 1996 I 63 188, consid. 5c et 5d, pp. 191/192), le Tribunal fédéral a considéré qu'il existait un besoin résultant d'une longue tradition d'ouverture des commerces durant les dimanches précédant Noël – remontant à 1934. Il a également tenu compte d'une tradition, mais plus récente, dans l'affaire vaudoise susmentionnée (arrêt 2A.578/1999 du 5 mai 2000, consid. 4b). En l'espèce, l'examen du dossier ne fait pas apparaître une tradition de ce genre dans tout le canton de Berne. Il ressort du jugement attaqué que ce sont au contraire les ouvertures des commerces le dimanche qui ont provoqué différentes manifestations dans les principales localités bernoises. Or, une dérogation à l'interdiction du travail dominical n'est justifiée que si elle satisfait un besoin préexistant, et non pas si elle en crée un nouveau. Dans le cas particulier, on ne saurait par conséquent admettre qu'il existe un besoin urgent fondé sur une tradition pour l'ensemble du canton de Berne. Au surplus, s'il existait une tradition dans l'une ou l'autre commune bernoise, une dérogation à l'interdiction du travail dominical serait envisageable pour ladite commune, en raison des particularités de sa situation. Ainsi, la dérogation admise par l'autorité de céans dans l'affaire vaudoise évoquée ci-dessus (arrêt 2A.578/1999 du 5 mai 2000, consid. 4b), limitait ses effets aux commerçants requérants d'une seule localité. Enfin les communes qui satisfont aux besoins du tourisme (cf. art. 27 al. 2 lettre c LTr) peuvent être soumises à des dispositions dérogatoires.

Dans le cas tessinois précité (RDAT 1996 I 63 188, consid. 5d, p. 192), le Tribunal fédéral a aussi pris en considération l'existence d'un besoin résultant de la concurrence italienne spécialement vive, alors que la situation économique était déjà très tendue. Dans l'affaire vaudoise susmentionnée (arrêt 2A.578/1999 du 5 mai 2000, consid. 4b), il a également évoqué, mais dans une moindre mesure, l'élément de la concurrence étrangère. Dans le cas présent, ce facteur n'entre pas en ligne de compte. Le canton de Berne qui, au centre de la Suisse, ne subit pas une forte pression de la concurrence étrangère n'a pas une situation comparable à celle d'un canton frontalier. En particulier, on ne saurait suivre l'autorité intimée lorsqu'elle assimile les principales villes bernoises à des localités frontalières – sans les qualifier ainsi – en raison de la mobilité de la clientèle. En effet, une conception aussi large permettrait d'instaurer un régime frontalier pour l'ensemble du territoire suisse, du seul fait que les voies de communication routières et ferroviaires y sont performantes. De toute façon, des dérogations à l'interdiction du travail dominical ne sont accordées que restrictivement même aux commerces frontaliers, comme cela ressort de l'arrêt concernant Porrentruy (ATF 120 Ib 332 consid. 5b et 5c pp. 335-337).

Au demeurant, si une dérogation a été admise dans les affaires tessinoise et vaudoise précitées (cf. RDAT 1996 I 63 188, consid. 5d, pp. 192/193 et arrêt 2A.578/1999 du 5 mai 2000, consid. 4b), c'est en raison de circonstances bien particulières qu'on ne retrouve pas dans la présente espèce. D'ailleurs, l'autorité intimée a elle-même admis qu'au regard de la jurisprudence relative à l'affaire jurassienne susmentionnée (ATF 120 Ib 332), on voyait mal selon quels critères un besoin urgent pourrait être reconnu dans le cas particulier (jugement attaqué, consid. 3.4.2 p. 24), d'autant que l'autorisation critiquée concerne tous les commerces de tout le territoire du canton de Berne.

Il apparaît dès lors que le Tribunal administratif a violé le droit fédéral en considérant qu'il existait un besoin urgent justifiant l'ouverture de tous les commerces du canton de Berne durant deux dimanches de l'Avent de 10 heures à 16 heures. Il n'est pas nécessaire d'examiner si cette violation de la loi sur le travail constitue, au surplus, une entorse au principe de la séparation des pouvoirs.

Comme l'une des conditions cumulatives auxquelles est soumis le travail dominical temporaire n'est pas remplie en l'espèce, il y a lieu d'annuler le jugement entrepris, sans examiner si les autres exigences sont satisfaites.

SJKR/ASDE 8 (2003), S. 185-205

# Mitteilungen

## Jahresbericht 2003 der Schweizerischen Vereinigung für evangelisches Kirchenrecht

### *I. Tagung und Generalversammlung vom 31. Januar 2003*

Die Tagung fand erstmals in der Geschichte der Schweizerischen Vereinigung für evangelisches Kirchenrecht in Aarau statt, was gerne als eine bescheidene Reverenz an den Kanton und seine Hauptstadt gedeutet werden mag, der in diesem Jahr das Jubiläum „200 Jahre Kanton Aargau" begangen hat. Zudem erwies sich die zentrale Lage Aaraus als günstig für die Tagung.

In den Räumlichkeiten des Theologisch-Diakonischen Seminars in Aarau referierte als erster Prof. Dr. theol. *Wolfgang Lienemann*, Bern, zum Thema „Probleme der Stellung der theologischen Fakultäten im modernen Staat – ekklesiologische und kirchenrechtliche Aspekte"[1]. Gegenüber früheren Zeiten hat sich die Stellung der Theologie in den Universitäten einschneidend geändert. Insbesondere ist die Zuordnung staatlicher, kirchlicher und universitärer Zuständigkeiten hinsichtlich der Angelegenheiten theologischer Fakultäten in der Gegenwart verstärkt klärungsbedürftig. Mangels einer entsprechenden Rahmenkompetenz des Bundes begegnet man in der Schweiz einer Vielzahl kantonaler Bestimmungen über die theologischen Fakultäten. Der Referent stellte in seinem tiefgründigen Referat u.a. die These auf, dass klare Kompetenzordnungen nicht nur der kirchlichen Eigenständigkeit, sondern auch dem Kulturauftrag des Staates angemessen wären. In wissenschaftlicher Hinsicht ist es aber unbedingt nötig, dass die Freiheit der Theologie garantiert bleibt.

1 Siehe vorn S. 11 ff.

„Wo der Theologie diese Freiheit bestritten oder gewaltsam genommen wird, wird sie sie sich nehmen müssen – notfalls auch ausserhalb der Universität." Die Thesen von Lienemann vermochten eine spannende, wenn auch aus Zeitgründen leider nur knapp bemessene Diskussion über den Status der theologischen Fakultäten im staatlichen Kontext auszulösen.

Der Nachmittagsreferent, lic. utr. iur. *Christian Tappenbeck* (Murten), Mitglied der freiburgischen Kirchensynode und juristischer Berater freiburgischer Kirchgemeinden, widmete sich – im Rahmen einer sehr gut gelungenen und eindrücklichen PowerPoint-Präsentation[2] – einem nur scheinbar abgelegenen Thema, nämlich dem weit über hundertjährigen Staatsvertrag zwischen den Kantonen Bern und Freiburg aus dem Jahr 1889 über die „gemischten" Kirchgemeinden in dieser Grenzregion[3]. Der Vertrag regelt die gemeinsamen Belange der freiburgischen und bernischen Kirchgemeindeteile in den drei grenzüberschreitenden bernisch-freiburgischen Kirchgemeinden, wie insbesondere die Pfarrwahl und die Kirchgemeindeverwaltung. Dieser altehrwürdige Staatsvertrag ist nicht nur ein beeindruckendes Zeitdokument (das bis zum heutigen Tag nie angepasst wurde, auch wenn gewisse Mängel in seinem Text nicht zu verkennen sind), sondern es ist durchaus auch ein Modell übergemeindlicher und überregionaler Zusammenarbeit. Es sind heute zunehmend neue Formen kirchlicher Zusammenarbeit und Regionenbildung gefragt. Tappenbeck zeigte in seinem Referat auf, dass die Grundidee dieses Staatsvertrages zukunftsweisend in Richtung eines „Espace réformé" weiterentwickelt werden könnte.

Im Verlaufe des Tages versammelten sich die anwesenden Mitglieder der Vereinigung zur 11. ordentlichen Generalversammlung, welche die üblichen Traktanden behandelte. Unter anderem genehmigte sie die von Finanzverwalter Fürsprecher *Peter D. Deutsch* sorgfältig und übersichtlich präsentierte Jahresrechnung 2002, die mit einem guten Ergebnis abschloss. Die Vereinigung ist froh, dass sie für die Herstellung und den

2 Erstmals wurde an einer unserer Tagungen dieses technische Hilfsmittel angewendet.

3 Siehe vorn S. 45 ff. – Übereinkunft mit dem hohen Stande Freiburg zu näherer Bestimmung der kirchlichen Verhältnisse der gemischten Gemeinden Ferenbalm, Kerzers und Murten vom 22. Januar/6. Februar 1889. Dieser Staatsvertrag findet sich abgedruckt in *Christoph Winzeler*, Schweizerische Kirchenrechtsquellen III: Konkordate und weitere Verträge (Beiheft 5 zum Schweizerischen Jahrbuch für Kirchenrecht), Bern 2004 [im Druck].

Druck des Jahrbuchs wieder mit der finanziellen Hilfe der deutschschweizerischen, in der Kirchenkonferenz zusammengeschlossenen Landeskirchen hat rechnen dürfen. Es liegt uns daran, an dieser Stelle für die Unterstützung und das damit erzeigte Wohlwollen herzlich zu danken. Die Versammlung dankte auch – mit der Übergabe eines Geschenks – dem geschäftsführenden Herausgeber des Schweizerischen Jahrbuchs für Kirchenrecht. Die von Vorstandsmitglied Dr. *Christoph Winzeler* verfasste Würdigung im Editorial von Band 7 (2002) des Jahrbuchs weist darauf hin, dass nun bereits der zehnte Band erschienen ist: sieben „ordentliche" Jahrbuchbände in ununterbrochener Abfolge seit 1996, sodann drei Beihefte („Kirche in der Stadt" über eine Kirchenverfassungsrevision in Basel-Stadt, Quellenband I zum kantonalen und Quellenband II zum eidgenössischen Religionsrecht). Dieses schöne Ergebnis ist weithin ein Verdienst von Dr. *Dieter Kraus*.

## *II. Beihefte 4 und 5 zum Schweizerischen Jahrbuch für Kirchenrecht*

Im Berichtsjahr erschien als viertes Beiheft zum Schweizerischen Jahrbuch für Kirchenrecht der Band „Bundesstaat und Religionsgemeinschaften/Etat fédéral et communautés religieuses". Dabei handelt es sich um Überlegungen und Vorschläge für ein zeitgemässes Religionsrecht in der schweizerischen Bundesverfassung. Verfasst ist der Band von *Ueli Friederich*, *Roland J. Campiche*, *René Pahud de Mortanges* und *Christoph Winzeler*. Der Präsident des Schweizerischen Evangelischen Kirchenbundes, Pfarrer *Thomas Wipf*, betont im Geleitwort, dass es im Interesse des Staates liegen muss, den Dialog mit Institutionen zu führen, die das geistig-kulturelle Erbe bewahren und die in aktuellen ethischen Fragen Werte vermitteln:

> „Der Religionsartikel, so wie ihn der Rat des Schweizerischen Evangelischen Kirchenbundes sich vorstellt, will die bewährten föderalen Strukturen im Verhältnis zwischen Staat und Kirchen anerkennen. Er sollte darauf aufbauen, zugleich aber eine staatspolitisch notwendige Ergänzung auf Bundesebene schaffen. Die heutige verfassungsrechtliche ‚Nichtbeziehung' zwischen dem Bund, den Kirchen und anderen Religionsgemeinschaften sollte um der gemeinsamen zukünftigen Aufgaben willen überwunden werden."

Vorgelegt wird der Vorschlag einer Ergänzung von Art. 15 (Glaubens- und Gewissensfreiheit) und – in zwei Varianten – Art. 72 (Kirche und Staat) der Bundesverfassung.

Zudem hat *Christoph Winzeler* das Manuskript für den Quellenband über die Staats- und Kirchenkonkordate abgeschlossen. Dieser dritte Band der Schweizerischen Kirchenrechtsquellen wird 2004 als Beiheft 5 zum Schweizerischen Jahrbuch für Kirchenrecht erscheinen. Er gibt die Bistumsverträge (Konkordate) mit der Römisch-katholischen Kirche und weitere, sich darauf beziehende Aktenstücke wieder. Sodann werden Verträge, gegliedert nach Kantonen, mit evangelisch-reformierten Landeskirchen, römisch-katholischen Einrichtungen und anderen Religionsgemeinschaften abgedruckt. Schliesslich enthält der Band eine Reihe von Verträgen zwischen Kirchen und parakirchlichen Einrichtungen.

## *III. Weitere Tätigkeit*

Der Vorstand hat sich wiederum zu drei Sitzungen getroffen, zwei Mal in Bern und ein Mal in Zürich. Besonders ins Blickfeld der Vereinigung sind die staatskirchenrechtlichen Ereignisse im Zusammenhang mit der am 30. November 2003 im Kanton Zürich stattfindenden Volksabstimmung über das Verhältnis zwischen dem Staat und den Kirchen gerückt. Dabei soll bekanntlich die Kantonsverfassung in den Bestimmungen, die das Verhältnis des Staates zu den Kirchen regeln, geändert werden. Sodann ist vorgesehen, die beiden heutigen Kirchengesetze zu einem einzigen Rahmengesetz zu vereinigen, und im „Anerkennungsgesetz“ geht es um die Modalitäten der Anerkennung von Kirchen und Religionsgemeinschaften[4]. An einer Tagung in Zürich am 19. Juni des Berichtsjahres, die von der Theologischen Fakultät der Universität Zürich organisiert wurde und die die in Aussicht genommene Revision der Zürcher Kirchenordnung zum Gegenstand hatte, haben auch Mitglieder der Vereinigung teilgenommen und mitgewirkt[5]. Eine weitere Veranstaltung an der Universität Zürich hat am 31. Oktober 2003 stattgefunden[6].

4 Siehe die Berichterstattung S. 241 ff. und die Dokumentation S. 308 ff. in diesem Band.

5 Vgl. auch die Mitteilung von *Cla Reto Famos* S. 191 ff. in diesem Band.

6 Vgl. auch die Mitteilung von *Jean-Daniel Strub* S. 194 ff. in diesem Band.

Für die nächste Tagung, die am 30. Januar 2004 in Zürich durchgeführt wird, konnte der Vorstand als Referenten Dr. iur. *Martin Röhl* (Zürich) gewinnen, der im Anschluss an die Zürcher Volksabstimmungen die Ereignisse bzw. die Auswirkungen auf die innerkirchliche Gesetzgebung aus juristischer Sicht beleuchten wird. Das andere Referat dieser nächsten Tagung wird dem Thema „Gleichstellung der Geschlechter und die Kirchen" aus religionsrechtlicher und religionsphilosophischer Perspektive gewidmet sein und von Prof. Dr. iur. can. *Adrian Loretan* (Luzern) gehalten werden.

*Der Vorstand*

# Engelberger Seminar 2002

Studierende der Theologie und der Rechtswissenschaften miteinander ins Gespräch zu bringen und Brücken zwischen katholischer und evangelischer Theologie und Jurisprudenz zu schlagen, ist der Sinn der Engelberger Seminare. Der Ort ist zum Markenzeichen geworden: Bereits zum dritten Mal fand dieses interdisziplinäre Seminar im Kloster Engelberg statt unter der Leitung der Professoren *Loretan* (Uni Luzern), *Hafner* und *Kuhn* (Uni Basel). Vom 21.-24. November 2002 genossen die 26 Teilnehmenden nicht nur die benediktinische Gastfreundschaft und das Chorgebet, sie wuchsen auch schnell zu einer offenen und anregenden Lerngemeinschaft zusammen.

Unter dem Titel „Religion und Verfassung" wurde erörtert, in welcher Form sich die katholische und die evangelischen Kirchen selber eine Verfassung geben und wie der Staat in der Schweiz die Religionsgemeinschaften seinerseits „verfasst" (kantonales Staatskirchenrecht). Diese äusserst unterschiedlichen „Verfassungen" und ihre Hintergründe wurden in Referaten vorgestellt und in Gruppenarbeiten mit der Bundesverfassung verglichen.

Im Rahmen des Seminars fand erstmals auch eine öffentliche Podiumsveranstaltung statt. Zusammen mit einer Basler Verfassungsrätin und einem reformierten Obwaldner Pfarrer diskutierten die drei Professoren unter der Leitung von *Urs Brosi* über das „Verhältnis von Staat und Kirchen – heute und morgen". Die beabsichtigte Änderung des Religionsunterrichts im Kanton Obwalden und der Entwurf des Schweizerischen Evangelischen Kirchenbundes für einen neuen Religionsartikel in der Bundesverfassung boten dabei aktuelle Aufhänger.

Die Interdisziplinarität dieses Seminars ist spannend und anspruchsvoll zugleich. Dies gilt nicht nur für die Studierenden, die sich jeweils auf zwei für sie kaum bekannte Fächer einlassen müssen, auch die Professoren stehen bei der thematischen Vorbereitung jeweils vor neuen Herausforderungen. Der Zuspruch der Studierenden ermutigt aber, diese Arbeit fortzusetzen. Das Engelberger Seminar 2003 wird unter dem Titel stehen „Frau in Kirche und Staat – theologische und rechtliche Perspektiven". Es wird vom 20.-23. November 2003 stattfinden.

*Urs Brosi*

# Tagung der Theologischen Fakultät Zürich zum Thema „Das Recht der Kirche"

Am Donnerstag, 19. Juni 2003 lud die Theologische Fakultät der Universität Zürich zu einer Tagung ein. Aus Anlass der Zürcher Kirchenordnungsrevision lautete das Thema „Das Recht der Kirche". Im Zuge der Neuordnung des Verhältnisses von Kirche und Staat wird sich die evangelisch-reformierte Landeskirche des Kantons Zürich auch eine neue Kirchenordnung (rechtstechnisch spricht man besser von Kirchenverfassung) geben. Dabei stehen wichtige Fragen zur Lösung an. Neue Mitgliedschaftsmodelle werden vorgeschlagen. Das Verhältnis von Pfarramt und Kirchenpflege soll klarer geregelt werden. Es ist umstritten, wie weit die Autonomie der Kirchgemeinden durch die Landeskirche eingeschränkt werden soll.

In seinem Eingangsreferat warf *Peter Karlen* aus staatskirchenrechtlicher Sicht einen Blick auf die Zürcher Reform, also auf die staatskirchenrechtlichen Vorlagen im Kanton. Karlen verwies auf den Bedeutungszuwachs des Rechts der Kirche durch ihre Entflechtung vom Staat und zeichnete den Wandel vom traditionellen Staatskirchenrecht zum staatlichen Religionsrecht nach. Karlen ging in seinem Referat auf alle wesentlichen Punkte des geplanten Reformwerks ein und gab eine pointierte Stellungnahme ab. Er beleuchtete das abgestufte und offene Anerkennungssystem, in dem zwischen der Anerkennung als privatrechtlicher Verein und der Anerkennung als öffentlichrechtlicher Gemeinde unterschieden wird. Danach sprach er die Regelung der kirchlichen Autonomie an und wies darauf hin, dass ein Verweis auf das kirchliche Selbstbestimmungsrecht einem modernen Religionsrecht besser entsprochen hätte. Die Kostenbeiträge als neue Form direkter Staatsleistungen wurden kritisch beleuchtet. Karlen monierte, dass die zur Debatte stehende Regelung zu stark an einem kulturstaatlichen Ansatz orientiert sei, und rief die Kirche dazu auf, die Reform ihres eigenen Rechts umsichtig und aus der ihr eigenen kritischen Distanz an die Hand zu nehmen.

*Dieter Kraus* referierte über die Kirchenordnungsrevisionen in der Schweiz. Er verwies darauf, dass sich die Unterscheidung in Kirchenordnung und Kirchenverfassung allgemein eingebürgert habe und sinnvollerweise auch in Zürich Beachtung verdiente. Während eine Kirchenverfassung als oberste kirchenrechtliche Norm über allgemeine Ziele des kirchlichen Handelns, über Zuständigkeiten, Ämter und Strukturen Rechenschaft abgibt, befasst sich die Kirchenordnung mit den Amtshandlungen und dem kirchlichen Handeln. In der Zürcher Landeskirche wird man allerdings – das zeigte sich in der Diskussion schnell – auch weiterhin bei der traditionellen Bezeichnung bleiben und sowohl Verfassungsnormen als auch Bestimmungen zu den Amtshandlungen in einem Erlass unter der Bezeichnung Kirchenordnung zusammenfassen. Kraus ging auf eine Fülle von Spezialfragen ein. Die angeschnittenen Themen reichten dabei von stilistischen Bemerkungen bis zur Grundrechtsproblematik oder der Frage von gleichgeschlechtlichen Partnerschaften.

*Cla Reto Famos* nahm zur Frage Stellung, welchen Anforderungen eine Kirchenordnung aus praktisch-theologischer Perspektive zu genügen habe. Famos wandte sich als erstes der Frage der Verhältnisbestimmung zu. Evangelisches Kirchenrecht kann als die Summe von Normen definiert werden, welche das Leben und Wirken einer Kirche regeln. Die Praktische Theologie als Ort der Praxisreflexion in der Theologie hat sich deshalb intensiv mit kirchenrechtlichen Fragen auseinanderzusetzen, zumal diese an Bedeutung noch zunehmen. In einem Gang durch die Felder der Praktischen Theologie (Kybernetik, Gemeindeaufbau, Seelsorge, Gottesdienst und Religionspädagogik) zeigte Famos die Relevanz kirchenrechtlicher Regelungen auf. Die Aufgabe des Kirchenrechts ist es, einen formellen Prozess der Adaption des Evangeliums an gesellschaftliche Veränderungen zu gewährleisten. Die Praktische Theologie erwartet somit vom Kirchenrecht, im Dienst des Evangeliums eine institutionelle Ordnung der Kirche zu entwerfen, die sicherstellt, dass die Kirche ihrem Auftrag gerecht werden kann.

*Ingolf U. Dalferth* ging auf ekklesiologische Aspekte einer neuen Kirchenordnung ein. Aus kritischer Distanz zum Entstehungsprozess der neuen Zürcher Kirchenordnung stellte er fest, dass sich nicht alles, was man ordnen möchte, auch ordnen lasse und dass insbesondere nicht alles geordnet werden müsse, was sich ordnen lasse. In einer Kirchenordnung sei nur das zu regeln, was geregelt werden muss, weil die Situation es erfordert, in der die Kirche lebt. Dalferth ging auf den Auftrag der Kirche ein, den er als Evangeliumskommunikation definierte, und wandte sich dann der Ämterfrage zu. Der Dienst der ganzen Gemeinde hat gegenüber allen besonderen Ordnungen Priorität. Der Ordnung des öffentlichen Verkündigungsdienstes, der im Pfarramt geregelt ist, kommt nach Dalferth aus dem Auftrag der Kirche zentrale Bedeutung zu.

An der anschliessenden Podiumsdiskussion nahmen neben den Referenten auch *Jakob Frey*, Leiter des Rechtsdienstes der Reformierten Kirchen Bern-Jura-Solothurn, *Gottfried Locher*, Präsident des Reformierten Weltbundes Europa und Leiter Aussenbeziehungen des SEK, *Inger Muggli-Stockholm*, Dekanin des Bezirks Hinwil und Kirchenratspräsident *Ruedi Reich* teil. Hier wurden weitere Aspekte in die Diskussion eingebracht. Locher verwies bspw. auf die Notwendigkeit, die verschiedenen Ebenen kirchlichen Handelns besser aufeinander abzustimmen. Frey berichtete aus seiner Praxis als Kirchenjurist vom Bestreben der Berner Kirche, den Sonntagmorgengottesdienst u.a. wegen Sparmassnahmen des Staates zu reduzieren, und regte zu einer Reflexion dieser Entwicklung an.

Die gut besuchte Tagung brachte Vertreter aus Pfarramt, Kirchenleitung aller Ebenen, der akademischen Theologie und Jurisprudenz und der kirchenjuristischen Praxis zusammen und kann so als ein gelungenes Beispiel einer universitären Weiterbildungsveranstaltung bezeichnet werden.

*Cla Reto Famos*

# Die Wissenschaft und das (politisch) Mögliche. Bericht über eine Tagung zur Reform des Zürcher Religionsrechts

Das Verhältnis von Kirche und Staat ist seit jeher nicht nur ein grundlegendes Thema des Religionsrechts, sondern auch der theologischen Ethik. Gestalt und Aufgabe kirchlicher Gemeinschaften, ihre Rolle und ihr Auftrag in der Öffentlichkeit sowie die Legitimation staatlicher Vorgaben und Finanzleistungen an die Kirchen bilden wesentliche Eckpunkte theologisch-ethischer Reflexion. Diese Themenkreise finden besonders dann Beachtung, wenn – wie am 30. November 2003 im Kanton Zürich – kirchenrechtliche Vorlagen zur Abstimmung gelangen. Im Rahmen einer öffentlichen Tagung an Zwinglis Wirkungsstätte hat das Institut für Sozialethik der Universität Zürich am 31. Oktober 2003 Staatskirchenrechtler, kirchliche Praktikerinnen und Praktiker, Ethikerinnen und Ethiker sowie ein breites Publikum aus Kirchen- und Politkreisen zur Reflexion und Diskussion der zentralen Inhalte des Reformpakets eingeladen.

Die Stimmbürgerinnen und Stimmbürger des Kantons Zürich entscheiden über drei Vorlagen: Zum einen soll das Verhältnis von Kirchen und Staat auf Verfassungsebene neu geregelt werden. Zum andern wird über ein neues Kirchengesetz abgestimmt. Zum dritten schliesslich steht ein Gesetz zur Diskussion, das neben der römisch-katholischen, der christkatholischen und der evangelisch-reformierten Kirche weiteren Religionsgemeinschaften die Möglichkeit öffentlichrechtlicher Anerkennung eröffnet. Das Reformpaket stellt das Resultat eines Prozesses dar, der im Anschluss an die im Jahr 1995 abgelehnte kantonale Initiative zur vollständigen Trennung von Kirche und Staat eingeleitet wurde. Im Brennpunkt der Debatte stehen vier Aspekte, denen im Tagungsprogramm je ein eigener Block gewidmet war: Jeweils ein Referat und ein Korreferat befassten sich mit den Fragen der Ablösung der historischen Rechtstitel, der Kirchensteuer juristischer Personen und der Anerkennung weiterer Religionsgemeinschaften. Eine abschliessende breite Podiumsdiskussion hatte die Thematik der kirchlichen Stimmrechtsautonomie zum Gegenstand.

## *Respekt gegenüber der geleisteten Arbeit ...*

*Wolfgang Lienemann*, Professor für Ethik an der Theologischen Fakultät der Universität Bern, nahm die in § 16 des Kirchengesetzes (E-KiG) vorgesehene Ablösung der historischen Rechtstitel durch eine Neuregelung der staatlichen finanziellen Beiträge an die Kirchen zum Anlass, anhand von grundsätzlichen Überlegungen zum Wesen christlicher Kirchen die Frage der finanziellen Abgeltung ihrer karitativen und kulturellen Leistungen durch den Staat zu reflektieren. Es gehöre, so Lienemann, seit jeher zu den unverzichtbaren Lebens- und Wesensäusserungen der Kirchen, dass sie gesellschaftlich-diakonische Aufgaben wahrnähmen. Heute lasse sich auf empirischem Wege unschwer feststellen, dass zunehmend mehr Menschen von kirchlichen Angeboten und Leistungen Gebrauch machten und diese als wünschenswert empfänden, als Personen Kirchen angehörten. Gerade diesem Wunsch könne der Staat Rechnung tragen, indem er Bereitschaft zeige, die gesamtgesellschaftlich bedeutsamen Dienste und Leistungen der Kirchen und anderer religiöser Gemeinschaften im Sinne einer modernen, freiheitlich-partnerschaftlichen Regelung finanziell abzugelten.

Entscheidende Voraussetzung für das Gelingen des derzeit zur Debatte stehenden „historischen Kompromisses" der Ablösung der historischen Rechtstitel sei allerdings, wie Lienemann unterstrich, dessen demokratische Legitimation. Dazu gehöre auch, dass die neue Regelung der Finanzbeziehungen nicht zu einem Instrument der staatlichen Kontrolle über die kirchlichen sozialen Aktivitäten werde. Das Eintreten der Religionsgemeinschaften etwa für Menschen, die politischen Akteuren ein Dorn im Auge seien, müsse stets möglich bleiben.

Während es für Lienemann unzweifelhaft schien, dass die Gesetzesvorlage zu einer tatsächlichen Ablösung und Abgeltung der historischen Rechtstitel führe, stellte das Korreferat von Dr. *Stefan Streiff* genau dies in Frage. Da § 16 E-KiG die historischen Rechtstitel nicht explizit erwähne, sei ersichtlich, dass hier nicht der Weg der Ablösung, sondern der Verdrängung eines Problems gewählt worden sei. Kommende Generationen müssten sich deshalb wahrscheinlich von neuem der Problematik der historischen Rechtsansprüche widmen, sofern nicht dereinst gar die Kirchen selbst – in Anbetracht schrumpfender staatlicher Finanzbeiträge – wieder Ansprüche aus geldwerten Rechtstiteln geltend machen würden.

An der Frage, ob gemäss § 16 E-KiG die historischen Rechtstitel nun abgelöst oder vielmehr, gleichsam durch die Hintertür, beibehalten seien, entzündete sich in der Folge eine engagiert geführte Diskussion. Die einen interpretierten diese Bestimmung als effektive Ablösung durch „qualifiziertes Schweigen", die andern sahen sie als Fortschreibung der Unklarheit in Bezug auf die staatlichen Leistungen an, nicht zuletzt deshalb, weil die Grenze zwischen den kultischen und den rein sozial-karitativen kirchlichen Aktivitäten immer unbestimmt bleibe. Die offenen Fragen, so schien die konsensfähige Meinung zu lauten, rechtfertigten keine Ablehnung der Vorlage, müssten aber in nächster Zukunft weiter traktandiert werden, damit sie nicht wegen ihrer Ungeklärtheit negativ auf die Religionsgemeinschaften zurückfielen.

## *... und Wasser auf die Mühlen der Kritiker*

Diese Quintessenz, so zeigte sich schnell, stellte geradezu eine Art Interpretationsfolie für den zweiten, den Kirchensteuern juristischer Personen gewidmeten Themenblock dar, den *Andreas Kley*, Professor für Staatsrecht an der Universität Bern, mit einem Referat einleitete. Kley machte von Beginn an keinen Hehl aus seiner kritischen Haltung gegenüber der Rechtfertigung dieser Art der Besteuerung juristischer Personen, wenngleich er unterstrich, dass dies keinen hinreichenden Grund für die Ablehnung der Vorlage darstelle. Kley vertrat die Ansicht, dass die Staatsrechtslehre seit längerem, sicher aber vor dem Hintergrund der neuen Bundesverfassung, gute Argumente vorbringe, um die Verfassungswidrigkeit dieser Kirchensteuerpflicht zu begründen. Er erinnerte an Art. 15 BV, der es, insofern dort nur von „Person" die Rede sei, offen lasse, ob sich nicht auch juristische Personen auf die Glaubens- und Gewissensfreiheit berufen könnten. Das Vorgehen, in § 22 Abs. 1 E-KiG die Erträge aus den Kirchensteuern juristischer Personen einer negativen Zweckbindung zu unterstellen, sei ein aus andern Zusammenhängen bekanntes politisches Mittel, um ein umstrittenes Ansinnen trotz der Kritik beim Volk durchzubringen. Mit der Wahl dieses Manövers gebe die Vorlage allerdings gewissermassen von vornherein den Kritikern Recht. Die Glaubens- und Gewissensfreiheit juristischer Personen werde implizit anerkannt, was diesen den Weg der staatsrechtlichen Beschwerde nahe legen könnte, um gegen ihre Besteuerung auf gerichtlichem Wege vorzugehen. Mit einer solchen Klage würde aber aller Wahrscheinlichkeit nach eine Praxisänderung des Bundesgerichts einhergehen, das seit genau 125 Jahren die Kirchenhoheit der Kantone in dieser staatskirchenrechtlichen Frage stets respektiert habe. Gerade dies aber könne für die Befürworter der Zürcher Reformvorlagen sicherlich nicht wünschbar sein. Als zweiten Kritikpunkt gab der Referent zu bedenken, dass die negative Zweckbindung eine verstärkte staatliche Kontrolle der Tätigkeiten der Religionsgemeinschaften erfordere, was wiederum einerseits die Gefahr erhöhe, dass diese in der Öffentlichkeit bloss noch als Wohltätigkeitsorganisationen wahrgenommen würden und was andrerseits der angestrebten Entflechtung von Staat und Kirche zumindest der Tendenz nach zuwiderlaufe.

Es gelte, so betonte Pater Dr. *Josef Bruhin* in seinem Korreferat, bei aller Kritik zu beachten, dass die Abschaffung der Kirchensteuer juristischer Personen für die betroffenen Gemeinschaften derzeit schlicht kein gangbarer Weg sei, weil ansonsten massive Abstriche bei den Leistungen von gesamtgesellschaftlicher Bedeutung vorgenommen werden müssten. Bruhin widersprach der Ansicht Kleys von der Verfassungswidrigkeit der Kirchensteuer juristischer Personen mit dem Argument, dass auch und gerade diese von den sozialen Leistungen der Kirchen profitierten.

Die Tatsache, dass die Kirchen derzeit existenziell auf diese Steuererträge angewiesen seien, wurde auch in der sich anschliessenden Diskussion mehrmals betont. Die geringe Umstrittenheit des § 22 E-KiG in der Öffentlichkeit belege, so war dabei auf der einen Seite zu vernehmen, dass hier eine tragfähige politische Lösung gefunden worden sei. In theologischer Hinsicht jedoch, so der Tenor auf der andern Seite, leide die Kirchensteuer juristischer Personen an einem gravierenden Legitimationsdefizit, spreche doch kein einziges theologisches – und damit auch kein ekklesiologisches – Argument für deren Aufrechterhaltung. Angesichts dessen sei es nicht zuletzt für die Kirchen selbst von Bedeutung, Lösungen zu suchen, wie sie dereinst ohne diese Gelder auskommen könnten.

## *Die Anerkennungskriterien im Rechtsvergleich*

Die Zürcher Tagung zeigte eine erstaunliche Abweichung von der öffentlichen Diskussion in der Vorabstimmungsphase: Während auf politischer

Ebene das Anerkennungsgesetz und die kirchliche Stimmrechtsautonomie die Gemüter am meisten erhitzen, wurden unter den Konferenzteilnehmern die beiden andern Themenblöcke am eingehendsten diskutiert. In Bezug auf die Anerkennungsfrage mag dies auch daran gelegen haben, dass der Hauptreferent zu diesem Sachbereich, Dr. *Christian Walter*, wissenschaftlicher Mitarbeiter am Max-Planck-Institut für öffentliches Recht und Völkerrecht in Heidelberg, einen rechtsvergleichenden und damit nur sehr zurückhaltend thetischen Zugang zum Thema gewählt hat. In einer fundierten Studie arbeitete er Gemeinsamkeiten und Unterschiede zwischen Deutschland und der Schweiz heraus, wobei sichtbar wurde, dass die Kriterien, die eine Religionsgemeinschaft für die öffentlichrechtliche Anerkennung erfüllen muss, im Zürcher Vorschlag restriktiver formuliert sind, als in der deutschen Gesetzgebung. Walter ging in seinen Ausführungen von der Überlegung aus, dass staatskirchenrechtliche Regelungen einerseits unter dem Aspekt der Freiheit – näherhin der positiven (korporativen) Religionsfreiheit –, andrerseits unter dem Gesichtspunkt der Gleichheit und Gleichbehandlung zu betrachten seien. Während in Bezug auf den Kanton Zürich die Ausdehnung der Anerkennungsmöglichkeit auf weitere Religionsgemeinschaften seiner Ansicht nach zwar geeignet erscheine, „Zweifel an der Gleichberechtigung der Religionsgemeinschaften zu beseitigen, die durch die gegenwärtig bestehende fixe Privilegierung einzelner Religionsgemeinschaften hervorgerufen werden“, liess der Referent Skepsis hinsichtlich der Frage erkennen, ob die Zürcher Vorlage den Freiheitsgedanken angemessen berücksichtige. Wie Walter anhand von Beispielen aufzeigte, anerkenne die Rechtsprechung sowohl des deutschen Bundesverfassungsgerichts, als auch des Europäischen Gerichtshofes für Menschenrechte korporative Freiheitsrechte von Religionsgemeinschaften. Obwohl diese dogmatisch aus der individuellen Religionsfreiheit abgeleitet würden, könnten Religionsgemeinschaften weitgehend ein Recht auf Selbstverwaltung und Organisationsfreiheit geltend machen. Die angestrebte Zürcher Regelung dagegen stelle insbesondere mit dem Demokratieerfordernis als einer Voraussetzung für die Anerkennung bereits eine hohe Anforderung an die Organisationsstruktur einer Gemeinschaft. Bezeichnenderweise seien im Kanton Zürich die Debatten vor dem Urnengang von der Freiheitsfrage weitgehend unberührt geblieben. Vielmehr halte das Pro-Komitee der Meinung seiner Gegner, wonach das Gesetz den Religionsgemeinschaften zu offen begegne, fast ausschliesslich eine Argumentation entgegen, in der die Schaffung von Anerkennungsmöglichkeiten als Gebot der Gleichheit bezeichnet wird.

Die Thematik der Gleichbehandlung nahm auch der Korreferent, Dr. iur. *Cla Reto Famos* von der Theologischen Fakultät der Universität Zürich wieder auf und wies auf eine in seiner Sicht bestehende Problematik in der Anerkennungsvorlage hin: Das Gesetz schaffe zwar in gewisser Weise einen Anspruch auf Anerkennung – vorausgesetzt, eine Religionsgemeinschaft erfülle die Anerkennungskriterien, müsse sie mit der Gutheissung ihres Antrages rechnen können –, doch fehle die Möglichkeit eines Beschwerderechts. § 13 des Anerkennungsgesetzes erteile dem Regierungsrat die endgültige Entscheidungsbefugnis, was wahrscheinlich, so Famos, etwa bei vermuteten Ungleichbehandlungen zu Klagen vor Bundesgericht führen dürfte.

## *Befürchtungen und Chancen*

Erstaunen über die vorgesehene Endgültigkeit des regierungsrätlichen Entscheides wurde – von den Gegnern der Kirchenvorlagen – auch in der die Tagung abschliessenden Podiumsdiskussion geäussert. Die sieben Podiumsteilnehmer, Exponenten religiöser und politischer Institutionen[1], gingen in ihrem Gespräch unter der Leitung von Dr. *Erwin Koller* von der kirchlichen Stimmrechtsautonomie aus. Auf der Seite der Gegner dieser Neuerung, wo die Anhänger einer vollständigen Trennung von Kirche und Staat mit den konservativen Kreisen rechter politischer Ausrichtung eine Allianz bilden, wurde insbesondere der Befürchtung Ausdruck gegeben, dass eine solche Freiheit seitens der Kirchen zu einer schleichenden allgemeinen Einführung des Ausländerstimmrechts führen werde. Die Befürworterseite antwortete darauf mit dem Verweis auf die grosse Chance eines demokratischen Lern- und Integrationsprozesses, der durch die stimmrechtliche Partizipation von Ausländerinnen und Ausländern in kirchlichen Belangen initiiert werden könne. Als umstrittensten Punkt der Vorlagen machte das Podium in der Folge das Anerkennungsgesetz aus,

1 Teilnehmer an der Podiumsdiskussion waren: *Harry Berg*, Präsident der Israelitischen Cultusgemeinde Zürich, Dr. *Taner Hatipoglu*, Vizepräsident der Vereinigung Islamischer Organisationen Zürich, Dr. *Andreas Honegger*, Alt-Kantonsrat des Kantons Zürich, Dr. *Markus Notter*, Regierungsrat des Kantons Zürich, Pfr. *Ruedi Reich*, Kirchenratspräsident der Evang.-ref. Landeskirche des Kantons Zürich, *Gregor A. Rutz*, Generalsekretär der SVP Schweiz und Dr. *René Zihlmann*, Präsident der Röm.-kath. Zentralkommission des Kantons Zürich.

wobei insbesondere die Vertreter der jüdischen und der islamischen Glaubensgemeinschaften die grosse praktische und symbolische Bedeutung der Möglichkeit öffentlichrechtlicher Anerkennung betonten. Der weitere Verlauf der Diskussion zeigte auf, dass nicht primär diskutable Einzelheiten der Vorlage wie etwa das fehlende Beschwerderecht gegen einen regierungsrätlichen Anerkennungsbeschluss die Befürworter und Gegner trennen. Vielmehr sperren sich letztere gegen die Reform des Religionsrechts, weil sie in erster Linie darauf bedacht sind, den Status quo beizubehalten. Oder aber sie lehnen grundsätzlich jede öffentlichrechtliche Anerkennung von Religionsgemeinschaften ab, weil allein dies der Logik der von ihnen angestrebten kategorischen Trennung von Kirche und Staat entspricht.

Zustimmung zu den Vorlagen trotz vereinzelter Schwachstellen – diese Position als Ausdruck politischer Vernunft wäre unter den Tagungsteilnehmerinnen und -teilnehmern wohl hinsichtlich aller vier Themenblöcke mehrheitsfähig gewesen. Trifft diese Einschätzung zu, hätte die Tagung zu leisten vermocht, was sie zu diesem Zeitpunkt inmitten des Abstimmungskampfes intendierte: Das politisch Mögliche mit wissenschaftlichem Blick zu reflektieren und auf diese Weise Impulse für die individuelle Entscheidungsfindung zu vermitteln.

*Jean-Daniel Strub*

# Dr. iur. Urs Josef Cavelti (1927-2003)

Am 4. November 2003 ist der bekannte katholische Staatskirchenrechtler und Jurist Urs Cavelti im Alter von 77 Jahren verstorben. Er war 1996 Mitglied der Vereinigung für evangelisches Kirchenrecht geworden. Dies im Anschluss an sein Referat zum Thema „Ökumene im Kirchenrecht aus katholischer Sicht“ an der Jahrestagung 1995 in Solothurn[1] und als ein schönes und sprechendes Zeichen seiner konfessionell offenen Art. In den Folgejahren durften wir ihn wiederholt bei den Jahrestagungen der Vereinigung begrüssen.

Urs Cavelti hat 1954 in Freiburg i.Ü. mit einer von Eugen Isele betreuten Doktorarbeit zum Thema „Die öffentlichrechtlichen Religionsgemeinschaften im schweizerischen Staatskirchenrecht“[2] doktoriert, welche lange Zeit die einzige und massgebende Monographie zu diesem wichtigen Thema war. Das war der Auftakt zu einer lebenslangen und intensiven Beschäftigung mit dem Kirchenrecht und dem Staatskirchenrecht, welche in zahlreichen Referaten, Aufsätzen und Gutachten ihren Niederschlag fand. Dabei ging er auch den juristisch schwierigen Fragen, etwa im Bereich des kirchlichen Wahl- und Vermögensrechts, der Konkordate und der kirchlichen Rechtsgeschichte nicht aus dem Weg. Was in der Sekundärliteratur nicht glaubwürdig erschien, wurde in den Archiven von ihm noch einmal nachgeforscht, so etwa die Quellen zu seiner umfassenden Studie „Die staatsvertragliche Grundlage des Bistums St. Gallen“[3], welche er nicht nur in St. Galler Archiven nachprüfte, sondern auch im Vatikan.

Diese Arbeit am Kirchenrecht wurde von Urs Cavelti ehrenamtlich, sozusagen in der Freizeit geleistet, dies neben seiner äusserst anspruchsvollen beruflichen Arbeit als Richter und neben seiner Tätigkeit in wichtigen kirchlichen Gremien. 1965 wurde er Bezirksgerichtspräsident in Gossau, 1982 Kantonsrichter in St. Gallen und schliesslich, bis zu seiner Pensio-

1 An dieser Tagung referierte darüber hinaus *Dieter Kraus* aus evangelischer Sicht; die beiden Referate sind veröffentlicht in: *Ökumene im Kirchenrecht? Grundlagen und Berührungspunkte evangelischen und katholischen Kirchenrechts*, hg. von René Pahud de Mortanges, Freiburg i.Ü. 1996.

2 = Band 8 der Freiburger Veröffentlichungen aus dem Gebiete von Kirche und Staat, Freiburg i.Ü. 1954.

3 = Band 13 der Schriftenreihe der Staatskanzlei St. Gallen, St. Gallen 1988.

nierung im Jahr 1993, Präsident des dortigen Handelsgerichts. Von 1972 bis 1982 war Urs Cavelti Präsident des Katholischen Administrationsrates des Kantons St. Gallen und von 1977 bis 1981 zudem Präsident der Römisch-Katholischen Zentralkonferenz der Schweiz. Daneben war er als Rechtsberater und Gutachter für diözesane und staatskirchenrechtliche Leitungsgremien tätig; manche Jahre amtete er zudem als Richter am Zweitinstanzlichen Interdiözesanen kirchlichen Gericht in Freiburg i.Ü. Dies alles war auch Ausdruck seines Engagements als katholischer Laie, war er doch tief geprägt durch die Aufbruchstimmung nach dem Zweiten Vatikanischen Konzil und der Synode 72. Umso mehr hat er das ganz eigenartige, die Mitwirkung der Laien in der Ortskirche ermöglichende, schweizerische Staatskirchenrecht gegen Kritik, Aushöhlungsversuche und römisch-katholischen Zentralismus verteidigt.

Trotz diesen Ämtern und Würden blieb sich Urs Cavelti in seiner bescheidenen, nüchternen und (selbst-)kritischen Art treu. So musste er zunächst eindringlich davon überzeugt werden, dass es seine Aufsätze und Gutachten gewiss verdienen würden, in einem Sammelband veröffentlicht zu werden[4]. Und so legte er noch letztes Jahr in einem Hearing des Schweizerischen Evangelischen Kirchenbundes zu dem von dessen Experten erarbeiteten „Religionsartikel" trotz Sympathie für dieses Anliegen treff- und instinktsicher seinen Finger auf die weniger ausgereiften Punkte des Konzeptes. Urs Cavelti war nicht nur eine juristische Kapazität, dem das schweizerische Staatskirchenrecht sehr viel verdankt; er war – und bleibt – auch in seiner moralischen Integrität ein Vorbild.

*René Pahud de Mortanges*

4 *Urs Josef Cavelti*, Kirchenrecht im demokratischen Umfeld. Ausgewählte Aufsätze, Freiburg i.Ü. 1999 (= Freiburger Veröffentlichungen zum Religionsrecht Band 7).

# Dr. iur. Eduard Rübel (1911-2003)

## *„Dass auch im kirchlichen Bereich das Recht zu seinem Rechte komme"*

Am 12. Dezember 2003 verabschiedete sich eine grosse Trauergemeinde in der Kirche Zürich-Fluntern von Eduard Rübel. Es war ihm zum Glück vergönnt, bis zum Schluss seines langen und reich erfüllten Lebens mit wachem Geist an den Geschehnissen der Zeit teilzunehmen und auch die kirchenrechtlichen und staatskirchenrechtlichen Entwicklungen mit Interesse zu verfolgen.

Der Verstorbene hielt, mit Ausnahme etwa seiner Studiensemester in Genf und Heidelberg, dem Kanton Zürich und insbesondere der Stadt Zürich zeitlebens die Treue. In Zürich wurde er geboren; dort besuchte er das Literargymnasium und studierte anschliessend Rechtswissenschaft; dort lernte er seine Frau kennen, mit der er eine glückliche Ehe geführt und eine grosse Familie gegründet hat; dort erhielt er seine persönliche Prägung und seinen wissenschaftlichen Schliff; dort wirkte er – nach Abverdienen seiner juristischen Sporen am Bezirksgericht Horgen – während einem wesentlichen Teil seines Berufslebens: als Mitglied des Obergerichts und später als Präsident des Handelsgerichts; oberhalb der Stadt Zürich befindet sich schliesslich seine letzte irdische Ruhestätte. In der Jugend in der Pfadfinderei aktiv, übte er sich schon früh darin, Wege zu finden; es war ihm auch später möglich, in vielen Fällen einen juristischen Pfad vorzuspuren und zu weisen, mit Rat und Tat in seinen verschiedenen gerichtlichen Funktionen zu helfen. Den Ausgleich zum Beruf fand Eduard Rübel auch in der Ausübung seiner musikalischen Leidenschaft als Cellist in einem Laienorchester, was die These bestätigen mag, dass gute Juristen öfters auch gute Musiker sind.

Schon die Erarbeitung seiner bei Fritz Fleiner abgelegten Dissertation[1] führte ihn in die reichen Gefilde des Staats-, des Kirchen- und des Staatskirchenrechts – Rechtsgebiete, denen der vielseitige Richter bis zu sei-

1 *Eduard Rübel*, Der kommunale Zweckverband nach zürcherischem Recht, mit besonderer Berücksichtigung des Verbandes der stadt-zürcherischen reformierten Kirchgemeinden, Diss. iur. Zürich, Aarau 1936.

nem Lebensende eng verbunden blieb und in denen er sich eine ausgezeichnete Sachkompetenz angeeignet hat. Von Mitte der Fünfzigerjahre bis anfangs der Sechzigerjahre amtete Dr. Rübel nebenamtlich als Mitglied des zürcherischen Kirchenrates. In diese Funktion wurde er noch nach Massgabe des Kirchengesetzes von 1902 gewählt: dem Kantonsrat hatte es damals zugestanden, zwei der sieben Mitglieder für den Kirchenrat zu wählen, und der Kantonsrat hatte mit der Wahl von Eduard Rübel eine glückliche Hand. Das zu dieser Zeit erarbeitete Kirchengesetz, das am 7. Juli 1963 von den Zürcher Stimmberechtigten angenommen wurde, und später auch die Kirchenordnung vom 2. Juli 1967, wurden mitgeprägt durch den gründlich und sorgfältig arbeitenden, mit einer unermüdlichen Schaffenskraft begnadeten Kirchenrats-Juristen. Von besonderer Bedeutung, unvergessen und unverstaubt, bis zum heutigen Tag, ist indes der blaue „Rübel", die in zwei Auflagen erschienene Einführung zum Kirchengesetz und zur Kirchenordnung, mit Kurzkommentar zum Kirchengesetz[2]. Das „Büchlein" sollte dem praktischen Gebrauch durch alle Kirchgenossen dienen und „mithelfen, dass auch im kirchlichen Bereich das Recht zu seinem Rechte komme", wie der Verfasser im Vorwort zur ersten Auflage schrieb. Dieses Buch wurde dann aber gleichsam zur Richtschnur für sämtliche Anwendungsfragen der zürcherischen Kirchengesetzgebung, es wurde von den Mitgliedern der Kirchenpflegen und Bezirkskirchenpflegen, von den Synodalen und den Mitgliedern der Rekurskommission, aber unter anderen auch von den Studierenden, die an der juristischen Fakultät der Universität Zürich das Fach „Kirchenrecht" als Prüfungsfach wählten, konsultiert. Das Ansehen dieses Buches war so hoch, dass im Kanton Zürich unter Pfarrern das Bonmot zu kursieren begann: „Der Rübel kommt gleich nach der Bibel". Dies offenbart, dass der „Kommentar Rübel" auch in Theologenkreisen einen nicht unbeachtlichen Respekt abheischen konnte.

Noch ein weiteres wissenschaftliches Interessensgebiet von Dr. Rübel sei an dieser Stelle herausgegriffen: die Beschäftigung mit Kirchengeschichte und Kirchenrechtsgeschichte. Engagiert und mit Akribie befasste er sich noch lange nach der Pensionierung mit geschichtlichen Fragen. Viel beachtet war und ist unter anderem seine Studie über das Fraumüns-

2 *Eduard Rübel*, Kirchengesetz und Kirchenordnung der Zürcher Landeskirche. Einführung und Texte. Kurzkommentar zum Kirchengesetz, Zürich 1968 (1. Aufl.) 1983 (2. Aufl.).

tergut[3]. Und noch im Alter von 87 Jahren verfasste er einen Aufsatz über die Aufhebung der Klöster im Kanton Zürich[4]. Dabei gelang es ihm, die vielen zu diesem Thema vorhandenen Quellen in einer klaren Zusammenschau darzustellen. Man findet in diesem Beitrag eine interessante Präsentation der zürcherischen Klöster, sowie eine Beschreibung, wie diese aufgehoben wurden und wie deren Vermögen insbesondere in der Helvetik und Mediation ihre Selbständigkeit verloren.

Dr. Rübel trat 1994 der Schweizerischen Vereinigung für evangelisches Kirchenrecht bei. In seinem Beitrittsschreiben vom 1. Februar 1994 führte er viel sagend aus: „Es freut mich, dass eine solche Vereinigung gegründet worden ist. Das evangelische Kirchenrecht war bisher immer ein Stiefkind sowohl der Juristen wie der Theologen. Die Theologen verachteten das Kirchen*recht*, die Juristen das *Kirchen*recht. [...] Da mich das evangelische Kirchenrecht immer noch interessiert, trete ich somit gerne Ihrer Vereinigung bei“. An den Tagungen nahm er als geschätztes Seniormitglied nach Möglichkeit teil und überzeugte mit seinen vorrangig auf das Praktische ausgerichteten Voten. Sein grosses Wissen und seine fachliche Kompetenz trug er jedoch nicht zur Schau, sondern lebte sie in seiner ihm eigenen bescheidenen Art vor. Eduard Rübel wird uns als fähiger und spüriger Jurist und Kirchenjurist, als lieber und liebenswürdiger Mensch und väterlicher Freund in Erinnerung bleiben.

*Jakob Frey*

3 *Eduard Rübel*, Das Fraumünstergut. Sein Schicksal in elf Jahrhunderten, Zürich 1988.

4 *Eduard Rübel*, Die Aufhebung der Klöster im Kanton Zürich und die Verwendung ihrer Güter, Zürich 1998, in: Zürcher Taschenbuch auf das Jahr 1999, S. 51-88.

SJKR/ASDE 8 (2003), S. 207-274

# Berichte

## Zur Neuorganisation des Rechtsschutzes in der Aargauer evangelisch-reformierten Landeskirche

Die Synode der Aargauer evangelisch-reformierten Landeskirche hat an ihrer Sitzung vom 4. Juni 2003 verschiedene Vorschläge des Kirchenrats zur Neuorganisation des landeskirchlichen Rechtsschutzes in erster Lesung beraten. Der nachfolgende Bericht behandelt in einem ersten Teil die Gründe, weshalb eine solche Neuorganisation als notwendig erscheint. Im zweiten Teil des Berichts werden die wichtigsten Neuerungen kurz dargestellt[1].

### *I. Vorgeschichte*

#### *1. Die geltende Regelung des landeskirchlichen Rechtsschutzes*

Die evangelisch-reformierte, die römisch-katholische und die christkatholische Landeskirche des Kantons Aargau sind Körperschaften des öffentlichen Rechts[2]. Die Verfassung des Kantons Aargau verpflichtet die Lan-

1 Der vorliegende Bericht berücksichtigt den Stand nach der ersten Lesung, in welcher die wichtigsten Grundsatzentscheide gefällt wurden. Die zweite Lesung und die Schlussabstimmung an der Synode vom 19. November 2003 führten zu keinen wesentlichen Änderungen mehr. Es ist vorgesehen, die neuen Bestimmungen in SJKR/ASDE 9 (2004) im Wortlaut und mit Erläuterungen abzudrucken. – Der Verfasser dieses Berichts ist seit 1998 Mitglied der Rekurskommission.

2 § 110 Abs. 1 der Kantonsverfassung des Kantons Aargau (KV; SAR 110.000) vom 25. Juni 1980.

deskirchen, für einen genügenden Rechtsschutz der Konfessionsangehörigen und der Kirchgemeinden besorgt zu sein[3].

Das geltende kirchliche Rechtsschutzsystem kennt nur das Beschwerdeverfahren; ein Klageverfahren ist nicht vorgesehen. Mittels Verwaltungsbeschwerde können Verfügungen und Entscheide der Landeskirche und der Kirchgemeinde angefochten werden[4]. Ebenfalls mittels Beschwerde anfechtbar sind allgemein verbindliche Erlasse sowie Verwaltungsakte, die nicht in persönliche Verhältnisse eingreifen (Wahlen, Ausgabenbeschlüsse)[5]. Als erste Beschwerdeinstanz ist der Kirchenrat eingesetzt. Beschwerden gegen Beschlüsse, Verfügungen und Entscheide der Synode und des Kirchenrates werden von der Rekurskommission als oberster landeskirchlicher Beschwerdeinstanz beurteilt[6].

Die Kantonsverfassung bestimmt, dass nur letztinstanzliche Entscheide der landeskirchlichen Behörden nach Massgabe der Gesetzgebung an staatliche Organe weiterziehbar sind[7]. Der staatliche Rechtsschutz ist dabei auf eine Rechtskontrolle beschränkt. Entscheide landeskirchlicher Behörden können lediglich hinsichtlich ihrer Übereinstimmung mit der Verfassung und dem kirchlichen Organisationsstatut überprüft werden[8]. Der Verfassungsauftrag zur Einrichtung eines kircheneigenen Rechtsschutzes verlangt deshalb von den Landeskirchen die Schaffung zumindest einer Rechtsschutzinstanz mit voller Kognition[9].

Als staatliche Beschwerdeinstanz gegen letztinstanzliche Verfügungen und Entscheide landeskirchlicher Behörden ist der Regierungsrat eingesetzt, dieser entscheidet endgültig[10]. Gestützt auf § 53 VRPG kann jedoch wegen Rechtsverweigerung, Rechtsverzögerung oder Verletzung der Vorschriften über die Zuständigkeit, den Ausstand, das rechtliche Gehör

3 § 114 Abs. 1 KV. Zum Thema siehe auch: *Michael Merker*, Kirchlicher und staatlicher Rechtsschutz im Kanton Aargau, in: SJKR/ASDE 3 (1998), S. 49 ff.

4 § 140 Abs. 1 der Kirchenordnung der Evangelisch-Reformierten Landeskirche des Kantons Aargau (KiO; SRLA 151.110) vom 22. November 1976.

5 § 141 Abs. 1 KiO.

6 § 142 KiO, Art. 9 des Organisationsstatuts der Evangelisch-Reformierten Landeskirche des Kantons Aargau (Organisationsstatut) vom 22. November 1976.

7 § 114 Abs. 2 Satz 1 KV.

8 § 114 Abs. 2 Satz 2 KV; vgl. *Kurt Eichenberger*, Verfassung des Kantons Aargau. Textausgabe mit Kommentar, Aarau/Frankfurt a.M./Salzburg 1986, N 5 zu § 114.

9 Vgl. *K. Eichenberger*, Verfassungskommentar (Anm. 8), N 1 und 3 zu § 114.

10 § 59b Abs. 1 des Gesetzes über die Verwaltungsrechtspflege (VRPG, SAR 271.100) vom 9. Juli 1968.

und die Akteneinsicht auch gegen den Entscheid des Regierungsrats Beschwerde geführt werden[11].

Seit dem Inkrafttreten des neuen Personalgesetzes[12] ist bei Streitigkeiten aus einem öffentlichen Arbeitsverhältnis zwischen der Landeskirche und einem ihrer Mitarbeiter nicht mehr der Regierungsrat die staatliche Beschwerdeinstanz, sondern das Personalrekursgericht. § 48 Abs. 1 PersG geht als das spätere und speziellere Gesetz der Regelung in § 59b Abs. 1 VRPG vor[13]. Da es sich bei den meisten Beschwerden, welche (innerkirchlich) letztinstanzlich von der Rekurskommission beurteilt werden, um Fälle aus dem Dienstrecht handelt, tritt damit der Regierungsrat als staatliche Beschwerdeinstanz für kirchliche Angelegenheiten in den Hintergrund.

### *2. Unklarheiten bezüglich Geltendmachung vermögensrechtlicher Ansprüche*

Die Rekurskommission hat in ständiger Praxis die Auffassung vertreten, für vermögensrechtliche Streitigkeiten sei nicht die Rekurskommission oder der Kirchenrat zuständig, sondern es seien die staatlichen Instanzen anzurufen[14]. Sie ging dabei davon aus, dass sich das Verwaltungsgericht gegebenenfalls gestützt auf § 60 Ziff. 3 VRPG[15] als zuständig erachten würde, einen mit verwaltungsgerichtlicher Klage gegenüber der Landeskirche oder einer Kirchgemeinde geltend gemachten vermögensrechtli-

11 Aargauische Gerichts- und Verwaltungsentscheide (AGVE) 1997, S. 158 f.; (unveröffentlichter) Entscheid des Verwaltungsgerichts II/87 vom 9. November 2000 in Sachen K.

12 Gesetz über die Grundzüge des Personalrechts (Personalgesetz, PersG; SAR 165.100) vom 16. Mai 2000.

13 Urteil des Personalrekursgerichts des Kantons Aargau vom 16. April 2003 (BE.2002.50003) in Sachen K., S. 8.

14 Vgl. Entscheid der Rekurskommission vom 6. Juli 1999 in Sachen G.; Entscheid der Rekurskommission vom 8. April 1999 in Sachen G.; Entscheid der Rekurskommission vom 4. März 1998 in Sachen R.; Entscheid der Rekurskommission vom 25. Juni 1990 in Sachen D.

15 § 60 Ziff. 3 VRPG lautet: Das Verwaltungsgericht urteilt als einzige Instanz über „[…] vermögensrechtliche Streitigkeiten, an denen der Kanton, eine Gemeinde, oder eine öffentlich-rechtliche Körperschaft oder Anstalt des kantonalen oder kommunalen Rechts beteiligt ist, sofern nicht die Verwaltungsgerichtsbeschwerde gegeben oder ein Zivilgericht oder ein Spezialrekursgericht zuständig ist.“

chen Anspruch zu beurteilen. In einer Grundsatzerklärung hatte das Verwaltungsgericht im Jahre 1997 dieser Auffassung zwar zugestimmt[16]. Zu einer Entscheidung durch das Verwaltungsgericht kam es jedoch erst im Urteil vom 11. März 2002[17]; bislang hatte nämlich keiner der Rekurrenten seinen Anspruch nach dem Nichteintretensentscheid der Rekurskommission mittels verwaltungsgerichtlicher Klage weiterverfolgt.

Im erwähnten Entscheid vom 11. März 2002 trat das Verwaltungsgericht auf eine Klage, mit welcher ein kirchlicher Mitarbeiter vermögensrechtliche Ansprüche aus seinem öffentlichrechtlichen Dienstverhältnis geltend machte, mangels sachlicher Zuständigkeit nicht ein. Zur Begründung führte das Verwaltungsgericht u.a. aus, dass ein Klageverfahren zur Durchsetzung solcher Ansprüche nicht unabdingbar sei. Bei öffentlichrechtlichen Dienstverhältnissen sei eine Gleichordnung der beteiligten Rechtssubjekte nicht gegeben, womit dem Gemeinwesen als Arbeitgeber weitgehende Verfügungskompetenzen zukämen (so grundsätzlich auch in Bezug auf die vermögensrechtlichen Ansprüche). Dass ein Klageverfahren nicht zwingend zur Verfügung stehen müsse, zeige die Regelung im Kanton Zürich. Dort erfolge die Beurteilung solcher Ansprüche primär im Anfechtungsverfahren[18]. Allein aus dem Umstand, dass das landeskirchliche Rechtsschutzsystem das Klageverfahren nicht ausdrücklich vorsehe, könne zumindest in Bezug auf vermögensrechtliche Streitigkeiten aus dem kirchlichen Dienstverhältnis nicht auf eine Rechtsschutzlücke geschlossen werden. Solche Streitigkeiten seien der Beurteilung im innerkirchlichen Beschwerdeverfahren durchaus zugänglich. Für die Annahme eines bewussten Verzichts bzw. eines qualifizierten Schweigens der kirchlichen Regelungen in dem Sinne, dass vermögensrechtliche Streitigkeiten bewusst vom innerkirchlichen Rechtsschutz ausgenommen und ausschliesslich der staatlichen Jurisdiktion unterstellt werden sollten, müssten deshalb klare Anhaltspunkte gegeben sein[19]. Bei der Prüfung der einschlägigen Bestimmungen der Kirchenordnung und des Organisationsstatuts zeige sich, dass im landeskirchlichen Recht keinerlei Vorbehalte zugunsten einer erstinstanzlichen staatlichen Jurisdiktion in Bezug

16 Diese Grundsatzerklärung vom 28. Februar 1997 erfolgte aufgrund einer Anfrage durch den Kirchenrat (vgl. Entscheid der Rekurskommission vom 4. März 1998 in Sachen R, S. 7).

17 (Unveröffentlichter) Entscheid des Verwaltungsgerichts IV/8 vom 11. März 2002 in Sachen H.

18 Erwähnter Verwaltungsgerichtsentscheid, S. 8.

19 Erwähnter Verwaltungsgerichtsentscheid, S. 9.

auf vermögensrechtliche Streitigkeiten enthalten seien. Demgegenüber statuierten zahlreiche Bestimmungen eine innerkirchliche Autonomie und Zuständigkeit in vermögensrechtlichen Angelegenheiten des Dienstrechts[20]. Es müsse von einer erschöpfenden Regelung der Zuständigkeiten in den massgebenden kirchlichen Ordnungen ausgegangen werden[21]. Für die Annahme eines Verzichts der Landeskirche auf die Jurisdiktion in vermögensrechtlichen Angelegenheiten bestünden keine Anhaltspunkte[22].

Das Bundesgericht hat den verwaltungsgerichtlichen Entscheid – auf staatsrechtliche Beschwerde hin – geschützt. Es hielt u.a. fest, dass § 60 Ziff. 3 VRPG in vertretbarer Weise verschieden ausgelegt werden könne. Bei Berücksichtigung der Regelung von § 114 der aargauischen Kantonsverfassung, wonach die Landeskirchen selber zur Sicherstellung eines genügenden Rechtsschutzes verpflichtet seien, erscheine die im angefochtenen Urteil vorgenommene Auslegung dieser Bestimmung jedenfalls nicht als willkürlich[23].

Die Rekurskommission musste daraufhin ihre bisherige Praxis überdenken. Auf alle Fälle sollte ein negativer Kompetenzkonflikt, d.h. der Fall, dass sich alle angerufenen Instanzen als nicht zuständig erklären, vermieden werden. Dabei war zu berücksichtigen, dass inzwischen mit dem Inkrafttreten des neuen Personalgesetzes der staatliche Rechtsschutz hinsichtlich vertraglicher Streitigkeiten aus dem Arbeitsverhältnis (des kantonalen Personals) eine Neuordnung erfahren hat. Neu ist nämlich nicht mehr das Verwaltungsgericht, sondern das Personalrekursgericht für die Beurteilung solcher Streitigkeiten zuständig, wobei das Klageverfahren zur Anwendung kommt[24]. Das Personalgesetz legt zudem fest[25], dass die Bestimmungen, welche die Zuständigkeit des Personalrekursgerichts im Klageverfahren sowie im Beschwerdeverfahren regeln, auch bei Streitigkeiten aus einem öffentlichrechtlichen Arbeitsverhältnis zwischen Gemeinden, Gemeindeverbänden oder *anderen öffentlichrechtlichen Körperschaften* und ihren Mitarbeiterinnen und Mitarbeitern gelten. Damit stellt sich erneut die Frage nach der direkten Zuständigkeit einer staatlichen Instanz im Klageverfahren, wobei nun das Personalrekursge-

20 Erwähnter Verwaltungsgerichtsentscheid, S. 10.

21 Erwähnter Verwaltungsgerichtsentscheid, S. 11.

22 Erwähnter Verwaltungsgerichtsentscheid, S. 12.

23 Urteil des Bundesgerichts vom 29. November 2002 (2P.118/2002), Erw. 4.4. – Zu diesem Entscheid siehe im Rechtsprechungsteil vorne S. 149 f., 165 ff.

24 § 39 PersG.

25 § 48 Abs. 1 PersG.

richt angesprochen ist. Hierzu führte die Rekurskommission einen Meinungsaustausch mit dem Personalrekursgericht. Dieses äusserte sich dahingehend, dass es aufgrund der Urteile des Verwaltungsgerichts und des Bundesgerichts seine Zuständigkeit ebenfalls als nicht gegeben erachte.

Um einen negativen Kompetenzkonflikt zu vermeiden, hat deshalb die Rekurskommission – trotz Bedenken – ihre bisherige Praxis aufgegeben und ist im Entscheid vom 1. April 2003 auf eine Beschwerde, mit welcher vermögensrechtliche Ansprüche geltend gemacht wurden, eingetreten[26].

## *II. Die vorgeschlagene Neuorganisation des innerkirchlichen Rechtsschutzes*

Hauptsächlich die oben beschriebenen Unklarheiten hinsichtlich der Geltendmachung vermögensrechtlicher Ansprüche führten den Kirchenrat dazu, der Synode einen Vorschlag zur Neuorganisation des kirchlichen Rechtsschutzsystems zu unterbreiten. Rechtsmittelwege hätten einfach und klar zu sein. Der rechtsuchende Bürger dürfe nicht unter unklaren Bestimmungen leiden. Deshalb werde eine Straffung und moderate Neuordnung des innerkirchlichen Rechtsschutzsystems vorgeschlagen[27].

26 Entscheid der Rekurskommission vom 1. April 2003 in Sachen W. Die Rekurskommission gibt im erwähnten Entscheid (Erw. 3) zu bedenken, dass das Beschwerdeverfahren, wie es im landeskirchlichen Rechtsschutzsystem ausgestaltet sei, für die Behandlung vermögensrechtlicher Streitigkeiten bedeutende praktische Schwierigkeiten, insbesondere bei der Beweiserhebung, mit sich bringe. Weiter erachtet es die Rekurskommission als fraglich, ob vermögensrechtliche Entscheide kirchlicher Instanzen Rechtsöffnungstitel im Sinne des Bundesgesetzes über Schuldbetreibung- und Konkurs (SchKG) vom 11. April 1989 darstellen und als solche vollstreckbar sind. Höchst fraglich sei auch, ob eine genügende Rechtsgrundlage dafür bestehe, die es Kirchenpflegen oder dem Kirchenrat erlaube, sämtliche vermögensrechtlichen Folgen aus dem Dienstverhältnis mittels Verfügung hoheitlich zu regeln.

27 Botschaft des Kirchenrats an die Synode vom März 2003 zu Traktandum 8, S. 7.

### *1. Einführung eines Schlichtungsverfahrens*

Die Synode hat der Schaffung einer Schlichtungskommission zugestimmt[28]. Diese soll vor Einreichung einer Beschwerde oder Klage in allen Streitsachen angerufen werden. Der Vorschlag des Kirchenrats zur Regelung des Schlichtungsverfahrens lehnt sich an das Personalgesetz[29] an, unterscheidet sich jedoch von der kantonalen Regelung durch kürzere Fristen, die einzuhalten sind (dazu siehe unter Ziff. 2 hienach).

### *2. Einführung des Klageverfahrens*

Der Kirchenrat schlägt vor, dass vermögensrechtliche Ansprüche und Streitigkeiten aus öffentlichrechtlichen Verträgen neu grundsätzlich im Klageverfahren abzuwandeln sind. Damit sucht der Kirchenrat die Übereinstimmung mit dem staatlichen (kantonalen) Rechtsschutzsystem, welches für Ansprüche aus dem Arbeitsverhältnis der kantonalen Dienstnehmer ebenfalls das Klageverfahren vorsieht. Die vorgeschlagene Bestimmung der Kirchenordnung lautet wie folgt:

> § 150 (neu)
>
> (1) Vermögensrechtliche Ansprüche und Streitigkeiten aus öffentlichrechtlichen Verträgen sind im Klageverfahren geltend zu machen, sofern nicht bereits die Beschwerde zulässig war oder zulässig gewesen wäre.
>
> (2) Zuständig zur Beurteilung ist der Kirchenrat; in Streitigkeiten, die ihn selbst betreffen, das Rekursgericht.
>
> (3) Vermögensrechtliche Ansprüche aus kirchenrechtlichem Dienstverhältnis können auch mit einem angehobenen dienstrechtlichen Beschwerdeverfahren verbunden werden.
>
> (4) Vermögensrechtliche Ansprüche aus Dienstrecht sind innert 3 Monaten nach Zustellung des das Scheitern der Vermittlung feststellenden Schreibens der Schlichtungskommission geltend zu machen.

Es fällt auf, dass der Kirchenrat trotz Einführung des Klageverfahrens am Beschwerdeverfahren für vermögensrechtliche Ansprüche festhalten will. Der Kirchenrat führt als Begründung an, es solle vermieden werden, dass ein kirchlicher Dienstnehmer nebst einem Beschwerdeverfahren ein separates Klageverfahren anheben muss. Die neue Bestimmung (Abs. 3) ermögliche, dass sämtliche im Zusammenhang mit einem kirchenrechtli-

28 § 140 KiO (neu), sowie § 98bis KiO (neu).
29 § 37 PersG.

chen Dienstverhältnis stehenden, der innerkirchlichen Rechtsprechung zugänglichen Fragen in einem Verfahren entschieden werden können, sofern der Ansprecher dies wünsche. Wer gegen einen Entlassungsentscheid Beschwerde führe, sei berechtigt, im gleichen Beschwerdeverfahren auch vermögensrechtliche Ansprüche zu stellen (inkl. Zeugnis)[30]. An der Beratung der Synode wurde demgegenüber von der Geschäftsprüfungskommission (GPK) moniert, die neue Bestimmung vermische das Klage- und das Beschwerdeverfahren. Es wurde der Antrag gestellt, der 2. Halbsatz von Abs. 1 sei zu streichen[31]. Aus der Sicht des Verfassers besteht die Gefahr, dass sich in der Praxis Abgrenzungsprobleme zwischen Klage- und Beschwerdeverfahren ergeben werden. Der Rechtsuchende wird verunsichert, weil die Möglichkeit, den Weg des Klageverfahrens zu beschreiten, durch das Nebeneinander von Klage- und Beschwerdeverfahren sowie insbesondere durch den Zusatz *„sofern nicht bereits die Beschwerde zulässig war oder zulässig gewesen wäre"* (Abs. 1, 2. Halbsatz) relativiert wird. Ein Ansprecher, der sich für das Klageverfahren entscheidet, muss nämlich u.U. damit rechnen, dass auf seine Klage gar nicht eingetreten wird, mit der Begründung, die vermögensrechtlichen Ansprüche hätten in Verbindung mit einem möglichen Beschwerdeverfahren geltend gemacht werden können und müssen.

Die vorgeschlagene Regelung unterscheidet sich von der staatlichen. Das PersG hält die beiden Verfahren strikt auseinander. Das Beschwerdeverfahren ist lediglich für jene personalrechtlichen Belange vorgesehen, die in Form einer Verfügung erlassen werden können[32]. Welche Belange in der Form einer Verfügung erlassen werden dürfen, ist mit einem abschliessenden Katalog festgelegt[33]. Alle anderen personalrechtlichen Belange sind vertraglich zu regeln und diesbezügliche Streitigkeiten werden im Klageverfahren beurteilt[34].

Die Praxis wird zeigen, ob sich die vom Kirchenrat vorgeschlagene Regelung bewährt. Diese beruht auf der Annahme, dass kirchlichen Anstellungsbehörden in den meisten dienstrechtlichen Belangen Verfügungskompetenz zukommt, denn nur dort kann das Beschwerdeverfahren

30 Botschaft (Anm. 27), S. 14.

31 Protokoll des Synode vom 4. Juni 2003, S. 29. Bemerkung des Verfassers: Über den Antrag der GPK wurde nicht abgestimmt.

32 § 38 Abs. 1 PersG.

33 § 48 Abs. 1 der Personal- und Lohnverordnung (PLV; SAR 165.111) vom 25. September 2000.

34 § 48 Abs. 2 PLV und § 39 lit. a PersG.

überhaupt zum Zuge kommen. Da in den Bestimmungen der Kirchenordnung sowie den weiteren personalrechtlichen Bestimmungen die Frage der Verfügungskompetenz von Anstellungsbehörden nicht umfassend geregelt ist, sind Rechtsunsicherheiten vorprogrammiert.

Der Kirchenrat schlägt weiter vor, im Klageverfahren als erste Instanz eingesetzt zu werden (Abs. 2). Auch in diesem Punkt unterscheidet sich die vom Kirchenrat vorgeschlagene Lösung von der staatlichen Regelung. Beim Kanton ist das Personalrekursgericht (nebst der Schlichtungskommission) die einzige Instanz im Klageverfahren. Die Synode hat dem Vorschlag des Kirchenrats mit knapper Mehrheit zugestimmt[35]. Keine Zustimmung hat hingegen der Vorschlag des Kirchenrats gefunden, die Kognition der Rekurskommission stets auf die Sachverhalts- und Rechtskontrolle zu beschränken (keine Ermessenskontrolle) und zwar auch in jenen Fällen, wo die Rekurskommission als zweite Instanz im Klageverfahren urteilt. Aus der Synode wurden dagegen Bedenken im Hinblick auf die in Art. 6 Abs. 1 EMRK festgelegten Verfahrensgarantien erhoben[36].

Eine zusätzliche Einschränkung des Klageverfahrens ist in den vorgeschlagenen kurzen Verwirkungsfristen zu sehen. Wer seine Ansprüche im Klageverfahren geltend machen will, muss innert drei Monaten ab Beendigung des Dienstverhältnisses die Schlichtungsbehörde anrufen[37]. Eine solch fatale Verwirkungsfrist kennt das kantonale Personalrecht nicht. Sodann ist nach Scheitern des Vermittlungsverfahrens eine Frist von 3 Monaten zur Klageeinreichung einzuhalten (im kantonalen Recht sind es 6 Monate)[38].

### *3. Folgen bei widerrechtlicher Entlassung oder Kündigung*

Die Frage, ob von der Rechtsmittelinstanz die Wiedereinsetzung eines unrechtmässig entlassenen Mitarbeiters angeordnet werden kann oder ob diese lediglich die Unrechtmässigkeit der Entlassung feststellen und allenfalls eine Entschädigung festlegen kann, ist im geltenden landeskirch-

35 Protokoll der Synode vom 4. Juni 2003, S. 32 (71 Ja gegen 60 Nein).

36 Im Protokoll der Synode vom 4. Juni 2003 (S. 34) wird zusammenfassend festgehalten, die Synode habe sich für die Durchführung der Ermessenskontrolle durch Kirchenrat und Rekurskommission (bzw. Rekursgericht) entschieden.

37 § 140 Abs. 2 KiO (neu).

38 § 37 Abs. 2 PersG.

lichen Recht nicht ausdrücklich geregelt. Die vom Kirchenrat vorgeschlagene Lösung[39] entspricht der kantonalen Regelung[40]. Der Entlassene soll nur Anspruch auf die Feststellung der Widerrechtlichkeit und auf Entschädigung haben.

### *4. Umbenennung der Rekurskommission*

Die Rekurskommission soll in Rekursgericht umbenannt werden. Der Kirchenrat bezweckt damit deren Aufwertung und will sie als gleichwertiges Organ neben der Synode und dem Kirchenrat sehen[41]. Hintergrund dieser Umbenennung bildet u.a. auch ein Bundesgerichtsentscheid, in welchem festgehalten wurde, dass an die Zusammensetzung der Rekurskommission die gleichen Anforderungen zu stellen seien wie an ein Gericht[42].

### *5. Anpassung des Organisationsstatuts*

Mit Stichentscheid des Präsidenten sprach sich die Synode für eine Anpassung der entsprechenden Bestimmungen im Organisationsstatut, welches der Kirchenordnung übergeordnet ist und der Genehmigung des Grossen Rates bedarf, aus[43].

## *III. Schlussbemerkungen*

Als weiterer Schritt wäre eine Koordinierung zwischen landeskirchlichen und kantonalen Erlassen anzustreben. So bedarf § 142 KiO (neu § 147 KiO) einer Anpassung, indem dort auch die Beschwerdemöglichkeit an

39 § 149 (neu).

40 § 12 PersG.

41 Botschaft (Anm. 27), S. 8.

42 Bundesgerichtsentscheid vom 28. Mai 2001 (2P.11/2001; 2P.239/2000) in Sachen K., Erw. 4 a. Vgl. dazu: *Dieter Kraus*, Zur Frage der richtigen Zusammensetzung der Rekurskommission der Evang.-Reform. Landeskirche des Kantons Aargau, SJKR/ASDE 6 (2001), S. 104 ff.

43 Es handelt sich um Art. 7, 9 und 14 des Organisationsstatuts; Protokoll der Synode vom 4. Juni 2003, S. 33.

das Personalrekursgericht erwähnt wird. Desgleichen gilt für § 59b VRPG.

Verpasst wurde die Chance, den innerkirchlichen Rechtsschutz dem kantonalen System anzupassen. Dass die Landeskirche eine autonome Jurisdiktion hat, d.h. in innerkirchlichen Angelegenheiten, wo sie sich besser auskennt als die staatlichen Behörden, selber Recht sprechen dürfen soll, ist ein berechtigtes Anliegen. Wenn sie dabei, was das Verfahren und die Gerichtsorganisation betrifft, auf ein eigenes Züglein verzichten und sich dem Kanton anpassen würde, gäbe sie jedoch nichts von ihrem Selbstbestimmungsrecht bezüglich innerkirchlicher Angelegenheiten preis. Die Landeskirche würde nur profitieren, denn die kirchlichen Instanzen, die selber nur über wenige Rechtsfälle pro Jahr zu entscheiden haben, könnten sich in verfahrensrechtlicher Hinsicht an der reicheren Praxis der kantonalen Instanzen orientieren. Dies würde zu mehr Klarheit und Sicherheit in der Rechtsprechung führen, was ursprünglich das Ziel der kirchenrätlichen Reformbestrebungen gewesen ist.

*Jürg Vögtli*

# Vereinbarung zwischen der Berner Kirche und dem Missionswerk „mission 21"

Die Entwicklung von der Basler Mission und KEM (Kooperation Evangelischer Kirchen und Missionen, ein Zweckverband von deutschschweizerischen reformierten Landeskirchen und sechs Missionsgesellschaften) zu mission 21 hat *Christoph Winzeler* in diesem Jahrbuch vor zwei Jahren aufgezeigt[1]. Das neue Werk übernahm die operative Tätigkeit der in ihm zusammengeschlossenen Missionsgesellschaften.

mission 21 ist als Verein gemäss Art. 60 ff. ZGB organisiert. Gemäss den Statuten vom 16. Dezember 2000 will mission 21 im Geist und in der Begleitung von Jesus Christus Gottes Liebe zur ganzen Schöpfung und zu allen Menschen in Wort und Tat leben, zudem Menschen ermutigen, das Evangelium als Botschaft der Befreiung grenzüberschreitend zu verkündigen. Die Tätigkeit des Werkes basiert auf der Einheit von Verkündigung und Diakonie, die durch den Austausch von Personen, Informationen und durch das Teilen von materiellen Gütern wahrgenommen wird (Art. 2 Abs. 3). Gemäss Art. 4 der Statuten gehören mission 21 die Evangelische Mission im Kwango, die Evangelische Missionsgesellschaft in Basel (Basler Mission), die Herrnhuter Mission, die Schweizerische Ostasien-Mission und die Südafrika-Mission an. Im Unterschied zur früheren KEM sind die Landeskirchen nicht mehr Mitglied von mission 21. Somit sind sie in der Abgeordnetenversammlung der Missionsgesellschaft nicht mehr vertreten und die Beschlüsse von mission 21 haben für die Landeskirchen keine rechtliche Wirkung. Die Statuten sehen in Art. 5 vor, dass keine Mitgliederbeiträge erhoben werden und dass sich die finanziellen Mittel des Vereins aus Spenden und Ergebnissen von Sammlungen, anderen freiwilligen Gaben, Zuwendungen und Legaten sowie weiteren Erträgen und Erlösen auf Grund von Vereinbarungen zusammensetzen.

Das bisherige Fehlen rechtlicher Beziehungen zum Missionswerk führte dazu, dass die Berner Kirche[2] Ende 2002 eine Vereinbarung mit missi-

1 *Christoph Winzeler*, Von Basler Mission und KEM zu mission 21, in: SJKR/ASDE 6 (2001), S. 205-207.

2 Es wird in diesem Bericht die Bezeichnung „Berner Kirche" gebraucht. Korrekt wäre „Synodalverband Bern-Jura". Die nichtoffizielle Bezeichnung der Kirche heisst seit dem 1. April 2003 „Reformierte Kirchen Bern-Jura-Solothurn".

on 21 unterzeichnete (Ermächtigung zur Unterzeichnung durch die Berner Synode vom 4. Dezember 2002). Primäres Ziel der Vereinbarung ist es, die bisherigen jährlichen Zahlungen der Berner Kirche an die Missionsgesellschaft vertraglich zu fundieren. Ohne eine solche Fundierung wäre es der Berner Synode nicht mehr möglich, jährliche wiederkehrende Beiträge an mission 21 im ungefähren Rahmen der früher an die KEM erfolgten Zahlungen zu bewilligen.

Die finanziellen Leistungen der Berner Kirche an mission 21 sind in Art. 4 der Vereinbarung[3] geregelt. Dabei ist AbSatz 5 von besonderem Interesse, wonach der finanzielle Beitrag nicht nur die konkreten Dienstleistungen von mission 21 zugunsten der Berner Kirche abdeckt, sondern auch als Solidaritätsbeitrag zu verstehen ist, den die Kirche gemäss ihrem Auftrag für die Missionstätigkeit entrichtet. In Art. 3 werden die Leistungen der Missionsgesellschaft zugunsten der Berner Kirche festgehalten, in erster Linie leistet sie auf Verlangen der Berner Kirche missionarische bzw. missionstheologische Grundlagen- und Bildungsarbeit. Sie pflegt im Auftrag der Berner Kirche die Beziehungen und die Projektarbeit mit den Partnerkirchen der weltweiten Ökumene.

Es ist geplant, dass die rechtlichen Beziehungen (und damit wohl auch die Finanzströme) zwischen mission 21 und den schweizerischen Kirchen in Zukunft über den Schweizerischen Evangelischen Kirchenbund laufen werden[4]. Aus diesem Grund gilt gemäss Art. 5 Abs. 2 die Vereinbarung zwischen der Berner Kirche und mission 21 nur „bis auf Weiteres" bzw. nur so lange, bis durch den SEK eine gesamtschweizerische Regelung betreffend die evangelischen Hilfswerke und Missionen in Kraft ist. Dies ist zum Zeitpunkt dieser Berichterstattung indes noch nicht der Fall[5].

*Jakob Frey*

3 Die Vereinbarung findet sich im Dokumentationsteil, S. 297 ff. dieses Bandes.

4 Vgl. *C. Winzeler*, Basler Mission (Anm. 1): „Es ist vorgesehen, bis in zwei Jahren die Verbindung zu den Kirchen durch einen Leistungsauftrag des Schweizerischen Evangelischen Kirchenbunds neu zu ordnen."

5 Dem Vernehmen nach sind die Statuten vom 16. Dezember 2000 in Revision. Vorgesehen ist, dass die Vereinsorgane (bislang Abgeordnetenversammlung, Geschäftsprüfungskommission, Vorstand, Geschäftsleitung und Revisionsstelle) durch eine Missionssynode als weiteres Organ ergänzt werden.

# Das Verhältnis zwischen Staat und Kirchen in der neuen Verfassung des Kantons Graubünden vom 18. Mai 2003

Der Kanton Graubünden gehört seit 1803 zur Schweizerischen Eidgenossenschaft. Im Jubiläumsjahr 2003 hat sich das Volk dieses Kantons eine neue, zeitgemässe Verfassung gegeben. Sie ist in der Abstimmung vom 18. Mai 2003 mit grossem Mehr angenommen worden und tritt am 1. Januar 2004 in Kraft. Auf diesen Zeitpunkt hin wird die bisherige Verfassung vom 2. Oktober 1892 aufgehoben.

Gemäss Art. 72 Abs. 1 der Bundesverfassung sind die Kantone für die Regelung des Verhältnisses zwischen Kirche und Staat zuständig. Der Kanton Graubünden ist diesem Auftrag in seiner neuen Verfassung nachgekommen. Dabei hat er weitgehend die geltende Regelung übernommen, sie allerdings neu und zeitgemäss formuliert. In der bisherigen Kantonsverfassung ist das kantonale Staatskirchenrecht im zweiten Abschnitt „Persönliche Rechte" im Art. 11 geregelt. Neu ist es im VIII. Abschnitt „Staat und Kirchen" in den Art. 98-100 umschrieben. Weitere die Landeskirchen und die Kirchgemeinden betreffende Bestimmungen finden sich an anderen Orten der Verfassung, was die Übersicht nicht eben erleichtert[1].

## *I. Erstmals eine Präambel*

Bemerkenswert und erfreulich ist gleich der Anfang der neuen Verfassung. Sie beginnt mit einer Präambel, bestehend aus drei Absätzen. Im ersten Absatz hält die Präambel das Bewusstsein der Verantwortung des Volkes des Kantons Graubünden vor Gott sowie gegenüber den Mitmenschen und der Natur fest. Die Erwähnung Gottes blieb in der parlamentarischen Beratung im Grossen Rat nicht unwidersprochen. Der Streichungsantrag unterlag jedoch klar.

1 Siehe im Dokumentationsteil dieses Bandes, S. 300 ff.

## *II. Die Glaubens- und Gewissensfreiheit*

Die Glaubens- und Gewissensfreiheit ist als Grundrecht gemäss Art. 15 der Bundesverfassung gewährleistet. In der neuen Kantonsverfassung wird dieses Recht – anders als im bisherigen Art. 11 Abs. 1 – nicht mehr erwähnt. Massgebend ist nämlich die Regelung von Art. 7, wonach die Grundrechte und Sozialziele im Rahmen der Bundesverfassung und der für die Schweiz verbindlichen internationalen Abkommen gewährleistet sind. Der Grosse Rat hat es abgelehnt, den ganzen Katalog der Grundrechte auch in der Kantonsverfassung festzuschreiben.

## *III. Die Rechtsstellung der Religionsgemeinschaften*

Die beiden Landeskirchen, nämlich die Evangelisch-reformierte Landeskirche und die Katholische Landeskirche, sowie jeweils auch ihre Kirchgemeinden sind wie bis anhin öffentlichrechtliche Körperschaften. Neu ist hingegen, dass die „evangelisch-reformierte Kirche" und die „römisch-katholische Kirche" öffentlichrechtlich anerkannt sind. Diese Änderung ist im Stadium der Vorberatung der Vorlage in der grossrätlichen Kommission von katholischer Seite eingebracht worden. Die römisch-katholische Kirche besteht nicht nur aus der Landeskirche, sondern auch aus dem Bischöflichen Ordinariat. Neu ist somit die römisch-katholische Kirche öffentlichrechtlich anerkannt, während die Katholische Landeskirche zusätzlich den Status einer öffentlichrechtlichen Körperschaft hat. Auf evangelischer Seite existieren keine derartigen dualistischen Strukturen. Der Begriff „ evangelisch-reformierte Kirche" ist denn auch in unserem Kirchenrecht nicht definiert. Gemäss Art. 1 Abs. 1 ihrer Kirchenverfassung vom 26. Februar 1978 ist die „Evangelisch-reformierte Landeskirche Graubünden" die Gemeinschaft aller Einwohner, die einer ihrer Kirchgemeinden angehören. Sie ist nach Art. 2 eine öffentlichrechtliche Körperschaft. Auch der Kanton hat nicht umschrieben, was nach seinem Verständnis die „evangelisch-reformierte Kirche" ist.

Durch Gesetz können weitere Religionsgemeinschaften öffentlichrechtlich anerkannt werden. Solange das nicht erfolgt ist, unterstehen diese Religionsgemeinschaften dem Privatrecht. Gemäss der bisherigen Verfassung ist die Bildung neuer Religionsgenossenschaften zulässig, „insoweit solche nicht der öffentlichen Ordnung und der Sittlichkeit widerstreiten".

Die Möglichkeit, weitere Religionsgemeinschaften öffentlichrechtlich anerkennen zu lassen, ist hingegen neu.

## *IV. Autonomie und Steuerhoheit*

Die Landeskirchen und ihre Kirchgemeinden haben eine weitgehende Autonomie. Sie regeln ihre Angelegenheiten im Rahmen des kantonalen Rechts selbständig. Sie sind berechtigt, von ihren Mitgliedern Steuern nach den für die Gemeinden geltenden Grundsätzen zu erheben. Diese Grundsätze der Besteuerung sind in Art. 95 der Kantonsverfassung umschrieben.

Nach der bisherigen Verfassung regelt das Gesetz die Besteuerung der juristischen Personen. Gemäss der neuen Verfassung kann der Kanton durch Gesetz von juristischen Personen eine Kultussteuer erheben. Diese Formulierung entspricht dem Antrag der Regierung an den Grossen Rat gemäss dem Verfassungsentwurf. In erster Lesung beschloss das Parlament auf Antrag der Vorberatungskommission, die Bestimmung zu streichen, weil eine Kultussteuer auch ohne verfassungsmässige Grundlage auf Gesetzesstufe erhoben werden könne. Da sich Parlamentsmitglieder offen für eine Abschaffung der Kultussteuer ausgesprochen hatten, widersetzten sich die beiden Landeskirchen dieser Änderung. Mit Mehrheitsentscheid beschloss der Grosse Rat in zweiter Lesung, doch dem Antrag gemäss Verfassungsentwurf der Regierung zu folgen. Damit ist es für die Gegner der Kultussteuer schwieriger, diese abzuschaffen.

Das Recht der Kirchgemeinden, ihre Geistlichen zu wählen und zu entlassen, ist wortwörtlich aus der bisherigen Verfassung übernommen worden. Niemand wollte an diesem wesentlichen Recht rütteln, auch wenn die Praxis gezeigt hat, dass die Abwahl eines Geistlichen durch eine Kirchgemeinde nicht immer durchgesetzt werden kann.

Im Entwurf der Verfassungskommission an die Regierung war vorgesehen, dass der Kanton statt eines Oberaufsichtsrechts gemäss bisheriger Verfassung ein Aufsichtsrecht hinsichtlich der rechtmässigen Verwendung der finanziellen Mittel und der Einhaltung der Rechtsordnung haben soll. Beide Landeskirchen haben sich im Vernehmlassungsverfahren gegen diese unnötige Ausdehnung der staatlichen Aufsicht ausgesprochen. In der neuen Verfassung ist das Recht des Kantons richtigerweise wieder auf ein Oberaufsichtsrecht beschränkt worden.

## *V. Besserer Rechtsschutz*

Die neue Verfassung baut die kantonale Verfassungsgerichtsbarkeit aus. In Art. 55 Abs. 2 sind die Aufgaben des Verwaltungsgerichts als Verfassungsgericht aufgezählt. Gemäss Ziff. 2 beurteilt dieses Gericht neu auch Beschwerden wegen Verletzung der Autonomie der Landeskirchen.

Bereits nach bisherigem Recht ist das Verwaltungsgericht des Kantons Graubünden unter bestimmten Voraussetzungen zuständig, in Rekursverfahren Entscheide der anerkannten Landeskirchen und ihrer Kirchgemeinden sowie in Klageverfahren Streitigkeiten, an denen die anerkannten Landeskirchen oder ihre Kirchgemeinden beteiligt sind, zu beurteilen. Daran hat die neue Verfassung nichts geändert.

## *VI. Rückblick*

Die neue Verfassung bringt wohl zahlreiche Änderungen für das Volk des Kantons Graubünden. Für die Landeskirchen und ihre Kirchgemeinden hingegen finden sich keine grundlegenden Neuerungen. Die Evangelisch-reformierte Landeskirche hat sich im Vernehmlassungsverfahren kritisch zu einigen Punkten des Entwurfs der Verfassungskommission geäussert. Die Regierung hat diesen Einwänden Rechnung getragen. Angesichts der neuen Verfassung kann gesagt werden, dass sich der Einsatz gelohnt hat.

*Pierluigi Schaad*

# Leitung von Gottesdiensten durch Personen, die nicht zum Pfarramt ordiniert sind

## *I. Neue Verordnung der Evangelisch-Reformierten Kirche des Kantons Luzern*

Gemäss Art. 11 Abs. 1 der Kirchenordnung der Evangelisch-Reformierten Kirche des Kantons Luzern vom 13. November 1996 (Erlass-Sammlung Nr. 15; nachfolgend KiO) trägt die Pfarrerin oder der Pfarrer in Zusammenarbeit mit dem Kirchenvorstand die Verantwortung für den Gottesdienst. Der Synodalrat regelt die Leitung von Gottesdiensten durch Personen, die nicht zum Pfarramt ordiniert sind (Art. 11 Abs. 3 KiO).

In Ausführung von Art. 11 Abs. 3 KiO hat der Synodalrat am 19. März 2003 eine Verordnung über die Leitung von Gottesdiensten durch Personen, die nicht zum Pfarramt ordiniert sind, erlassen[1]. Diese regelt die Leitung von regelmässig stattfindenden Gottesdiensten durch Personen, die nicht zum Pfarramt ordiniert sind (z.B. Sonntagsgottesdienste oder Gottesdienste von Spitälern, Heimen und ähnlichen Einrichtungen). Dagegen regelt die Verordnung nicht die Leitung von Abendmahlsfeiern, Taufen, kirchlichen Trauungen, Abdankungen und Konfirmationen. Diesbezüglich gelten die speziellen Bestimmungen der Kirchenordnung.

Die Kirchenordnung regelt die Zuständigkeit für die Kasualien wie folgt:

> *Taufe*
>
> Die Taufe wird grundsätzlich durch die Pfarrerin oder den Pfarrer vollzogen. Im Einvernehmen mit der Pfarrerin oder dem Pfarrer kann der Kirchenvorstand Personen, die nicht zum Pfarramt ordiniert sind, die Durchführung der Taufe übertragen (Art. 21 Abs. 5 KiO).
>
> *Abendmahlsfeiern*
>
> Für die Leitung der Abendmahlsfeier ist die Pfarrerin oder der Pfarrer verantwortlich. Mitglieder des Kirchenvorstands und allenfalls weitere Gemeindeglieder wirken mit, namentlich bei der Austeilung von Brot und Wein. Der Kirchenvorstand kann im Einvernehmen mit der Pfarrerin oder dem Pfarrer auch Perso-

1 Verordnung über die Leitung von Gottesdiensten durch Personen, die nicht zum Pfarramt ordiniert sind, vom 19. März 2002. Erlass-Sammlung Nr. 49.

nen, die nicht zum Pfarramt ordiniert sind, mit der Leitung einzelner Abendsmahlsfeiern beauftragen (Art. 28 Abs. 5 KiO).

*Trauung*

Bezüglich Trauung sieht die Kirchenordnung keine Ausnahme vor. Die Trauung hat immer durch die Pfarrerin oder den Pfarrer zu erfolgen.

*Abdankung*

Gemäss Kirchenordnung ist auch die Abdankung ausschliesslich Sache der Pfarrerin oder des Pfarrers.

*Konfirmation*

Auch für die Konfirmation liegt die Verantwortung beim Pfarrer oder der Pfarrerin.

## *II. Leitung von Gottesdiensten durch nichtordinierte Personen*

Bezüglich der Leitung von Gottesdiensten durch nichtordinierte Personen ist zu unterscheiden zwischen diakonischen Mitarbeitenden, Theologiestudierenden und Laienpredigern. Für alle diese Personen gilt, dass sie bei ihrer Tätigkeit an die Bestimmungen der Kirchenordnung gebunden sind (beispielsweise bezüglich der Örtlichkeiten der Durchführung von Kasualien). Dies ist wichtig, damit eine einheitliche Praxis ermöglicht wird.

- *Diakonische Mitarbeitende* sind zur Leitung von Gemeindegottesdiensten befugt, wenn ihr Pflichtenheft diese Tätigkeit vorsieht und sie über eine entsprechende Ausbildung verfügen. Die Befugnis gilt nur im Rahmen der im Pflichtenheft umschriebenen Aufgaben. Der Synodalrat erteilt die Bewilligung aufgrund eines Gesuchs des Kirchenvorstands. Damit werden Eingriffe in die Gemeindeautonomie und in die Anstellungsbedingungen der Gemeinden vermieden.
- *Theologiestudierende* sind zur Leitung von Gemeindegottesdiensten (mit Ausnahme von Trauungen und Abdankungen) berechtigt, wenn sie das Propädeutikum des Konkordats oder eine analoge Prüfung einer anderen theologischen Fakultät bestanden und ein homiletisches Seminar besucht haben. Die Leitung von Trauungen und Abdankungen bedarf der Bewilligung des Synodalrates.
- Der Synodalrat kann einzelnen geeigneten Personen auf schriftliches Gesuch die Erlaubnis erteilen, als *Laienpredigerin oder Laienpredi-*

*ger* regelmässig Gottesdienste zu leiten. Voraussetzung ist eine Empfehlung von Kirchenvorstand und Pfarrerin oder Pfarrer einer luzernischen Kirchgemeinde. Die Zustimmung entweder des Kirchenvorstandes oder der Pfarrerin/des Pfarrers genügt nicht.

Die Aufnahme in den Laienpredigerdienst erfolgt durch den Synodalrat. Die Laienpredigerin oder der Laienprediger wird vom Synodalrat im Rahmen eines Gemeindegottesdienstes in das Amt eingesetzt. In der Regel erfolgt die Einsetzung in jener Gemeinde, die die Empfehlung abgegeben hat. Voraussetzungen für die Aufnahme in den Laienpredigerdienst sind ein Gespräch zur Abklärung der theologischen Kompetenzen (z.B. Besuch eines Seminars für Predigthelfer oder eines homiletischen Seminars an einer Universität) sowie der Besuch eines durch die Bewerberin oder den Bewerber geleiteten Gottesdienstes. Danach wird ein Auswertungsgespräch durchgeführt. Die Erlaubnis kann auch wieder entzogen werden.

## *III. Ordination einer ausländischen Kirche*

Schliesslich regelt die Verordnung, nicht ganz dem Titel entsprechend, auch die Amtshandlungen von Pfarrerinnen und Pfarrern, die die Ordination einer ausländischen Kirche besitzen. Diese können im Kanton Luzern Amtshandlungen vornehmen, sofern sie aus einer Kirche stammen, die der Leuenberger Konkordie zugestimmt hat oder wenn sie im Dienste einer solchen Kirche stehen. Selbstverständlich sind auch hier die Vorschriften der Kirchenordnung einzuhalten.

*Peter Möri*

# Weiterbildung und Studienurlaub für die Pfarrerinnen und Pfarrer der Evangelisch-Reformierten Kirche des Kantons Luzern

## *I. Gesetzliche Grundlagen*

Pfarrerinnen und Pfarrer haben sich dauernd weiterzubilden. Sie sind dafür von der Kirchgemeinde bis zu zwei Wochen jährlich für die Teilnahme an Kursen zu beurlauben (Art. 116 der Kirchenordnung der Evangelisch-Reformierten Kirche des Kantons Luzern vom 13. November 1996[1]).

Nach je acht Dienstjahren in Kirchgemeinden des Kantons Luzern hat die Pfarrerin oder der Pfarrer Anspruch auf einen bezahlten Studienurlaub von vier Monaten (Art. 117 Abs. 1 KiO). Das Urlaubsgesuch ist dem Kirchenvorstand so rechtzeitig einzureichen, dass für eine Stellvertretung gesorgt werden kann. Dem Gesuch ist ein Studienplan beizulegen, den der Kirchenvorstand vor der Bewilligung des Urlaubes dem Synodalrat zu unterbreiten hat (Abs. 2). Im Jahr, in dem der Studienurlaub bezogen wird, entfällt eine Weiterbildung gemäss Art. 116 (Abs. 3). Im weiteren sind die Einzelheiten in der Verordnung über den Studienurlaub des Synodalrates geregelt.

Schliesslich kann der Synodalrat einer Pfarrerin oder einem Pfarrer einen ausserordentlichen Urlaub bewilligen, wenn besondere Umstände es rechtfertigen. Der Urlaub darf nur mit Zustimmung des Kirchenvorstandes gewährt werden (Art. 118 KiO).

## *II. Studienurlaub*

Der Synodalrat hat am 27. November 2002 eine neue Verordnung über den Studienurlaub erlassen, die die bisherige Verordnung vom 5. April 1978 ersetzt. Materiell erfolgten jedoch keine wesentlichen Änderungen.

1 Kirchliche Erlasssammlung Nr. 15. Abgekürzt nachfolgend KiO.

In der kurzen, aus sechs Artikeln bestehenden Verordnung werden die Gestaltung des Studienurlaubs, die Voraussetzungen für eine Verschiebung, die Stellvertretung sowie das Beitrags- und Berichtswesen über den Studienurlaub geregelt. Gemäss Art. 1 ist der Studienurlaub zielgerichtet zu gestalten, insbesondere durch Studium an einer Universität, an einem anderen geeigneten Institut oder bei zweckentsprechenden Institutionen. Es kann sich auch um ein Praktikum in einem kirchlichen, sozialen oder ähnlichen Werk handeln, oder um den Aufenthalt „in einem für die theologische Tätigkeit oder das kirchliche Geschehen bedeutungsvollen Land". Für den Studienurlaub wird kein Beitrag entrichtet (Art. 4). Am Schluss ist ein Bericht über die Durchführung und das Ergebnis des Urlaubs zu erstellen. Der Bericht soll Verlauf, Studieninhalte und gewonnene Erkenntnisse übersichtlich darstellen.

## *III. Weiterbildung*

Bezüglich Weiterbildung sind die Kirchgemeinden grundsätzlich autonom. Die Kantonalkirche kann keine verbindlichen Regelungen treffen. Da jedoch in der Praxis immer wieder ähnliche Fragen auftraten, hat der Synodalrat in einem Kreisschreiben vom 19. März 2003[2] eine Auslegung der Regelung in der Kirchenordnung vorgenommen. Dabei berücksichtigte er, dass sich die Bedingungen bei den angebotenen Weiterbildungen geändert haben. Weiterbildungen sind heute oft über eine längere Zeit modulartig aufgebaut. Für manche dieser Ausbildungen reichen die jährlichen zwei Wochen Weiterbildung nach Art. 116 KiO nicht aus. Der Synodalrat begrüsst grundsätzlich auch länger dauernde Weiter- und Fortbildungen und will den Kirchgemeinden ermöglichen, den Pfarrerinnen und Pfarrern auch bei derartigen Weiterbildungen im Rahmen der geltenden Vorschriften soweit als möglich entgegenzukommen.

Wie bereits erwähnt, sieht Art. 116 KiO vor, dass die Pfarrerin oder der Pfarrer von der Kirchgemeinde für die Teilnahme an Kursen bis zu zwei Wochen jährlich zu beurlauben ist. Die Formulierung „bis zu" bedeutet, dass auch weniger Weiterbildung gewährt werden kann, wenn z.B. keine sinnvollen Weiterbildungsmöglichkeiten bestehen oder andere gewichti-

2 Kreisschreiben Nr. 2/2003 an die Kirchenvorstände und Kirchenpflegen sowie die Pfarrerinnen und Pfarrer im Kanton Luzern betreffend Weiterbildung der Gemeindepfarrerinnen und Gemeindepfarrer.

ge Gründe gegen eine Weiterbildung sprechen. Andererseits ist nicht vorgeschrieben, dass die Weiterbildung in jedem Falle nur zwei Wochen betragen darf. Es ist denkbar, dass in einem Jahr mehr als zwei Wochen Weiterbildung gemacht werden und dies in späteren Jahren mit weniger Urlaub wieder kompensiert wird. Dies setzt eine vorgängige Absprache mit dem Kirchenvorstand voraus.

Für die Weiterbildung in den ersten fünf Amtsjahren[3] ist primär das Angebot der WEA-Kurse zu nutzen. Eine zusätzliche ordentliche Weiterbildung steht grundsätzlich nicht zur Verfügung. Die WEA-Kurse sind mithin Bestandteil der ordentlichen Weiterbildung, es wird kein zusätzlicher Weiterbildungsurlaub gewährt. Dies erscheint angesichts der relativ grosszügigen Regelung mit jährlich zwei Wochen Weiterbildung gerechtfertigt.

Der viermonatige Studienurlaub nach Art. 117 KiO soll nicht mit der ordentlichen Weiterbildung nach Art. 116 KiO vermischt werden. Ein gestaffelter Bezug des Studienurlaubs wird in der Regel nicht gewährt. Dies würde dem Hauptzweck des Studienurlaubs widersprechen, der darin besteht, dass die Pfarrerin oder der Pfarrer sich vertieft mit Studienthemen befassen kann und den nötigen Abstand von der Alltagsarbeit erhält. Der Studienurlaub ist somit grundsätzlich in einem Mal zu beziehen.

Denkbar ist der Bezug des ausserordentlichen Urlaubs nach Art. 118 KiO, wenn eine längere Weiterbildung den Rahmen des ordentlichen Urlaubs zeitlich sprengen würde. Der ausserordentliche Urlaub ist in der Regel unbesoldet, doch liegt der diesbezügliche Entscheid beim Kirchenvorstand.

Die Möglichkeiten der ordentlichen Weiterbildung (Art. 116 KiO) und des ausserordentlichen Urlaubs (Art. 118 KiO) können frei kombiniert werden.

*Peter Möri*

3 Abgekürzt: WEA, vgl. auch das neue Konkordat für die gemeinsame Ausbildung der evangelisch-reformierten Pfarrerinnen und Pfarrer und ihre Zulassung zum Kirchendienst vom 28. November 2002, insbes. Art. 13 und 14.

# Revision der Verfassung der evangelisch-reformierten Kirche Nidwalden

## *I. Vorgeschichte*

Vor über dreissig Jahren haben sich die Nidwaldner Reformierten erstmals eine kantonalkirchliche Grundordnung gegeben. Die am 13. Juli 1969 von der kantonalen Kirchgemeindeversammlung verabschiedete Verfassung der Evangelisch-reformierten Kirche Nidwalden wurde gestützt auf Art. 37 der Kantonsverfassung[1] erlassen, welcher den öffentlichrechtlich anerkannten Kirchen[2] die Kompetenz einräumt, ihre Angelegenheiten im Rahmen der Gesetzgebung selbständig zu ordnen. Seither gilt die heute gut viertausend Mitglieder zählende, das gesamte Gebiet des Halbkantons umfassende Kirchgemeinde Nidwalden formell als Kantonalkirche, obwohl sie parochial strukturiert blieb[3]. Die beiden inzwischen erfolgten Revisionen der Kirchenverfassung – jene vom 14. Dezember 1988 und die im Folgenden vorzustellende vom 22. Mai 2002 – haben daran nichts geändert, auch wenn die Autonomie der drei örtlichen Gemeindekreise[4], in welche die Gesamtgemeinde seit der Neuorganisation im Jahre 1969 untergliedert ist, sukzessive etwas ausgebaut worden ist.

Nach wie vor liegen die Finanzhoheit sowie die Zuständigkeit für die Pfarrwahlen bei der kantonalen Kirchgemeindeversammlung. Die Organe der einzelnen Gemeindekreise, d.h. deren Versammlungen sowie die von diesen zu wählenden örtlichen Kirchenpflegen, haben nur beschränkte Kompetenzen.

1 Verfassung des Kantons Unterwalden nid dem Wald vom 10. Oktober 1965.

2 Die öffentlichrechtliche Anerkennung der Evangelisch-reformierten Kirchgemeinde Nidwalden – verbunden mit dem Recht zur Erhebung von Kirchensteuern – geht auf ein 1940 von der Landsgemeinde erlassenes Gesetz zurück und wurde 1965 in Art. 35 der Kantonsverfassung bekräftigt.

3 Vgl. dazu den Bericht „Neue Kantonalkirchen? Die Urschweizer Kirchen nach der Auflösung des Evangelisch-reformierten Kirchenverbandes der Zentralschweiz", in: SJKR/ASDE 6 (2002), S. 185-195, hier S. 187-189.

4 Dies sind I: Hergiswil, II: Stans/Stansstad/Engelbergertal, III: Buochs/Ennetbürgen/Beckenried/Emmetten.

## *II. Streitpunkt Volkswahl der Pfarrerinnen und Pfarrer*

Seit 1997 waren Bestrebungen im Gang, die Kirchenverfassung von 1988 einer Totalrevision zu unterziehen. Im Herbst 2001 legte der Kirchenrat einen Entwurf vor, zog diesen jedoch vor der Beratung in der Kirchgemeindeversammlung wieder zurück, weil sich gegen einzelne Bestimmungen Opposition erhoben hatte. Diese richtete sich insbesondere gegen die im Entwurf vorgesehene Neuregelung der Anstellung der Pfarrerinnen und Pfarrer. Die Exekutive hatte vorgeschlagen, dass Pfarrpersonen inskünftig nicht mehr durch die Kirchgemeindeversammlung gewählt werden sollten, sondern – im Sinne eines modernen Personalrechts – durch den Kirchenrat anzustellen seien. Der Kirchgemeindeversammlung sollte das Recht verbleiben, diese Anstellungen sowie allfällige durch den Kirchenrat ausgesprochene Kündigungen zu bestätigen. Die Kritiker der Vorlage machten geltend, dass die vorgeschlagene Neuerung einer massiven Beschneidung reformatorisch-demokratischer Grundrechte der Gemeinde gleichkomme. Sie forderten im Interesse einer partnerschaftlichen Gemeindeleitung die Beibehaltung der Volkswahl der Pfarrerinnen und Pfarrer. Auch der Vorschlag, dass der neunköpfige kantonale Kirchenrat nicht mehr in seiner Gesamtheit durch die Kirchgemeindeversammlung gewählt werden sollte, wurde bemängelt. Der kirchenrätliche Entwurf hatte vorgesehen, je ein Mitglied der örtlichen Kirchenpflegen direkt durch die jeweiligen Gemeindekreisversammlungen in den Kirchenrat abordnen zu lassen.

Die genannten Einwände und eine Reihe weiterer Verbesserungsvorschläge wurden vom Kirchenrat in einem überarbeiteten Verfassungsentwurf berücksichtigt. Danach sollte die Zuständigkeit für die Wahl der Pfarrerinnen und Pfarrer weiterhin bei der (kantonalen) Kirchgemeindeversammlung liegen und dem Kirchenrat das Recht der Antragstellung bezüglich der Wahl und der periodischen Wiederwahl verbleiben[5]. Der Entwurf wurde am 22. Mai 2002 der Kirchgemeindeversammlung erneut vorgelegt und diesmal ohne Diskussion verabschiedet. Mit der am 18. September 2002 erteilten Genehmigung durch den Landrat (Kantonsparlament) konnte die neue Verfassung in Kraft treten.

5 Dass die periodische Wiederwahl der Pfarrerinnen und Pfarrer im Übrigen nicht als Grundsatz in die Verfassung aufgenommen wurde, sondern wie bisher lediglich in der Kirchenordnung geregelt werden soll, mag man als Mangel empfinden.

## *III. Die hauptsächlichen Neuerungen*

Ob nach dem erwähnten Verzicht auf die einschneidendsten Veränderungen noch von einer Totalrevision der Kirchenverfassung die Rede sein kann, ist fraglich, zumal die neue Verfassung hinsichtlich ihres Aufbaus und ihres Inhalts im Wesentlichen ihrer Vorgängerin aus dem Jahre 1988 folgt. Neu ist die Gliederung in die sechs Hauptabschnitte I. Grundsatz und Aufgabe, II. Grundlagen und Mitgliedschaft, III. Aufbau der Kirchgemeinde, IV. Kirchliche Behörden und Mitarbeitende, V. Finanzhaushalt und VI. Schlussbestimmungen. Als wesentliche Neuerungen verdienen die folgenden Punkte Erwähnung:

a) Die Stellung der Evangelisch-reformierten Kirche Nidwalden unter den schweizerischen evangelischen Kirchen war nach dem Direktanschluss an den Schweizerischen Evangelischen Kirchenbund bzw. der Auflösung des Evangelisch-reformierten Kirchenverbandes der Zentralschweiz[6] neu zu umschreiben. Art. 4 hält fest, dass die Kirchgemeinde Mitglied des SEK und durch diesen mit den Kirchen der Leuenberger Kirchengemeinschaft, des Reformierten Weltbundes und des Ökumenischen Rates verbunden ist.

b) Art. 5 formuliert noch deutlicher als die vorherige Verfassung, dass die Evangelisch-reformierte Kirche Nidwalden eine einzige, in mehrere Kreise gegliederte Kirchgemeinde bildet, welche das gesamte Kantonsgebiet umfasst. Die gebietsmässige Umschreibung der Gemeindekreise wird in der Kirchenordnung vorgenommen. Fallen gelassen wurde – worauf noch einzugehen sein wird – die in den früheren Verfassungen offen gehaltene Option, die einzelnen Gemeindekreise zu selbständigen Kirchgemeinden zu erheben.

c) Das passive Wahlrechtsalter wurde – wie dies bisher schon beim aktiven Stimm- und Wahlrecht der Fall war – auf sechzehn Jahre herabgesetzt (Art. 8).

d) Als neues Organ der Kirchgemeinde wird der Pfarrkonvent eingeführt (Art. 17). Er setzt sich aus den in der Kirchgemeinde wirkenden Pfarrerinnen und Pfarrern zusammen. Seine Aufgaben sind jedoch recht allgemein umschrieben (Art. 18). Die Bestimmung, dass der/die Vorsitzende des Pfarrkonvents dem Kirchenrat angehört (Art. 14 Ziff. 3), löst die bisherige Regelung ab, wonach alle Pfarrerinnen und Pfarrer von Am-

6 Vgl. dazu den in Anm. 3 genannten Bericht in SJKR/ASDE 6 (2002), S. 185 f.

tes wegen Mitglieder des Kirchenrates sind[7]. Die Zunahme der Pfarrstellen von zwei auf vier sowie deren Aufteilung auf mehrere Stelleninhaber hatte in den letzten Jahren zu einer Übervertretung der Pfarrpersonen im Kirchenrat geführt.

e) Die Versammlungen der einzelnen Gemeindekreise gelten neu ebenfalls als Organe der Kirchgemeinde (Art. 21 f.). Ausser der Wahl der örtlichen Kirchenpflege sowie dem Recht, einen Kandidaten/eine Kandidatin für die Wahl in den Kirchenrat vorzuschlagen, kommen ihr gemäss der Verfassung keine Aufgaben und Befugnisse zu. Solche können jedoch in der Kirchenordnung umschrieben werden (Art. 22).

f) Den örtlichen Kirchenpflegen obliegt neu die Vertretung der Interessen der Kirchgemeinde gegenüber den im jeweiligen Gemeindekreis gelegenen politischen, Schul- und katholischen Kirchgemeinden (Art. 24 Abs. 1). Weitere Aufgaben und Befugnisse können ihr durch die Kirchenordnung und den Kirchenrat zugewiesen werden[8].

## *IV. Würdigung*

Trotz der überschaubaren Verhältnisse (oder vielleicht gerade deshalb) erweist sich die verfassungsmässige Ordnung der kirchlichen Strukturen im Kanton Nidwalden als eine dornenvolle Aufgabe. Zum einen wird die im schweizerischen reformierten Landeskirchentum übliche Teilung der Aufgaben und Kompetenzen zwischen Kantonalkirche und Kirchgemeinde durch die geographische und organisatorische Identität der beiden Organismen[9] ebenso verunmöglicht wie eine innerkirchliche Gemeindeauf-

7 Damit ist man von einem Grundsatz abgerückt, der – veranlasst durch die Gepflogenheiten des katholischen Staatskirchenrechts – durch die Nidwaldner Kantonsverfassung vorgegeben wäre (Art. 89 Abs. 2: „Der zuständige Pfarrer oder Kaplan ist von Amtes wegen Mitglied des Kirchen- oder Kapellrates.“).

8 Gemäss Art. 35 der geltenden Kirchenordnung vom 20. Mai 1992 sind dies die Vertretung der Anliegen des Gemeindekreises beim Kirchenrat, die Übernahme von Aufgaben im Gottesdienst, die Sorge für eine gute Zusammenarbeit zwischen Pfarrern, Mitarbeitenden und Gemeindemitgliedern, die Verwaltung der kirchlichen Gebäude sowie der Einsatz für sozialdienstliche Aufgaben.

9 Analog liegen die Verhältnisse im Kanton *Uri*, wo die sog. „Evangelisch-reformierte Landeskirche“ trotz ihrer Gliederung in drei selbständige Kirchgemeinden letztlich ebenfalls parochial verfasst ist (vgl. dazu SJKR/ASDE 6 [2002], S. 190 f.). Den Organen der einzelnen Kirchgemeinden kommen de facto keine

sicht[10]. Zum andern ist die Zweistufigkeit der innergemeindlichen Organisation (Gliederung in Gemeindekreise) eine weder im kirchlichen noch im politischen Bereich geläufige Rechtsform. Den damit verbundenen Schwierigkeiten hätte man durch die Einlösung einer in der Kirchenverfassung von 1988 enthaltenen Option wenigstens teilweise begegnen können. Diese hatte nämlich die Möglichkeit vorgesehen, die einzelnen Gemeindekreise zu selbständigen Kirchgemeinden zu erheben (Art. 7 Abs. 2) und damit die kantonalkirchliche und die kirchgemeindliche Ebene zu entflechten. Die Anwendung des genannten Verfassungsartikels wurde jedoch nie ernsthaft in Erwägung gezogen. Wegen der unterschiedlichen Steuerkraft der einzelnen Gemeindekreise hätte eine Aufteilung der kantonalen Kirchgemeinde nämlich zu einem erheblichen finanziellen Ungleichgewicht geführt. Um dieses zu beheben, hätte ein Finanzausgleich eingeführt werden müssen, was wiederum mit einem erheblichen Aufwand verbunden gewesen wäre. Es überrascht daher nicht, dass die neue Verfassung die Möglichkeit der Erhebung der Gemeindekreise zu selbständigen Kirchgemeinden gar nicht mehr erwähnt.

Primäres Ziel der nun anstehenden Überarbeitung der Kirchenordnung wird es sein, die Kompetenzen der Organe der Gemeindekreise klar zu umschreiben und sie in der erforderlichen Präzision gegenüber denjenigen der gesamtgemeindlichen Organe abzugrenzen. Dafür dürfte die Kirchenverfassung allerdings auch nach der neuesten Revision nicht allzu viel Spielraum lassen.

*Fritz Gloor*

---

anderen Befugnisse zu als denjenigen der Gemeindekreise in der Evangelisch-reformierten Kirche Nidwalden. In beiden Kirchen fallen somit die „gemeindeleitende" und die „kirchenleitende" Ebene zusammen. – Dies gilt auch für die Evangelisch-reformierte Kirchgemeinde des Kantons *Zug*, welche nicht einmal formell kantonalkirchlichen Charakter hat. Sie kennt eine vergleichbare Gliederung in kirchliche Bezirke, die als privatrechtliche Vereine organisiert sind (vgl. *Dieter Kraus*, Schweizerisches Staatskirchenrecht, Tübingen 1993, S. 209 f. und den Bericht „Evang.-ref. Kirchgemeinde des Kantons Zug" in: SJKR/ASDE 3 [1998], S. 186-190, bes. S. 187).

10 Deren Ausübung, d.h. die „episkope" im ursprünglichen Sinne des Wortes, ist – entgegen einem heute verbreiteten Missverständnis – die eigentliche Aufgabe einer reformierten „Kirchenleitung". – Zum Problem vgl. *Christoph Winzeler*, Leitung und Gliederung einer evangelisch-reformierten Landeskirche, in: SJKR/ASDE 4 (1999), S. 37-65, bes. S. 43-50.

# EKZ-Schlussbericht 2002: „Zentralschweizer Kirchen zwischen regionaler Solidarität und kantonaler Identität“

## *I. Einleitung*

Zum letzten Mal erschien 2003 der Jahresbericht des Evangelisch-reformierten Kirchenverbandes der Zentralschweiz (nachfolgend EKZ), der sich auf das Geschäftsjahr 2002 bezieht und unter dem Titel „Zentralschweizer Kirchen zwischen regionaler Solidarität und kantonaler Identität – 25 Jahre EKZ 1978-2002“ steht[1]. Dabei handelt es sich nicht nur um eine gewöhnliche Rechenschaftsablage über das Verbandsjahr 2002, sondern auch um einen zusammenfassenden Rückblick über die insgesamt 25 Jahre des EKZ von 1978 bis 2002. Der Präsident, *Fritz Gloor*[2], schreibt im Vorwort: „[...] Mit diesem Rückblick verabschiedet sich der nunmehr aufgelöste Evangelisch-reformierte Kirchenverband der Zentralschweiz von den Mitarbeiterinnen und Mitarbeitern seiner einstigen Mitgliedkirchen, von den Behörden der mit ihm verbundenen Kantonalkirchen sowie vom Rat und den Mitarbeitenden des Schweizerischen Evangelischen Kirchenbundes. [...]“.

Der Jahresbericht ist thematisch aufgebaut. Bei den verschiedenen Themen findet sich jeweils zuerst eine (sehr knappe) Berichterstattung aus dem Geschäftsjahr 2002, sodann liest man in einem ausführlichen Teil eine sog. „Rückblende“, die eine sehr gute und dienliche Übersicht über die Geschichte, das Werden, aber auch das Verschwinden der einzelnen Institutionen dieses am 31. Dezember 2002 aufgelösten Kirchenverbandes bietet. Die behandelten Themen sind: Mitgliedkirchen; Dele-

1 Vgl. *Fritz Gloor*, Die Urschweizer Kirchen auf der Suche nach tragfähigen Kooperationsstrukturen, in: SJKR/ASDE 4 (1999), S. 190-195; *ders.*, Neue Kantonalkirchen? Die Urschweizer Kirchen nach Auflösung des Evangelisch-reformierten Kirchenverbandes der Zentralschweiz, in: SJKR/ASDE 7 (2002), S. 185-195. Siehe auch den redaktionellen Beitrag zur Frage, ob die kleinen Kantonalkirchen der Urschweiz dem Kirchenbund beitreten können, in: SJKR/ASDE 5 (2000), S. 182-185.

2 Mitglied des EKZ-Vorstandes und zugleich Präsident von 1988-2002 (siehe Auflistung von sämtlichen Vorstandsmitgliedern des EKZ, S. 9 des Jahresberichts).

giertenkonferenz; Vorstand; Theologische Ausbildung; Pfarrkapitel; Kirchenbote; Beratungsstelle „Religiöse Sondergruppen und Sekten“[3]; OeME [= Oekumene, Mission und Entwicklungszusammenarbeit]; Schweizerischer Evangelischer Kirchenbund; Evangelische Hilfswerke und Missionen. Der Bericht wird sodann von einer Vision abgerundet.

Inhaltlich beschränkt sich der Jahresbericht – sinnvollerweise – auf die 25 Jahre von 1978 bis 2002, d.h. auf denjenigen Zeitabschnitt dieses urschweizerischen kirchlichen „Espace“, in welchem dieser den Namen „Evangelisch-reformierter Kirchenverband der Zentralschweiz“ trug. Doch, wie dies im Jahresbericht angemerkt ist, existierte schon vorher ein ähnlicher Verband, dem bis in die Mitte der 70er Jahre auch noch die evangelisch-reformierte Tessiner Kirche angehörte. Der 1907 gegründete Verband hiess „Verband der protestantischen Diasporagemeinden in der Zentralschweiz und im Tessin“. Am 9. Juni 1977 genehmigte die (damalige) Diasporakonferenz die neuen Statuten und aus dem Diasporaverband wurde der EKZ.

## *II. Sich stets wandelnde Kräfteverhältnisse*

Der Kirchenverband, dem zum Zeitpunkt seiner Gründung die Kantonalkirchen[4] Luzern, Zug, Obwalden, Nidwalden, Schwyz und Uri angehörten, war in den letzten 25 Jahren einem steten Schrumpfungsprozess ausgesetzt, welcher bis zu der von der 51. und letzten Delegiertenkonferenz am 4. Mai 2002 in Giswil beschlossenen Auflösung per 31. Dezember 2002 andauerte. Mitgespielt haben bei den diversen Entscheidungen gewiss immer auch die sich jeweils verändernden Mitgliederanteile, d.h. in den Zeitphasen 1978-1987 (1987 ist Luzern ausgetreten), 1988-1999

3 Aus dem Jahresbericht geht jedoch – erfreulicherweise – hervor, dass diese Tätigkeit weitergeführt wird. Die bisherigen EKZ-Mitglieder haben sich dem bereits bestehenden Trägerverein einzeln angeschlossen, so dass die Unterstützung der Beratungsstelle im bisherigen Umfang gesichert ist (S. 14).

4 Es wird hier der Einfachheit halber, im Sinne eines Arbeitstitels, von „Kantonalkirche“ gesprochen. Korrekt ist dies aber nicht, so bestand in Schwyz anfänglich noch keine Kantonalkirche, und bis jetzt hat Obwalden nicht die Struktur einer Kantonalkirche, sondern diejenige eines Kirchgemeindeverbandes. Vgl. dazu näher *F. Gloor*, Neue Kantonalkirchen? (Anm. 1).

(1999 ist Zug ausgetreten), 2000-2002 (schliesslich sind am Ende dieser 3. Phase noch Nidwalden und Schwyz ausgetreten).

*1978-1987* waren folgende Mitgliederanteile zu verzeichnen:

- Luzern 61,1 %
- Zug 18,7 %
- Obwalden 1,3 %
- Nidwalden 3,9 %
- Schwyz 11,5 %
- Uri 3,5 %

Somit hatte Luzern mitgliedermässig klar das Übergewicht, mit seinem Austritt musste sich der Verband neu konstituieren. Dies wurde jedoch auch als Chance betrachtet, da sich die Mitgliederstruktur anschliessend ausgewogener präsentierte.

*1988-1999* betrugen die Mitgliederanteile neu:

- Zug 42,4 %
- Obwalden 5,5 %
- Nidwalden 10,8 %
- Schwyz 35,9 %
- Uri 5,5 %

In dieser Phase besassen die Kantonalkirchen Zug und Schwyz das Übergewicht. Wiederum war es nötig, sich neu zu konstituieren.

*2000-2002* bestand sodann das folgende Zahlenverhältnis:

- Schwyz 62,3 %
- Uri 9,5 %
- Obwalden 9,5 %
- Nidwalden 18,7 %

Somit „dominierten" die Kantonalkirchen Schwyz und Nidwalden. Eine Neukonstitution war nach dem Austritt dieser Kantonalkirchen nicht mehr möglich und wohl auch nicht sinnvoll, der Verband musste aufgelöst werden.

Übersichtlich und aussagekräftig führen diesen Prozess auch die im Jahresbericht EKZ wiedergegebenen Tafeln, u.a. die „Chronik der Mitgliedkirchen" (S. 7), vor Augen, die nachfolgend wiedergegeben wird.

## *III. Chronik der Mitgliedkirchen*

1978 Der EKZ vereinigt gemäss Art. 2 seiner Statuten die evangelisch-reformierten Kantonalkirchen, Kirchenverbände und Kirchgemeinden der Kantone Luzern, Uri, Schwyz, Obwalden, Nidwalden und Zug. Verbandsmitglieder sind nach Art. 3 „die kantonalen Körperschaften, welche auf Grund öffentlichen oder privaten Rechtes die evangelisch-reformierten Kirchgemeinden eines Kantons in sich vereinigen".

1983 Die „Protestantische Kirchgemeinde Uri" wird zur „Evangelisch-reformierten Kirchgemeinde des Kantons Uri" und

1986 zur „Evangelisch-reformierten Landeskirche des Kantons Uri".

1986 Die Synode der Luzerner Kantonalkirche beschliesst den direkten Beitritt zum Schweizerischen Evangelischen Kirchenbund (SEK) und damit den Austritt aus dem EKZ per 31. Dezember 1987.

1988 Der EKZ vereinigt noch die Kantonalkirchen, Kirchenverbände und Kirchgemeinden der Kantone Uri, Schwyz, Obwalden, Nidwalden und Zug.

1989 Die „Konferenz der evangelisch-reformierten Kirchgemeinden des Kantons Schwyz", die bisher keine Rechtspersönlichkeit hatte, konstituiert sich als Verein und ist nun in dieser Gestalt Mitglied des EKZ.

1996 Die reformierten Stimmberechtigten im Kanton Schwyz genehmigen eine kantonale Kirchenverfassung.

1998 Die Synode der „Evangelisch-reformierten Kantonalkirche Schwyz" tritt erstmals zusammen.

1998 In der Kirchgemeinde Zug wird die Kirchgemeindeversammlung als Legislative durch einen Grossen Kirchgemeinderat abgelöst.

1999 Der Grosse Kirchgemeinderat der Kirchgemeinde Zug beschliesst den direkten Beitritt zum SEK und den Austritt aus dem EKZ per 31. Dezember 1999.

2000 Der EKZ vereinigt noch die kantonalen Kirchen bzw. Kirchgemeinden von Uri, Schwyz, und Nidwalden sowie die Kirchgemeinden von Obwalden (alter Kantonsteil) und Engelberg.

2000 Die Synode der Kantonalkirche Schwyz beschliesst am 11. November, einen Direktanschluss an den SEK per 1. Januar 2003 anzustreben. Den gleichen Entscheid trifft am 20. November die Kantonalversammlung der Landeskirche Uri.

2002 Die beiden Kirchgemeinden des Kantons Obwalden gründen den „Verband der Evangelisch-reformierten Kirchgemeinden des Kantons Obwalden" und beschliessen, in dieser Form dem SEK beizutreten.

2002 Die Evangelisch-reformierte Kirche Nidwalden beschliesst am 22. Mai den Beitritt zum SEK.

## *IV. Beziehungen zum Schweizerischen Evangelischen Kirchenbund*

Eine Loslösung vom EKZ zog regelmässig den direkten Anschluss an den Schweizerischen Evangelischen Kirchenbund nach sich. Auf den 1. Januar 1988 wurde die Luzerner Kirche als selbständiges Mitglied in den SEK aufgenommen. Die Aufnahme von Zug als SEK-Mitglied erfolgte per 1. Januar 2000, die Aufnahmen von Uri, Schwyz, Nidwalden sowie des Kirchgemeindeverbandes Obwalden[5] wurden mit Datum vom 1. Januar 2003 rechtskräftig.

Somit hat sich auch beim SEK die Zahl der Mitglieder vergrössert und die Mitgliedschaftsstruktur geändert (als einziger überkantonaler Verband gehört dem SEK nur noch der Synodalverband Bern-Jura an, weder die Berner Kantonalkirche noch die jurassische Kantonalkirche sind demnach selbständige Mitglieder des SEK[6]).

Der Jahresbericht des EKZ kommentiert diese Entwicklung kritisch, indem zwei verschiedene Tendenzen des SEK festgestellt werden. In einer früheren Phase (Beginn der 90er Jahre) stand der SEK dem sog. Territorialprinzip eher etwas skeptisch gegenüber. Nicht nur Landeskirchen und Kirchenverbände sollten demnach den Protestantismus in der Schweiz repräsentieren, sondern auch verschiedene evangelische Bewe-

5 Dieser Verband wurde im Blick auf die Eigenständigkeit der Obwaldner Kirchgemeinden und den SEK-Anschluss gegründet.

6 Diesem Kirchenverband gehört auch der obere Teil des Kantons Solothurn an: Bezirkssynode Solothurn; vgl. *Jakob Frey*, Struktur- und Rechtsfragen der evangelisch-reformierten solothurnischen Synodalordnung, in: SJKR/ASDE 6 (2001), S. 164-177 (165 f.).

gungen und Bereiche (z.B. Mission, Frauen, Diakonie), von denen einige in der SEK-Abgeordnetenversammlung in der Folge eine Vertretung erhielten. Neu – so nun die gegenläufige Tendenz – werde jedoch von dieser Idee wieder Abstand genommen: „[...] Das noch vor kurzem so gescholtene Territorialprinzip scheint in fast überzogener Weise zu neuen Ehren gelangt zu sein. Der Kirchenbund positioniert sich heute mehr denn je als repräsentativer Zusammenschluss aller Kantonalkirchen und versucht in diesem Sinne, als ‚kirchliche Eidgenossenschaft' Profil zu gewinnen. Dass der [SEK]-Rat den direkten Beitritt der am Schluss noch im EKZ verbliebenen Urschweizer Kirchen lebhaft begrüsst und ihn durch eine sehr weitherzige Auslegung der Mitgliedschaftsartikel in der SEK-Verfassung möglich gemacht hat, entspricht voll und ganz dieser Strategie."

## *V. „Zum Schluss eine Vision"*

Der Jahresbericht blickt im Schlussabschnitt auf den im Jahre 1798 von Napoleon in der Helvetischen Republik verfügten Zusammenschluss der Innerschweizer Kantone Uri, Schwyz, Obwalden, Nidwalden und Zug zum „Kanton Waldstätten" zurück – eine Konstruktion, die jedoch nur vier Jahre lang Bestand hatte. War sie so verfehlt, dass sie nicht überleben konnte? Sodann wird der Brückenschlag zur momentanen Situation gemacht und am Schluss heisst es: „Vielleicht wird man sich dereinst daran erinnern, dass es ein zentralschweizerisches reformiertes Kirchendach früher schon einmal gegeben hat. Man wird mit Erstaunen feststellen, dass es unter jenem Dach – trotz seiner eher rudimentären Struktur – gelungen ist, wichtige gesamtkirchliche Aufgaben gemeinsam anzugehen. Und man wird sich vielleicht fragen, warum man einst gemeint hat, es abbrechen zu müssen."

*Jakob Frey*

# Neuregelung des Verhältnisses zwischen Kirchen und Staat im Kanton Zürich – Standortbestimmung nach der Volksabstimmung vom 30. November 2003

Am 30. November 2003 haben die Zürcher Stimmberechtigten die drei Kirchenvorlagen abgelehnt. Nachfolgend wird der Verlauf der Revisionsarbeiten nachgezeichnet, das Ergebnis kurz kommentiert und es werden erste Perspektiven aufgezeigt.

## *I. Verlauf der Revisionsarbeiten*

Nachdem die Direktion der Justiz und des Innern des Kantons Zürich in der ersten Hälfte 2001 eine Vernehmlassung zum Vorschlag für die Neuregelung des Verhältnisses zwischen Kirchen und Staat durchgeführt hatte[1], verabschiedete der Regierungsrat am 6. März 2002 zuhanden des Kantonsrates die entsprechende Vorlage, bestehend aus Verfassungsänderung und neuem Kirchengesetz[2]. Um die Neuregelung des Verhältnisses zwischen Kirchen und Staat vor dem Ende der Legislaturperiode 1999/ 2003 im Kantonsrat verabschieden zu können, erstattete die kantonsrätliche Spezialkommission ihren Antrag zuhanden des Kantonsrates

1 Vgl. Direktion der Justiz und des Innern der Kantons Zürich: Neuregelung des Verhältnisses zwischen Kirchen und Staat. Verfassungsänderung und Kirchengesetz – Vernehmlassungsentwurf der Verfassungsänderung vom 13. Dezember 2000 und des Kirchengesetzes vom 13. Dezember 2000 mit Weisung (erläuternder Kommentar) (zitiert: Vernehmlassungsvorlage). Zur Vorgeschichte vgl. die Berichte in: SJKR/ADSE 1 (1996), S. 160-168 („Staatskirchenrechtliche Reformschritte im Kantons Zürich"), 3 (1999), S. 177-187 („Zum Stand der Entwicklung im Verhältnis von Kirche und Staat im Kanton Zürich") und 6 (2001), S. 187-198 („Konkreter Schritt auf dem Weg zur neuen Gestaltung des Verhältnisses zwischen Staat und Kirche im Kanton Zürich"). Vgl. zum Ganzen auch *Tobias Jaag*, Neuordnung des Verhältnisses zwischen Kirchen und Staat im Kanton Zürich, in: SJZ 99 (2003), S. 549 ff.

2 A. Kantonsverfassung: Neuregelung des Verhältnisses zwischen Kirchen und Staat (Änderung); B. Kirchengesetz – Antrag und Weisung des Regierungsrates vom 6. März 2002, Amtsblatt (ABl.) 2002, S. 441 ff. (zitiert: KV/KG Antrag RR) (auszugsweise abgedruckt in: SJKR/ASDE 7 [2002], S. 243-257).

bereits am 17. September 2002[3]. Gleichzeitig nahm die Spezialkommission die Beratungen über die Vorlage betreffend die Anerkennung von Religionsgemeinschaften wieder auf. Zu diesem Gesetzesentwurf stellte die vorberatende Kommission ebenfalls am 17. September 2002 Antrag[4]. Der Kantonsrat beriet die Verfassungs- und die beiden Gesetzesvorlagen am 13. und 27. Januar 2003 in erster und am 31. März 2003 in zweiter Lesung[5]. Während die Verfassungsänderung dem obligatorischen Referendum unterstand, ergriffen Mitglieder des Kantonsrates gegen das Kirchengesetz und gegen das Anerkennungsgesetz das Referendum[6]. Die Volksabstimmung wurde vom Regierungsrat auf den 30. November 2003 angesetzt[7].

## *II. Kirchengesetz – von der Vernehmlassungsvorlage zum Antrag des Regierungsrates*

Aufgrund der Vernehmlassung erfuhren die Entwürfe für die Verfassungsänderung und das Kirchengesetz zum einen sprachliche und gesetzessystematische Anpassungen; zum andern wurden sie in verschiedenen Punkten inhaltlich überarbeitet.

Gegenüber der Vernehmlassungsvorlage wurde das Kirchengesetz in erster Linie hinsichtlich der Bestimmungen über die Kirchgemeinden, die Leistungen des Staates und das Besteuerungsrecht der Kirchen ergänzt bzw. abgeändert:

3 Antrag und Bericht der Spezialkommission vom 17. September 2002, ABl. 2002, S. 1769 ff.

4 Antrag der Spezialkommission vom 17. September 2002, ABl. 2002, S. 2052 ff.

5 Protokoll des Kantonsrates 1999-2003, S. 15105 ff., 15272 ff. und 15343 ff. (erste Lesung) sowie S. 16246 ff. und 16277 ff. (zweite Lesung).

6 Art. 30$^{bis}$ Abs. 1 Ziff. 1 der Verfassung des eidgenössischen Standes Zürich vom 18. April 1869 (KV; LS 101): Mindestens 45 Mitglieder des Kantonsrates können gegen Gesetze das Referendum ergreifen. Zu den Referendumsvorlagen vgl. Kantonsverfassung: Neuregelung des Verhältnisses zwischen Kirchen und Staat (Änderung); Kirchengesetz vom 31. März 2003 (E-KV/KG), ABl. 2003, S. 433 ff. (Zeitungsausgabe); Gesetz über die Anerkennung von Religionsgemeinschaften (Anerkennungsgesetz; AnG), ABl. 2003, S. 435 f. (Zeitungsausgabe). Der Text der Referendumsvorlagen findet sich hinten auf S. 308 ff. (Dokumentationsteil).

7 ABl. 2003, S. 1118 (Zeitungsausgabe).

- Entsprechend der erweiterten Autonomie der Kirchen gegenüber dem Staat soll die Organisation der Kirchgemeinden grundsätzlich in die Zuständigkeit der Kirchen fallen[8]. Die Kirchgemeinden sind deshalb im staatlichen Gemeindegesetz[9] nicht mehr erwähnt[10]. Es finden sich im Kirchengesetz nur noch wenige Grundsätze der Gemeindeorganisation, ohne die sich selbst bei subsidiärer Anwendung des Gemeindegesetzes Regelungslücken ergeben würden[11]. Dies gilt namentlich für das Verfahren bei Gebietsveränderungen der Kirchgemeinden[12], die Mitgliederzahl der Kirchenpflege[13] sowie die Stellung der Pfarrerinnen und Pfarrer in der Kirchenpflege[14]. Ebenfalls im Kirchengesetz – statt wie bisher im Gemeindegesetz – ist das Überlassen von Daten aus den Einwohnerregistern der politischen Gemeinden an die Kirchgemeinden geregelt[15].
- Im Bereich der Kostenbeiträge des Staates sind die für deren Gewährung massgebenden Tätigkeitsprogramme von den Kirchen nicht mehr in Zusammenarbeit mit der für die Beziehungen zu den Kirchen zuständigen Direktion festzulegen. Letztere ist dazu nur noch anzuhören[16]. Gestrichen wurde die Möglichkeit, nicht ausgeschöpfte Kostenbeiträge auf die nächste Beitragsperiode zu übertragen[17].
- Das Recht der Kirchen, Steuern von natürlichen und juristischen Personen zu erheben, findet sich nicht mehr im Kirchengesetz, sondern im Steuergesetz verankert[18]. Im Kirchengesetz verbleibt lediglich die Vorschrift, dass die Erträge aus den Kirchensteuern der juristischen

8 Antrag RR, S. 467 und 477.
9 Gesetz über das Gemeindewesen vom 26. Juni 1926 (Gemeindegesetz, GG; LS 131.1).
10 Vgl. §§ 9 ff. und § 25 lit. a KG Antrag RR.
11 § 14 KG Antrag RR sieht die subsidiäre Anwendung des Gemeindegesetzes vor.
12 § 9 Abs. 3 KG Antrag RR.
13 § 11 Abs. 1 KG Antrag RR.
14 § 11 Abs. 2 und 3 KG Antrag RR (vgl. § 80 Abs. 1 GG). Neu wurde die Bestimmung in den Entwurf aufgenommen, dass Pfarrerinnen und Pfarrer nicht mehr in die Kirchenpflege wählbar sind und dass sie sich in Kirchgemeinden mit mehreren Pfarrstellen in der Kirchenpflege durch eine Person aus ihrer Mitte vertreten lassen können.
15 § 13 Abs. 1 KG Antrag RR (vgl. § 39a Abs. 1 GG).
16 § 16 Abs. 3 Satz 3 KG Antrag RR.
17 § 19 Abs. 3 KG Antrag RR.
18 § 25 lit. g KG Antrag RR.

Personen nicht für kultische Zwecke verwendet werden dürfen[19]. Diese Neuordnung mag gesetzessystematisch richtig sein. Sie birgt allerdings die Gefahr in sich, dass mit einer Teilrevision des Steuergesetzes das Steuerprivileg der Kirchen beschränkt oder abgeschafft werden kann, ohne dass es hierzu einer Änderung des Kirchengesetzes bedarf, das an sich die Beziehungen zwischen Kirchen und Staat regelt.

- Nicht weiter verfolgt wird die in der Vernehmlassungsvorlage als Variante zur Besteuerung der juristischen Personen vorgeschlagene Zuschlagssteuer auf den Steuern der juristischen Personen, weil sich die überwiegende Mehrheit der Vernehmlassungsteilnehmenden – einschliesslich der Vertreter der Wirtschaft – dagegen aussprachen[20].
- Im Rahmen der Übergangsbestimmungen wird neu die Übertragung der noch im Eigentum des Staates stehenden Kirchen und Pfarrliegenschaften an die Kirchen geregelt, soweit diese nicht aus historischen oder kulturgeschichtlichen Gründen beim Staat verbleiben[21]. Diese Übertragung soll binnen einer vom Regierungsrat gesetzten Frist nach dem Inkrafttreten des Kirchengesetzes erfolgen.

## *III. Anerkennungsgesetz*

Das Gesetz über die Anerkennung von Religionsgemeinschaften wurde aufgrund einer parlamentarischen Initiative aus dem Jahr 1993 von derselben Spezialkommission des Kantonsrates erarbeitet, die im Jahr 2002 auch die Vorlagen für die Verfassungsänderung und das Kirchengesetz behandelte. Im September 1998 hatte die Kommission beschlossen, die Schlussabstimmung über das Anerkennungsgesetz zurückzustellen, um die Vorlage zusammen mit der Verfassungsänderung und dem neuen Kirchengesetz als einheitliches Reformpaket behandeln zu können[22]. Weil bereits 1996 eine Vernehmlassung zum Anerkennungsgesetz stattgefun-

19 § 22 Abs. 1 KG Antrag RR (sogenannte negative Zweckbindung).

20 Antrag RR, S. 471.

21 § 29 KG Antrag RR. Beim Staat verbleiben das Grossmünster, die Klosterkirchen Kappel und Rheinau sowie die Pfarrliegenschaften von Grüningen, Hirzel, Knonau, Lufigen, Schlatt und Zürich-Predigern (Antrag RR, S. 489).

22 ABl. 2002, S. 2059.

den hatte[23], bildete diese Vorlage nicht Gegenstand der Vernehmlassung zur Verfassungsänderung und zum Kirchengesetz in der ersten Hälfte des Jahres 2001. In der Kommission war die Anerkennung von weiteren Religionsgemeinschaften neben den bereits heute anerkannten Kirchen im Grundsatz umstritten. Im Übrigen beschränkte sich die Kommission darauf, die Bestimmungen des Anerkennungsgesetzes auf die Verfassungsvorlage und das Kirchengesetz abzustimmen.

## *IV. Beratungen im Kantonsrat*

Die geringfügigen redaktionellen Unterschiede zwischen dem Antrag des Regierungsrates an den Kantonsrat vom 6. März 2002 und den Anträgen der kantonsrätlichen Spezialkommission vom 17. September 2002 einerseits und den vom Kantonsrat am 31. März 2003 verabschiedeten Verfassungs- und Gesetzesvorlagen anderseits lassen vermuten, dass Verfassungsänderung, Kirchengesetz und Anerkennungsgesetz in der parlamentarischen Diskussion weitgehend unbestritten waren. Die in den Anträgen der kantonsrätlichen Spezialkommission[24] enthaltenen Minderheitsanträge und die Verhandlungsprotokolle des Kantonsrates[25] offenbaren jedoch, dass im Wesentlichen drei Punkte streitig waren: die Gewährung der Stimm- und Wahlrechtsautonomie an die Kirchen, die Schaffung der Möglichkeit, weitere Religionsgemeinschaften neben der Evangelisch-reformierten Landeskirche, der Römisch-katholischen Körperschaft und der Christkatholischen Kirchgemeinde anzuerkennen, sowie die Besteuerung der juristischen Personen einschliesslich der negativen Zweckbindung dieser Steuererträge. Einem Teil der Mitglieder des Kantonsrates ging die Entflechtung von Kirchen und Staat zudem zu wenig weit, weshalb sie Nichteintreten auf das gesamte Reformpaket beantragten, während eine bedeutende Minderheit ihr Nichteintretensvotum auf das Anerkennungsgesetz beschränkte. Zustimmung fanden Verfassungs- und Ge-

23 Vgl. dazu Protokoll der Evangelisch-reformierten Kirchensynode des Kantons Zürich vom 11. Juni 1996.

24 Antrag und Bericht der Spezialkommission vom 17. September 2002, ABl. 2002, S. 1769 ff. und 2052 ff.

25 Vgl. zu den einzelnen Voten Protokoll des Kantonsrates 1999-2003, S. 15105 ff., 15272 ff. und 15343 ff. (erste Lesung) sowie S. 16246 ff. und 16277 ff. (zweite Lesung).

setzesvorlagen in erster Linie bei der Ratslinken und bei Teilen der bürgerlichen Mitte, die sich gemeinsam vor allem für die Stimm- und Wahlrechtsautonomie der Kirchen sowie die Anerkennung weiterer Religionsgemeinschaften einsetzten und die sozialen Leistungen der Kirchen hervorhoben. Die beiden erstgenannten Postulate wurden von rechtsbürgerlicher Seite bekämpft. Liberale Kreise setzten sich für die konsequente Trennung von Kirchen und Staat sowie die Abschaffung der Kirchensteuern für juristische Personen ein. Am Schluss stimmte der Kantonsrat den drei Vorlagen zu[26].

## *V. Verknüpfung von Verfassungsvorlage und Gesetzesvorlagen*

Kirchengesetz und Anerkennungsgesetz sehen vor, dass sie nur in Kraft treten, wenn in der Volksabstimmung zugleich die Verfassungsänderung angenommen wird[27]. Andernfalls würde diesen Gesetzen die Verfassungsgrundlage fehlen. Umgekehrt tritt die Verfassungsänderung gleichzeitig mit dem Kirchengesetz *und* dem Anerkennungsgesetz in Kraft[28]. Diese Regelung vermag bezüglich des Kirchengesetzes zu überzeugen. Andernfalls wären bei Annahme der Verfassungsänderung und Ablehnung des Kirchengesetzes die Historischen Rechtstitel abgeschafft worden, ohne dass für die Gewährung von staatlichen Leistungen an die Kirchen eine neue gesetzliche Grundlage bestanden hätte[29]. Dies hätte vor allen die Evangelisch-reformierte Landeskirche in Bedrängnis gebracht, weil heute der Staat unter Hinweis auf die Historischen Rechtstitel insbesondere die Pfarrlöhne zu 63 % übernimmt[30]. Hingegen wäre die gegen-

26 Die Verfassungsvorlage wurde mit 92 : 69 Stimmen angenommen; für das Kirchengesetz lautete das Stimmenverhältnis 93 : 64 und für das Anerkennungsgesetz 81 : 69 (Protokoll des Kantonsrates 1999-2003, S. 16273, 16277).

27 § 30 des Kirchengesetzes vom 31. März 2003 (Referendumsvorlage; KG; ABl. 2003, S. 433 ff. [Zeitungsausgabe]); § 19 des Gesetzes über die Anerkennung von Religionsgemeinschaften vom 31. März 2003 (Referendumsvorlage; AnG; ABl. 2003, S. 435 f. [Zeitungsausgabe]).

28 Ziff. 7 der Übergangsbestimmungen zur Verfassung des eidgenössischen Standes Zürich, ABl. 2002, S. 1771.

29 *T. Jaag*, Neuordnung (Anm. 1), S. 551 f.

30 § 5 Abs. 1 des Gesetzes über die evangelisch-reformierte Landeskirche vom 7. Juli 1963 (LS 181.11) in Verbindung mit § 1 Abs. 1 der Verordnung über die Besoldungen der Pfarrer vom 13. Juli 1964 (LS. 181.45).

seitige Verknüpfung der Verfassungsänderung mit dem Anerkennungsgesetz nicht zwingend gewesen: Art. 64 Abs. 2 E-KV anerkennt keine Religionsgemeinschaften unmittelbar, sondern schafft lediglich die verfassungsrechtliche Grundlage für die Möglichkeit einer Anerkennung. Entsprechend hätten bei Annahme von Verfassungsänderung und Kirchengesetz sowie Ablehnung des Anerkennungsgesetzes die beiden erstgenannten Erlasse in Kraft gesetzt werden können, mit Ausnahme von Art. 64 Abs. 2 und 3 E-KV[31].

Die gegenseitige Verknüpfung der drei Abstimmungsvorlagen gab Anlass zu einer staatsrechtlichen Beschwerde der Evangelischen Volkspartei des Kantons Zürich (EVP) wegen Verletzung des Grundsatzes der Einheit der Materie. Die EVP hatte in den kantonsrätlichen Beratungen vergeblich die Aufspaltung der Verfassungsänderung in zwei getrennte Abstimmungsvorlagen beantragt[32]. Dieser Antrag scheiterte im Rat zum einen daran, dass die Ratslinke ihre Zustimmung zur Verfassungsvorlage und zum Kirchengesetz von der Einbindung des Anerkennungsgesetzes in ein Gesamtabstimmungspaket abhängig machte, um so die politischen Erfolgschancen des Anerkennungsgesetzes zu vergrössern. Rechtsbürgerliche Kreise und die Befürworter einer vollständigen Trennung von Kirchen und Staat im Kantonsrat dürften sich zum andern – aus heutiger Sicht zu Recht – von einer Verknüpfung der Abstimmungsvorlagen ein Scheitern der gesamten Revisionsvorlage in der Volksabstimmung erhofft haben, um einerseits den Status quo zu erhalten und anderseits schrittweise die Trennung von Kirchen und Staat einzuleiten.

Das Bundesgericht wies die staatsrechtliche Beschwerde am 27. August 2003 ab. Eine Trennung der Verfassungsvorlage war in den Augen des Bundesgerichts weder verboten noch geboten. Es führte aus, dass der Behörde ein erheblicher Spielraum zukomme, dessen Ausnutzung eine politische Frage sei. Der zur Verfügung stehende Spielraum sei nicht über-

31 *T. Jaag*, Neuordnung (Anm. 1), S. 552. Hiervon scheint auch der Regierungsrat in seinem Beleuchtenden Bericht zu Handen der Stimmberechtigten auszugehen, indem er im Sinn eines alternativen Erfordernisses festhält, das die Verfassungsänderung nur dann Geltung habe, wenn das Kirchengesetz *bzw.* das Anerkennungsgesetz in Kraft trete. So auch Auffassung des zuständigen Regierungsrats Dr. Markus Notter, gemäss welchem eine Teilinkraftsetzung der Verfassungsvorlage durchaus in Frage komme und pro populo sicher angebracht wäre (reformierte Presse Nr. 43, 24. Oktober 2003).

32 Protokoll des Kantonsrates 1999-2003, S. 15346 ff.

schritten worden, weil die Neuordnung auf eine Gesamtrevision hinauslaufe, über die als Ganzes abgestimmt werden dürfe[33].

## *VI. Volksabstimmung*

Die Bemühungen um eine Neuregelung des Verhältnisses zwischen Kirchen und Staat fanden in der Volksabstimmung vom 30. November 2003 ein abruptes Ende. Alle drei Vorlagen scheiterten mit einem Nein-Stimmen-Anteil zwischen 54% und 64%[34]. Nicht überraschend fiel die Ablehnung beim Anerkennungsgesetz am deutlichsten aus. Mit diesem Abstimmungsausgang bewahrheiteten sich die Drohungen aus rechtsbürgerlichen Kreisen, dass die Gewährung der Stimm- und Wahlrechtsautonomie an die Kirchen sowie die Schaffung der Möglichkeit zur Anerkennung weiterer Religionsgemeinschaften die Grundlage für das Scheitern der Vorlagen in der Volksabstimmung bilden würde[35].

Mit der Verfassungsänderung sowie mit dem Kirchengesetz und dem Anerkennungsgesetz wollten Regierungs- und Kantonsrat sowie die Kirchen das Versprechen einlösen, das sie im Abstimmungskampf von 1995 gegeben hatten. Die Beziehungen zwischen Kirchen und Staat wären in grundlegender Weise neu geordnet worden. Dabei knüpften die Vorlagen an das Abstimmungsergebnis von 1995 an; es wurde nicht eine Trennung von Kirchen und Staat vorgenommen, sondern deren Entflechtung. Diese beinhaltete eine verstärkte Autonomie der Kirchen gegenüber dem Staat, indem die Kirchen die Möglichkeiten erhalten hätten, ihre innere Organisation über weite Strecken selbständig zu regeln, ohne auf die Stützen des

33 NZZ vom 28. August 2003 (BGE 1P.223/2003).

34 Bei einer Stimmbeteiligung von 40,2% wurden die Verfassungsänderung mit 139'531 (44,99%) zu 170'602 (55,01%) Stimmen, das Kirchengesetz mit 141'567 (45,82%) zu 167'406 (54,18%) Stimmen und das Anerkennungsgesetz mit 112'251 (35,94%) zu 200'094 (64,06%) Stimmen verworfen (NZZ vom 1. Dezember 2003). Zustimmung fanden die Vorlagen nur in einzelnen Kreisen der Stadt Zürich, während sie in den Landbezirken durchwegs abgelehnt wurden.

35 Ein Votant aus dem rechtsbürgerlichen Lager bezeichnete in der kantonsrätlichen Debatte die Gewährung der Stimm- und Wahlrechtsautonomie an die Kirchen als ersten Sargnagel für das Kirchengesetz und die Verfassungsänderung. Eine allfällige Annahme des Anerkennungsgesetzes durch den Kantonsrat bezeichnete er als den „Hunderternagel", mit dem der Sarg für die gesamte Revisionsvorlage endgültig zugemacht werde (Protokoll des Kantonsrates 1999-2003, S. 15289).

subsidiär anwendbaren staatlichen Rechts verzichten zu müssen. Zugleich wären mehrere Streitpunkte im heutigen Verhältnis zwischen Kirchen und Staat beseitigt worden: Die staatlichen Kostenbeiträge hätten die Historischen Rechtstitel abgelöst; der Kritik an der Kirchensteuerpflicht juristischer Personen wäre durch die negative Zweckbindung Rechnung getragen worden; die gerechtere Verteilung der staatlichen Mittel auf die Kirchen hätte die Schlechterstellung der römisch-katholischen Körperschaft beseitigt; die Möglichkeit zur Anerkennung weiterer Religionsgemeinschaften hätte eine Öffnung gegenüber kirchlichen Gruppierungen gebracht, denen ebenso wie den Kirchen eine wertebegründende und wertevermittelnde Funktion zukommt[36].

Die Auswirkungen des Abstimmungsergebnisses auf das Verhältnis zwischen Kirchen und Staat im Kanton Zürich lassen sich unmittelbar nach der Abstimmung noch nicht im Einzelnen abschätzen. Es ist davon auszugehen, dass sich in einem nächsten Schritt der Verfassungsrat mit den Beziehungen zwischen Kirchen und Staat befassen wird, nachdem er im Verfassungsentwurf mit Blick auf die Abstimmung vom 30. November 2003 auf eigene Vorschläge zum Kapitel Kirchen und Staat verzichtet hatte. Im Kantonsrat wurde zudem bereits am 1. Dezember 2003 von rechtsbürgerlicher Seite eine Motion eingereicht, die darauf abzielt, die Kirchensteuerpflicht für juristische Personen abzuschaffen. Je nach Schicksal dieser Motion und den Beschlüssen des Verfassungsrates muss mittelfristig zudem mit einer neuen Initiative auf Trennung von Kirchen und Staat gerechnet werden[37].

## *VII. reform06 – das Reformprojekt der Landeskirche*

Trotz des ungewissen Abstimmungsausgangs hat die Evangelisch-reformierte Landeskirche des Kantons Zürich mit Blick auf eine Neuregelung des Verhältnisses zwischen Kirchen und Staat erste Reformarbeiten im Bereich des landeskirchlichen Rechts bereits im Jahr 2001 aufgenommen. In einer ersten Phase haben sich diese Arbeiten auf Kirchenordnung, Finanzverordnung und Personalverordnung beschränkt, d.h. jene Rege-

36 Vgl. *T. Jaag*, Neuordnung (Anm. 1), S. 557.
37 NZZ vom 1. Dezember 2003.

lungsbereiche, in denen sich die erweiterte Autonomie gemäss neuem Kirchengesetz am stärksten ausgewirkt hätte.

Naheliegend wäre es gewesen, mit den innerkirchlichen Reformarbeiten bis zur Klärung der Ausgangslage mit Bezug auf das staatliche Recht zuzuwarten. Dem stand entgegen, dass die neue Kirchenordnung und die zugehörigen Ausführungserlasse zeitgleich mit dem neuen Kirchengesetz spätestens am 1. Juli 2006 hätten in Kraft treten sollen[38]. Wäre die Volksabstimmung vom 30. November 2003 abgewartet worden, hätte die Zeit nicht mehr ausgereicht, um die neue Kirchenordnung und die wichtigsten Ausführungserlasse in einem breit abgestützten Verfahren unter Einbezug der kirchlichen Behörden und der Mitglieder der Landeskirche zu erlassen. Auch ist unbestritten, dass unabhängig von der Neuregelung des Verhältnisses zwischen Kirchen und Staat Reformbedarf im Bereich der innerkirchlichen Gesetzgebung besteht[39]. Denn es gilt die Kirchenordnung an die gesellschaftlichen Veränderungen der letzten 40 Jahre anzupassen, der Landeskirche ihr Profil zurückzugeben und die Grundlage für eine Kirche zu schaffen, welche die Zukunft gestalten und nicht eine kleiner werdende Kirche verwalten will[40]. Die bisherigen Vorarbeiten werden daher in jedem Fall von Nutzen sein.

Auftakt der Reformarbeiten bildete die Konsultation 2002: Im Rahmen von zwölf Thesen und 15 Frageblöcken wurden den Kirchenpflegen, Bezirkskirchenpflegen, Berufsorganisationen und der Pfarrschaft grundlegende Fragen gestellt, um die Grundausrichtung für das weitere Vorgehen zu bestimmen[41]. Diese Konsultation wurde im Sommer 2002 kir-

38 § 30 Abs. 2 KG.

39 So namentlich im Bereich der Gottesdienstordnung, des Personalrechts und der Berufsbilder, des kirchlichen Unterrichts, der Erwachsenenbildung, des diakonischen Auftrags sowie der Strukturen, Organisation und Leitung der Kirchgemeinden.

40 Vgl. Leitsatz 12 in: reform06, Auf dem Weg zur neuen Kirchenordnung, Leitsätze und Grundthesen, Unterlage zur Konsultation 2002, Zürich 2002, S. 7: „Die angestrebten Reformen gehen aus vom Grundauftrag der Landeskirche, das Evangelium in Wort und Tat zu bezeugen. Dabei stellen sie sich dem Spannungsfeld, das einerseits die Zukunftsfähigkeit der Landeskirche vor Augen hat und andererseits die Realisierbarkeit der zu treffenden Massnahmen. Die Reformen fördern ein Klima des Aufbruchs und der Innovation nach innen und aussen. Sie stärken den Willen nach Präsenz und Übernahme von Verantwortung der Kirche in der Gesellschaft."

41 reform06, Auf dem Weg zur neuen Kirchenordnung, Leitsätze und Grundthesen, Unterlage zur Konsultation 2002, Zürich 2002.

chenextern ausgewertet[42]. Die Auswertungsergebnisse bilden die Grundlage für die laufenden Reformarbeiten. Für die Ausarbeitung von Kirchenordnung, Finanzverordnung und Personalverordnung bestellte der Kirchenrat drei Arbeitsteams[43]. Sie werden dabei von einer Arbeitsgruppe Theologie begleitet, welche die Erlasstexte aus theologischer Sicht begutachtet[44]. Für das Jahr 2004 war vorgesehen, die drei Erlasse in eine breite Vernehmlassung zu gegeben. Die aufgrund der Vernehmlassungsergebnisse überarbeiteten Entwürfe wären im Jahr 2005 der Kirchensynode unterbreitet worden, so dass die neue Kirchenordnung nach der obligatorischen Volksabstimmung zeitgleich mit dem Kirchengesetz am 1. Juli 2006 hätte in Kraft treten können.

Wie nun das Reformprojekt reform06 inhaltlich und zeitlich an die neue Ausgangslage nach der Volksabstimmung vom 30. November 2003 angepasst werden wird, steht zur Zeit noch nicht fest. Es ist aber davon auszugehen, dass die Kirchenordnung einer Revision unterzogen werden wird.

*Martin Röhl*

42 reform06, Auf dem Weg zur neuen Kirchenordnung, Auswertung Konsultation 2002, Zürich 2002.

43 Es sind dies die Arbeitsteams Neue Kirchenordnung, Finanzen und Personal.

44 Zum Aufbau des Projekts reform06 vgl. den Bericht des Kirchenrates an die Kirchensynode betreffend „reform06“: Stand Oktober 2002 der Arbeiten zur Revision der Kirchenordnung sowie zum Verhältnis zwischen Kirche und Staat, in: Protokoll der Evangelisch-reformierten Kirchensynode des Kantons Zürich vom 26. November 2002.

# „Solidarität untereinander, Verantwortung füreinander, respektvoller Umgang miteinander“ – Bettagsmandate 2003 kantonaler Regierungen

## *I. Einleitung*

Der Eidgenössische Dank-, Buss- und Bettag wurde durch Beschluss der eidgenössischen Tagsatzung in Zürich betreffend den eidgenössischen Bettag vom 1. August 1832 auf den 3. Septembersonntag festgesetzt. Der Beschluss lautet:

> Art. 1. Der gemeineidgenössische Dank-, Buss- und Bettag soll künftig, und zwar mit dem gegenwärtigen Jahre (1832) angefangen, in allen Ständen der Eidgenossenschaft immer gleichzeitig am dritten Sonntage des Septembers gefeiert werden.
>
> Art. 2. Der eidgenössische Vorort wird beauftragt, diese Schlussnahme unverweilt sämtlichen Ständen mit der Einladung zur Kenntnis zu bringen, die angemessenen Anordnungen zu treffen, auf dass derselben genau nachgelebt werde.[1]

Schon vorher gab es den Bettag. Er wurde von der Frauenfelder Tagsatzung vom 4.-28. Juli 1796 als allgemeine eidgenössische Festfeier institutionalisiert. Ein Jahr später, an der Frauenfelder Tagsatzung vom 3.-17. Juli 1797, wurde festgelegt, dass der Bettag an einem Sonntag im September stattzufinden habe[2]. Die 1832 erstmals an demselben Tag in der gesamten Eidgenossenschaft durchgeführte Bettagsfeier bedeutete einen eigentlichen Meilenstein auf dem Weg der Einigung zwischen den evangelischen und den katholischen Ständen.

Wesensmerkmale des Bettags waren stets die kantonalen Bettagsmandate, in deren Mittelpunkt der Dank an Gott für die Bewahrung von

1 Abgedruckt in: *Ulrich Lampert*, Kirche und Staat in der Schweiz, III. Band, Freiburg/Schweiz und Leipzig 1939, Nr. 36, S. 101.

2 *Max Gutzwiller*, Der Eidgenössische Dank-, Buss- und Bettag, in: Staatsverfassung und Kirchenordnung (Festgabe für Rudolf Smend), hg. von Konrad Hesse, Siegfried Reicke und Ulrich Scheuner, Tübingen 1962, S. 331 ff. – Vgl. auch *Dieter Kraus*, Schweizerisches Staatskirchenrecht. Hauptlinien des Verhältnisses von Staat und Kirche auf eidgenössischer und kantonaler Ebene, Tübingen 1993, S. 145 f., m.w.Hinw.

Krieg, sowie Busse und Gebet standen. Als Beispiel mögen einige Passagen des Berner Mandats aus dem Jahr 1831 wiedergegeben werden[3]:

> „[…] Betet und thut Busse; so ruft uns Gott durch seine Propheten, unser Gott, unser Vater, der seinen eingebornen und geliebten Sohn dahingegeben zur Vergebung für sein sündiges und undankbares Geschlecht. Und lauter und vernehmlicher dringt heute dieser Ruf zur Busse zu uns, da so viele Ereignisse uns an die Vergänglichkeit alles Irdischen erinnern und unsre Gedanken hinziehen zu dem, der der Menschen Schicksale in seiner Hand hat. Mächtig schwingt der Engel des Todes seine Sichel, und zu Tausenden fallen die Kinder des Staubes dahin, menschliche Weisheit vermochte noch keine Schranken zu setzen der verheerenden Seuche, der Allmächtige einzig wird das Ziel ihr setzen. […] Noch ist zwar unser Vaterland verschont geblieben bis von einem Theile dieser Übel […]; dafür lasst uns Gott ernstlich danken, aber nicht bloss durch Worte, sondern durch den Wandel; es gibt keinen aufrichtigen Dank, als der mit Ehrfurcht gegen den Geber und mit treuem Gebrauch seiner Gaben verbunden ist. Eines solchen lebendigen Dankes dürfen wir uns leider noch nicht rühmen: unser Wandel war nicht vor Gott, denn zu den sittlichen Gebrechen, die wir schon früher beklagten, wie Gleichgültigkeit gegen die Religion, Ausgelassenheit, Unzucht, Hoffahrt und Übermuth, sind noch neue hinzugekommen: Ungehorsam gegen die Gesetze, unmässiger Besuch der Trinkstuben, Versäumniss der Berufsgeschäfte, und zunehmende Entfremdung vom häuslichen Leben. Aber nicht nur die, welche in diesen Übertretungen ihre Schuld erkennen müssen, sondern wir alle, alle haben gesündigt, in allen Ständen des Volkes […]. Darum lasset uns alle aufrichtig Busse thun und flehen zu Gott, dass er uns nicht strafe nach unsrer Schuld, sondern uns verzeihe um seines Sohnes, unsers Heilandes, willen. […]“.

Spätere Mandate haben ihren Charakter selbstverständlich verändert, da sich ja auch die Gesellschaft, die politische Lage und das Leben der Menschen verändert haben. Max Gutzwiller erblickte zu seiner Zeit an den Bettagen ein Dreifaches[4]: 1.) die „communio in sacris“, also das Zusammenfinden der beiden christlichen Konfessionen in einem Gottesdienst, in dem das Schweizervolk als solches seine ursprüngliche, seine säkulare christliche Zuordnung erkennt und in festlicher Weise zum Ausdruck bringt, 2.) der vaterländische Aspekt, 3.) der eigentliche religiöse Gehalt des Tages: der Tag soll mit Beten, Fasten, Bussetun, aber auch mit Werken der Nächstenliebe zugebracht werden.

Der Dank-, Buss- und Bettag ist ein eidgenössischer Feiertag. Noch heute erinnern kantonale Gesetze und Verordnungen daran, dass an diesem Tag nicht jede Tätigkeit erlaubt ist. Gemäss dem Ruhetags- und La-

3 Gegeben Bern, den 24. August 1831, Canzley Bern.
4 *M. Gutzwiller*, Dank-, Buss- und Bettag (Anm. 2), S. 344 f.

denöffnungsgesetz des Kantons Zürich vom 26. Juni 2000[5] ist der Eidgenössische Bettag ein hoher Feiertag (§ 2). Es sind insbesondere untersagt: Schiessübungen, Umzüge und Demonstrationen, Schaustellungen, kommerzielle Ausstellungen, öffentliche Versammlungen nicht religiöser Natur, Sportveranstaltungen, Tanzveranstaltungen, Konzertveranstaltungen, Theatervorstellungen und Filmvorführungen[6]. Ähnliche Bestimmungen lassen sich aber auch in der Romandie finden. So führt das Neuenburgische Ruhetagsgesetz vom 30. September 1992[7] in Art. 7 aus: „Le Conseil d'Etat peut restreindre ou supprimer le jour du Jeûne fédéral certaines activités autorisées le dimanche et les jours fériés." Im Kanton Uri ist am Bettag die Angelfischerei nicht gestattet[8]. Ähnliche Vorschriften bestehen auch in anderen Kantonen[9].

## *II. Typen von Bettagsmandaten*

Noch heute erlassen in einer nicht geringen Anzahl von Kantonen die Regierungen Bettagsmandate. Im Kanton Graubünden wird sogar verordnet, dass das Mandat im Gottesdienst dieses Festtages verlesen wird. Was den Inhalt der Bettagsmandate des Jahres 2003 betrifft, lassen sich diese nur schwer gruppieren. Dies mag auch daran liegen, dass in einzelnen Bettagsmandaten mehrere Anliegen und Grundgedanken laut werden. Die Redaktion der z.T. verschiedenen gedanklichen Inputs, die beim Entstehen des Textes gewöhnlich einfliessen, ist gewiss nicht immer einfach. Trotz der erwähnten Schwierigkeit soll hier versucht werden, die Bettagsmandate 2003 nach inhaltlichen Gesichtspunkten zu gliedern:

- Die Kantone Basel-Landschaft und Graubünden haben im traditionellen Sinn Bettagsmandate erlassen (traditionelle Form, Nennung von Gott).
- Im Kanton Waadt erfolgte ein wesentlicher Bezug auf die Werte der Schweiz und des eigenen Kantons.

5 LS 822.4.

6 § 3. Ausgenommen sind Veranstaltungen, die in geschlossenen Räumen stattfinden.

7 RSN 941.02.

8 Art. 35 der Verordnung über die Fischerei vom 14. Juni 1978 (RB 40.3211).

9 *Jakob Frey*, Schweizerische Kirchenrechtsquellen, Bd. I Kantonales Recht, Beiheft 2 zum SJKR/ASDE, Bern 1999 [Stand 1. Juli 1999].

- Die Bettagsmandate der Kantone Glarus und Luzern rufen zu Veränderung von Verhalten und Ansichten auf.
- In den Bettagsmandaten der Kantone Appenzell Ausserrhoden und Basel-Stadt stehen die Elemente des Zusammenlebens und Miteinanders im Vordergrund (ich und die andern).
- In den ursprünglich katholischen Kantonen Obwalden, Solothurn und Uri findet sich in den Bettagsmandaten eine mehr karikative und soziale Ausrichtung.

Die nachfolgend aufgeführten Bettagsmandate sind von den Regierungen erlassen worden. Eine Besonderheit in der Form stellt der Kanton Luzern dar: hier hat der Regierungsrat den Text gemeinsam mit den öffentlich-rechtlich anerkannten Landeskirchen unterzeichnet.

In einer Mehrzahl von Kantonen haben es die Landeskirchen mit der Zeit übernommen, bzw. es wurde ihnen übertragen, die Bettagsmandate für den entsprechenden Kantonsteil zu verfassen[10]. Zu erwähnen ist auch der Hirtenbrief der Schweizer Bischofskonferenz zum Eidgenössischen Dank-, Buss- und Bettag, der dieses Jahr unter dem Titel „Sprich Herr, ich höre“ eine betrachtende Lektüre der Heiligen Schrift beinhaltet[11]. Die nachfolgende Darstellung will sich nun aber auf die Mandate konzentrieren, die von kantonalen Regierungen erlassen worden sind. In der Regel erfolgte die Publikation im Amtsblatt, teilweise im Internet, teilweise wurde der Text an die Kirchgemeinden und Pfarrämter verteilt. Öfters erfolgte gleichzeitig mit dem Erlass auch eine Pressemitteilung.

10 Vgl. z.B. die Bettagsansprache 2003 des Evangelischen Kirchenrats des Kantons Thurgau an die Evangelischen Kirchgemeinden, die auf das Ereignis „200 Jahre Kanton Thurgau“ Bezug nimmt.

11 Der Hirtenbrief vom 23. Juni 2003 war in den Gottesdiensten vom 20./21. September 2003 zu verlesen.

## *III. Die Bettagsmandate im Einzelnen*

### *A. Traditionell*

#### *Kanton Basel-Landschaft*

Das Mandat[12] wurde u.a. an die drei öffentlichrechtlich anerkannten Landeskirchen abgegeben. Die Finanz- und Kirchendirektion wurde beauftragt, das Bettagsmandat den Pfarrämtern zuzustellen.

> Dankgottesdienste und Bussfeiern wurden zu allen Zeiten abgehalten. Bettage hatten ihre Bedeutung vor allem in Zeiten der Not und grosser Umbrüche. So sind gerade heute, wo die Gesellschaft in einem rasanten Wandel begriffen ist, wo die Vermarktung alle Lebensbereiche erfasst und bedroht, Besinnung auf dauerhafte und verbindende Werte wieder dringend nötig.
>
> Der erste gesamtschweizerische Dank-, Buss- und Bettag wurde im September 1796 gefeiert, und seit 1832 wird er am dritten Sonntag im September begangen. Der staatliche Feiertag sollte auf das Gemeinsame und Verbindende im noch jungen Bundesstaat hinweisen und die Verwurzelung in der christlichen Tradition betonen. Diese Botschaft ist auch heute aktuell.
>
> In den letzten Jahren sind gesellschaftlich grosse Veränderungen in Gang gekommen. Für viele sind Staat und Kirche zu reinen Zweckverbänden geworden. Man will so viel wie möglich profitieren bei möglichst wenig eigenen Leistungen an die Allgemeinheit. Das, was früher als Beitrag an das Gemeinwohl galt, hat in unserer Gesellschaft kaum mehr Platz. Alles muss rentieren, die Frage „Was bringt mir das?“ steht vor allem anderen. Die Bereitschaft, in öffentlichen Gremien mitzuarbeiten, wird immer kleiner. Dafür sind diejenigen, die ihre Zeit und Kraft der Allgemeinheit zur Verfügung stellen, oft unsachlicher und zermürbender Kritik ausgesetzt.
>
> Ohne Einschränkungen tun und lassen zu können, ist für viele das Wichtigste. Die Respektlosigkeit vieler Menschen gegenüber Andersdenkenden, gegenüber Natur und öffentlichen Einrichtungen ist bedenklich. Sogar Werte wie Freundschaft und Liebe drohen zur Wegwerfware zu werden.
>
> Der extrem heisse Sommer mit Unwettern und Überschwemmungen, später mit Trockenheit und hoher Ozonbelastung hat uns die Grenzen unserer Möglichkeiten deutlich gezeigt. Unsere hochentwickelten wissenschaftlichen und technischen Fähigkeiten können nicht verhindern, dass uns die Natur hin und wieder zeigt, wozu sie fähig ist.
>
> Besinnen wir uns doch wieder darauf, dass wir nur als Gemeinschaft existieren können. Solidarität untereinander, Verantwortung füreinander und ein respekt-

12 Publiziert im Amtsblatt des Kantons Basel-Landschaft vom 16. September 2003.

voller Umgang miteinander bilden die Grundlage für ein friedliches, gerechtes und würdiges Zusammenleben.

So soll der Bettag ein Tag der Besinnung und der Ruhe sein, ein Tag, der Raum und Zeit lässt für Gespräche und Begegnungen. Der Bettag kann auch zum Tag des Staunens werden über all die grossen und kleinen Wunder der Schöpfung, die wir in der Hektik unseres Alltagslebens oft gar nicht mehr wahrnehmen.

Dieser besondere Sonntag soll aber auch ein Tag der Dankbarkeit sein. Es ist für viele Völker nicht selbstverständlich, in einem Land leben zu dürfen, in dem trotz wirtschaftlich und politisch schwieriger Zeit Sicherheit, Stabilität und innere Ruhe herrschen. Wir können es, Gott sei Dank.

## *Kanton Graubünden*

Das Bettagsmandat des Regierungsrates richtet sich an die Einwohnerinnen und Einwohner des Kantons Graubünden. Formal basiert es auf einer Verordnung des Grossen Rates[13].

Liebe Mitbürgerinnen und Mitbürger

Die christlichen Kirchen begehen dieses Jahr das Jahr der Bibel. Es steht unter dem Motto „Suchen und Finden“ und will die geistliche wie kulturelle Bedeutung der Bibel in Erinnerung rufen.

Die Bibel setzt andere Schwerpunkte als etwa die Politik und das Geschäftsleben es mit ihrem zweckorientierten Handeln tun. Sie erzählt von den Erfahrungen Gottes mit Menschen und von den Erfahrungen von Menschen mit Gott. Sie berichtet von Jesus Christus, der die Liebe seines Vaters zu uns und das baldige Kommen des Reiches Gottes verkündet hat. Er allein kann einen „neuen Him-

13 Verordnung vom 24. Februar 1971 über das Bettagsmandat und die Bettagskollekte (BR 520.200): „Art. 1 Bettagsmandat. (1) Die Regierung erlässt jährlich vor dem Eidgenössischen Dank-, Buss- und Bettag ein Mandat, das auf die Bedeutung dieses Feiertages hinweist. (2) Das Bettagsmandat wird in den Kirchen verlesen. – Art. 2 Bettagskollekte. (1) Am Eidgenössischen Dank-, Buss- und Bettag wird in allen Kirchen des Kantons eine Kollekte für gemeinnützige Zwecke durchgeführt. (2) Die Regierung beschliesst über die Verwendung und gibt im Anhang zum Bettagsmandat über den Zweck Aufschluss. – Art. 3 Durchführung. Der Gemeindevorstand führt die Sammlung im Einvernehmen mit den kirchlichen Instanzen durch und liefert das Sammelergebnis der Standesbuchhaltung Graubünden ab. – Art. 4 Vollzug. Die Regierung vollzieht diese Verordnung und erlässt allenfalls notwendige Weisungen. – Art. 5 Inkrafttreten. Diese Verordnung tritt auf den 1. März 1971 in Kraft. Sie ersetzt den Grossratsbeschluss betreffend Erlassung eines Mandats für den Eidgenössischen Bettag vom 27. Juni 1846 und die Verordnung über die Liebesgabensammlungen am Eidgenössischen Bettag vom 30. November 1916. – Art. 6 [Schlussbestimmung].“
Bettagsmandat und Bettagskollekte sind hier klassisch miteinander verbunden.

mel" und eine „neue Erde" errichten. Das heisst allerdings nicht, dass christlicher Glaube unpolitisch wäre, im Gegenteil. Da wo Menschen an das Evangelium glauben, hat dies Konsequenzen für alle Lebensbereiche. Gottes Reich ist zwar nicht von dieser Welt, aber es soll in diese Welt hineinwirken.

Gerade in unserer Zeit verändert sich die Gesellschaft in einem Ausmass, über das wir selber staunen. Viele Menschen finden sich in der Alltagssituation von heute nicht mehr zurecht. Es herrscht Unsicherheit über Ausmass, Wert und Ziel wirtschaftlichen Wohlstandes, über das Sinnvolle des technischen Fortschrittes. Man hat den Eindruck, als sei die Übersicht verloren gegangen. Wir wundern uns, dass die meisten Menschen in unserem Umkreis im Wohlstand leben und dennoch ganz offenkundig nicht zufrieden sind. Den Menschen geht es besser, aber sie werden deswegen keineswegs zufriedener.

Bereits in der Bibel lesen wir: „Der Mensch lebt nicht vom Brot allein" (Mt. 4,4). Dieser Satz ist aktueller denn je. Offensichtlich muss mehr als der Wohlstand gesichert werden. Es müssen Werte erhalten werden, die jenseits von Angebot und Nachfrage liegen, und die die Menschen so notwendig brauchen wie das tägliche Leben: gesunde Umwelt, menschliche Zuwendung, Geborgenheit, Vertrauen, Sinn für das Leben.

Eine Gemeinschaft lebt nicht nur von guten Infrastrukturen, Gesetzesnormen und funktionierenden Märkten. Es gibt gemeinsame geschichtliche und kulturelle Werte, die wir miteinander teilen, egal, welche Funktion wir in der Gemeinschaft ausüben, egal, welche Position wir dort vertreten, ob wir links oder rechts stehen. Eine Gesellschaft wird auch durch ungeschriebene Gesetze zusammengehalten, durch Werte, sittliche Normen und moralische Regeln, die unserem Handeln eine Richtung geben und die uns eine Verantwortung auferlegen.

Ohne diese Werte kann eine Gemeinschaft auf Dauer nicht funktionieren.

Darum tun wir alle gut daran, zu unserer Gemeinschaft Sorge zu tragen. Den Sinn für Gemeinschaft erneuern, die eigene Haltung zu prüfen, die eigenen Vorstellungen auch wieder zu hinterfragen, das Zusammengehören zu pflegen. Das Zusammenleben in einem Gemeinwesen ist nie eine endgültige Errungenschaft. Es ist ein Werk, das immer wieder von Neuem in Auseinandersetzung mit den aktuellen Erfordernissen erschaffen und verdient werden will.

Der Eidgenössische Dank-, Buss- und Bettag gibt uns Gelegenheit, uns dessen bewusst zu werden. Überlegen wir, was jeder von uns an seinem Platz, in der Familie, im Beruf, in öffentlichen Funktionen und Ämtern, konkret dazu beitragen kann, dass die Grundwerte des christlichen Glaubens in unserer Gesellschaft immer wieder spürbar zum Tragen kommen. Versuchen wir gemeinsam, vor allem dort, wo es uns schwerer fällt, tagtäglich nach diesen Grundsätzen zu handeln. Dazu rufen wir Sie auf!

Mit diesen Gedanken empfehlen wir Euch, liebe Mitbürgerinnen und Mitbürger, und alle unsere Mitmenschen samt uns der Obhut des Allmächtigen.

## *B. Werte der Schweiz und des eigenen Kantons*

### *Canton de Vaud*

Das Bettagsmandat basiert auf einem Beschluss des Regierungsrates[14]. In seiner Medienmitteilung betonte der Regierungsrat, dass gemäss der neuen Kantonsverfassung erstmals die israelitische Gemeinde einbezogen wird: „Dès cette année, la communauté israélite établie dans le canton a été invitée – en plus des pasteurs et diacres, curés et ministres du culte catholique en office dans le canton – à participer à ce jour de prières. Il s'agit là d'une ouverture conforme à la nouvelle Constitution."

MESSAGE POUR LE JEÛNE FÉDÉRAL 2003

Le Conseil d'Etat du Canton de Vaud à ses concitoyennes et ses concitoyens

Chères concitoyennes, chers concitoyens,

Le Jeûne? Une journée pour prendre le temps de la réflexion et du recueillement.

Fédéral? Une évocation de notre pays.

Le Jeûne fédéral? Sans doute le lieu et le temps de réfléchir à l'essence de notre vie communautaire. Dans une société devenue très individualisée, trop rares sont les moments ou nous nous penchons sur ce qui nous relie les uns aux autres. Pourtant, c'est à l'aune de ces liens que se mesurent la richesse et la solidité d'une société. Comment surgirait la force de formuler des projets d'avenir sans la conscience d'appartenir à la famille humaine, et au-delà à la Création?

En cette année du bicentenaire, cette journée de réflexion et de recueillement prend une dimension particulière. Depuis deux cents ans, les Vaudoises et les Vaudois vivent au sein d'une même communauté. A ses débuts, ils ont participé à l'édification de la Confédération helvétique. A cette époque clé, des principes essentiels – encore d'actualité aujourd'hui – ont été adoptés. L'on citera en premier lieu la diversité comme richesse et le partage comme manière de vivre ensemble. La Suisse acquérait alors les traits qui la caractérisent aujourd'hui encore: quatre cultures, les deux versants des Alpes et le respect des particularités cantonales et régionales.

14 Beschluss vom 20. August 2003: „Le Conseil d'Etat du Canton de Vaud, à l'occasion du Jeûne fédéral, institué par la décision de la Haute Diète du 2 août 1832, arrête: Article premier. Un jour de prières et d'actions de grâces sera célébré dans tout le Canton de Vaud le dimanche 21 septembre 2003. – Art. 2. Le présent arrêté et le message du Conseil d'Etat sont imprimés et remis à tous les pasteurs et diacres, aux curés et ministres du culte catholique en office dans le canton, ainsi qu'à la communauté israélite établie dans le canton. Ils sont invités à en donner connaissance aux fidèles sous la forme qu'ils jugeront la plus appropriée. [...]".

Aujourd'hui, en dépit des difficultés et des tentations individualistes, les citoyens du Canton de Vaud se sont eux aussi donné un nouveau pacte de vie commune. En cette année 2003, une nouvelle Constitution, rafraîchie, rénovée, s'ouvrant à la reconnaissance d'autres communautés religieuses, est entrée en vigueur. Nous venons ainsi de fonder le projet de vie du canton pour des dizaines d'années, peut-être davantage, et avons par la même réaffirmé notre foi dans l'avenir.

Ce message d'espoir est aussi celui d'un monde meilleur, où chacun puisse trouver une place à sa mesure et selon ses aspirations, ses convictions et ses croyances. Ce monde est et restera à construire, avec constance et patience, afin que nous puissions être fiers, simplement, de ce que nous sommes et désireux de progresser encore.

## *C. Veränderung von Verhalten und Ansichten*

### *Kanton Glarus*

Das Mandat[15] wurde an die Pfarrerschaft versandt, die es im Bettagsgottesdienst verlesen sollte.

Getreue, liebe Mitlandleute

Die Regierung erlässt folgendes Bettagsmandat:

VERÄNDERUNG

*Gesellschaft*

Wir leben in einer Zeit des Wandels. Vieles, was vorgestern und gestern galt, gilt nicht mehr. Ein Erwerbsleben im gleichen Beruf und beim gleichen Arbeitgeber gibt es kaum mehr. Ein einziger Verdienst vermag oft die Lebenshaltungskosten einer Familie nicht mehr zu decken. Die gut ausgebildeten Frauen wollen Berufs- und Familienarbeit vereinbaren. Die Männer können nicht darauf vertrauen, immer Arbeit zu haben. Ehe und Familie sind keine Versorgungsgarantinnen mehr. Dass sich Frauen ausschliesslich um Familie, Haushalt und Kindererziehung kümmern, ist deshalb nicht mehr selbstverständlich. – Das fordert. Frauen und Männer.

Das Rad der Zeit lässt sich nicht zurückdrehen, auch wenn wir noch im alten Denken verhaftet sind. – Die Lebensmuster veränderten sich, jedoch ohne dass sich ein neues Rollenbild schon klar genug herausgebildet hätte.

Was wünschen wir uns denn? Wir wünschen uns ein Miteinander. Wir wollen ernst genommen und verstanden werden, im privaten Bereich, am Arbeitsplatz und in der Gesellschaft. Wir wünschen uns ein Umfeld, das uns Sicherheit gibt, persönlich und finanziell. Deshalb müssen wir ein neues Miteinander der Geschlechter gestalten. Frauen und Männer sollen zwischen Familien-, Erwerbs-

15 Publiziert im Amtsblatt des Kantons Glarus Nr. 38 vom 18. September 2003.

und/oder Freiwilligenarbeit wählen können. Die getroffene Wahl muss gesellschaftliche Anerkennung erhalten. – Wenn uns das gelingt, hat die Individualgesellschaft ausgedient.

*Wirtschaft*

Wie die Gesellschaft macht die Wirtschaft tiefgreifende Änderungen durch: elektronische Steuerungs- und Kommunikationsmethoden. Öffnung der Grenzen, Verflechtung der Märkte. Zeiten des allgemeinen Umbruchs eröffnen ungeahnte Möglichkeiten, verschärfen aber soziale Probleme und vergrössern Unsicherheiten. Man weiss nicht mehr, was gilt. Früher selbstverständliche Regeln steuern nicht mehr zwangsläufig das Verhalten der Wirtschaftenden: Manager plündern rücksichtslos Gesellschaften aus; Anleger und Spekulanten erzwingen kurzsichtige und unlautere Gewinnstrategien, wofür sie gelegentlich gar Zuflucht zu betrügerischen Machenschaften nehmen.

Der Eindruck des Wertezerfalls wird durch reisserische Berichterstattung gefördert; denn trotz der Skandale darf den meisten Unternehmen und Managern verantwortungsbewusstes Handeln zuerkannt werden. Aber der Eindruck einer allgemeinen Erosion des Sittlichen führt dazu, dass anständiges Verhalten nicht mehr selbstverständlich ist und amoralisches Tun annehmbar wird. Dies verursacht Kosten, nicht nur bezüglich der Opfer von Rücksichtslosigkeit, sondern vor allem der Allgemeinheit. Das Vertrauen in die Wirtschaft und die freiheitliche Marktordnung schwindet. Daran und am Grundübel ändern wirtschaftsethische Veranstaltungen wenig. Der Ruf nach mehr Gesetz und Recht führt, ausser zu zusätzlichen Aufwendungen, zu einer paradoxen Minderung des moralischen Bewusstseins: „Was nicht verboten, ist erlaubt.“ – Die Erosion von Anstand und Moral führt zu Wohlfahrtsverlusten.

Anstand und Moral sind knappe Ressourcen geworden, die neu zu beleben sind. Die Wirtschaft vermag dies nicht selbst zu tun. Gesellschaft und Gemeinwesen haben durch Erziehung und Ausbildung unsere christlichen Grundwerte wieder vermehrt zu pflegen und ins Bewusstsein der Allgemeinheit zu rücken.

*Politik*

Kanton und Gemeinden arbeiten noch in den gleichen Strukturen wie vor 20, 30 oder gar 50 Jahren. Unsere 29 Gemeinden erfüllen teils Aufgaben, die gemeinsam erbracht werden könnten; ähnlich verhält es sich im Verhältnis Bund-Kantone. Das Milizsystem stösst an seine Grenzen: immer komplexere Aufgaben sind wahrzunehmen. Je länger je weniger Leute sind bereit, sich neben anforderungsreicher beruflicher Tätigkeit in einem öffentlichen Amt zu engagieren. Der Begriff „Ehrenamt“ ist aus dem Wortschatz fast verschwunden; man ist nicht mehr bereit, sich für das Gemeinwesen, die Gemeinschaft zu engagieren. Zudem wird die Professionalisierung und Zentralisierung gefordert, doch werden ihnen die finanziellen und personellen Ressourcen Grenzen setzen.

Der Ruf nach Veränderungen ist unüberhörbar. Zudem zwingt die Finanzlage zum Handeln. Der kommenden Landsgemeinde wird eine Verwaltungsorganisation mit nur noch fünf Departementen vorgeschlagen. Forderungen nach Einheitsgemeinden, Gemeindefusionen, Abschaffung der Tagwen sowie Regionalisierung oder gar Kantonalisierung des Schul- und des Sozialwesens sind gestellt. Das Straffen der Gemeindestrukturen ist unumgänglich. Kanton, Gemeinden und Einwohnerschaft sind aufgefordert, sich den Veränderungen zu stellen. Sich mit diesen auseinanderzusetzen und den richtigen Weg in die Zukunft zu finden – und ihn zu begehen.

Wir neigen dazu, Veränderungen als Gefahr oder gar Bedrohung wahrzunehmen, was uns daran hindert, sie als Anstoss und Hoffnung gebend oder als Chance wahrzunehmen. Wir müssen bestehende Strukturen heutigen Gegebenheiten anpassen, zu neuen Ufern aufbrechen. Tun wir es nicht, laufen wir Gefahr, dass uns dies später aufgezwungen wird. Agieren wir, gestalten wir unsere Zukunft; reagieren wir, vollziehen wir Veränderungen bloss nach.

*Werte*

Kinder und Jugendliche wachsen anders, mit anderen Vorbildern, anderen Wertvorstellungen, einer ganz anderen Dichte von Angeboten und Verführungen auf. SMS, E-Mail und Internet haben Schleusen und Schranken geöffnet. Das Internet kennt keine Tabus. Jedes Thema wird auf eine nur erdenkliche Weise kommuniziert. Es ist eine Vielfalt von Sinnwelten entstanden. Die Werte unserer christlichen Kultur sind Werte unter anderen geworden. Sie haben an Überzeugungskraft verloren. – Wo sind Vorbilder, die mit Gestaltungskraft und Zukunftsglauben ansteckend wirken? Dringen sie nicht mehr durch in der Lärm erfüllten, aufgeregten Medienlandschaft?

Unsere Gemeinschaft braucht ein grosses Mass an Toleranz gegenüber der Vielfalt von Einstellungen und Haltungen in den beschriebenen Bereichen. Aber echte Toleranz ist nicht billig zu haben, sondern eine Grundhaltung, die nur durch ernsthafte Auseinandersetzung mit den Überzeugungen und Haltungen von anderen zu erarbeiten ist. Reine Duldung – „Jeder soll auf seine Weise selig werden" – weckt keine gemeinschaftsbildenden Kräfte, sondern ist eher Ausdruck von Gleichgültigkeit.

Eine im echten Sinne tolerante Gemeinschaft gründet auf Angstfreiheit und Hoffnung. Sie entsteht, wenn Menschen einander zuhören. Daraus kann Achtung und Respekt vor fremden und zunächst befremdenden Lebensführungen und Überzeugungen entstehen. Dies verbindet und motiviert. Gut Zuhörende sind wir, wenn wir wissen, wer wir sind und was wir wollen. Toleranz braucht eigenen, festen Boden. Darum ist es gut, sich am Bettag auf die eigenen Wurzeln zu besinnen. Reflexion muss aber Konsequenzen haben, sonst – so warnte die Theologin Dorothee Sölle – zerstöre sie nur die Gestaltungsfähigkeit, den Selbstausdruck und die zukunftsgerichtete Fantasie. Wir sind also (Römerbrief 12,2) aufgefordert, uns nicht einfach dem Weltenlauf anzupassen, sondern uns zu ändern und zu wandeln durch die Erneuerung unseres Sinnes. Wahre Toleranz setzt somit die Bereitschaft voraus, sich selbst in Frage stellen zu lassen und eigene Veränderungen und Wandlungen zuzulassen.

Gehen wir miteinander durch Offenheit, Toleranz und im Wissen um unsere Werte die Herausforderungen der letztlich durch uns heraufbeschworenen Veränderungen an. – Ein Blick auf die Kantonsgeschichte zeigt: Wir Glarnerinnen und Glarner sind fähig zu handeln!

## *Kanton Luzern*

Der „Aufruf zum Eidgenössischen Dank-, Buss- und Bettag 2003"[16] wurde vom Regierungsrat des Kantons Luzern, der Christkatholischen Kirchgemeinde Luzern, der Evangelisch-Reformierten Kirche des Kantons Luzern und der Römisch-katholischen Landeskirche des Kantons Luzern unterzeichnet.

*Bunt – statt schwarzweiss*

Wir alle kennen das: Wenn etwas nicht erwartungsgemäss läuft, neigen viele dazu, Schuldige zu benennen. Das ist einfacher, als den Ursachen von Problemen auf den Grund zu gehen und Lösungen zu finden. Dabei läuft man Gefahr, die Welt in gut und böse, Freund und Feind, schwarz und weiss, einzuteilen. Beispiele dafür gibt es viele:

- An der Kriminalität sind die Asylsuchenden schuld.
- Verantwortlich für das Drogenproblem junger Menschen ist die falsche Erziehung.
- Zum Terrorismus tragen die Länder der „Achse des Bösen" bei.
- Arbeitslos sind nur jene, die zu faul sind, sich eine Stelle zu suchen.

Die Reihe liesse sich beliebig fortsetzen.

Das Problematische an solcher Schwarzweissmalerei ist nicht nur, dass sie ungerecht und falsch ist, sondern auch, dass sie bestimmte Bevölkerungsgruppen ausgrenzt. Doch gerade diese Menschen brauchen wir zur Lösung der Probleme.

- Um soziale Sicherheit zu erreichen, müssen alle am Wirtschaftsprozess Beteiligten einbezogen werden.
- Das Streben nach Erfolg darf die sozial Schwächeren nicht zu Aussenseitern machen.
- Integration kann nur gemeinsam mit den Fremden erfolgen.
- Für den Religionsfrieden ist die Beteiligung andersgläubiger oder religionsferner Menschen ein Muss.

Die Regierung und die Landeskirchen des Kantons Luzern rufen die Menschen im Kanton Luzern zum Eidgenössischen Buss- und Bettag auf,

- gemeinsame Lösungswege zu suchen, statt einseitig Schuld zuzuweisen,
- alle von einem Problem Betroffenen einzubeziehen, statt Einzelne auszugrenzen,

16 Publiziert im Luzerner Kantonsblatt Nr. 37 vom 13. September 2003.

– sich an der bunten Vielfalt unserer Gesellschaft zu freuen und sie zu nutzen, statt einfach schwarzweiss zu malen.

## *D. Zusammenleben und Miteinander – ich und die andern*

### *Kanton Appenzell A.Rh.*

### Das Bettagsmandat[17] widmet sich dem Thema der Toleranz.

Toleranz als Grundwert menschlichen Handelns

Gegenwärtig erleben wir zwei gegensätzliche Strömungen. Einerseits nehmen fundamentalistische Haltungen in Politik, Gesellschaft und Religion zu, andererseits verlieren viele bewährte Regeln des Zusammenlebens an Boden. Wir bewegen uns also im Spannungsfeld zwischen Null-Toleranz und Laisser-faire.

Eine Toleranz-Haltung, die schlichtwegs alles ohne Einschränkungen gelten lässt, das gleichgültige Geschehen- und Gewährenlassen, bewirkt ein desinteressiertes Nebeneinander. Grenzenlose Toleranz führt letztlich zum Verlust von Solidarität und gegenseitiger Verantwortung – zu grenzenlosem Egoismus also.

Intoleranz ist ebenso lebensfeindlich. Wenn das Denken und Handeln eines Einzelnen oder einer Gruppe zum Mass aller Dinge werden, wenn Standpunkte zementiert und Vorurteile aufgebaut werden, dann bleiben sich die Menschen fremd. Das Andersartige wird als Bedrohung empfunden; die Angst wächst.

Was ist Toleranz? Welches ist das richtige Mass? Wie muss sie beschaffen sein, damit sie ein solidarisches Zusammenleben ermöglicht?

Toleranz ist eine Frage der Freiheit, was gestehe ich mir und den Mitmenschen zu, wo sind die Grenzen?

Toleranz bedeutet:

– Bereitschaft zu verstehen

Wir sind aufeinander angewiesen, haben miteinander zu tun, trotz Anderssein, müssen uns achten und zuweilen ertragen. Das setzt voraus, dass wir uns achtsam annähern und uns zu verstehen suchen, dass wir einander Freiräume gewähren, die Entfaltung ermöglichen.

Der Säntis sieht von der Toggenburger Seite her ganz anders aus als vom Appenzellerland, und doch ist es immer der gleiche Säntis. Es gilt die Haltung, das Anderssein, das Fremdsein des Menschen anzuerkennen, im Austausch zu verstehen, Vorurteile in Frage zu stellen, teilnehmend mitzufühlen, sich auf Erfahrungen mit Fremdem einzulassen.

Interesse an den Menschen und die Bereitschaft im Dialog, zum unvoreingenommenen Lernen übereinander und voneinander, verringern Fremdheit und Distanz. Toleranz wächst und wird zum tragfähigen Boden.

17 Publikation im Internet. Keine Publikation im Amtsblatt.

– Mut zur Auseinandersetzung

Der Mut zur Auseinandersetzung beinhaltet vorerst einmal den Mut zur Auseinandersetzung mit sich selbst, indem man wagt, die eigene Mentalität, Lebens- und Weltanschauung, das eigene Denken und Tun immer wieder zu hinterfragen, Veränderungen und Entwicklungen wahrzunehmen und sie auch anderen zuzugestehen. Dabei nimmt man fremde, geheimnisvolle, auch gar dunkle Seiten an sich wahr, zu denen man ja auch stehen muss.

Die Auseinandersetzung mit den Mitmenschen bedeutet, realistisch die Verschiedenheiten und Fremdheiten akzeptieren zu versuchen, die religiösen, kulturellen, moralischen und alltagspraktischen Lebensbedingungen stehen zu lassen, ohne innerlich einverstanden sein zu müssen.

– Einander Partner sein

Toleranz im echten Sinn heisst, einander partnerschaftlich, gleichberechtigt, wohlwollend und anerkennend anzusehen. So werden fremde Menschen als Ergänzung und Bereicherung empfunden.

– Engagierte Haltung

Wo Menschen diffamiert werden wegen ihrer Überzeugung, wo sie abgelehnt werden wegen ihrer Zugehörigkeit zu einer Volksgruppe, einer Religion, wo sie durch starre Vorurteile ins soziale Abseits gedrängt werden, dort gilt es eine engagierte Haltung zu zeigen, parteilich Nein zu sagen und Widerstand zu leisten. Wo das Leben und ein menschenwürdiges Menschsein bedroht sind, kommen wir an die Grenze der Toleranz.

Eine so verstandene Toleranz fordert und verlangt von uns allen eine mehrfache Bereitschaft: die Bereitschaft zu Mitgefühl und Verstehen, die Bereitschaft, sich selbst zurückzunehmen und die Bereitschaft zum Austausch und zum Dialog.

Versuchen wir – gerade auch in der Besinnlichkeit des Bettages – diese Toleranz zu lernen, durch gutes Zuhören und Wahrnehmen, durch einen eigenen festen Standpunkt, der andere Meinungen gelten lässt, und durch Offenheit und Dialog.

## *Kanton Basel-Stadt*

## Die Gedanken zum Eidgenössischen Dank-, Buss- und Bettag wurden mit einer Pressemitteilung des Regierungsrates verbreitet[18].

*Innehalten*

Effizienz und Synergien nutzen – dies sind Modewörter unserer Zeit. Sie prägen unser Leben.

Es gibt heute kaum noch jemanden, der oder die sich nicht darüber beklagt, wie die Zeit rast. Dabei wird beharrlich übersehen, dass wir es sind, die rasen und nichts so konstant ist wie die Zeit. Zeiten der Besinnlichkeit, Zeiten, um über

18 Medienmitteilung vom 16. September 2003. Publikation im Internet. Keine Publikation im Amtsblatt.

sein Leben und seine Umgebung nachzudenken, sind in dieser schnelllebigen Zeit oft nur noch durch den Kalender vorgegeben – wie etwa der Bettag. Doch finden wir die Ruhe für diese Befindlichkeit? Viele von uns leider eher nicht – oft wird auch der Dank-, Buss- und Bettag nicht mehr beim Namen genommen, wir rasen ungebremst weiter. So verpassen wir auch eine Gelegenheit zu realisieren, dass wir sehr oft im Leben versuchen, vor allem Ansprüchen, die von aussen an uns herangetragen wurden, gerecht zu werden: Geschäftlich etwa erledigen wir Vieles und machen dabei auch unzählige Überstunden. Gleichzeitig reicht es auch, privat viele Leute einzuladen, „die man schon lange einmal hätte einladen müssen". Anderes ist dafür – vor lauter Terminen möglicherweise vorerst unbemerkt – auf der Strecke geblieben. Vor allem sind wir nie richtig „über die Bücher gegangen". Kaum im wörtlichen Sinne und schon gar nicht im übertragenen Sinne des Wortes. Die Zeit dazu hat schlicht gefehlt.

Möglicherweise haben wir ja tatsächlich ein Zeitproblem. Ganz sicher könnte dies aber nicht gelöst werden, wenn der Tag mehr Stunden oder die Woche mehr Tage hätte. Die Spirale würde sich ins Endlose drehen. Viel wichtiger wäre es, gelegentlich innezuhalten, oft ist – wie beim Bergsteigen – gar ein Schritt zurück die einzige Lösung, um nachher wieder sinnvoll weiterzukommen und das Ziel zu erreichen.

Gedanken über sich und seine Umwelt muss man sich natürlich nicht zwingend am Bettag machen. Der Bettag soll uns aber mindestens ins Bewusstsein rufen, dass wir unsere Handlungen, unser Leben, immer wieder hinterfragen müssen. Wir müssen uns bewusst sein – oder wieder bewusst werden –, dass vor lauter Effizienz und genutzter Synergien Werte wie Solidarität und Verantwortungsbewusstsein nicht verloren gehen dürfen, weder im geschäftlichen noch im privaten Bereich. Wir haben eine Pflicht, zum Wohle der Allgemeinheit beizutragen. Dieser Aspekt gehört zwingend zum Begriff der Leistungsgesellschaft, sonst ist der Wettlauf mit der Zeit nicht zu gewinnen.

## *E. Karitative und soziale Stossrichtung*

### *Kanton Obwalden*

Die „Gedanken zum Bettag" wurden von einer einzigen Person verfasst und unterzeichnet, nicht von der Gesamtbehörde[19].

Liebe Mitlandleute

Hinter uns liegt ein Sommer, wie wir kaum je einen erlebt haben. Noch mehr strahlende Sonne und grössere Hitze hätten wir wohl nicht ertragen. Die sommerliche Ferien- und Freizeit ermöglichte jedoch auch ungezählte Feste und Feiern

19 Amtsblatt des Kantons Obwalden vom 18. September 2003, Nr. 38, S. 1074 f. – Unterzeichnet von der Vorsitzenden des Landammannamts.

in Berg und Tal, welche Frau und Mann, Jung und Alt, Gross und Klein in beglückender Gemeinschaft zusammenführten.

Dies allein wäre schon ein Grund, am Eidgenössischen Bettag einen Moment dankbar innezuhalten. Wir sehen die Bilder von „grossen" Anlässen wie dem Säumerfest, dem Seenachtsfest oder der Streetparade und erinnern uns an tausende junger und jugendlicher tanzender und lachender Leute, die sich ihrer selbst und des Lebens freuen. Das ist wirklich ein Grund zum Sagen: Gott sei Dank. Denn es gab diesen Sommer gleichzeitig auch andere Bilder zu sehen, von Menschen aus andern Ländern, welche die Welt nicht wie ein Paradies erleben.

Es gibt auch in der Schweiz viele hunderttausend Menschen, welche an solchen Gemeinschaftserlebnissen nicht einmal am Rande teilnehmen können, auch wenn sie es möchten. Ich denke dabei etwa an unsere behinderten Mitmenschen, welche dauernd ans Bett gefesselt sind oder sich bestenfalls unter Mithilfe des Pflegepersonals oder lieber Angehöriger ein wenig unter die Leute wagen können. Ich denke an die psychisch Behinderten, welche in ihrer Depression und Angst den Weg zu den Menschen nicht mehr finden. Ich denke an unsere bejahrten Miteinwohner und Miteinwohnerinnen, die nicht mehr klar sehen, hören und aufrecht gehen können. Wie ist es wohl ihnen zu Mute, wenn sie die Gesunden und Jungen festen und feiern sehen und hören? Dabei braucht es ja so wenig, gleichsam die Seite wechseln zu müssen: ein Sportunfall, eine Töff- oder Autokollision, ein Hirnschlag oder sonst ein folgenreiches Missgeschick.

Das europäische Jahr 2003 für Menschen mit Behinderungen möchte uns bewusst machen, dass die Zahl von Menschen, welche wegen einer Behinderung nicht oder nur sehr beschränkt an manchen Facetten unseres gesellschaftlichen Lebens teilhaben können, erheblich gross ist. Diese Menschen dürfen niemals als „quantite négligeable" eingestuft werden. Das hat natürlich auch finanzielle Konsequenzen. Aber wir wissen uns an den Leitsatz gebunden, dass man die Güte und Stärke einer Gesellschaft daran ermessen kann, wie sie mit den schwächsten ihrer Glieder umgeht. Ist es gar bezeichnend, dass dieses Jahr bei den vielen Ereignissen dieser Aspekt etwas unterging?

Am Bettag gelten unsere Gedanken auch all jenen, welche sich beruflich oder als Angehörige und Nachbarn um eine liebevolle und menschenwürdige Pflege behinderter Mitmenschen bemühen. Es sind dies nicht nur, aber vor allem Frauen, die mit grossem Engagement diese Aufgabe wahrnehmen. Und es sind viele ausländische Arbeitskräfte, die im Dienst unserer behinderten Mitmenschen stehen. Ohne sie wäre eine verantwortbare Pflege nicht mehr möglich. Ihnen allen gehören unsere ehrliche Anerkennung und unser herzlicher Dank.

Im Vertrauen auf den Machtschutz Gottes wünsche ich dem Land und Volk einen besinnlichen eidgenössischen Bettag.

*Kanton Solothurn*

Im Kanton Solothurn wird am Bettag traditionellerweise ein Liebesopfer eingezogen (Vollzug durch die Einwohnergemeinden, Haussammlungen). Der Aufruf des Regierungsrates an die Bevölkerung erging bereits am 1. Juli 2003, um die Organisation durch die Gemeinden zu ermöglichen[20].

*Bettag und europäisches Jahr für Menschen mit Behinderungen 2003 – Aufruf an die Bevölkerung*

Liebe Mitbürgerinnen und Mitbürger

Nach einem alten Tagsatzungsbeschluss der eidgenössischen Stände vom 1. August 1832 wird jedes Jahr im September der Eidgenössische Dank-, Buss- und Bettag gefeiert.

Der Bettag gibt Anlass, sich zu besinnen, sich für erhaltene Hilfe zu bedanken, aber auch dafür offen zu sein, nicht nur zu nehmen, sondern auch zu geben.

Im Kanton Solothurn wird denn auch seit jeher eine Sammlung, deren Notwendigkeit auch in der heutigen Zeit gegeben ist, zugunsten gemeinnütziger sozialer Institutionen durchgeführt.

Das Jahr 2003 ist zum europäischen Jahr für Menschen mit Behinderungen erklärt worden. Dabei geht es prägnant um die drei grossen Grundanliegen von Menschen mit Behinderungen: Teilhabe verwirklichen; Gleichstellung durchsetzen; Selbstbestimmung ermöglichen.

Unsere diesjährige Bettagskollekte soll ein kleines Zeichen setzen, indem Bedürfnisse von Mitmenschen mit einer Behinderung über besondere soziale Institutionen mitfinanziert werden können, die nicht oder ungenügend durch Sozialleistungen oder öffentliche Mittel abgedeckt sind.

Der Ertrag der Bettagskollekte 2003 soll 9 verschiedenen Institutionen zukommen. Das Auswahlverfahren berücksichtigt eine gewisse regionale Verteilgerechtigkeit, die Notwendigkeit des Angebotes für eine breitere Zielgruppe und die finanzielle Situation der antragstellenden Institution. Jede der beitragsempfangenden Institutionen trägt mit ihrem Engagement und mit ihrem Angebot im Kanton Solothurn dazu bei, die sozialen Probleme der heutigen Zeit zu lindern.

[Es folgt die Nennung der beitragsempfangenden Institutionen und die Beschreibung von deren Aktivitäten zugunsten von Menschen mit einer Behinderung.]

20 Amtsblatt des Kantons Solothurn Nr. 27 vom 4. Juli 2003, S. 1273 f.

*Kanton Uri*

Im Kanton Uri erfolgt am Bettag traditionellerweise ein Kollektenaufruf[21].

> Am kommenden Sonntag feiern wir den Eidgenössischen Dank-, Buss- und Bettag. Es ist eine langjährige Tradition, dass die Kirchgemeinden in den Gottesdiensten das Opfer für nichtversicherbare Elementarschäden in unserem Kanton aufnehmen.
>
> Dank diesen Spenden ist es möglich, Mitbürgerinnen und Mitbürgern in Uri bei Schäden durch Naturereignisse wie Rüfenniedergänge, Hochwasser, Lawinen usw. finanzielle Hilfe leisten zu können.
>
> Im Namen der betroffenen Urnerinnen und Urner danken wir Ihnen für Ihren Beitrag.

## *IV. Schluss*

Angeknüpft wird in den dargestellten Bettagsmandaten an verschiedene Feststellungen, Tatsachen, Ereignisse und Wahrnehmungen. Es finden sich zum Teil gesellschaftsethische, tiefgründige Analysen, oder es werden Ermahnungen und Hinweise für das Zusammenleben und die Lebensgestaltung formuliert.

Wie bereits erwähnt fällt es etwas schwer, die vielfältigen Inhalte und Stossrichtungen der kantonalen Bettagsmandate zusammenzufassen oder sogar auf einen gemeinsamen Nenner zu bringen. Oft geht es inhaltlich um Solidarität, Zusammengehörigkeit und Zusammenleben, Umdenken, Besinnung, Toleranz, Achtung Andersdenkender, christliche Grundwerte, Verhalten in und gegenüber der Allgemeinheit, Umwelt[22] und Mitmensch. Knapp und verkürzt ausgedrückt könnte man die Inhalte wie folgt wiedergeben: „Solidarität untereinander, Verantwortung füreinander, respektvoller Umgang miteinander“[23]. Oder anders: nicht nur vom Staat profitieren wollen, sondern sich in die Gemeinschaft einbringen!

21 Amtsblatt des Kantons Uri vom 19. September 2003, Nr. 38, S. 1205. – Der Spendenaufruf wurde von der Standeskanzlei unterzeichnet.

22 Zu beachten sind auch die (politisch gescheiterten) Bestrebungen, den Bettag autofrei zu erklären.

23 Diese einprägsame Begrifflichkeit findet sich im Bettagsmandat von Basel-Landschaft.

Bettagsmandate sind für Kantonsregierungen gewiss sehr gute Chancen, eine Botschaft mit religiösem, ethischem, mahnendem, wertehaltigem, solidaritätsstiftendem Inhalt an die Bevölkerung, an die Mitbürgerinnen und Mitbürger, an die „Mitlandleute" zu überbringen. Solche Möglichkeiten bieten sich für Regierungen ansonsten nicht besonders häufig. Im Unterschied zu den Kantonen, in denen die Kirchen die Tradition der Bettagsmandate weitergeführt haben, ist bei den regierungsrätlichen Bettagsmandaten nicht das konfessionelle Segment der Bevölkerung im Visier, sondern die Gesamtbevölkerung. Regierungen sollten an der Institution der Bettagsmandate auch weiterhin festhalten. Allerdings ist es nur dann im Sinne des Bettagsgedankens, wenn die Mandate wirklich religiöse und ethische Inhalte und Appelle enthalten, denn schliesslich stehen am Ursprung dieses eidgenössischen Festes die religiösen Faktoren Dank, Busse und Gebet. Allgemeine gesellschaftspolitische Überlegungen werden der ursprünglichen und sicher noch immer richtigen Idee des Bettags kaum gerecht. Gewiss ist es für einen sich religionsneutral verstehenden Kanton nicht immer einfach, diese vorwiegend in der religiösen und in der staatskirchlichen Tradition verankerten Begriffe „Dank", „Busse" und „Gebet" in die Sprache heute lebender Menschen umzusetzen.

*Jakob Frey*

# Neues Konkordat für die Ausbildung von evangelisch-reformierten Pfarrerinnen und Pfarrern

## *I. Zu Inhalt und Geltungsbereich des Konkordates*

Nach gut einjähriger Arbeit hat die Konkordatskonferenz am 28. November 2002 das totalrevidierte „Konkordat betreffend die gemeinsame Ausbildung der evangelisch-reformierten Pfarrerinnen und Pfarrer und ihre Zulassung zum Kirchendienst" verabschiedet[1]. Gemäss dessen Artikel 1 ist das Bestreben der beteiligten Kirchen zum Ausdruck gebracht, vier Ziele zu verwirklichen, nämlich

a) eine gleichwertige Ausbildung der Pfarrerinnen und Pfarrer in den schweizerischen evangelischen Kirchen zu fördern,
b) ein den Bedürfnissen entsprechendes Angebot für die kirchliche Ausbildung sicherzustellen,
c) die Voraussetzungen für die Zulassung in den Kirchendienst einheitlich zu regeln und
d) die Grundlagen für eine die Amtsführung begleitende Weiterbildung in den ersten Amtsjahren zu schaffen.

Die meisten evangelisch-reformierten Landeskirchen der deutschsprachigen Schweiz haben im Verlaufe des Jahres 2003 dem neuen „Ausbildungskonkordat" zugestimmt (in aller Regel durch die Kirchensynoden). Zustimmende Erklärungen haben die evangelisch-reformierten Kirchen folgender Kantone abgegeben: Aargau, beider Appenzell, Basel-Land-

1 Abgedruckt mitsamt amtlichem Kommentar bei *Christoph Winzeler*, Schweizerische Kirchenrechtsquellen III: Konkordate und weitere Verträge, Bern 2004 [im Druck]. Das bisher geltende „Konkordat betreffend die gegenseitige Zulassung evangelisch-reformierter Pfarrer in den Kirchendienst" vom 6. März 1967 ist in SJKR/ASDE 3 (1998), S. 249-253, zu finden, es ist auch in den amtlichen Gesetzessammlungen einzelner Kantone enthalten (u.a. Zürich [LS 181.41]). Bern ist nicht Mitglied des Konkordats, Graubünden hat sich erst kürzlich dem Konkordat angeschlossen. – Vgl. *Fritz Gloor*, Das „Konkordat betreffend die gegenseitige Zulassung evangelisch-reformierter Pfarrer in den Kirchendienst" – staatskirchliches Relikt oder zukunftsweisendes Modell?, in: SJKR/ASDE 3 (1998), S. 29-48.

schaft, Basel-Stadt, Freiburg, Glarus, Luzern, St. Gallen, Schaffhausen, Schwyz, Solothurn (unterer Kantonsteil), Thurgau[2], Zug und Zürich[3].

Das neue Konkordat tritt auf den 1. Januar 2004 in Kraft.

## *II. Zur Geschichte und Entwicklung des Konkordates*

Zur Geschichte und Entwicklung des Konkordates kann auf die je einzelnen Synodevorlagen der beitretenden Kantonalkirchen hingewiesen werden. Nachfolgend wird der Bericht des Zürcher Kirchenrates zuhanden der Kirchensynode wiedergegeben[4]:

### *„1. Geschichte*

Das „Konkordat über die gegenseitige Zulassung zum evangelischen Kirchendienst“ wurde 1862 von zunächst fünf Kantonsregierungen, darunter Zürich, geschlossen. Es hatte zum Ziel, dass Pfarrer aus den beteiligten Kantonen in jedem dieser Kantone gewählt werden und in den kirchlichen Dienst treten konnten. Nach mehreren zeitbedingten Anpassungen wurde es bis 1967 in einen Vertrag zwischen den Landeskirchen überführt. Bis heute sind ihm alle deutschschweizerischen Landeskirchen beigetreten, ausgenommen die Evangelisch-reformierte Landeskirche des Kantons Bern. Diese führt die praktische Ausbildung zusammen mit der theologischen Fakultät der Universität Bern und dem Kanton Bern durch.

### *2. Zentrales Anliegen des bisherigen Konkordats*

Im Zentrum des bisherigen Konkordats stehen die propädeutischen, theologischen und praktischen Prüfungen während des Theologiestudiums

2 Zustimmungserklärung bei Redaktionsschluss noch nicht erfolgt.

3 Nicht beigetreten ist der neu gegründete Verband der evangelisch-reformierten Kirchgemeinden des Kantons Obwalden. Gemäss Art. 19 des Konkordats nimmt die zuständige Konkordatskirche gestützt auf das Wahlfähigkeitszeugnis die Ordination vor. Der erwähnte Verband verfügt jedoch über keine Ordinationsbefugnis. Er wird sich auf freiwilliger Basis dennoch an den Kosten des Konkordats beteiligen.

4 Bericht des Kirchenrates des Kantons Zürich vom 29. Januar 2003 zuhanden der Kirchensynode vom 24. Juni 2003.

und am Ende des pfarramtlichen Praktikums (Lernvikariat). Sie werden von der Konkordatsprüfungsbehörde KPB durchgeführt. Diese besteht aus je zwei von den beteiligten Landeskirchen delegierten Personen. Die Prüfungen werden unter Beizug von Dozierenden der theologischen Fakultäten der Universitäten Zürich und Basel durchgeführt.

## *3. Anlass zur Revision*

Mit der Unterzeichnung des „Bologna-Abkommens" vom Juni 1999 entsteht im europäischen Hochschulraum eine grundsätzlich neue Situation. Einerseits werden die einzelnen Studiengänge standardisiert nach dem Modell „Bachelor/Master". Anderseits werden Schlussprüfungen weitgehend von Semesterprüfungen abgelöst. Dadurch verliert eine nichtuniversitäre Kommission wie die Konkordatsprüfungsbehörde KPB die Möglichkeit, Studierende auf ihre theoretischen Fähigkeiten in der Mitte und am Ende des Studiums zu prüfen. (Nicht berührt von diesem Systemwechsel sind die praktischen Prüfungen im Lernvikariat, die weiterhin in der kirchlichen Verantwortung liegen.)

## *4. Weitere Revisionspunkte*

Gleichzeitig wurden mit der fällig gewordenen Konkordatsrevision auch wichtige Veränderungen in der theologischen Ausbildung und Weiterentwicklungen in der Zusammenarbeit der Kirchen in den „Grundvertrag" eingearbeitet. Dazu gehören unter anderem

- die gemeinsame Verantwortung für die gesamte kirchliche Ausbildung während des Studiums und bis zum Ende der ersten fünf Amtsjahre,
- die Vereinbarung über die solidarische Finanzierung der Ausbildungskosten,
- die Einrichtung einer entwicklungsorientierten Eignungsabklärung,
- die Einführung der verpflichtenden Weiterbildung in den ersten fünf Amtsjahren (WEA).

## *5. Strukturelle Klärungen*

Das neue Konkordat bringt darüber hinaus eine klare Struktur der Verantwortlichkeiten der Mitgliedkirchen und der Geschäftsabläufe. Oberstes Organ ist die Konkordatskonferenz, in der die Kirchen- oder Synodalräte der Mitgliedkirchen – in der Regel durch ihr Präsidium – vertreten sind. Den Vorsitz führt gemäss Art. 4 weiterhin die Kirchenratspräsidentin/der Kirchenratspräsident der Zürcher Landeskirche. Die Konferenz verfügt über ein Büro, über ständige und spezielle Kommissionen (Art. 8) sowie über ein Sekretariat. Ihr unterstellt sind die Beauftragten für die Ausbildung.

## *6. Das Konkordatsreform-Projekt*

Anfang Januar 2003 haben die ersten Arbeitsgruppen im Rahmen des Reformprojekts ihre Arbeit aufgenommen. Ihre Aufgabe, die ihnen von der Konkordatskonferenz übertragen worden ist, ist es, die notwendigen Ordnungen und Reglemente für die einzelnen Bereiche zu entwickeln (Ausbildungsordnung, Prüfungsordnung, Lernvikariatsordnung, Praktika-Reglemente, Rekursordnung, Geschäftsordnung, Massnahmen zur Nachwuchsförderung, Weiterbildungsvereinbarung). Die Konkordatskonferenz wird über die Ergebnisse beschliessen und sie danach in die Vernehmlassung bei den Landeskirchen geben. Ziel ist es, dass sie per 1. Januar 2005 in Kraft gesetzt werden können. […].

## *7. Abschliessende Bemerkung*

Mit dem neuen Ausbildungskonkordat erhalten die Landeskirchen ein zeitgemässes Instrument zur angepassten Lösung der Fragen auf dem Gebiet der Ausbildung für den pfarramtlichen Dienst. Es bietet auch die Grundlage für die Zusammenarbeit der beteiligten Landeskirchen mit den theologischen Fakultäten der Universitäten Zürich und Basel. Das neue Konkordat enthält nur noch die Grundlagen der Zusammenarbeit. Die Konkordatskonferenz erlässt die Ausführungsbestimmungen und wählt die Mitglieder der Kommissionen und Arbeitsgruppen. Die Zürcher Landeskirche nimmt innerhalb des Konkordats weiterhin eine besondere Verantwortung wahr.“

*Red.*

SJKR/ASDE 8 (2003), S. 275-287

# Rezensionen und Buchanzeigen

*Rüegg, Christoph:* Die privatrechtlich organisierten Religionsgemeinschaften in der Schweiz. Eine Bestandesaufnahme und juristische Analyse. Freiburg i.Ü.: Universitätsverlag Freiburg Schweiz 2002. LXX & 464 S. (Freiburger Veröffentlichungen zum Religionsrecht, Bd. 12).

Von *Christoph Rüegg* ist als Band 12 der Freiburger Veröffentlichungen zum Religionsrecht seine am 4. Juli 2001 angenommene Zürcher Dissertation erschienen.

Der Verfasser möchte mit seiner juristischen (und nicht theologischen) Arbeit einen Beitrag zur Frage des Verhältnisses von Staat und Religionsgemeinschaften leisten. Obwohl Mitglied der Zürcher Landeskirche, will er „den Blickwinkel des staatlichen Religionsrechts ein wenig von den grossen Landeskirchen weg in Richtung der kleineren Religionsgemeinschaften lenken", weil „privatrechtlich organisierte Religionsgemeinschaften [...] in der heutigen pluralistischen Gesellschaft einen nicht zu unterschätzenden Faktor am religiösen Leben der Schweiz" darstellen, wie er in der Einleitung schreibt.

Den ersten Teil seiner Arbeit widmet der Verfasser den Definitionen. Die Untersuchung beschränkt sich auf Religionsgemeinschaften (in Abgrenzung von Weltanschauungsgemeinschaften), die privatrechtlich organisiert sind. Ausgenommen werden die privatrechtlich organisierten Landeskirchen von Genf und Neuenburg.

Im zweiten Teil werden 35 Religionsgemeinschaften und -verbände eingehend dargestellt. Dieser Teil gibt einen äusserst wertvollen und detaillierten Einblick in die rechtliche Organisation der in der Schweiz privatrechtlich organisierten Religionsgemeinschaften. Der Autor musste angesichts der gemäss seiner Schätzung mindestens 300 in der Schweiz existierenden Religionsgemeinschaften eine Auswahl für die Befragung treffen. Interessant ist, dass von den angeschriebenen Institutionen 93% zu einem Besprechungstermin bereit waren (leider fehlen die islamischen Religionsgemeinschaften).

Im Aufbau übernimmt die Arbeit ein Einteilungsschema von *Reller*, *Kiessig* und *Tschoerner*[1], welche die Religionsgemeinschaften in Freikirchen, Sondergemeinschaften, Sekten, missionierende Religionen des Ostens und Psycho-Organisationen einteilen.

Im dritten Teil wird die rechtliche Situation der privatrechtlich organisierten Religionsgemeinschaften dargestellt. Insbesondere interessant sind die als Ausfluss der korporativen Religionsfreiheit gemachten Ausführungen zum Schutzauftrag des Staates, der sich aus der konstitutiv-institutionellen Funktion der Religionsfreiheit ableitet. Der Verfasser zeigt auf, dass die meisten Religionsgemeinschaften als Vereine strukturiert sind, dass aber die grundsätzlich demokratische Struktur des Vereins durch eine Beschränkung der Mitgliedschaft relativ einfach umgangen werden kann. Der Verfasser spricht sich im zusammenfassenden Ergebnis dafür aus, dass sich die freiheitliche Struktur bewährt hat und lehnt die Schaffung eines Sektengesetzes entschieden ab. Für die angelaufene Diskussion um die öffentlichrechtliche Anerkennung weiterer Religionsgemeinschaften finden sich in der Arbeit wertvolle Hinweise auf Kriterien, die der künftigen Gesetzgebung in diesem Bereich dienlich wären.

Dem Verfasser ist es mit seiner empirischen Untersuchung gelungen, der Leserschaft einen sehr guten Überblick über die rechtliche Strukturierung der wichtigen Religionsgemeinschaften in der Schweiz zu verschaffen. Er zeigt auf, wo die rechtlichen Grenzen der Organisationsfreiheit der beiden üblichen Rechtsformen (Verein und Stiftung) liegen. Schliesslich wird das Grundrecht der Religionsfreiheit aus der Sicht der betroffenen Körperschaften und des Staates umfassend dargestellt.

*Peter D. Deutsch*

*Das Religionsrecht der neuen Bundesverfassung/Le droit des religions dans la nouvelle Constitution fédérale*, hg. von René Pahud de Mortanges, Freiburg i.Ü.: Universitätsverlag Freiburg Schweiz 2001. XIII & 174 S. (Freiburger Veröffentlichungen zum Religionsrecht, Bd. 10).

Der hier anzuzeigende Band 10 der Freiburger Veröffentlichungen zum Religionsrecht geht auf eine vom Freiburger Institut für Kirchenrecht und

1 *Horst Reller/Manfred Kiessig/Helmut Tschoerner*, Handbuch religiöse Gemeinschaften, Gütersloh 1993.

Staatskirchenrecht im September 2000 veranstaltete Tagung zurück; für die Veröffentlichung wurden die Referate überarbeitet und durch weitere Beiträge ergänzt. Der Band gliedert sich in zwei Teile. Der erste Teil befasst sich mit den religionsrechtlichen Bestimmungen der neuen Bundesverfassung (BV 1999), der zweite Teil ist speziell dem – damals noch in der BV 1999 stehenden, zwischenzeitlich aber aufgehobenen – Bistumsartikel (Art. 72 Abs. 3 BV) gewidmet.

Im *ersten Teil* vergleicht *Andreas Kley* die Bestimmungen der alten Bundesverfassung mit denjenigen der BV 1999 („Das Religionsrecht der alten und neuen Bundesverfassung") und kommt zu dem Schluss, dass das geltende Religionsrecht in der neuen Bundesverfassung eine angemessene Aufnahme gefunden hat. Der Bund gewährleiste mit Art. 15 BV die individuelle Glaubens- und Gewissenfreiheit in konzentrierter Form und sichere mit Art. 72 BV den religiösen Frieden. Die sog. konfessionellen Ausnahmeartikel der BV 1874 seien mit Ausnahme des Bistumsartikels (Art. 72 Abs. 3 BV) als „Spuren einer überholten Zeit" allesamt in Wegfall gekommen. *Kley* betont, dass Art. 72 BV, bis auf dessen Abs. 3, rein deklaratorischen Charakter habe und als „an sich überflüssige Spezial-Polizeigeneralklausel für das Gebiet der Religion" dem Staat „keine Möglichkeiten zur Religionspolitik" eröffne. Er macht indes völlig zu Recht auch darauf aufmerksam, dass – ungeachtet der politischen Rede von der BV 1999 als einer bloss „nachgeführten" Verfassung – der neue Text das Potenzial aufweise, „anders und neu verstanden" zu werden. In diesem Zusammenhang weist *Kley* auf das Diskriminierungsverbot im Bereich der Religion hin, warnt jedoch eindringlich vor einem „Grundrechts-Josephinismus", der mittels einer überzogenen Grundrechtsjudikatur wesentliche Punkte des kirchlichen Selbstverständnisses bestimmen würde.

Sodann behandelt *Peter Karlen* „Die korporative religiöse Freiheit in der Schweiz", deren verschiedene Ausprägungen er einander gegenüberstellt (gemeinschaftliche Religionsausübung, korporative Religionsfreiheit, Selbstbestimmungsrecht der Religionsgemeinschaften, Kirchenautonomie). Das Recht der gemeinschaftlichen Religionsausübung sowie die korporative Religionsfreiheit sieht er in Übereinstimmung mit Rechtsprechung und Lehre in Art. 15 BV sowie in Art. 9 EMRK gewährleistet, auch wenn die Verfassungs- bzw. Konventionstexte leider lückenhaft seien. Den Unterschied von korporativer Religionsfreiheit und Selbstbestimmungsrecht der Religionsgemeinschaften erkennt er darin, dass die korporative Religionsfreiheit als ihre beiden Hauptaspekte die religiöse

Vereinigungsfreiheit sowie die Freiheit der Religionsausübung der Religionsgemeinschaften beinhalte, während das Selbstbestimmungsrecht umfassender sei, indem es namentlich auch organisatorische Belange umfasse (soweit diese, je nach Selbstverständnis der betreffenden Religionsgemeinschaft, nicht schon von der korporativen Religionsfreiheit abgedeckt seien). *Karlen* empfiehlt daher, die Gewährleistung der Religionsfreiheit ausdrücklich um das religionsgemeinschaftliche Selbstbestimmungsrecht zu erweitern und dies auch bei der Ausgestaltung und Handhabung der kantonalen Kirchenautonomie zu berücksichtigen.

„Kultussteuern, Kultusbudgets und die nachgeführte Bundesverfassung" ist das Thema des Beitrages von *Urs Josef Cavelti*. Der unlängst verstorbene Spezialist des Kirchenrechts hält die Kultussteuer der juristischen Personen in Übereinstimmung mit der Rechtsprechung des Bundesgerichts auch unter der neuen Bundesverfassung für zulässig; Änderungen hätten durch den Gesetzgeber zu erfolgen. In Bezug auf die kantonalen Kultusbudgets, die er als „Ausnahme und Beschränkung des Kultussteuerverbots" bezeichnet, ist er hingegen der Meinung, dass diese ihre Grundlage in der BV 1999 eingebüsst hätten und die nunmehr mangelnde gesetzliche Grundlage auch nicht durch den Fortschreibungsgedanken der BV-Revision überspielt werden könne. Hier sei eine grundsätzliche Neubeurteilung vonnöten, die sich an dem Prinzip der Abgeltung von Leistungen mit gesamtgesellschaftlicher Bedeutung orientieren sollte. Möge diese Mahnung des St. Galler Altmeisters beherzigt werden.

Der *zweite Teil* des Bandes befasst sich mit dem Bistumsartikel (Art. 72 Abs. 3 BV) und einigen damit zusammenhängenden Fragen. Gemäss dieser Bestimmung dürfen Bistümer nur mit Genehmigung des Bundes errichtet werden. Wenngleich politisch weithin Einigkeit dahingehend bestand, dass für dieses in das 19. Jahrhundert zurückragende Relikt in der nachgeführten Bundesverfassung kein Raum ist, wurde mit seiner Streichung zunächst noch zugewartet, um die Volksabstimmung über die neue BV nicht zu gefährden. Im Juni 2001 hat das Volk der Abschaffung des Bistumsartikels schliesslich mit grossem Mehr zugestimmt. *Philippe Gardaz, Hansheiri Inderkum, Kurt Koch, Alois Odermatt, Christoph Winzeler* und *Suzette Sandoz* verbinden interessante Hintergrundinformationen mit Analysen und Vorschlägen für die Zukunft (insbesondere hinsichtlich eines „Religionsartikels"). Der Abdruck des im August 2000 vorgelegten, ausführlichen Gutachtens von *Christian R. Tappenbeck* und *René Pahud de Mortanges* zur Vereinbarkeit des Bistumsartikels mit dem Völkerrecht schliesst den Band ab.

Insgesamt handelt es sich um eine sehr lesenswerte und nützliche Publikation, die auch schon in der bundesgerichtlichen Praxis herangezogen worden ist.

*Dieter Kraus*

*Muslime und schweizerische Rechtsordnung/Les musulmans et l'ordre juridique suisse*, hg. von René Pahud de Mortanges und Erwin Tanner, Freiburg: Universitätsverlag Freiburg Schweiz 2002. LI & 571 S. (Freiburger Veröffentlichungen zum Religionsrecht, Bd. 13).

Das stattliche Buch geht auf eine Tagung des Freiburger Instituts für Kirchenrecht und Staatskirchenrecht am 24. Oktober 2001 zurück, doch über den Umfang eines üblichen Tagungsbandes weit hinaus. Neben den überarbeiteten Tagungsreferaten enthält der Band Beiträge namhafter Autoren verschiedener Wissenschaftsbereiche und ist wahrhaft interdisziplinär. Er kann hier nur kursorisch angezeigt werden, wird aber – soviel ist gewiss – auf Jahre hinaus Grundlage der Weiterarbeit auf diesem Feld bleiben. Mit andern Worten: Er ist ein Handbuch im besten Wortsinn.

Ein erster, allgemeiner Teil behandelt u.a. soziologische und religionswissenschaftliche Seiten des Themas. *Marcel Heinigers* Thema lautet „Muslime und Musliminnen in der Schweiz – ein statistischer Überblick". Der Islam-Beauftragte der Evangelisch-reformierten Kirche Basel-Stadt, Pfr. *Werner Schatz*, schreibt über „Präsenz und Probleme der Muslime in der Schweiz". Er schöpft hiefür aus der grossen Erfahrung eines Praktikers und Theologen, der sein Leben lang über den Islam gearbeitet hat. *Tariq Ramadans* Beitrag gilt dem „Droit suisse et droit islamique". *Youssef Ibram* behandelt „La procédure de la fatwa". Damit sind Grundlagen für die weitere Beschäftigung mit der Integration des Islam in unsere multikulturell und multireligiös gewordene Gesellschaft bereitgestellt. Denn die statistisch ermittelten, unbestreitbaren Fakten haben ihre Konsequenzen auf den Ebenen der Rechtsordnung. Mit ihnen kann sich nur ernsthaft beschäftigen, wer sich die nötigen Kenntnisse aneignet. Dafür bietet der vorliegende Band ein Referenzwerk von hoher Qualität.

Sein zweiter Teil gilt dem öffentlichen Recht. *Felix Hafner* und *Georg Gremmelspacher* führen in Grundlagen und Grundfragen ein mit ihrem Beitrag zum „Islam im Kontext des schweizerischen Verfassungsrechts".

Diskriminierungsverbot und Integrationsgebot sind ihnen die Leitmotive, wenn es zur Frage kommt, ob islamische Gruppierungen öffentlichrechtlich anzuerkennen seien. Denn auf Dauer kann und darf das öffentliche Recht kein Reservat für lieb gewonnene Akkommodationen des Establishment bleiben. Nicht minder grundlegend behandelt Bundesrichter *Giusep Nay* „Selbstverständnis, Selbstbestimmungsrecht und öffentlichrechtliche Anerkennung", somit die rechtlichen Schnittstellen zwischen Staat und Religionsgemeinschaften überhaupt. *Astrid Epiney, Robert Mosters* und *Dominique Gross* nehmen eine Grundfrage des modernen Staates in ihr Blickfeld: „Islamisches Kopftuch und religiöse Neutralität an der öffentlichen Schule". Hieran schliesst sich *René Pahud de Mortanges* mit dem ebenso drängenden Thema an: „Islamischer Religionsunterricht – eine Forderung und viele Fragen". *Farhad Afshar* schildert „Die Bedeutung einer islamischen Diaspora-Theologie".

Die Qualität des Bandes zeigt sich in der Behandlung von Gebieten wie dem oft vernachlässigten Sozialversicherungsrecht. „‚Problèmes musulmans' en droit des assurances sociales – Examen de quelques situations" betitelt *Jean-Louis Duc* seinen Aufsatz. *Bernhard Waldmann* widmet sich kulturellen Veränderungen durch „Moscheebau und Gebetsruf" bzw. die dadurch aufgeworfenen Rechtsprobleme. *Erwin Tanner* behandelt „Bestattung nach islamischem Ritus und staatliches Begräbniswesen", endigend im Aufruf „Für eine säkularstaatlich gewahrte menschenwürdige Bestattung mit staatlich gewährleistetem islamischem Ritualspielraum!". Das ist keine umwerfende These, sondern zwingende Konkretisierung der allen Menschen zustehenden, in der Schweiz auf dem Papier seit dem vorletzten Jahrhundert anerkannten Religionsfreiheit. *Pascal Krauthammers* Beitrag führt den Titel „Schächten nach islamischer Tradition und dessen Verbot im schweizerischen Recht"[2]. Schliesslich geht es bei *Philipp Maier* um „Muslime im Strafvollzug – Glaubenszugehörigkeit der Gefangenen als taugliches Kriterium zur Analyse und Bewältigung von Problemen im Strafvollzug".

Ein dritter Teil behandelt Fragen aus dem Privatrecht, etwa „Vereins- und stiftungsrechtliche Organisationsformen im Islam in der Schweiz" *(Christoph Rüegg)*. *Samia Osman* wendet sich „Ehe und Familie im Islam" zu, gefolgt von *Petra Bleisch Bouzar*: „Christlich-muslimische Ehen – Islamisches Recht und dessen Interpretation in der Schweiz". Mit *Ivo*

2 Zur Leidensgeschichte dieses Themas auch *Jakob Frey*, Gescheiterter Versuch, das Schächtverbot zu lockern, in: SJKR/ASDE 7 (2002), S. 196-206.

*Schwander* konnte ein Meister des IPR für „Die Anwendung und Anerkennung islamischen Rechts im Internationalen Privat- und Zivilprozessrecht der Schweiz" gewonnen werden. *Andrea Büchler* zeigt die Schnittstellen zwischen „Islam und Schweizerische[m] Arbeitsrecht" auf. Den Teil beschliesst *Ibrahim Nedim Dalkusu* mit seinem Beitrag: „Islamisches Wirtschaftsrecht – Möglichkeiten und Probleme in der schweizerischen Rechtsordnung".

Auch das Völkerrecht kommt nicht zu kurz; ihm gilt der abschliessende, vierte Teil des Buchs. *Martin Forstner* behandelt die „Menschenrechte zwischen Geltungsuniversalität und Inhaltspartikularität – ein Problem für den Islam in Europa?" Ein oft beschworenes, aber nur selten beherrschtes Thema greift *Elsayed Elshahed* auf: „Djihad – Kampf? Krieg? Heilig? Gegen wen?". Abschliessend behandelt *Christophe Eick* „Von Kosovo bis Afghanistan: Die Grenzen des völkerrechtlichen Gewaltverbots im Lichte neuerer Entwicklungen".

Zum Wert des Buchs tragen auch die umfangreichen Literaturangaben bei den einzelnen Aufsätzen bei. Das Werk wird sicherlich rasch seinen Platz als unentbehrliches Hilfsmittel der schweizerischen Integrationspolitik finden.

*Christoph Winzeler*

*Mieth, Dietmar/Pahud de Mortanges* (Hg.): Recht – Ethik – Religion. Der Spannungsbogen für aktuelle Fragen, historische Vorgaben und bleibende Probleme. Festgabe für Bundesrichter Dr. Giusep Nay zum 60. Geburtstag, Luzern: Edition Exodus 2002. 262 S.

Dass ein schweizerischer Bundesrichter, der nicht zugleich Professor ist, mit einer Festschrift geehrt wird, hat Ausnahmerang. Dies gilt auch für den Geehrten, der wiederholt mit nachhaltigen Beiträgen an juristischen und rechtspolitischen Auseinandersetzungen teilgenommen hat, nicht zuletzt auf dem Feld des Religionsverfassungsrechts.

Der Band umfasst 19 Aufsätze und ein Schriftenverzeichnis mit 32 Titeln von *Giusep Nay*.

Ein erster Abschnitt gilt dem Themenbereich „Recht und Öffentlichkeit". Richterkollege *Hans Wiprächtiger* befasst sich mit dem Thema „Bundesgericht und Öffentlichkeit. Zum Verhältnis von Medien und Justiz". Im Fokus eines zweiten Kollegen, *Niccolò Raselli*, steht, damit verwandt, „Das Gebot der öffentlichen Urteilsverkündung". Der Aufsatz von *Corina Casanova* lautet: „Information oder Propaganda? Das Engagement der Behörden um die Uno-Abstimmung".

Ein zweiter Abschnitt kreist um Fragen von „Religion und Recht". Ihn eröffnet *Urs Josef Cavelti* mit einem Beitrag zum Thema „Konkordate und Föderalismus", das unter schweizerischen Juristinnen und Juristen bislang wenig Aufmerksamkeit gefunden hat. *Cavelti* schöpft aus reicher Erfahrung im schweizerischen Religionsverfassungsrecht. Es ist zu hoffen, dass seine Ausführungen auf ein Echo stossen und die überfällige Diskussion beleben. Denn zwar ist die völkerrechtliche Natur der Konkordate mit dem Heiligen Stuhl unbestritten, doch ihre Einordnung in die föderale Stufenordnung der schweizerischen Bundesverfassung, namentlich was die Kompetenz zu ihrem Abschluss betrifft, ist es nicht. Bezugnehmend auf die neue Bundesverfassung schreibt *Cavelti*:

> „Die subsidiäre Vertragsfähigkeit der Kantone ‚in ihrem Zuständigkeitsbereich' ist in Art. 56 BV sehr allgemein formuliert und könnte auf einen sachlich ausgedehnten Umfang schliessen lassen. Tatsächlich handelt es sich beim Text aber nur um eine sprachlich abgeänderte Formulierung von Art. 9 und 10 aBV betreffend die ‚grenzüberschreitende Zusammenarbeit'. Die Kantone bleiben in ihren Zuständigkeitsbereichen zuständig für Kontakte, Verhandlungen und Verträge mit ‚untergeordneten ausländischen Behörden', namentlich mit territorial begrenzt zuständigen Stellen in den Gliedstaaten der Nachbarländer. Für konkordatäre Regelungen mit einem souveränen Völkerrechtssubjekt lässt sich der Art. 56 nicht anrufen" (S. 57).

Wenn dem Unterzeichneten hier ein „argumentum contra auctoritatem" erlaubt ist, sei *René A. Rhinow* zitiert, der an den parlamentarischen Verfassungsberatungen aktiv teilgenommen hat:

> „Im Gegensatz zum alten Verfassungswortlaut, der nur die Staatswirtschaft, den nachbarlichen Verkehr und die Polizei erwähnte (Art. 9 aBV), wurde in Übereinstimmung mit herrschender Lehre und Praxis die Kompetenz zum Abschluss völkerrechtlicher Verträge auf die Zuständigkeitsbereiche der Kantone allgemein ausgeweitet"[3].

3 *René A. Rhinow*, Bundesverfassung. Die Bundesverfassung 2000. Eine Einführung, Basel, Genf und München 2000, S. 387; ebenso *Pascal Mahon*, in: Jean-François Aubert/Pascal Mahon (Hg.), Petit Commentaire de la Constitution fédérale de la Confédération suisse du 18 avril 1999, Zürich 2003, N. 2-3 zu Art. 56 BV.

Diese neue Formulierung und Interpretation der Verfassungsgrundlage tut der völkerrechtlichen Bestandskraft der Konkordate mit dem Heiligen Stuhl keinerlei Abbruch, und sie erlaubt – auf staatsrechtlicher Ebene – eine formelle Gleichbehandlung der Konkordate mit einer Reihe von Verträgen, die zwischen Kantonen und evangelischen Landeskirchen bestehen. So erhält die rechtspolitische Legitimität des Vertrags als eines zukunftsträchtigen Instruments für die Gestaltung der Beziehungen zwischen Kantonen und Religionsgemeinschaften eine solidere Grundlage als bisher[4].

Auch sonst enthält der Band Stoff zu lebhafter Auseinandersetzung, etwa mit *Willy Spielers* bekannter These vom „Staatskirchenrecht als Kirchennotrecht. Plädoyer für die Partizipation der Gläubigen an der Kirchenleitung". Der Autor ist Zürcher Katholik und hat seine Argumentation im Kontext der Wirren um den (früheren) Churer Bischof Wolfgang Haas entwickelt.

*Alois Odermatts* Thema ist von historischem, politischen und juristischem Reiz: „Pittoreskes Zusammenspiel von Politik, Religion und Recht. Einige Hinweise zum nahenden Jubiläum ‚500 Jahre Päpstliche Schweizergarde'". *Gilg Störi* äussert sich „Zum Beschwerderecht religiöser Vereinigungen", einer Frage mit praktischem Bezug zur Tätigkeit von Bundesrichter Nay. Einem sehr aktuellen Thema widmet sich *René Pahud de Mortanges:* „Die Religionszugehörigkeit als Erhebungsmerkmal der Volkszählung". *Peter Plattner* behandelt „Die Paritätsverhältnisse im Kanton Thurgau", ein spannendes und für die Schweiz charakteristisches Lehrstück.

Der dritte Teil umfasst Arbeiten zum Bereich „Menschenbilder, Religion und Moral". Ihn eröffnet *Giosch Albrecht* mit seinem Aufsatz „Menschenbild im Wandel. Philosophiegeschichtliche Aspekte". *Odilo Noti* folgt mit „Religion und Gewalt. Eine theologisch interessierte Erinnerung an Immanuel Kant". Zurück in juristische Grenzbereiche führt *Franz Riklin* mit dem Beitrag „Zum gezielten polizeilichen Todesschuss". *Adri-*

4 Zu dieser Thematik im Weitern: *Urs Josef Cavelti*, Elemente einer Konkordatspolitik. Gutachten im Auftrag der Römisch-Katholischen Zentralkonferenz der Schweiz, in: http://www.kath.ch/rkz/konkordatspolitik_20030501.pdf; *Christoph Winzeler*, Verträge der Kantone mit Religionsgemeinschaften, in: Schweizerische Kirchenrechtsquellen, Bd. 3: Konkordate und weitere Verträge/Sources du droit ecclésial suisse, vol. 3: Concordats et autres accords, SJKR Beiheft/ASDE Cahier 5, Bern 2004 (im Druck).

*an Holderegger* skizziert „Die ‚Beseelung' als Menschwerdung. Stadien der theologischen Lehrentwicklung – bleibende Unsicherheit?"

Thematik des vierten Teils ist „Die besondere Situation zwischen Islam und Christentum". *Arnold Hottinger* behandelt „Zwei Rechtssysteme für eine Bevölkerung. Die Koexistenz von Shari'a und Code Napoléon in der arabischen Welt". *Dietmar Mieth* wendet sich einem nicht minder aktuellen Fragenkomplex zu: „Biomedizinische Ethik und Recht im Islam in christlich-ethischer Sicht". *Andreas Auer* schreibt über jüngste causes célèbres des schweizerischen Religionsverfassungsrechts: „Le crucifix et le foulard devant le juge constitutionnel suisse. Plaidoyer pour un renversement de jurisprudence". *Erwin Tanner* fragt: „Kann und darf in der Schweiz nach islamischem Ritus geschlachtet werden?"

Ein letzter Teil führt in die Provenienz des Jubilars und ist betitelt mit „Sprachenrecht: Die Situation der rätoromanischen Sprache". *Bernard Cathomas* schreibt „Von der Kraft der Sprache und des Sprachenrechts. Anmerkungen aus sprachplanerischer Sicht". Der Beitrag von *Martin Killias* trägt den entsprechenden Titel „Tgei pudessan ils Romontschs emprender dils auters lungatgs minoritars en Svizra".

*Christoph Winzeler*

*Hense, Ansgar:* Glockenläuten und Uhrenschlag. Der Gebrauch von Kirchenglocken in der kirchlichen und staatlichen Rechtsordnung, Berlin: Duncker & Humblot 1998. Tab. & 418 S. (Staatskirchenrechtliche Abhandlungen, Bd. 32).

Mit dieser von *Konrad Hesse* betreuten, von *Joseph Listl* und *Alexander Hollerbach* begleiteten Dissertation liegt eine umfassende kirchen- und staatskirchenrechtliche Monographie über den Gebrauch der Kirchenglocken vor, ein Thema, das in der Literatur bisher erstaunlich wenig behandelt wurde.

Für den innerkirchlichen Bereich befasst sich der Autor zunächst mit theologischen und geistesgeschichtlichen Aspekten des Glockenläutens und des dazugehörenden Kirchturmbaus (nach seiner Ansicht hat auch das Kirchturmuhrschlagen nicht nur eine weltliche Funktion als Zeitansage, die heute weitgehend überflüssig geworden ist, sondern durch das Hinweisen auf die Verantwortung gegenüber Gott wegen des unaufhaltsamen Zeitablaufs durchaus auch eine sakrale). Anhand einer geschickten Typologie[5] werden die einzelnen Arten des Glockenläutens dargestellt: die invitatorische (einladende), die signifikative (anzeigende), die adhortative (mahnende) und die praedikative (verkündende, preisende) Funktion. Invitatorisch ist das Glockenläuten, wenn es einen Gottesdienst ankündigt und zum Besuch desselben einlädt. Signifikativ ist ein Läuten, das wichtige Lebensstationen anzeigt (z.B. Taufe, Erstkommunion, Firmung, Trauung, Weihe, Tod) oder bestimmte Stellen eines Gottesdienstes (z.B. Wandlung) heraushebt. Adhortatives Läuten ermahnt an bestimmten Tageszeiten zum Gebet (Angelusläuten u.a.). Die prädikative Funktion zeigt sich etwa daran, dass das Läuten als Akt der Freude angesehen wird (weshalb in der Karwoche, am Aschermittwoch und an Allerseelen keine Glockenweihe stattfinden darf). Zu dieser Funktion dürften auch das Einläuten von Sonn- und Feiertagen und das Läuten vor wichtigen Ereignissen (z.B. die Eröffnung des 2. Vatikanischen Konzils) zählen.

Das Glockenrecht fand im Recht der katholischen Kirche, sowohl im Corpus Iuris Canonici, als auch noch im Codex von 1917[6] ausdrückliche Erwähnung. Im neuen Codex Iuris Canonici von 1983 verzichtete man zwar auf eine Regelung, doch enthält dieser verschiedene Bestimmungen, die das Glockenwesen mittelbar betreffen[7]. Ferner dürfte eine von Papst Pius XII. 1958 approbierte und konfirmierte Instruktion „De musica sacra et liturgia“[8], die in Art. 86-92 von den Glocken handelt, heute noch gelten[9] (interessant sind darin u.a. das ausdrückliche Gestatten von Läutemaschinen als Ersatz für das Handläuten und die Verbote, Glockenspiele zu liturgischen Zwecken zu nutzen und den Klang der geweihten Glocken mit Apparaten nachzuahmen oder zu verstärken). Neben diesem all-

5 Nach *Guido Fuchs*, Zum neuen Ritus der Glockenweihe, Heiliger Dienst, Bd. 40 (1986), S. 98 ff.

6 Vgl. c. 1169 CIC 1917.

7 Vgl. Einladungen zu Gebeten (c. 1174 § 2, c. 1175 CIC 1983) oder Gottesdiensten (cc. 1244 ff. CIC 1983), vermögensrechtliche Regelungen und Vorschriften im Zusammenhang mit der Glockenweihe als Sacramentale (cc. 1166 ff. CIC 1983), zum letzteren auch c. 834 § 1 CIC 1983 und *Martin Klöckener* (Hg.), Dokumente zur Erneuerung der Liturgie, Bd. 3, Dokumente des Apostolischen Stuhls (4. Dezember 1983 – 3. Dezember 1993), Freiburg Schweiz und Kevelaer 1999, S. 97 ff. (Benediktionale, Kap. 30: Die Segnung der Glocke) und S. 287 ff. (Zeremoniale für die Bischöfe, Kap. 17: Die Glockenweihe).

8 *Suso Mayer*, Neueste Kirchenrechts-Sammlung, 4. Band (1950-1959), Freiburg, Basel und Wien 1961, S. 442 f.

9 Vgl. c. 6 § 1, 2° CIC 1983 e contrario.

gemeinen gibt es ergänzendes diözesanes Läuterecht, ferner haben die lokalen Kirchgemeinden einen beachtlichen Freiraum für eigene, differenzierte Ordnungen.

Das evangelische Kirchenrecht ist schwer zu überblicken, da allgemeingültige Normen fehlen und man sich ausschliesslich auf Partikularrecht stützen muss. Der Autor beschreibt die Entwicklungen in den verschiedenen Etappen der Kirchengeschichte. Zusammengefasst lassen sich etwa die folgenden Aussagen machen: Die Kirchenordnungen stellten zwar das Glockenläuten in Frage, behielten aber die herkömmlichen Läutearten bei, die teilweise allerdings eine Umwidmung erfuhren (z.B. Ave- in Pro-Pace-Läuten). Die evangelischen Kirchen verstehen das Läuten der Glocken als eine kultisch-sakrale Handlung. Verworfen wurden die Glockentaufe (zu unterscheiden von einer feierlichen Indienstnahme) und im Laufe der Zeit das zum Aberglauben tendierende Wetterläuten. Der Nationalsozialismus suchte mit unterschiedlichem Erfolg das Läuten der Kirchenglocken in seine Dienste zu stellen.

Seit den fünfziger Jahren existiert der ökumenisch zusammengesetzte Beratungsausschuss für das deutsche Glockenwesen, der im Interesse der Sache verschiedene Aktivitäten entwickelt (Tagungen, Publikationen, Gutachten, Ausbildung von Sachverständigen usw.). Ein weiterer, heute noch existierender Ausschuss bemüht sich seit Ende des Krieges um die Rückgabe beschlagnahmter Glocken.

Das Läuten der Glocken hat nicht nur in früheren Zeiten auch weltlichen bzw. politischen Zwecken gedient (z.B. Läuten zu Märkten, Versammlungen, weltgeschichtlichen Ereignissen, Polizeiläuten bei Feuergefahr, gegen Kriege usw.)[10].

Seit dem 19. Jahrhundert wird das Glockenläuten in Deutschland als genuiner Ausdruck der Kultusfreiheit verstanden, wobei entsprechende Konflikte zwischen Staat und Kirche nicht ausblieben. Die Glocken werden als res mixtae verstanden. Das Läuten betrachtet man heute auch als Gegenstand der verfassungsrechtlichen Gewährleistungen des Art. 4 Abs. 2 GG (ungestörte Religionsausübung)[11] und des kirchlichen Selbstbestimmungsrechts nach Art. 140 GG in Verbindung mit Art. 137 Abs. 3 der Weimarer Verfassung.

10 Dazu *Elsbeth Lippert*, Glockenläuten als Rechtsbrauch, Freiburg i.Br. 1939.

11 Entsprechend Art. 15 BV; in der Schweiz sind gemäss Art. 72 BV für die Regelung des Verhältnisses zwischen Kirche und Staat die Kantone zuständig.

Seit Mitte der siebziger Jahre sind das Glockenläuten und der Uhrenschlag Gegenstand zahlreicher gerichtlicher Auseinandersetzungen geworden[12]. Die verfassungsrechtlichen Schranken werden zunehmend ausgereizt: Als sog. „konfligierende" Verfassungsgüter fallen etwa die aus Art. 2 (Gesundheitsschutz, allgemeine Handlungsfreiheit bezüglich des Aufwachzeitpunktes) und Art. 14 GG (Eigentumsgarantie, z.B. für freie Aussicht sowie eingerichtetem und ausgeübtem Gewerbetrieb) hergeleiteten Befugnisse und Aspekte der negativen Religionsfreiheit in Betracht. Da die Glocken als res sacrae einen öffentlichrechtlichen Sonderstatus geniessen, haben Nachbarn den Verwaltungsrechtsweg zu beschreiten, es sei denn, sie berufen sich auf § 906 BGB. Da beim Immissionsschutz ein breiter Ermessensspielraum besteht, beansprucht die Darstellung der entsprechenden Gerichtspraxis einen relativ grossen Teil der Arbeit.

Das Buch schliesst mit einem Ausblick, der zwar auf den starken Säkularisierungsschub nach der deutschen Wiedervereinigung und die Erosion des Vorrangs der beiden grossen christlichen Konfessionen hinweist, aber dennoch auf eine Wiederentdeckung der Symbole und Symbolsprache hofft. Ein ausführliches Literatur- und Stichwortverzeichnis verleihen der gelungenen Arbeit den Charakter eines Nachschlagewerks.

*Urs Reber*

12 „Wer im Hader mit der Kirche lebt, mag keine Glocken", formulierte der ehemalige Zürcher Stadtpräsident *Sigmund Widmer*. Dazu meine Miszelle „Die Zukunft des Glockenläutens", in: Forschungen zur Rechtsarchäologie und Rechtlichen Volkskunde, hg. von Louis Carlen, Bd. 15 (Festschrift für Nikolaus Grass), dort S. 269 f. m.w.Hinw.

SJKR/ASDE 8 (2003), S. 289-296

# Bibliografie 2002–2003*

## *I. Bücher (einschliesslich Festschriften und Sammelbände)*

*Friederich, Ueli/Campiche, Roland J./Pahud de Mortanges, René/Winzeler, Christoph:* Bundesstaat und Religionsgemeinschaften. Überlegungen für ein zeitgemässes Religionsrecht/Etat fédéral et communautés religieuses. Réflexions et propositions pour un droit en matière de religion adapté à notre temps dans la Constitution fédérale suisse. Mit einem Geleitwort von Thomas Wipf/Avec un prologue de Thomas Wipf, Bern: Peter Lang 2003. 212 S. (SJKR-Beiheft/ASDE Cahier 4/2003).

*Gebhard, Rudolf:* Umstrittene Bekenntnisfreiheit. Der Apostolikumstreit in den Reformierten Kirchen der Deutschschweiz im 19. Jahrhundert, Zürich: Theologischer Verlag Zürich 2003. 564 S.

*Jäggi, Gregor/Liggenstorfer, Roger* (Hg.): Bistum Basel/Diocèse de Bâle 1828-2003. Jubiläumsschrift 175 Jahre Reorganisation des Bistums, Solothurn: Bischöfliches Ordinariat 2003. 247 S.

*Mieth, Dietmar/Pahud de Mortanges, René* (Hg.): Recht – Ethik – Religion. Der Spannungsbogen für aktuelle Fragen, historische Vorgaben und bleibende Probleme. Festgabe für Bundesrichter Dr. Giusep Nay zum 60. Geburtstag, Luzern: Edition Exodus 2002. 262 S.

*Römisch-Katholische Zentralkonferenz der Schweiz:* RKZ. Aufgaben und Dienstleistungen, Zürich: Römisch-Katholische Zentralkonferenz der Schweiz 2003. 30 S. – Auch erschienen als: *Conférence centrale catholique romaine de suisse:* RKZ. Tâches et services, Zurich: RKZ 2003. 30 S. (im Internet verfügbar: http://www.kath.ch/rkz/broschuere_d.pdf bzw. http://www.kath.ch/rkz/broschuere_f.pdf).

*Weibel, Paul:* Das Selbstbestimmungsrecht der römisch-katholischen Kirche. Eine staatskirchenrechtliche Studie am Beispiel des Kantons

* Vgl. zu den Kriterien dieser jährlich erscheinenden Bibliografie die Vorbemerkungen in: SJKR/ASDE 2 (1997), S. 203.

Schwyz, Frankfurt a.M., Berlin, Brüssel, New York, Oxford und Wien: Peter Lang 2003. XLIX & 536 S. (Adnotationes in ius canonicum 17).

## *II. Aufsätze (in Zeitschriften, Jahrbüchern, Festschriften und Sammelbänden)*

### *A. Bundes- und Völkerrecht*

*Aldeeb Abu-Sahlieh, Sami A.:* Faux débat sur l'abattage rituel en occident – Ignorance de normes juives et musulmanes: le cas de la suisse, in: ZSR NF 122 (2003) I, S. 247-267.

*Auer, Andreas:* Le crucifix et le foulard devant le juge constitutionnel suisse. Plaidoyer pour un renversement de jurisprudence, in: Recht – Ethik – Religion (vorn I.), S. 210-218.

*Campiche, Roland J.:* Religion: Distanznahme des Staates, in: Bundesstaat und Religionsgemeinschaften (vorn I.), S. 19-32.

*Campiche, Roland J.:* L'Etat peut-il se désintéresser de la religion? Les relations Eglises-Etat: point de vue sociologique, in: Bundesstaat und Religionsgemeinschaften (vorn I.), S. 121-133.

*Cavelti, Urs Josef:* Konkordate und Föderalismus, in: Recht – Ethik – Religion (vorn I.), S. 53-64.

*Cavelti, Urs Josef:* Elemente einer Konkordatspolitik. Gutachten im Auftrag der Römisch-Katholischen Zentralkonferenz der Schweiz. Zürich: Römisch-Katholische Zentralkonferenz der Schweiz, in: http://www.kath.ch/rkz/konkordatspolitik_20030501.pdf.

*Cavelti, Urs Josef:* Art. 15, in: Bernhard Ehrenzeller/Philippe Mastronardi/Rainer J. Schweizer/Klaus A. Vallender (Hg.), Die schweizerische Bundesverfassung. Kommentar, Lachen und Zürich 2002, S. 222-237.

*Cavelti, Urs Josef:* Art. 72, in: Bernhard Ehrenzeller/Philippe Mastronardi/Rainer J. Schweizer/Klaus A. Vallender (Hg.), Die schweizerische Bundesverfassung. Kommentar, Lachen und Zürich 2002, S. 824-833.

*Ehrenzeller, Bernhard:* Präambel, in: Bernhard Ehrenzeller/Philippe Mastronardi/Rainer J. Schweizer/Klaus A. Vallender (Hg.), Die schweizerische Bundesverfassung. Kommentar, Lachen und Zürich 2002, S. 3-12.

*Frey, Jakob:* Gescheiterter Versuch, das Schächtverbot zu lockern, in: SJKR/ASDE 7 (2002), S. 196-206.

*Friederich, Ueli:* Chance für eine aktive Religionspolitik, in: Bulletin SEK/FEPS Nr. 1 (2003), S. 6-7.

*Friederich, Ueli:* Selbstbestimmungsrecht von Kirchen und anderen Religionsgemeinschaften, in: Bundesstaat und Religionsgemeinschaften (vorn I.), S. 69-92.

*Friederich, Ueli:* Droit d'autodétermination des Eglises et autres communautés religieuses, in: Bundesstaat und Religionsgemeinschaften (vorn I.), S. 171-194.

*Hangartner, Yvo:* Bemerkungen zum Bundesgerichtsurteil der II. Öffentlichrechtlichen Abteilung vom 18. Dezember 2002, A. c. Römisch-katholische Landeskirche des Kantons Luzern, Staatsrechtliche Beschwerde (BGE 129 I 68), in: AJP/PJA 12 (2003), S. 844-846.

*Hufen, Friedhelm:* Aktuelle Probleme der Religionsfreiheit im schweizerisch-deutschen Rechtsvergleich, in: Peter Hänni (Hg.), Mensch und Staat/L'homme et l'Etat. Festgabe der Rechtswissenschaftlichen Fakultät der Universität Freiburg für Thomas Fleiner zum 65. Geburtstag/ Mélanges offerts par la Faculté de droit de l'Université de Fribourg pour Thomas Fleiner à l'occasion de son 65^e^ anniversaire, Freiburg i.Ü. 2003, S. 343-359.

*Kley, Andreas:* Die staatsrechtliche Rechtsprechung des Bundesgerichts in den Jahren 2000 und 2001 – Glaubens- und Gewissensfreiheit, in: ZBJV 137 (2001), S. 635-638.

*Kraus, Dieter:* Schweizerisches und europäisches Religionsrecht im Dialog, in: SJKR/ASDE 7 (2002), S. 11-38.

*Kraus, Dieter:* Neue schweizerische Entscheide zur individuellen Religionsfreiheit und zum institutionellen Staatskirchenrecht, in: SJKR/ ASDE 7 (2002), S. 121-150.

*Loretan, Adrian:* Menschenrechte und Theologie, in: SKZ 171 (2003), S. 881-883.

*Mahon, Pascal:* Präambel, in: Jean-François Aubert/Pascal Mahon (Hg.), Petit commentaire de la Constitution fédérale de la Confédération suisse du 18 avril 1999, Basel, Genf und Zürich 2003, S. 3-10.

*Mahon, Pascal:* Art. 15, in: Jean-François Aubert/Pascal Mahon (Hg.), Petit commentaire de la Constitution fédérale de la Confédération suisse du 18 avril 1999, Basel, Genf und Zürich 2003, S. 138-149.

*Mahon, Pascal:* Art. 72, in: Jean-François Aubert/Pascal Mahon (Hg.), Petit commentaire de la Constitution fédérale de la Confédération suisse du 18 avril 1999, Basel, Genf und Zürich 2003, S. 571-576.

*Maurer, Hartmut:* Gott in der Verfassung, in: Peter Hänni (Hg.), Mensch und Staat/L'homme et l'Etat. Festgabe der Rechtswissenschaftlichen Fakultät der Universität Freiburg für Thomas Fleiner zum 65. Geburtstag/Mélanges offerts par la Faculté de droit de l'Université de Fribourg pour Thomas Fleiner à l'occasion de son 65e anniversaire, Freiburg i.Ü. 2003, S. 395-411.

*Odermatt, Alois:* Pittoreskes Zusammenspiel von Politik, Religion und Recht. Einige Hinweise zum nahenden Jubiläum „500 Jahre Päpstliche Schweizergarde", in: Recht – Ethik – Religion (vorn I.), S. 76-89.

*Pahud de Mortanges, René:* Die Religionszugehörigkeit als Erhebungsmerkmal der Volkszählung, in: Recht – Ethik – Religion (vorn I.), S. 95-105.

*Pahud de Mortanges, René:* Die Religionszugehörigkeit – bloss Privatsache? Unbefriedigender Entwurf des Personenregistergesetzes, in: Neue Zürcher Zeitung vom 31. März 2003, S. 11.

*Pahud de Mortanges, René:* Zur Anerkennung und Gleichbehandlung von Religionsgemeinschaften, in: Bundesstaat und Religionsgemeinschaften (vorn I.), S. 49-67.

*Pahud de Mortanges, René:* De la reconnaissance et de l'égalité de traitement des communautés religieuses, in: Bundesstaat und Religionsgemeinschaften (vorn I.), S. 151-169.

*Rhinow, René A.:* Religionsfreiheit heute, in: recht 20 (2002), S. 45-53.

*Sahli, Markus:* Vom Sinn und Nutzen eines Religionsartikels, in: Bulletin SEK/FEPS Nr. 1 (2003), S. 3-5.

*Schweizerischer Evangelischer Kirchenbund/Römisch-Katholische Zentralkonferenz der Schweiz/Christkatholische Kirche der Schweiz/ Schweizerischer Israelitischer Gemeindebund:* Bundesgesetz über die Harmonisierung der Einwohnerregister und anderer amtlicher Personenregister (RHG). Vernehmlassungsantwort vom 20. April 2003, in: http://www.kath.ch/rkz/vernehmlassungsantwort_d_20030501.pdf.

*Störi, Gilg:* Zum Beschwerderecht religiöser Vereinigungen, in: Recht – Ethik – Religion (vorn I.), S. 90-94.

*Tanner, Erwin:* Kann und darf in der Schweiz nach islamischem Ritus geschlachtet werden? in: Recht – Ethik – Religion (vorn I.), S. 219-235.

*Tanner, Erwin:* Inwiefern und inwieweit kann und darf die Schweiz islamisch sein? Eine juristische Grundsatzdebatte ..., in: AJP/PJA 12 (2003), S. 246-256.

*Wegenast, Klaus:* Religionsunterricht, in: Historisches Lexikon der Schweiz, in: http://www.snl.ch/dhs/externe/protect/deutsch.html (Buchveröffentlichung geplant).

*Winzeler, Christoph:* Zum Religionsverfassungsrecht anderer Länder, in: Bundesstaat und Religionsgemeinschaften (vorn I.), S. 33-47.

*Winzeler, Christoph:* Le droit constitutionnel d'autres pays en matière de religion – Tour d'horizon comparatif, in: Bundesstaat und Religionsgemeinschaften (vorn I.), S. 135-150.

## B. *Kantonales Recht*

*Aerni, René/Weibel, Paul:* Staat und Kirche im Bistum Basel, in: Bistum Basel/Diocèse de Bâle (vorn I.), S. 213-223.

*Buff, Christoph:* „Rechte Kirche braucht Kirchenrecht". Zu früheren und aktuellen Kirchenrechtsfragen im Kanton Schaffhausen, in: SJKR/ASDE 7 (2002), S. 39-67.

*Campiche, Roland J.:* La régulation de la religion par l'Etat et la production du lien social, in: Archive de Science sociale des Religions 121 (2003), S. 5-18.

*Cavelti, Urs Josef:* Konkordate und Föderalismus, in: Recht – Ethik – Religion (vorn I.), S. 53-64.

*Cavelti, Urs Josef:* Elemente einer Konkordatspolitik. Gutachten im Auftrag der Römisch-Katholischen Zentralkonferenz der Schweiz. Zürich: Römisch-Katholische Zentralkonferenz der Schweiz, in: http://www.kath.ch/rkz/konkordatspolitik_20030501.pdf.

*Frey, Jakob:* Letzte Änderungen im Abschnitt „Kirchen und Religionsgemeinschaften" der Schaffhauser Kantonsverfassung vom 22. September 2002, in: SJKR/ASDE 7 (2002), S. 165-167.

*Früh, Rosmarie:* Ökumene auf einst heissem Boden. Von Spannungen über Entkrampfung zur Zusammenarbeit, in: Neue Zürcher Zeitung vom 13. Mai 2003, S. B 15.

*Gardaz, Philippe:* Le statut des Eglises et communautés religieuses dans la nouvelle constitution vaudoise, in: SJKR/ASDE 7 (2002), S. 168-173.

*Grichting, Martin:* Ungleiches gleich behandelt. Zur Revision des Zürcher Staatskirchenrechts, in: Neue Zürcher Zeitung vom 6. Januar 2003, S. 27.

*Hangartner, Yvo:* Bemerkungen zum Bundesgerichtsurteil der II. Öffentlichrechtlichen Abteilung vom 18. Dezember 2002, A. c. Römisch-katholische Landeskirche des Kantons Luzern. Staatsrechtliche Beschwerde (BGE 129 I 68), in: AJP/PJA 12 (2003), S. 844-846.

*Jaag, Tobias:* Neuordnung des Verhältnisses zwischen Kirchen und Staat im Kanton Zürich, in: SJZ 99 (2003), S. 549-558.

*Loretan, Adrian:* Religionsunterricht oder Ethik?, in: SKZ 170 (2002), S. 685-686.

*Müller-Graf, Thomas:* Neuordnung des Theologiestudiums an der Universität Bern, in: SJKR/ASDE 7 (2002), S. 69-84.

*Pahud de Mortanges, René:* Die Religionszugehörigkeit – bloss Privatsache? Unbefriedigender Entwurf des Personenregistergesetzes, in: Neue Zürcher Zeitung vom 31. März 2003, S. 11.

*Pahud de Mortanges, René:* Kantonale Verfassungsrevision und Religionsrecht in der Westschweiz, in: Peter Hänni (Hg.), Mensch und Staat/ L'homme et l'Etat. Festgabe der Rechtswissenschaftlichen Fakultät der Universität Freiburg für Thomas Fleiner zum 65. Geburtstag/Mélanges offerts par la Faculté de droit de l'Université de Fribourg pour Thomas Fleiner à l'occasion de son 65$^{e}$ anniversaire, Freiburg i.Ü. 2003, S. 147-160.

*Pahud de Mortanges, René:* Zur Anerkennung und Gleichbehandlung von Religionsgemeinschaften, in: Bundesstaat und Religionsgemeinschaften (vorn I.), S. 49-67.

*Pahud de Mortanges, René:* De la reconnaissance et de l'égalité de traitement des communautés religieuses, in: Bundesstaat und Religionsgemeinschaften (vorn I.), S. 151-169.

*Plattner, Peter:* Die Paritätsverhältnisse im Kanton Thurgau, in: Recht – Ethik – Religion (vorn I.), S. 106-115.

*Röhl, Martin:* Totalrevision der Verordnung über die reformierte Spitalseelsorge im Kanton Zürich, in: SJKR/ASDE 7 (2002), S. 177-184.

*Sahlfeld, Konrad/Sahlfeld, Wolfgang:* „Otto per mille" – Die italienische Variante der Kirchensteuer und der gescheiterte Versuch im Kanton Basel-Stadt, sie mittels einer Mandatssteuer zu kopieren, in: SJKR/ ASDE 7 (2002), S. 103-120.

*Wegenast, Klaus:* Religionsunterricht, in: Historisches Lexikon der Schweiz, in: http://www.snl.ch/dhs/externe/protect/deutsch.html (Buchveröffentlichung geplant).

*Winzeler, Christoph:* Landeskirchen, in: Historisches Lexikon der Schweiz, in: http://www.snl.ch/dhs/externe/protect/deutsch.html (Buchveröffentlichung geplant).

## *C. Kirchenrecht*

*Buff, Christoph:* „Rechte Kirche braucht Kirchenrecht". Zu früheren und aktuellen Kirchenrechtsfragen im Kanton Schaffhausen, in: SJKR/ASDE 7 (2002), S. 39-67.

*Büning, Markus B.:* Magnus Consensus als Kirchenrechtsbegriff, in: SJKR/ASDE 7 (2002), S. 85-102.

*Frey, Jakob:* Zur Verfassung der evangelisch-reformierten Landeskirche des Kantons Bern und zu deren Teilrevisionen, in: SJKR/ASDE 7 (2002), S. 155-164.

*Früh, Rosmarie:* Ökumene auf einst heissem Boden. Von Spannungen über Entkrampfung zur Zusammenarbeit, in: Neue Zürcher Zeitung vom 13. Mai 2003, S. B 15.

*Gloor, Fritz:* Neue Kantonalkirchen? Die Urschweizer Kirchen nach der Auflösung des Evangelisch-reformierten Kirchenverbandes der Zentralschweiz, in: SJKR/ASDE 7 (2002), S. 185-195.

*Hangartner, Yvo:* Bemerkungen zum Bundesgerichtsurteil der II. Öffentlichrechtlichen Abteilung vom 18. Dezember 2002, A. c. Römisch-katholische Landeskirche des Kantons Luzern. Staatsrechtliche Beschwerde (BGE 129 I 68), in: AJP/PJA 12 (2003), S. 844-846.

*Jehle, Frank:* Die andere Kirchenstruktur: Die Teilung der Ämter, in: Matthias Krieg/Gabrielle Zangger-Derron (Hg.), Die Reformierten. Suchbilder einer Identität, Zürich 2002, S. 57-62.

*Loretan, Adrian:* Rezeption oder ortskirchliche Anpassung des weltkirchlichen Rechts, in: SKZ 171 (2003), S. 682-684.

*Odermatt, Alois:* Pittoreskes Zusammenspiel von Politik, Religion und Recht. Einige Hinweise zum nahenden Jubiläum „500 Jahre Päpstliche Schweizergarde", in: Recht – Ethik – Religion (vorn I.), S. 76-89.

*Pfister, Xaver:* Schweizer Bischöfe: schwerwiegend unsittliche Handlung? in: Basler Zeitung vom 23. August 2003 S. 53.

*Regionaldekane und Beauftragte der Regionaldekanate des Bistums Basel:* Die heutigen Bistumsregionen und die grossräumige Regionalisierung des Bistums Basel, in: SKZ 171 (2003), S. 327-329.

*Reich, Ruedi:* Volkskirchliche Existenzweise, in: Matthias Krieg/ Gabrielle Zangger-Derron (Hg.), Die Reformierten. Suchbilder einer Identität, Zürich 2002, S. 147-149.

*Röhl, Martin:* Rechtsschutz in der Zürcher Landeskirche, in: Isabelle Häner (Hg.), Nachdenken über den demokratischen Staat und seine Geschichte. Beiträge für Alfred Kölz, Zürich 2003, S. 337-356.

*Rüegger, Heinz:* Volkskirche oder Bekenntniskirche? Herausforderungen an die traditionellen Volkskirchen im Übergang zu einer neuen, stärker missionskirchlich geprägten Situation. Überlegungen am Beispiel der Situation in der reformierten Schweiz, in: Zeitschrift für Mission 29 (2003), S. 58-69.

*Saxer, Ernst:* Ständige Erneuerung – eine reformierte Devise? in: Matthias Krieg/Gabrielle Zangger-Derron (Hg.), Die Reformierten. Suchbilder einer Identität, Zürich 2002, S. 71-73.

*Spieler, Willy:* Staatskirchenrecht als Kirchennotrecht, in: Recht – Ethik – Religion (vorn I.), S. 65-75.

*Winzeler, Christoph:* Landeskirchen, in: Historisches Lexikon der Schweiz, in: http://www.snl.ch/dhs/externe/protect/deutsch.html (Buchveröffentlichung geplant).

## *D. Recht anderer Religionsgemeinschaften*

*Aldeeb Abu-Sahlieh, Sami A.:* Faux débat sur l'abattage rituel en occident – Ignorance de normes juives et musulmanes: le cas de la suisse, in: ZSR NF 122 (2003) I, S. 247-267.

*Tanner, Erwin:* Kann und darf in der Schweiz nach islamischem Ritus geschlachtet werden? in: Recht–Ethik–Religion (vorn I.), S. 219-235.

## *E. Verschiedenes*

*Klueting, Harm:* Das „angemasste Eigentum" der Kirche. 200 Jahre Reichsdeputationshauptschluss und Säkularisation, in: Neue Zürcher Zeitung vom 22./23. Februar 2003, S. 73.

*Malatiésta, Claus:* Religion und Menschenrechte. Vom Edikt von Nantes bis zum zivilen Ungehorsam und Terrorismus heute, in: Schweizer Monatshefte 82 (2002), Heft 7-8, S. 49-53.

*Veröffentlichungen von Giusep Nay*, in: Recht – Ethik – Religion (vorn I.), S. 259-260.

SJKR/ASDE 8 (2003), S. 297-320

# Textdokumentation

## Vereinbarung zwischen dem Evangelisch-reformierten Synodalverband Bern-Jura, vertreten durch den Synodalrat, einerseits, und mission 21 – evangelisches missionswerk basel, vertreten durch die Geschäftsleitung, andererseits, betreffend die Zusammenarbeit im Bereich der Mission, vom 23./21. Dezember 2002

*Art. 1*

(1) Der Verein MISSION 21 – Evangelisches Missionswerk Basel (nachfolgend: mission 21) stützt sich auf die Statuten vom 16. Dezember 2000.
(2) Die Tätigkeit von mission 21 basiert auf der Einheit von Verkündigung und Diakonie, die durch den Austausch von Personen, Informationen und durch das Teilen von materiellen Gütern wahrgenommen wird. mission 21 fördert die Begegnung von Menschen verschiedener kultureller Prägung und religiöser Orientierung und trägt auch somit zum Frieden bei. Dabei ist mission 21 Teil der missionarischen Dimension der Kirche. Im Bewusstsein, dass Mission Aufgabe der gesamten Kirche ist, versteht sich mission 21 als Kompetenzzentrum und Lerngemeinschaft und wirkt als solche, vernetzt mit verschiedenen Partnern, in die Kirchen und in die Welt hinein. mission 21 arbeitet mit allen Kräften zusammen, die eine gerechte Gesellschaft aufbauen, und ist der ökumenischen Bewegung verbunden.

*Art. 2*

(1) Der Synodalverband Bern-Jura (nachfolgend: Berner Kirche), andererseits, stützt sich auf die einschlägigen Bestimmungen seiner Kirchenverfassung vom 19. März 1946 und seiner Kirchenordnung vom 11. September 1990. Demnach pflegt die Berner Kirche Beziehungen zu den verwandten Kirchen der weiten Welt und ihrem Zusammenschluss (Ökumene). Sie beteiligt sich am weltweiten Missionsauftrag der Kirche Jesu Christi und fördert die Eigenständigkeit der aus der Missionstätigkeit herausgewachsenen Partnerkirchen.
(2) Der Berner Kirche ist daran gelegen, dass mission 21 ihre Tätigkeit im bisherigen Rahmen, d.h. wie 2001 und 2002, ausüben kann. Die finanziellen Beiträge gemäss Art. 4 sind, unter Berücksichtung der neuen Mitgliedschaftsregelung von mission 21 entsprechend festgelegt.

*Art. 3*

(1) mission 21 leistet auf Verlangen der Berner Kirche missionarische bzw. missions-theologische Grundlagen- und Bildungsarbeit und vermittelt auf Ersuchen von Kirchgemeinden Vorträge und Referentinnen und Referenten zur Thematik der Mission und Entwicklungszusammenarbeit.
(2) mission 21 pflegt im Auftrag der Berner Kirche die Beziehungen und die Projektarbeit mit den Partnerkirchen der weltweiten Ökumene.
(3) mission 21 fördert, in Zusammenarbeit mit der kantonalkirchlichen Fachstelle OeME, das missionarische Bewusstsein und Engagement in den deutschsprachigen Kirchgemeinden des Kirchengebiets („Mission in der Schweiz").
(4) Im Weiteren informiert mission 21 im gleichen Rahmen wie die frühere KEM die deutschsprachigen Kirchgemeinden und Pfarrämter des Synodalverbandes Bern-Jura: offizielle Informationen, Angebote, Veranstaltungshinweise etc., in Absprache mit der Fachstelle OeME, Mission und Entwicklungszusammenarbeit des Bereichs OeME-Migration der Berner Kirche sowie mit dem Kommunikationsdienst der Kirchenkanzlei. Auf Gesuch und bei Zustimmung durch die bernische OeME-Stelle hat mission 21 das Recht, die Adressen aller Kirchgemeinden und Pfarrämter für einmalige Aktionen zu benutzen.
(5) mission 21 schickt weiterhin die Zeitschrift ‚Auftrag' an die bisherigen Abonnenten; es existieren auch Sammelabonnemente in den Kirchgemeinden.
(6) mission 21 verpflichtet sich, Änderungen in der bisherigen Informations- und Sammelpraxis mit den zuständigen Stellen der Berner Kirche abzusprechen. Dabei nimmt sie Rücksicht auf die mit Heks und Bfa abgesprochenen Kampagne-Zeiten. Auch einmalige Aktionen werden mit den bernischen OeME-Stellen abgesprochen.

*Art. 4*

(1) Die finanziellen Leistungen der Berner Kirche betragen Fr. 200'000,– jährlich, zahlbar pro rata alle vier Monate auf das von mission 21 bezeichnete Konto, erstmals per 31.03.2003. Diesem Betrag wird ab 2004 jährlich die Teuerung gemäss dem Landesindex der Konsumentenpreise dazugerechnet.
(2) Ein besonderer Vertrag zwischen der Berner Kirche und mission 21 regelt die Übernahme der ehemaligen KEM-Regionalstelle durch mission 21.
(3) Die Berner Kirche empfiehlt ihren Kirchgemeinden weiterhin, jährlich 5 % ihres jeweiligen Steuerertrags an Hilfs- und Missionswerke, darunter mission 21, zu verwenden sowie mission 21 bei Kollekten zu berücksichtigen.
(4) mission 21 verpflichtet sich, mit den Beiträgen aus der Berner Kirche, ihrer Kirchgemeinden sowie aus speziellen Sammlungen sorgfältig umzugehen.
(5) Der finanzielle Beitrag gemäss AbSatz 1 deckt nicht nur die konkreten Dienstleistungen von mission 21 zugunsten der Berner Kirche ab, sondern ist auch als Solidaritätsbeitrag zu verstehen, den die Kirche gemäss ihrem Auftrag für die Missionstätigkeit entrichtet.

*Art. 5*

(1) Diese Vereinbarung tritt sofort nach ihrer beidseitigen Unterzeichnung in Kraft und ist erstmals für den Beitrag 2003 wirksam.
(2) Die Vereinbarung gilt bis auf weiteres und spätestens so lange, bis durch den Schweizerischen Evangelischen Kirchenbund eine gesamtschweizerische Regelung betreffend die evangelischen Hilfswerke und Missionen in Kraft ist.
(3) Änderungen sind im gegenseitigen Einvernehmen jederzeit möglich. Eine Kündigung der Vereinbarung muss mindestens ein Jahr zum Voraus der anderen Seite schriftlich mitgeteilt werden.

[Die Synode des Synodalverbandes Bern-Jura ermächtigte am 4. Dezember 2002 den Synodalrat, die Vereinbarung zu unterzeichnen. Am 23. und 21. Dezember 2002 wurde die Vereinbarung unterzeichnet.]

# Religionsrechtliche Bestimmungen der Verfassung des Kantons Graubünden vom 18. Mai 2003 (deutsch, italienisch, rätoromanisch)

## *Verfassung des Kantons Graubünden vom 18. Mai 2003 (Auszug)*

Wir, das Volk des Kantons Graubünden,
im Bewusstsein unserer Verantwortung vor Gott sowie gegenüber den Mitmenschen und der Natur,
im Bestreben, Freiheit, Frieden und Menschenwürde zu schützen, Demokratie und Rechtsstaat zu gewährleisten, Wohlfahrt und soziale Gerechtigkeit zu fördern und eine gesunde Umwelt für die künftigen Generationen zu erhalten,
in der Absicht, die Dreisprachigkeit und kulturelle Vielfalt zu fördern und als Teil des geschichtlichen Erbes zu bewahren,
geben uns folgende Verfassung: [...]

### *II. Grundrechte und Sozialziele*

**Art. 7. Grundrechte und Sozialziele.** Die Grundrechte und Sozialziele sind im Rahmen der Bundesverfassung und der für die Schweiz verbindlichen internationalen Abkommen gewährleistet.

### *IV. Behörden und Gerichte*

#### ***1. Allgemeines***

**Art. 26. Staatshaftung.** (1) Der Kanton, die Bezirke, Kreise und Gemeinden sowie die übrigen öffentlichrechtlichen Körperschaften und selbständigen Anstalten haften unabhängig vom Verschulden für Schäden, welche ihre Organe und die in ihrem Dienst stehenden Personen in Ausübung dienstlicher Tätigkeiten rechtswidrig verursacht haben.
(2) Das Gesetz kann Ausnahmen sowie eine Billigkeitshaftung für Schädigungen durch rechtmässiges Handeln vorsehen.

#### *4. Gerichte*

**Art. 55. Verfassungs- und Verwaltungsgerichtsbarkeit.** (1) Die letztinstanzliche Beurteilung von öffentlichrechtlichen Streitigkeiten obliegt dem Verwaltungsgericht, sofern nicht ein Gesetz etwas anderes bestimmt.
(2) Das Verwaltungsgericht beurteilt als Verfassungsgericht: 1. Beschwerden wegen Verletzung von verfassungsmässigen und politischen Rechten sowie des Grundsatzes des Vorrangs von Bundesrecht; 2. Beschwerden wegen Verletzung der Autonomie der Gemeinden, der Kreise sowie der Landeskirchen.
(3) Im verfassungsgerichtlichen Verfahren können Gesetze und Verordnungen sowohl unmittelbar angefochten als auch im Anwendungsfall überprüft werden.

### *VI. Öffentliche Aufgaben*

#### *6. Bildung, Kultur und Freizeit*

**Art. 89. Bildung.** (1) Der Unterricht an den öffentlichen Schulen beruht auf einer christlich-humanistischen Grundlage. Er ist konfessionell und politisch neutral und von Toleranz geprägt.
(2) [...].

### *VII. Finanzordnung*

**Art. 94. Steuerkompetenzen.** (1) Die Kompetenzen des Kantons und der Gemeinden zur Erhebung von Steuern werden durch Gesetz festgelegt.
(2) Die Steuerkompetenzen der Landeskirchen und der Kirchgemeinden richten sich nach den Bestimmungen über Staat und Kirchen.

**Art. 95. Grundsätze der Besteuerung.** (1) Soweit es die Art der Steuer zulässt, sind bei der Ausgestaltung der Steuern die Grundsätze der Allgemeinheit, der Gleichheit und der wirtschaftlichen Leistungsfähigkeit zu beachten.
(2) Die Steuern sind so zu bemessen, dass die wirtschaftlich Schwachen geschont werden, der Leistungswille erhalten bleibt, die Selbstvorsorge gefördert wird und die Wettbewerbsfähigkeit gewahrt bleibt.
(3) Die interkommunale Doppelbesteuerung ist untersagt.

### *VIII. Staat und Kirchen*

**Art. 98. Landeskirchen und Kirchgemeinden.** (1) Die evangelisch-reformierte Kirche und die römisch-katholische Kirche sind öffentlichrechtlich anerkannt.

(2) Die Evangelisch-reformierte Landeskirche und ihre Kirchgemeinden sowie die Katholische Landeskirche und ihre Kirchgemeinden sind Körperschaften des öffentlichen Rechts.
(3) Durch Gesetz können weitere Religionsgemeinschaften öffentlichrechtlich anerkannt werden.

**Art. 99. Autonomie.** (1) Die Landeskirchen und ihre Kirchgemeinden regeln ihre Angelegenheiten im Rahmen des kantonalen Rechts selbständig.
(2) Sie sind berechtigt, von ihren Mitgliedern Steuern nach den für die Gemeinden geltenden Grundsätzen zu erheben.
(3) Den Kirchgemeinden steht das Recht zu, ihre Geistlichen zu wählen und zu entlassen.
(4) Der Kanton hat die Oberaufsicht über die rechtmässige Verwendung der finanziellen Mittel und die Einhaltung der Rechtsordnung.
(5) Er kann durch Gesetz von juristischen Personen eine Kultussteuer erheben.

**Art. 100. Religionsgemeinschaften des Privatrechts.** Die übrigen Religionsgemeinschaften unterstehen dem Privatrecht.

## *Costituzione del Cantone dei Grigioni del 18 maggio 2003 (estratto)*

Noi, Popolo del Cantone dei Grigioni,

coscienti della nostra responsabilità dinanzi a Dio e nei confronti del prossimo e del creato,
risoluti a salvaguardare la libertà, la pace e la dignità umana, a garantire la democrazia e lo Stato di diritto, a promuovere la prosperità e la giustizia sociale e a conservare un ambiente sano per le generazioni future,
con l'intenzione di promuovere il trilinguismo e la varietà culturale e di conservarli quale parte dei patrimonio storico,
ci diamo la seguente Costituzione:
[...]

### *II. Diritti fondamentali e obiettivi sociali*

**Art. 7. Diritti fondamentali e obiettivi sociali.** I diritti fondamentali e gli obiettivi sociali sono garantiti nell'ambito della Costituzione federale e dei trattati internazionali vincolanti per la Svizzera.

## *IV. Autorità e tribunali*

### *1. Disposizioni generali*

**Art. 26. Responsabilità dello Stato.** (1) Il Cantone, i distretti, i circoli e i comuni nonché le altre corporazioni di diritto pubblico e gli altri istituti autonomi rispondono, indipendentemente dalla colpa, dei danni che i loro organi e le persone a loro sottoposte hanno illecitamente causato nell'esercizio delle attività connesse al servizio.
(2) La legge può prevedere deroghe come pure una responsabilità fondata sull'equità per danni causati da un atto lecito.

### *4. Tribunali*

**Art. 55. Giurisdizione costituzionale e amministrativa.** (1) Il giudizio in ultima istanza di controversie di diritto pubblico spetta al Tribunale amministrativo, per quanto la legge non disponga altrimenti.
(2) In veste di corte costituzionale, il Tribunale amministrativo giudica: 1. i ricorsi per violazione di diritti costituzionali e politici nonché per violazione del principio della preminenza del diritto federale; 2. i ricorsi per violazione dell'autonomia dei comuni, dei circoli nonché delle Chiese riconosciute dallo Stato.
(3) Nelle pratiche di diritto costituzionale le leggi e le ordinanze possono essere sia impugnate direttamente sia esaminate in caso di applicazione.

## *VI. Compiti pubblici*

### *6. Istruzione, cultura e tempo libero*

**Art. 89. Istruzione.** (1) L'insegnamento nelle scuole pubbliche si basa su un fondamento cristiano-umanistico. Esso è neutrale sia dal punto di vista confessionale sia da quello politico ed è improntato alla tolleranza.
(2) [...]

## *VII. Ordinamento finanziario*

**Art. 94. Competenze in materia fiscale.** (1) Le competenze del Cantone e dei comuni per la riscossione delle imposte stabilite dalla legge.
(2) Le competenze in materia fiscale delle Chiese riconosciute dallo Stato e dei comuni parrocchiali si conformano alle disposizioni sullo Stato e le Chiese.

**Art. 95. Principi dell'imposizione.** (1) Per quanto lo ammetta il tipo di imposta, nella sua determinazione si devono osservare i principi della generalità, dell'uguaglianza e della capacità economica.
(2) Nel calcolo delle imposte occorre preservare chi è finanziariamente debole, mantenere la volontà contributiva, promuovere la previdenza individuale e salvaguardare la concorrenzialità.
(3) La doppia imposizione intercomunale è proibita.

### *VIII. Stato e Chiese*

**Art. 98. Chiese riconosciute dallo Stato e comuni parrocchiali.** (1) La Chiesa evangelica-riformata e la Chiesa cattolica-romana sono corporazioni riconosciute dal diritto pubblico.
(2) La Chiesa evangelica-riformata di Stato e i loro comuni parrocchiali nonché la Chiesa cattolica di Stato sono corporazioni di diritto pubblico.
(3) La legge può conferire lo statuto di diritto pubblico ad altre comunità religiose.

**Art. 99. Autonomia.** (1) Le Chiese riconosciute dallo Stato e i loro comuni parrocchiali sono autonomi nella loro gestione nei limiti del diritto cantonale.
(2) Sono legittimate a riscuotere imposte di culto dai loro membri in conformità ai principi vigenti per i comuni.
(3) Ai comuni parrocchiali compete il diritto di nominare e licenziare i propri religiosi.
(4) Il Cantone esercita l'alta vigilanza sull'impiego legale delle risorse finanziarie e sul rispetto dell'ordinamento giuridico.
(5) A norma di legge esso può riscuotere un'imposta di culto dalle persone giuridiche.

**Art. 100. Comunità religiose di diritto privato.** Le altre comunità religiose sottostanno al diritto privato.

## *Constituziun dal chantun Grischun da 18 meg 2003 (extrat)*

Nus, il pievel dal chantun Grischun,

conscients da nossa resposabladad avant Dieu sco er envers ils conumans e la natira,
cun l'intenziun da proteger la libertad, la pasch e la dignitad umana, da garantir la democrazia ed il stadi da dretg, da promover la prosperitad e la

giustia sociala e da mantegnair in ambient intact per las generaziuns futuras,
cun l'intenziun da promover la trilinguitad e la varietad culturala e da mantegnair quellas sco part da l'ierta istorica,
ans dain la sequenta constituziun:
[...]

## *II. Dretgs fundamentals e finamiras socialas*

**Art. 7. Dretgs fundamentals e finamiras socialas.** Ils dretgs fundamentals e las finamiras socialas èn garantids en il rom da la constituziun federala e da las cunvegnas internaziunalas impegnativas per la Svizra.

## *IV. Autoritads e dretgiras*

### ***1. En general***

**Art. 26. Responsabladad dal stadi.** (1) Il chantun, ils districts, ils circuls e las vischnancas sco er las ulteriuras corporaziuns da dretg public ed ils instituts autonoms stattan buns, independentamain da la culpa, per donns che lur organs e las persunas ch'èn en lur servetsch han chaschunà illegalmain exequind lur activitads da servetsch.
(2) La lescha po prevair ecxepziuns sco er ina responsabladad da duaivladad per donns chaschunads tras in agir legal.

### ***4. Dretgiras***

**Art. 55. Giurisdicziun constituziunala ed administrativa.** (1) La dretgira administrativa ha l'incumbensa da giuditgar en davosa instanza dispitas da dretg public, uschenavant ch'ina lescha na dispona betg autramain.
(2) La dretgira administrativa giuditgescha sco dretgira constituziunala: 1. recurs pervi la violaziun da dretgs constituziunals e politics sco er dal princip da la precedenza dal dretg federal; 2. recurs pervi da violaziun da l'autonomia da las vischnancas, dals circuls sco er da las baselgias chantunalas.
(3) En la procedura dal dretg constituziunal pon leschas ed ordinaziuns vegnir contestadas directamain sco er vegnir examinadas en il cas d'appicaziun.

## *VI. Incumbensas publicas*

### *6. Furmaziun, cultura e temp liber*

**Art. 89. Furmaziun.** (1) L'instrucziun a las scolas publicas ha ina basa cristiana umanistica. Ella è neutrala confessiunalmain e politicamain ed è marcada da toleranza.
(2) […].

## *VII. Urden da finanzas*

**Art. 94. Cumpetenzas fiscalas.** (1) Las cumpetenzas dal chantun e da las vischnancas per incassar taglias vegnan fixadas tras la lescha.
(2) Las cumpetenzas fiscalas da las baselgias chantunalas e dals cumins-baselgia sa drizzan tenor las disposiziuns concernent stadi e baselgias.

**Art. 95. Princips da l'imposiziun da taglia.** (1) Uschenavant ch'il gener da la taglia permetta èsi da resguardar ils princips da la generalitad, da l'egualitad e da la capacitad economica per concepir las taglias.
(2) Las taglias èn da fixar uschia che persunas economicamain flaivlas vegnan schanegiadas, la voluntad da prestar resta, l'agna prevenziun vegn promovida e la capacitad da concurrer vegn mantegnida.
(3) L'imposiziun dubla da taglia intercommunala è scumandada.

## *VIII. Stadi e baselgias*

**Art. 98. Baselgias chantunalas e cumins-baselgia.** (1) La baselgia evangelic-refurmada e la baselgia catolic-romana èn renconuschidas dal dretg public.
(2) La baselgia chantunala evangelic-refurmada e ses cumins-baselgia sco er la baselgia chantunala catolic-romana e ses cumis-baselgia èn corporaziuns dal dretg public.
(3) Tras la lescha pon ulteriuras cuminanzas religiusas vegnir renconuschidas dal dretg public.

**Art. 99. Autonomia.** (1) Las balsegias chantunalas e lur cumins-baselgia reglan lur fatschentas indepententamain en il rom dal dretg chantunal.
(2) Ellas èn autorisadas d'incassar taglias da lur commembers tenor ils princips valaivels per las vischnancas.
(3) Ils cumins-baselgia han il dretg da tscherner e da relaschar lur spirituals.
(4) Il chantun ha la surveglianza suprema da l'utilisaziun legala dals meds finanzials e da l'obervaziun da l'urden giuridic.
(5) Tras la lescha po el incassar da persunas giuridicas ina taglia da cult.

**Art. 100. Cuminanzas religiusas dal dretg privat.** Las ulteriuras cuminanzas religiusas èn suttamessas al dretg privat.

# Zürich: Änderung der Kantonsverfassung zur Neuregelung des Verhältnisses zwischen Kirchen und Staat vom 31. März 2003 [Abstimmungsvorlage]

Der Kantonsrat,

nach Einsichtnahme in den Antrag des Regierungsrates vom 6. März 2002 und in den Antrag der Spezialkommission Kirchen und Staat vom 17. September 2002,
beschliesst:

Die Verfassung des eidgenössischen Standes Zürich vom 18. April 1869 wird wie folgt geändert:

**Art. 16.** Abs. 1 und 2 unverändert.
(3) Die kirchlichen Körperschaften des öffentlichen Rechts sowie die weiteren, als Körperschaften des öffentlichen Rechts anerkannten Religionsgemeinschaften regeln das Stimm- und Wahlrecht ihrer Mitglieder unter Wahrung der rechtsstaatlichen Anforderungen selbst.

**Art. 40.** Dem Regierungsrat kommen wesentlich folgende Pflichten und Befugnisse zu:
Ziffern 1-3 unverändert.

4. Die Oberaufsicht über das Unterrichtswesen und über die Besorgung des Armenwesens sowie über die sämtlichen ihm untergeordneten Behörden und Angestellten;

Ziffern 5-7 unverändert.

**Art. 47.** Abs. 1-3 unverändert.
(4) Die Zuständigkeit zur Neubildung, Vereinigung oder Auflösung von Kirchgemeinden kann durch die Gesetzgebung den kirchlichen Körperschaften übertragen werden.
Abs. 4 wird Abs. 5.

**Art. 49.** Die Verwaltungsorgane der Gemeinden sind:
die Gemeindeversammlung;
die Gemeindevorsteherschaft (Gemeinderat, Schulpflege, Zivilvorsteherschaft) und die übrigen Gemeindebehörden.

**Art. 52.** Abs. 1 wird aufgehoben.
Abs. 2 wird Abs. 1.

**Art. 64.** (1) Die Glaubens- und Gewissensfreiheit ist gewährleistet.

(2) Religionsgemeinschaften können staatlich anerkannt werden.
(3) Durch die Anerkennung werden die Religionsgemeinschaften zu Körperschaften des öffentlichen Rechts oder erlangen andere Rechte.
(4) Das Gesetz regelt die Voraussetzungen, Formen und Wirkungen der Anerkennung.
(5) Die evangelisch-reformierte Kirche, die römisch-katholische Kirche und die christkatholische Kirche sind staatlich anerkannt. Die evangelisch-reformierte Landeskirche und ihre Kirchgemeinden, die römischkatholische Körperschaft und ihre Kirchgemeinden sowie die christkatholische Kirchgemeinde sind Körperschaften des öffentlichen Rechts.
(6) Die kirchlichen Körperschaften des öffentlichen Rechts sind im Rahmen des kantonalen Rechts autonom. Die Gesetzgebung regelt die Grundzüge ihrer Organisation, ihre Kompetenz zur Besteuerung der natürlichen und juristischen Personen sowie die staatlichen Beiträge. Die Oberaufsicht des Staates bleibt vorbehalten.
(7) Die Stimmberechtigten der Kirchgemeinden wählen ihre Pfarrerinnen beziehungsweise Pfarrer auf Amtsdauer.

### *Übergangsbestimmungen*

zu der Verfassung des eidgenössischen Standes Zürich
Neue Ziffer 7.
Die Änderung der Art. 16, 40, 47, 49, 52 und 64 der Kantonsverfassung tritt gleichzeitig mit der Ausführungsgesetzgebung in Kraft.

# Zürich: Kirchengesetz vom 31. März 2003 [Abstimmungsvorlage]

Der Kantonsrat,

nach Einsichtnahme in den Antrag des Regierungsrates vom 6. März 2002 und in den Antrag der Spezialkommission Kirchen und Staat vom 17. September 2002,

beschliesst:

Es wird ein Kirchengesetz erlassen*:

*A. Allgemeines*

**§ 1. Zweck, Geltungsbereich und Definition.** (1) Dieses Gesetz ordnet das Verhältnis zwischen dem Staat einerseits und der evangelisch-reformierten Kirche, der römischkatholischen Kirche sowie der christkatholischen Kirche anderseits.
(2) Es regelt die Rechtsstellung sowie die Grundzüge der Organisation der evangelisch-reformierten Landeskirche und ihrer Kirchgemeinden, der römisch-katholischen Körperschaft und ihrer Kirchgemeinden sowie der christkatholischen Kirchgemeinde als Körperschaften des öffentlichen Rechts.
(3) Kantonale kirchliche Körperschaften sind die evangelisch-reformierte Landeskirche, die römisch-katholische Körperschaft und die christkatholische Kirchgemeinde.

**§ 2. Mitgliedschaft.** (1) Als Mitglied einer kantonalen kirchlichen Körperschaft und einer Kirchgemeinde gilt jede Person, die

a) nach der jeweiligen kirchlichen Ordnung Mitglied der Kirche ist,
b) in einer Kirchgemeinde des Kantons Zürich Wohnsitz hat und
c) nicht ausdrücklich ihren Austritt oder ihre Nichtzugehörigkeit zur Kirche erklärt hat.

(2) Erklärungen über Austritt oder Nichtzugehörigkeit sind der Kirchenbehörde am Wohnsitz der betreffenden Person schriftlich einzureichen.

**§ 3. Zusammenarbeit zwischen Staat und kantonalen kirchlichen Körperschaften.** (1) Die Zusammenarbeit zwischen dem Staat und den kantonalen kirchlichen Körperschaften beruht auf gegenseitigem Verständnis und Respekt.

* Die Marginalien sind in den Gesetzestext integriert. Die Absätze sind mit Ziffern, (1) usw., gekennzeichnet.

(2) Der Staat verkehrt mit den kantonalen kirchlichen Körperschaften in der Regel über den Kirchenrat, den Zentralrat oder die Kirchenpflege der christkatholischen Kirchgemeinde.
(3) Zu Geschäften, welche die Kirchen und die kantonalen kirchlichen Körperschaften berühren, gibt ihnen der Staat Gelegenheit zur Stellungnahme.

## *B. Grundzüge der Organisation*

### ***I. Grundsätze***

**§ 4. Autonomie.** (1) Die Kirchen organisieren sich im Rahmen des kantonalen Rechts auf kantonaler und kommunaler Ebene autonom als öffentlichrechtliche Körperschaften.
(2) Unter Wahrung rechtsstaatlicher und demokratischer Grundsätze legen die kantonalen kirchlichen Körperschaften und, im Rahmen der kirchlichen Organisationsordnungen, die Kirchgemeinden ihre Organisation im Einzelnen fest. Sie regeln insbesondere das Stimm- und Wahlrecht ihrer Mitglieder und erlassen weitere erforderliche Reglemente und Bestimmungen.
(3) Wo die kantonalen kirchlichen Körperschaften keine eigenen Bestimmungen erlassen, wenden sie das staatliche Recht sinngemäss an.

**§ 5. Aufsicht.** (1) Der Kantonsrat übt die staatliche Oberaufsicht über die kirchlichen Körperschaften aus.
(2) Die Organisationsordnungen der kantonalen kirchlichen Körperschaften bedürfen der Genehmigung durch den Regierungsrat. Er prüft, ob sie der Verfassung und den Gesetzen entsprechen.

### ***II. Kantonale kirchliche Körperschaften***

**§ 6. Organe.** (1) Organe der evangelisch-reformierten Landeskirche sind die Gesamtheit der Stimmberechtigten, die Kirchensynode, der Kirchenrat und die Rekurskommission.
(2) Organe der römisch-katholischen Körperschaft sind die Gesamtheit der Stimmberechtigten, die Synode, der Zentralrat und die Rekurskommission.
(3) Die christkatholische Kirchgemeinde verfügt über die Organe einer Kirchgemeinde.

**§ 7. Gebietseinteilung.** Die kantonalen kirchlichen Körperschaften können kirchliche Bezirke oder Regionen bezeichnen.

**§ 8. Finanzausgleich.** Die kantonalen kirchlichen Körperschaften sorgen mit einem Finanzausgleich für eine ausgewogene Steuerbelastung in ihren Kirchgemeinden.

### *III. Kirchgemeinden*

**§ 9. Bestand.** (1) Die kantonalen kirchlichen Körperschaften sind in der Regel in Kirchgemeinden eingeteilt.
(2) Über die Neubildung, Vereinigung oder Auflösung von Kirchgemeinden beschliessen die Legislativorgane der kantonalen kirchlichen Körperschaften.
(3) Gebietsveränderungen bei Kirchgemeinden bedürfen der Genehmigung der Exekutivorgane der kantonalen kirchlichen Körperschaften.
(4) Die Organisationsordnungen der kantonalen kirchlichen Körperschaften enthalten das Verzeichnis ihrer Kirchgemeinden.

**§ 10. Organisation.** (1) Organe der Kirchgemeinden sind die Gesamtheit ihrer Stimmberechtigten, die Kirchenpflege und die Rechnungsprüfungskommission.
(2) Die Kirchgemeinden erlassen die Gemeindeordnung. Die Kirchgemeindeordnung bedarf der Genehmigung durch den Kirchenrat oder den Zentralrat.

**§ 11. Kirchenpflege.** (1) Jede Kirchgemeinde bestellt eine Kirchenpflege von mindestens fünf Mitgliedern.
(2) Die Pfarrerinnen beziehungsweise Pfarrer der Kirchgemeinde nehmen an den Sitzungen der Kirchenpflege mit beratender Stimme und Antragsrecht teil, können aber nicht zu Mitgliedern der Behörde gewählt werden.
(3) In Kirchgemeinden mit mehreren Pfarrstellen können sich die Pfarrerinnen beziehungsweise Pfarrer in der Kirchenpflege durch eine Person aus ihrer Mitte vertreten lassen.

**§ 12. Pfarrwahlrecht.** Die Stimmberechtigten der Kirchgemeinden wählen ihre Pfarrerinnen beziehungsweise Pfarrer auf eine Amtsdauer von höchstens sechs Jahren.

**§ 13. Einwohnerregister.** (1) Die kantonalen kirchlichen Körperschaften und ihre Kirchgemeinden erhalten aus dem Einwohnerregister der Wohnsitzgemeinde die Angaben, die sie zur Erfassung ihrer Mitglieder und zur Erfüllung ihrer kirchlichen Aufgaben benötigen.
(2) Kinder, deren Konfessionszugehörigkeit sich nicht auf Grund der elterlichen Verhältnisse ergibt und für die keine Konfessionsmeldung vorliegt, werden jeder Kirchgemeinde gemeldet, der ein Elternteil angehört. Die Kirchgemeinden informieren das Einwohnerregister der Wohnsitzgemeinde über eine allfällig erfolgte Konfessionsmeldung.

**§ 14. Anwendung des Gemeindegesetzes.** Die Kirchgemeinden unterstehen vorbehältlich abweichender Bestimmungen in diesem Gesetz oder in den kantonalen kirchlichen Organisationsordnungen dem Gemeindegesetz.

### *IV. Rechtsschutz*

**§ 15. Anwendbares Recht.** (1) Die kantonalen kirchlichen Körperschaften gewährleisten einen dem kantonalen Recht gleichwertigen Rechtsschutz. Das Verfahren richtet sich bei Fehlen eigener Bestimmungen nach dem Verwaltungsrechtspflegegesetz und den entsprechenden Bestimmungen des Gemeindegesetzes.
(2) Der Weiterzug an das Verwaltungsgericht richtet sich nach den Bestimmungen des Verwaltungsrechtspflegegesetzes.

## *C. Finanzen*

### *I. Staatliche Leistungen*

**§ 16. Kostenbeiträge.** (1) Der Staat bewilligt mit einem Pauschalbeitrag Kostenbeiträge an die kantonalen kirchlichen Körperschaften.
(2) Mit den Kostenbeiträgen wird ermöglicht, die Tätigkeiten mit Bedeutung für die ganze Gesellschaft, insbesondere in den Bereichen Bildung, Soziales und Kultur, wahrzunehmen.
(3) Kostenbeiträge erhalten kantonale kirchliche Körperschaften, wenn sie eigene Programme zur Erbringung von Tätigkeiten mit Bedeutung für die ganze Gesellschaft erstellen. Die Tätigkeitsprogramme werden für eine Dauer von jeweils sechs Jahren festgelegt. Die für die Beziehungen zu den Kirchen zuständige Direktion wird dazu angehört.
(4) Beiträge an die kantonalen kirchlichen Körperschaften auf Grund anderer rechtlicher Grundlagen bleiben vorbehalten.

**§ 17. Gesamtbetrag der Kostenbeiträge.** (1) Der Kantonsrat setzt mit einem Rahmenkredit den Gesamtbetrag der Kostenbeiträge an die kantonalen kirchlichen Körperschaften jeweils für eine Beitragsperiode von sechs Jahren fest. Der Regierungsrat entscheidet über die jährliche Aufteilung des Rahmenkredits.
(2) Ausgehend vom Betrag, der in den Übergangsbestimmungen für die erste Beitragsperiode festgelegt ist, orientiert sich der Gesamtbetrag für die Kostenbeiträge an der Gesamtzahl der Mitglieder der kantonalen kirchlichen Körperschaften am Ende der jeweils vorhergehenden Beitragsperiode.
(3) Bei der Festsetzung des Gesamtbetrags werden sowohl die Tätigkeitsprogramme für die laufende als auch jene für die folgende Periode, die diesbezügliche Berichterstattung sowie die Entwicklung der Teuerung berücksichtigt.

**§ 18. Kostenbeiträge für die einzelnen kirchlichen Körperschaften.** (1) Die jährlichen Kostenbeiträge für die einzelnen kantonalen kirchlichen Körperschaften werden in der Regel durch Verfügung der für die Beziehung zu den Kirchen zuständigen Direktion für eine Beitragsperiode von sechs Jahren gewährt.

(2) Kostenbeiträge werden als jährliche Pauschalbeiträge ausgerichtet und nach der Anzahl der Mitglieder der kantonalen kirchlichen Körperschaft bemessen.
(3) Weisen die Tätigkeitsprogramme der kantonalen kirchlichen Körperschaften Unterschiede auf, deren Umfang erheblich vom Verhältnis ihrer Mitgliederzahlen abweicht, können die Tätigkeitsprogramme bei der Berechnung der entsprechenden Kostenbeiträge berücksichtigt werden.

**§ 19. Berichterstattung.** (1) Die kantonalen kirchlichen Körperschaften erstatten jeweils auf das Ende einer Beitragsperiode Bericht über die Verwendung der Kostenbeiträge und über die Wirksamkeit und die Auswirkungen des durchgeführten Tätigkeitsprogramms.
(2) Der Staat kann die Evaluation einzelner Punkte der Tätigkeitsprogramme verlangen. Er beteiligt sich zur Hälfte an den Kosten für eine solche Evaluation.
(3) Nicht ausgeschöpfte Kostenbeiträge sind dem Staat zurückzuerstatten.

**§ 20. Rechtsschutz.** (1) Streitigkeiten im Zusammenhang mit der Verteilung der Kostenbeiträge an die kantonalen kirchlichen Körperschaften entscheidet der Regierungsrat.
(2) Das Verfahren richtet sich nach den Bestimmungen des Verwaltungsrechtspflegegesetzes. Rekursentscheide des Regierungsrates können von den kantonalen kirchlichen Körperschaften mit Beschwerde beim Verwaltungsgericht angefochten werden.

**§ 21. Ausführungsbestimmungen.** Der Regierungsrat regelt in einer Verordnung die Einzelheiten der Kostenbeiträge, insbesondere das Verfahren und die Berichterstattung.

### *II. Steuern juristischer Personen*

**§ 22.** (1) Die Erträge aus den Kirchensteuern der juristischen Personen dürfen nicht für kultische Zwecke verwendet werden.
(2) Im Übrigen bestimmen die kirchlichen Körperschaften selbstständig über die Verwendung der Steuererträge.

### *III. Kirchliche Liegenschaften*

**§ 23.** (1) Die Benutzung kirchlicher Liegenschaften im Staatseigentum erfolgt auf Grund von Verträgen zwischen dem Staat, vertreten durch die für die Beziehungen zu den Kirchen zuständige Direktion, und den kantonalen kirchlichen Körperschaften.
(2) Der Rechtsschutz richtet sich nach § 20.

## *D. Übergangs- und Schlussbestimmungen*

### ***I. Aufhebung und Änderung bisherigen Rechts***

**§ 24. Aufhebung.** Mit Inkrafttreten dieses Gesetzes werden das Gesetz über die evangelisch-reformierte Landeskirche vom 7. Juli 1963 und das Gesetz über das katholische Kirchenwesen vom 7. Juli 1963 aufgehoben.

**§ 25. Änderung.** Die nachstehenden Gesetze werden wie folgt geändert:

[Änderungen des Gemeindegesetz, des Wahlgesetzes, des Kantonsratsgesetzes, des Gesetzes über die Bezirksverwaltung, des Verwaltungsrechtspflegegesetzes, des Gesetzes über die Versicherungskasse für das Staatspersonal, des Archivgesetzes und des Steuergesetzes]

### ***II. Übergangsbestimmungen***

**§ 26. Gesamtbetrag der Kostenbeiträge.** (1) Der Gesamtbetrag der an die kantonalen kirchlichen Körperschaften zu entrichtenden Kostenbeiträge wird für die erste Beitragsperiode auf 50 Mio. Franken pro Jahr festgelegt.
(2) Die erste Beitragsperiode dauert vom Zeitpunkt des Inkrafttretens dieses Gesetzes bis zum 31. Dezember 2012.

**§ 27. Angleichung an die Kostenbeiträge.** (1) Auf den Beginn der ersten Beitragsperiode wird der Gesamtbetrag der nach bisherigem Recht für die Besoldung der evangelisch-reformierten Pfarrer und Pfarrerinnen aufzuwendenden Mittel festgestellt. Die Differenz zwischen diesem Betrag und den für die erste Beitragsperiode jährlich zu entrichtenden Kostenbeiträgen an die evangelisch-reformierte Landeskirche wird innert vier Jahren auf Null reduziert.
(2) Die Reduktion erfolgt linear in vier Schritten jeweils auf den Beginn eines neuen Jahres.

**§ 28. Berufliche Vorsorge.** Bestehende Verträge zwischen den kirchlichen Körperschaften des öffentlichen Rechts und der Versicherungskasse für das Staatspersonal werden durch den Erlass dieses Gesetzes nicht berührt.

**§ 29. Übertragung kirchlicher Liegenschaften.** (1) Kirchen und Pfarrliegenschaften, die sich im Eigentum des Staats befinden, werden innert einer vom Regierungsrat zu bestimmenden Frist mit einer kapitalisierten Abfindung für die Ablösung der Unterhaltspflicht ins Eigentum der entsprechenden Kirchgemeinden übertragen.
(2) Ausgenommen sind jene Kirchen und Pfarrliegenschaften, die wegen ihrer besonderen historischen oder kulturgeschichtlichen Bedeutung im Eigentum des Staats verbleiben. Für diese Liegenschaften werden Nutzungsverträge geschlossen.

### *III. Inkrafttreten*

§ 30. Geltung und Frist. (1) Dieses Gesetz gilt nur, wenn die Stimmberechtigten der Änderung der Kantonsverfassung betreffend Neuregelung des Verhältnisses zwischen Kirchen und Staat zugestimmt haben.

(2) Der Regierungsrat setzt dieses Gesetz spätestens auf den 1. Juli 2006 in Kraft.

# Zürich: Gesetz über die Anerkennung von Religionsgemeinschaften (Anerkennungsgesetz) vom 31. März 2003 [Abstimmungsvorlage]

Der Kantonsrat,

nach Einsichtnahme in den Antrag der Spezialkommission Kirchen und Staat vom 17. September 2002,

beschliesst:

Es wird ein Gesetz über die Anerkennung von Religionsgemeinschaften erlassen*:

§ **1. Zweck.** Religionsgemeinschaften können nach Massgabe dieses Gesetzes öffentlichrechtlich anerkannt werden. Sie erlangen dadurch entsprechend ihren Bedürfnissen und ihrer Bedeutung eine besondere Rechtsstellung.

§ **2. Begriff.** Als Religionsgemeinschaften gelten Kirchen und andere Vereinigungen, die

a) sich der den Menschen und seine Welt übersteigenden Sinnfrage stellen,
b) einer Betätigung für das Gemeinwohl verpflichtet sind,
c) nicht als politische Partei oder parteiähnliche Gruppierung auftreten und
d) keinen wirtschaftlichen Zweck verfolgen.

§ **3. Voraussetzungen.** (1) Religionsgemeinschaften erlangen die staatliche Anerkennung, wenn sie

a) während mehr als 30 Jahren in der Schweiz gewirkt haben und im Kanton mehr als 3000 Mitglieder zählen oder auf andere Weise für die Gesellschaft bedeutsam sind,
b) die Grundwerte der schweizerischen Rechtsordnung, insbesondere die Toleranz und den Frieden unter den religiösen Gemeinschaften, bejahen,
c) demokratisch organisiert sind und
d) über ihre Finanzen öffentlich Rechenschaft ablegen.

(2) Mehrere Religionsgemeinschaften mit verwandtem Bekenntnis können gemeinsam die Anerkennung beantragen. Für den Verkehr mit dem Staat müssen sie ein gemeinsames Organ bestellen und einen gemeinsamen Namen tragen. Sie werden als Einheit behandelt.

* Die Marginalien sind in den Gesetzestext integriert. Die Absätze sind mit Ziffer, (1) usw., gekennzeichnet.

**§ 4. Arten der Anerkennung.** Mit der öffentlichrechtlichen Anerkennung können zwei verschiedene Rechtspositionen verliehen werden:

a) Die Religionsgemeinschaft wird eine Körperschaft des öffentlichen Rechts und als Gemeinde konstituiert;
b) die als privatrechtlicher Verein organisierte Religionsgemeinschaft erhält nach Massgabe dieses Gesetzes bestimmte Rechte.

**§ 5. Wirkungen: A. Im Allgemeinen.** Anerkannte Religionsgemeinschaften haben Anspruch auf:

a) Benützung von Schulräumen für den religiösen Jugendunterricht,
b) Zulassung ihrer geistlichen Amtsträgerinnen und Amtsträger zur Seelsorge bei Bestattungen, in Spitälern und anderen Einrichtungen des Staates und der Gemeinden,
c) Eintrag der Mitgliedschaft in den Einwohnerkontrollen. Sie erhalten aus dem Einwohnerregister der Wohnsitzgemeinde die Angaben, die sie zur Erfassung ihrer Mitglieder und zur Erfüllung ihrer Aufgaben benötigen.

**§ 6. Wirkungen. B. Gemeinden.** (1) Als Gemeinden anerkannte Religionsgemeinschaften haben zusätzlich Anspruch auf:

a) das Recht zur Steuererhebung nach Massgabe des Steuergesetzes,
b) staatliche Leistungen nach Massgabe der §§ 16 bis 21 des Kirchengesetzes,
c) die Übertragung ihrer Obliegenheiten im Wahl- und Abstimmungsverfahren auf die zuständigen Organe des Kantons, der Bezirke und der politischen Gemeinden.

(2) Die Erträge aus den Kirchensteuern für juristische Personen dürfen nicht für kultische Zwecke verwendet werden. Im Übrigen bestimmen die als Gemeinden anerkannten Religionsgemeinschaften selbstständig über die Verwendung der Steuererträge.

**§ 7. Bestand.** Anerkannte Gemeinden und Vereine müssen sich auf das gesamte Kantonsgebiet erstrecken.

**§ 8. Autonomie und anwendbares Recht. A. Gemeinden.** (1) Die als Gemeinden anerkannten Religionsgemeinschaften organisieren sich im Rahmen des kantonalen Rechts autonom.
(2) Unter Wahrung rechtsstaatlicher und demokratischer Grundsätze legen sie ihre Organisation im Einzelnen fest. Sie regeln insbesondere das Stimm- und Wahlrecht und erlassen weitere erforderliche Reglemente und Bestimmungen.
(3) Sie gewährleisten, dass ihre Amtsträgerinnen und Amtsträger durch die Stimmberechtigten auf Amtsdauer gewählt werden können und ermöglichen mindestens alle sechs Jahre eine Bestätigungswahl.
(4) Die als Gemeinden anerkannten Religionsgemeinschaften unterstehen vorbehältlich abweichender Bestimmungen in diesem Gesetz dem staatlichen Recht,

insbesondere dem Gemeindegesetz und dem Gesetz über die Wahlen und Abstimmungen.

**§ 9. Autonomie und anwendbares Recht. B. Vereine.** (1) Für eine Anerkennung haben die Vereinsstatuten einer Religionsgemeinschaft neben den vom ZGB als zwingend vorgesehenen Artikeln zusätzlich eine Regelung zu enthalten, wonach ein Ausschluss ohne Angabe von Gründen unzulässig ist.
(2) Jeder anerkannte Verein sieht eine unabhängige Kontrollstelle vor, welche die Haushalts- und Rechnungsführung zuhanden der Mitglieder jährlich schriftlich begutachtet. Der Kontrollstellenbericht ist öffentlich zugänglich.
(3) Für die geistlichen Amtsträgerinnen und Amtsträger werden mindestens alle sechs Jahre Erneuerungswahlen durchgeführt.

**§ 10. Sitz.** Die Gemeinden bezeichnen als Sitz einen im Kanton liegenden Ort; die anerkannten Vereine müssen ihren Sitz in der Schweiz haben.

**§ 11. Mitgliedschaft.** (1) Als Mitglied einer als Gemeinde anerkannten Religionsgemeinschaft gilt jede Person, die
a) nach der jeweiligen Gemeindeordnung Mitglied der Gemeinde ist,
b) im Kanton Wohnsitz hat und
c) nicht ausdrücklich ihren Austritt oder ihre Nichtzugehörigkeit zur Gemeinde erklärt hat.

(2) Erklärungen über Austritt oder Nichtzugehörigkeit sind der Gemeindebehörde am Wohnsitz der betroffenen Person schriftlich einzureichen.
(3) Die anerkannten Religionsgemeinschaften müssen sich über ihre Mitgliederzahl ausweisen können.

**§ 12. Stimm- und Wahlrecht.** (1) In den als Vereinen anerkannten Religionsgemeinschaften regeln die Statuten das Stimm- und Wahlrecht.
(2) Für eine Anerkennung als Verein ist in den Statuten vorzusehen, dass jedes stimmberechtigte Mitglied nur eine Stimme hat. Im Ausland wohnende Mitglieder sind vom Stimm- und Wahlrecht ausgeschlossen.

**§ 13. Verfahren.** (1) Die Religionsgemeinschaften können mit Beschluss ihrer im Kanton Zürich wohnenden Mitglieder die staatliche Anerkennung als Gemeinde oder Verein beantragen.
(2) Der Regierungsrat erteilt die Anerkennung, sofern die gesetzlichen Voraussetzungen erfüllt sind. Sein Entscheid ist endgültig.

**§ 14. Staatliche Aufsicht.** (1) Die Aufsicht des Staates über die Religionsgemeinschaften obliegt dem Regierungsrat.
(2) Die Organisationsordnungen der als Gemeinden anerkannten Religionsgemeinschaften bedürfen der Genehmigung durch den Regierungsrat. Er prüft, ob sie der Verfassung und den Gesetzen entsprechen.

(3) Die Statuten der als Vereine anerkannten Religionsgemeinschaften bedürfen der Genehmigung durch die für die Beziehungen zu den Kirchen zuständige Direktion. Sie prüft, ob sie den Voraussetzungen für die Anerkennung nach Massgabe dieses Gesetzes entsprechen.

**§ 15. Verzicht.** (1) Eine anerkannte Religionsgemeinschaft kann mit Beschluss ihrer Mitglieder jederzeit auf die Anerkennung verzichten.
(2) Der Verzicht wird auf einen vom Regierungsrat zu bestimmenden Zeitpunkt wirksam.

**§ 16. Entzug.** (1) Verstösst eine anerkannte Religionsgemeinschaft in schwer wiegender Weise gegen die Rechtsordnung, insbesondere gegen dieses Gesetz, wird ihr die Anerkennung entzogen.
(2) Dasselbe gilt, wenn sie die Voraussetzungen für die Anerkennung nicht mehr erfüllt. Werden die Voraussetzungen für die Anerkennung aus einem weniger schwer wiegenden Grund nicht erfüllt, kann eine Frist zur Behebung des Mangels gewährt werden.
(3) Zuständig für den Entzug der Anerkennung sowie die Ansetzung einer Frist zur Behebung eines Mangels ist der Regierungsrat. Sein Entscheid ist endgültig.

**§ 17, § 18. Änderungen bisherigen Rechts.** [Änderungen des Gesetzes über das Gemeindewesens und des Steuergesetzes]

**§ 19. Inkrafttreten.** Dieses Gesetz gilt nur, wenn die Stimmberechtigten der Änderung der Kantonsverfassung betreffend Neuregelung des Verhältnisses zwischen Kirchen und Staat zugestimmt haben.

# Mitarbeiter dieses Bandes

*Brosi, Urs*, dipl. theol. et lic. iur. can., Assistent an der Professur für Kirchenrecht und Staatskirchenrecht, Luzern

*Deutsch, Peter D.*, Fürsprecher, Bern

*Famos, Reto Cla*, Dr. iur., Oberassistent an der Theol. Fakultät der Universität Zürich, Uster

*Frey, Jakob*, lic. iur., Leiter Rechtsdienst der Evangelisch-reformierten Kirche des Kantons Bern, Münsingen

*Gloor, Fritz*, Pfarrer, Engelberg/OW

*Kraus, Dieter*, Dr. iur. LL.M. (Edin.), Referent am Gerichtshof der Europäischen Gemeinschaften, Luxemburg

*Lienemann, Wolfgang*, Prof. Dr. theol., Universität Bern, Bern

*Loretan, Adrian*, Prof. Dr. iur. can., lic. theol., Universität Luzern, Luzern

*Möri, Peter*, Rechtsanwalt und Notar, Synodalsekretär der Evangelisch-reformierten Kirche des Kantons Luzern. Luzern

*Pahud de Mortanges*, René, Prof. Dr. iur. utr., Universität Freiburg/Schweiz, Greng

*Reber, Urs*, Dr. iur., Rechtsanwalt, Zürich

*Röhl, Martin*, Dr. iur., Rechtsanwalt, juristischer Sekretär des Kirchenrates der Evangelisch-reformierten Landeskirche des Kantons Zürich

*Schaad, Pierluigi*, Dr. iur., Rechtsanwalt und Notar, Rechtsberater der Evangelisch-reformierten Landeskirche des Kantons Graubünden, Chur

*Strub, Jean-Daniel*, lic. theol., Assistent am Institut für Sozialethik der Universität Zürich, Zürich

*Tappenbeck, Christian R.*, lic. utr. iur., Murten

*Vögtli, Jürg*, Fürsprecher und Pfarrer, Erlinsbach/AG

*Winzeler, Christoph*, PD Dr. iur. utr., LL.M. (Harvard), Advokat, Fribourg/Basel

## Anschriften der Herausgeber des Jahrbuchs

*Jakob Frey* (bearbeitet den Berichtsteil)
privat: Stierenmatte 32, CH-3110 Münsingen
dienstlich: Synodalverband Bern-Jura, Bürenstrasse 12, Postfach, CH-3000 Bern 23

*Dieter Kraus* (geschäftsführender Herausgeber und Schriftleiter)
privat: 46-50 Avenue Pasteur, L-2310 Luxembourg
dienstlich: Gerichtshof der Europäischen Gemeinschaften, Kabinett des Präsidenten, Boulevard Konrad Adenauer, L-2925 Luxembourg

*Wolfgang Lienemann*
privat: Manuelstrasse 116, CH-3006 Bern
dienstlich: Universität Bern, Evangelisch-theologische Fakultät, Länggassstrasse 51, CH-3000 Bern 9

*René Pahud de Mortanges*
privat: de Castellaweg 29, CH-3280 Greng
dienstlich: Universität Freiburg i.Ü., Rechtswissenschaftliche Fakultät, Lehrstuhl für Rechtsgeschichte und Kirchenrecht, Miséricorde, CH-1700 Freiburg i.Ü.

*Christoph Winzeler* (bearbeitet den Rezensionsteil)
privat: St. Jakobs-Strasse 96, CH-4052 Basel
geschäftlich: Schweizerische Bankiervereinigung, Postfach 4182, CH-4002 Basel

Ueli Friederich / Roland J. Campiche /
René Pahud de Mortanges / Christoph Winzeler

**Bundesstaat und Religionsgemeinschaften**
**Etat fédéral et communautés religieuses**

Überlegungen und Vorschläge für ein zeitgemässes Religionsrecht in der schweizerischen Bundesverfassung
Réflexions et propositions pour un droit en matière de religion adapté à notre temps dans la Constitution fédérale suisse

*Bern, Berlin, Bruxelles, Frankfurt am Main, New York, Oxford, Wien, 2003. 214 S.*
*Schweizerisches Jahrbuch für Kirchenrecht. Beihefte. Bd. 4*
*Annuaire suisse de droit ecclésial. Cahiers. Vol. 4*
*Verantwortlicher Herausgeber / Sous la direction de Dieter Kraus*
*ISBN 3-03910-117-X br.*
*sFr. 50.00 / €* 34.50 / €** 32.20 / £ 21.00 / US-$ 31.95*
** inkl. MWSt. – nur gültig für Deutschland und Österreich ** exkl. MWSt.*

Anlass zu dieser Publikation gab die Diskussion um eine Regelung des Verhältnisses zwischen Staat und Religionsgemeinschaften in der Schweizerischen Bundesverfassung. Der Schweizerische Evangelische Kirchenbund (SEK) setzt sich seit einiger Zeit dafür ein, dass das bestehende kantonale Religionsverfassungsrecht durch eine entsprechende bundesrechtliche Verhältnisbestimmung ergänzt wird. Der Rat des SEK beauftragte die Autoren, die Stossrichtung und den Inhalt einer solchen Regelung zu entwerfen. Der hier publizierte Bericht enthält Überlegungen zur Revisions- und Ergänzungsbedürftigkeit der geltenden Bundesverfassung aus soziologischer und rechtlicher Sicht, sowie zu einer zeitgemässen (Neu-)Bestimmung des Verhältnisses zwischen Bundesstaat und Religionsgemeinschaften. In einem abschliessenden Kapitel stellen die Autoren einen gemeinsam verantworteten Entwurf für eine Teilrevision der Bundesverfassung, teilweise mit Varianten, zur Diskussion.

C'est le débat sur une réglementation au niveau constitutionnel des rapports entre Etat et communautés religieuses qui fournit la matière de ce cahier. Depuis un certain temps, la Fédération des Eglises protestantes de Suisse (FEPS) défend l'idée de l'adjonction d'une disposition dans la Constitution fédérale suisse correspondant au droit constitutionnel cantonal en matière de religion. Le Conseil de la FEPS a chargé les auteurs du rapport présenté ici d'esquisser les lignes directrices et le contenu de la norme en question. L'étude se livre à des réflexions du point de vue sociologique et juridique sur la nécessité de réviser et de compléter la Constitution fédérale en vigueur. Elle examine aussi une (re)définition adaptée à notre temps des relations entre l'Etat fédéral et les communautés religieuses. Dans les conclusions, les auteurs soumettent à discussion un projet de révision partielle de la Constitution fédérale avec différentes variantes, dont ils répondent conjointement.

PETER LANG
Bern · Berlin · Bruxelles · Frankfurt am Main · New York · Oxford · Wien